동북아 정세와
한중관계

東北亞形勢與韓中關係

※이 책은 한국국제교류재단의 정책연구 지원을 받아 수행된 연구 결과물입니다.

한반도
연도보고
2016

동북아 정세와
한중관계

東北亞形勢與韓中關係

이희옥 · 먼훙화 편저

李熙玉 · 門洪華 編著

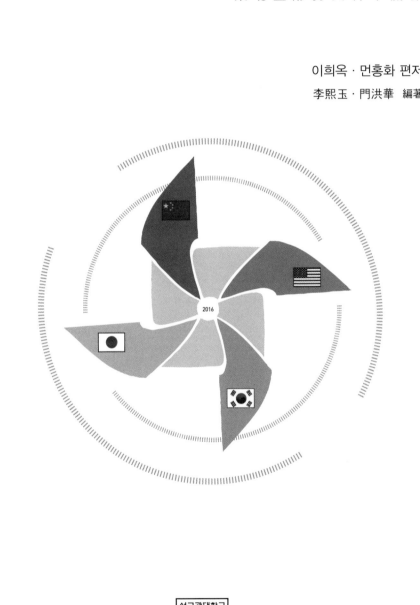

성균관대학교
출 판 부

권두언

올해로 한중수교는 24년이 지났다. 성균관대학교 성균중국연구소와 중앙당교 국제전략연구소는 지난해에 이어 2016년 한반도 연도보고를 출판한다. 지난해 처음 시작할 때의 시행착오를 줄이면서 우리는 공동연구와 공동출판의 새로운 방식을 개척하였고, 한국과 중국의 독자들이 한중관계를 균형적으로 이해할 수 있도록 노력하였다. 돌이켜보면 이러한 연구가 성과를 낼 수 있었던 것은 두 연구소와 학자들이 오랫동안 학문적 우애를 쌓고 신뢰를 만들었기 때문에 가능한 일이었다.

사실 오늘날 국제관계에서 가장 필요한 것도 신뢰이다. 신뢰는 내가 생각한 대로 상대가 행동할 때 만들어지는 것이다. 나의 생각을 상대를 통해 비춰보고 상대의 행동을 이해하는 넓은 포용력이 반드시 필요하다. 최근 남북관계와 동북아질서의 어려움을 가중시키는 많은 요소들도 바로 이러한 신뢰 적자의 국제정치가 만들어낸 결과이다. 상대를 탓하기보다는 자신을 돌아보는 지혜가 요구되는 이유이기도 하다. 한중관계도 신뢰가 깊게 축적될수록 그 기반은 더욱 튼튼해지고 웬만한 어려움은 극복할 수 있을 것이다. 이런 점에서 2015년 한중관계는 이러한 길로 나아가는 결정적 한 해였다. 우선 양국 정상 모두 '신뢰'의 중요성을 기회가 있을 때마다 강조했다. 시진핑 주석은 '신(信)'과 이러한 신뢰에 기반한 친근함(親)의 중요성을 강조했다. 박근혜 대통령도 무신불립(無信不立)이 얼마나 소중한 가치인가를 여러 번 인용했다. 사실 이러한 양국 간 신뢰는 갑자기 이루어진 것이 아니며 오랜 역사를 가지고 있다. 우선 양국 지도자들이 오래전부터 라뽀(rappo)를 형성해왔다. 이러한 인간적 신뢰로 인해 양국 지도부는 상대가 무엇을 생각하고 있는지, 어떻게 행동해야 하는지, 무엇을 하고 무엇을 하지 말아야 하는지에 대해 깊게 성찰하고 행동해왔다. 이러한 배려는 섬세한 의전에서도 유감없이 드러났다.

특히 2015년 한중관계는 기존의 양국 간 긍정적 이미지를 넘어 정책적 신뢰를 꽃피운 한 해였다. 우선 고위급 대화가 빈번하게 열렸다. 2015년 한 해 동안 중국의 전승절 기념식, G-20 정상회담, APEC 회의를 계기로 세 차례의 정상회담이 개최되었고, 이 밖에도 총리회담을 비롯한 다양한 고위급 회담이 개최되었다. 최근 2년 동안 시진핑, 리커창, 장더장 등 중국의 핵심 지도자가 모두 한국을 방문하는 진기록을 세우기도 했다. 이와 함께 정당 간 교류도 활성화되었다. 중국의 국방장관이 한국을 방문하고 한국의 육군 참모총장이 중국을 방문하는 등 군사교류에도 진전이 있었으며 엘리트 교류도 봇물 터지듯 이루어졌다.

특히 인상적인 것으로는 지난 9월 4일 중국의 반파시스트 승전 70주년 기념식에 박근혜 대통령이 천안문 성루에 올라 열병식에 참석한 일을 꼽을 수 있다. 비록 중국의 요청이 있었지만 한국도 동아시아의 평화와 안정의 중요성을 발신하고자 하는 적극적 외교 의지가 매우 강했던 것이다. 이것은 향후 한중관계를 상징적으로 보여줄 수 있는 역사적 한 장면이 될 가능성도 있다. 또한 한중 FTA가 2015년 12월 한국 국회의 비준을 통과하면서 정식 발효되었다. 이는 2004년 11월 양국 정상이 FTA 체결을 위해 타당성 연구를 개시한 지 11년, 2012년 5월에 정식 협상을 시작한 지 3년 반에 이루어진 것이었다. 이것은 양국 지도부의 정치적 결단이 없었다면 적기에 이루어질 수 없는 것이었다. 이러한 한중 FTA는 한중 경제관계를 투자협력의 단계로 진입시키는 이른바 '한중관계 3.0'의 시대를 열게 했고, 나아가 동아시아 통합을 향한 중요한 초석을 놓았다. 실제로 2015년 한중 간 교역액은 한국 통계 기준으로 2,274억 달러로 전년대비 3.4% 감소하였고, 중국 통계 기준으로 2,759억 달러로 5.0% 감소하였다. 한중 교역이 둔화되는 이유는 세계경제의 영향과 한중교역의 성격 변화 그리고 국제유가 하락이 맞물려 있었다. 이러한 상황에서 한중 FTA는 다시 한 번 양국의 공동발전의 모멘텀을 제시한 것이었다. 또한 한국은 중국이 주도한 아시아인프라투자은행 설립에 미국의 우회적 반대에도 불구하고 57개국의 창립국의 일원이 되었다. 향후 한중 간 금융·통화 분야 협력 기반이 마련되고 자본협력이 강화되는 추세 속에서 아시아 공영을 위한 중요한 금융 플랫폼이 될 것이며, 일대일로 이니셔티브와 유라시아 이니셔티브를 접맥할 수 있는 가교 역할을 할 것으로 보인다. 그리고 이러한 정치, 경제적 교류의 바탕에는 1,000만 명이 넘는 쌍방향 인적교류와 양국 국민이 체감할 수 있는 문화교류가 자리 잡고 있다는 점에서 양국 관계의 기반은 더욱 튼튼한 뿌리를 내렸다고 평가할 수 있다.

2015년 한중관계를 회고해보면 한중 양국은 적극적 노력을 통해 과거 좋은 이미지를 만들었던 것을 넘어 정책적 신뢰를 구축했다. 무엇보다 한국은 미국 등 전통적인 우방을 설득해야 하는 상황에서도 한중 간 전략적 협력동반자 관계의 내실화를 선택했고, 중국도 한국과 북한 모두와 좋은 관계를 유지하면서도 한반도의 평화와 안정을 수호해야 하는 상황에서 상대적으로 한중관계를 중시했다. 이러한 금년의 한중관계 발전은 국제사회와 지역문제를 함께 논의하고 해결을 모색하는 책임공동체, 양자 간 경제 이익뿐 아니라 지역경제에 함께 기여하는 이익공동체, 그리고 인문공동체를 향한 기반을 공고화하는 데 크게 기여했으며, 전략적 협력동반자 관계를 내실화하기로 한 양국의 결정을 충실하게 이행한 것으로 볼 수 있다.

그러나 향후 한중관계는 정치와 경제를 넘어 안보라는 요소가 편입되면서 새로운 도전이 나타날 수 있을 것이다. 미국의 한국 내 사드배치 논의에 대해 한중 양국은 전략적 소통을 더욱 강화할 필요가 있다. 현실적으로 한반도 비핵화와 북핵문제를 합리적으로 처리하기 위한 방법, 목표, 수단에 대한 인식의 공감대를 보다 넓힐 필요가 있다. 다만 이러한 한중관계의 다층적이고 전방위적인 교류를 이룩했던 역사적 경험에 비춰보면 크게 두려워할 필요는 없다. 왜냐하면 문제가 있으면 문제를 피하지 않고 머리를 맞대고 적극적으로 문제를 풀수 있는 기반을 구축했기 때문이다. 오히려 진정한 의미에서 한중관계는 정태적 안정을 벗어나 동태적 안정(dynamic stability)의 가능성을 열었다. 향후 과제는 한중 양국의 공동의 안보 이익이 걸린 문제에 대해 서로 존중하고 심층적으로 협력하는 방법을 진지하게 모색해야 한다는 것이다. 이때 균형감각과 중용의 지혜는 매우 중요한 덕목이다. "무릇 그림을 그리는 사람이 털 하나하나에 집착하면 전체 모습을 잃지만, 활 쏘는 사람은 작은 것에 집중하고 큰 것을 버려야 한다(畵者謹毛失貌, 射者儀小而遺大)"는 『회남자(淮南子)』에 등장하는 교훈을 새길 필요가 있다.

이번 연도보고는 지난해 한중 간 정치외교, 군사안보, 정치, 경제, 사회, 문화로 기계적으로 구분했던 것에서 벗어나 미국과 동북아, 일본과 동북아 등 한반도 안보 환경을 분석하고 이것이 한중관계에 미치는 영향을 중심으로 접근했다. 두 나라의 학자들이 같은 주제를 함께 토론하고 여기에 근거해 집필하는 과정에서 상호 이해의 수준을 상당히 높일 수 있었다. 구동존이(求同存異)의 태도에서 접근했기 때문에 차이를 발견하는 것도 매우 값진 것이었다. 왜냐하면 차이는 혁신을 만들어내는 공간이고 이러한 차이를 좁혀 나가는 것이 '과정으로서의 한중관계'를 더욱 성숙시킬 수 있다고 믿기 때문이다. 그리고 이러한 노력은 두 기관의 오랜 신뢰, 그리고 여기에 참여한 양국 학자들의 학문적 우정이 없었다면 불가능했을 것이다. 앞으로도 우리는 한중관계를 더욱 깊고 넓게 만드는 접착제가 될 것이라고 다짐한다.

오늘 이 책이 나오기까지 여러 사람의 수고와 노력이 있었다. 무엇보다 우리의 취지에 흔쾌히 동의하고 참여해준 한중 양국의 발군의 학자들의 헌신적인 노력이 있었고, 이를 위해 보이지 않은 곳에서 묵묵히 헌신해준 실무자들의 노력도 거론하지 않을 수 없다. 또한 올해도 이러한 프로젝트가 지속될 수 있도록 지원해 준 한국국제교류재단의 높은 안목에도 감사드린다. 마지막으로 우리의 취지를 충분히 이해하고 책의 출판을 선뜻 맡아준 성균관대학교 출판부와 중국 세계지식출판사 관계자들에게도 심심한 경의를 표한다. 한중관계 사반세기를 맞이하는 내년에도 우리는 지속적으로 협력하길 기대하며 한중관계를 기록하는 역사의 산증인이 되고자 한다.

성균관대학교 성균중국연구소 이희옥
중공중앙당교 국제전략연구소 먼훙화
2016년 5월

한중 정치외교 관계

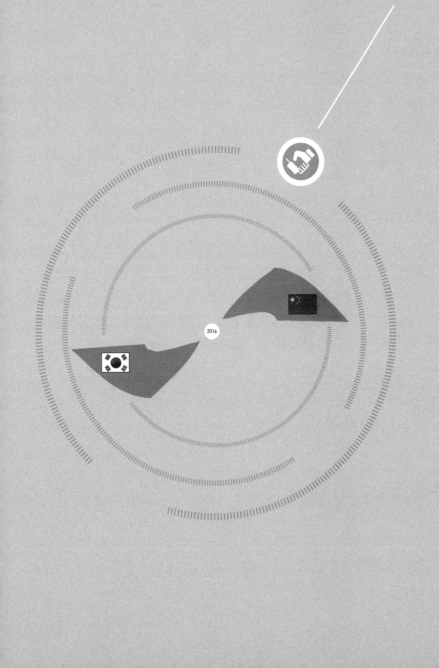

2016

정책신뢰를 강화한 한중관계

이희옥(성균중국연구소)

2015년 한중관계는 1992년 수교 이후 가장 안정적인 국면이 나타났다. 더구나 상호이해가 부족한 상태에서 상호 신중한 외교정책을 전개할 때 나타나는 정태적 안정(static stability)이 아니라, 전방위적으로 발전단계에서 구축된 동태적 안정(dynamic stability)이라는 점에서 의미가 있다. 그리고 양국관계는 화려한 외교적 수사(rhetoric)를 구사하던 이미지 중심의 관계를 극복하고 2015년에는 한중 FTA 발효, 한국의 아시아인프라투자은행(AIIB) 참여, 미국의 동맹국으로는 유일한 중국의 전승절 참여, 정부 간 인문유대 사업(인문교류 공동위원회 출범)의 제도화 그리고 다양한 1.5트랙 대회협의체도 속속 가동했다. 전반적으로 한중관계는 국제변수의 영향과는 무관하게 양국 협력을 확대하고 지속시킬 수 있는 정책적 신뢰기반을 구축했다. 이러한 관계 발전의 동력은 양국 모두 상호신뢰를 중시했고, 민감한 상위정치(high politics)에도 불구하고 한국과 중국을 균형적이고 객관적으로 이해하고자 했던 한중관계의 필요성을 다시 한 번 확인한 결과이다.

Ⅰ. 한반도 안보환경의 변화

2015년 국제질서의 가장 두드러진 현상은 중국, 인도, 러시아 등의 국력증대와 함께 미국의 영향력이 상대적으로 변화하면서 글로벌 수준에서 파워 밸런스

(power balance)가 본격적으로 나타났다. 이것은 미국 중심의 단극질서에 대한 도전이라는 맥락에서 '지정학의 부활(return of geopolitics)'이라고 볼 수도 있다.

이러한 국제질서 변화의 가장 중요한 축은 미중관계이다. 미중관계에 대해서는 새로운 냉전으로 이어질 수 있다는 비관론과 국제제도와 규범에 참여하면서 협력범위를 넓힐 것이라는 낙관론이 공존하고 있다. 대체적으로 양국관계는 비록 쟁점(flash point)이 늘어날 것이지만, 이러한 상황이 냉전이나 급격한 폭력적 세력전이의 양상보다는 권력분산(power diffusion)의 성격이 강화되었다. 무엇보다 미국은 제2차 세계대전 이후 자유주의 국제질서(liberal international order)를 주도하고 있고 중국도 이러한 질서를 현실적으로 수용하고 그 틀 내에서 국가이익의 극대화를 추구하고 있다.

시진핑 주석의 미국 방문과 미중정상회담을 통해 중국은 신형대국관계를 강화하고 미중 간 상호 핵심이익을 존중하면서 협력적 질서를 어떻게 만들어 갈 것인가에 대한 총론에 합의했다. 다만 미국은 이러한 중국과의 협력을 선호하면서도 다른 지역에서 '패권'이 등장하지 않도록 하는 정책을 강화한 것이다. 이것은 중국의 주변지역에 위치한 미국의 동맹국에 대해 미국의 건재를 알리고자 한 것이었다. 실제로 미국은 일본과의 TPP 타결 이후 중국과 같은 국가에게 국제경제의 규칙을 쓰게 할 수는 없다는 점을 명확히 밝혔다. 중국도 2015년에 자국이 주도하는 AIIB 창설, 일대일로 이니셔티브의 적극적인 전개, IMF의 특별 인출권(SDR) 편입을 이루었지만, 이것이 미국과의 본격적인 규범전이(norm transition)를 목표로 하는 것이 아니라, 기존의 미국 중심의 국제질서를 보완하고 균형을 잡으려는 시도였다.

그러나 세계경제에서 서구의 비중이 축소되는 한편 점차 비중이 커지는 동아시아에서의 미중관계는 글로벌 수준과는 다르게 전개되었다. 미국 주도의 '축과 바퀴(hub and spokes)' 모델에 따른 지역동맹을 강화하면서 동아시아 지역질서(Architecture)를 새롭게 설계하기 시작했으며, 남중국해에서의 무력시위를 통해 동맹국들에게 미국의 존재를 알리기도 했다. 이것은 다분히 중국의 부상을 겨냥했다. 10월 한미정상회담에서 오바마 대통령은 "박근혜 대통령에게 유일하게 요청한 것은 우리는 중국이 국제규범과 법을 준수하기를 원한다는 것이다. … 만약 중국이 그런 면에서 실패한다면 한국이 목소리를 내야 한다. … 중국이 법을 무시하고 원하는 대로 한다면 한국에도 도움이 되지 않는다. 여기에 공통의 이해를 갖고 있다"고 밝히기도 했다.

2015년 미국에서는 한중관계 발전에 따라 한국의 '중국경사론'이 넓게 유포되었다. 한편 중국도 운명공동체로 간주한 '주변지역'에 대한 정책을 적극적으로 전개하면서 미국과 새로운 제도경쟁(institutional competition)을 전개하기 시작했다. 특히 중국은 이 지역에서 거점을 공고화하여 '국제관계의 민주화'를 추진하고 궁극적으로는 '중화민족의 위대한 부흥'이라는 '중국의 꿈'을 실현하고자 한다. 일본의 아베 정부도 2015년 역사수정주의를 강화하고 집단적 자위권을 확보하면서 이른바 '정체성의 정치(politics of identity)'가 본격적으로 나타났다. 특히 동아시아 지역의 새로운 파워 밸런스에 대응하기 위해 미일동맹을 강화하여 역내에서 영향력을 확대하는 이른바 '주장하는 외교'를 펼쳤다. 2015년 말 한중일 정상회의가 서울에서 개최되어 새로운 대화 모멘텀을 찾고 정례화의 길을 열었고, 한일 간에는 위안부 문제에 대한 합의가 이루어졌으나, 역사문제에 대한 공동 인식이나 동아시아 질서를 보는 인식의 차이, 기대의 차이가 극복된 것은 아니었다.

한중관계도 이러한 새로운 지역안보 환경의 영향을 받았다. 사실 한국 정부의 외교 방향은 큰 틀에서 한미동맹을 지속적으로 강화하면서 한중 간 전략적 협력동반자관계를 동시에 발전시키는 것이었다. 심지어 균형자(balancer)외교를 통해 한미관계와 한중관계의 조정을 시도한 노무현 정부도 엄밀한 의미에서는 한미동맹에 무게중심을 두고 있었다. 특히 박근혜 정부는 중견국의 힘을 바탕으로 한미관계와 한중관계를 동시에 발전시킨다는 목표 속에서 사안별로 선택적 지지를 시도하는 '균형잡힌 외교(balanced diplomacy)'를 선보였다. 미국은 비록 이러한 한국 외교가 한중관계 발전이 한미관계에 도움이 된다고 밝혔으나, 한중관계의 방향이 어떻게 발전할 것인가에 대한 관심이 깊었다. 2015년 메르스 사건으로 연기된 한미정상회담을 통해 다시 한 번 한미동맹의 중요성을 강조하였다.

사실 2015년 한국 외교는 '통일준비를 위한 외부환경'을 안정적으로 구축하는 것이었다. 특히 중국의 시진핑 주석과 리커창 총리와의 연쇄 정상회담을 통해 한반도 통일에 대해 심도 있는 대화를 나누는 등 성숙한 한중관계 속에서 그 동안 거의 논의되지 못했던 통일한국에 대해서도 논의하기 시작했다. 내부적으로 한국이 가장 우려했던 시나리오는 미중관계가 고착되어 한반도문제가 국제 질서의 종속변수가 되는 상황을 크게 우려해왔다. 이런 점에서 미중관계의 유동적 공간을 최대한 활용해 남북관계에 돌파구를 찾아 한국 외교의 활로를 타개하고자 했다. 실제로 북한의 목함지뢰 사건을 기회로 삼아 8·25 합의를 이루고 이산가족 상봉 등 대화 분위기를 만들고자 노력하기도 했다. 그러나 북한은 비핵화에 대한 전향적인 조치 없이 5·24 조치 해제와 금강산 관광 재개 등을 요구하였고 이에 대한 인식의 차이를 좁히지 못하면서 남북관계에도 별다른 성과를 거두지는 못했다.

II. 2015년 한중관계 평가

2015년 한중관계 발전은 중국이 비슷한 시기 외교관계를 맺은 국가들과 비교하면 가장 모범적이고 발전추세도 인상적이었다. 특히 2015년은 한중 양국은 형식적인 외교 형식의 격상을 지양하고 한중관계의 '내실화'에 합의했으며 그 결과 어느 시기보다 우호적인 양국관계를 구축했다.

특히 주목할 만한 일은 한중 간 한반도 통일 논의를 위한 환경이 만들어졌다는 점이다. 왜냐하면 박근혜 정부는 과거 정부에 비해 한반도 통일 문제를 정상회담의 논의 테이블에 올려놓는 것에 대한 제약 요인이 상대적으로 적었다. 그리고 2013년 한국과 중국의 지도부가 새로 출범한 이후 첫 번째 열린 한중 정상회담에서 통일문제에 대한 별도의 대화를 하는 등 기반이 닦여 있었다. 다만 양국 정상이 북한문제와 통일문제에 대한 인식을 공유했음에도 불구하고 통일한국의 성격과 방법론에 대해서는 구체적인 내용을 확인하기 어려웠다. 이 과정에서 2015년 박근혜 대통령이 중국의 전승절 행사에 참석한 것을 계기로 "양국 정상 간에 한반도 통일문제에 대한 심도 있는 논의가 있었다"고 발표하면서 공론화되었다. 9월 5일 상하이에서 박 대통령은 한국 기자단과의 회견에서 "이번에 시 주석과 여러 다양한 이슈에 대해 심도 있는 협의를 했다. …한반도와 동북아의 평화와 안정을 지켜 나가는 데 있어 중국과 어떻게 협력해 나갈 것인가 하는 점이 가장 중점적으로 얘기되고 다뤄졌던 문제"라고 밝히기도 했다.

이러한 한중 간 통일논의는 한중 양국이 북핵문제를 넘어 북한문제에 대한 한중 협력을 추구했다는 의미가 있고 한반도의 항구적인 평화와 안정을 위해 앞으로 중국과 여러 층위에서 본격적으로 통일기반 논의를 하겠다는 것으로 해석할 수 있다. 물론 양국 정부의 발표 내용에는 다소간 인식의 차이가 있었다. 이러한 발표 내용의 차이는 양국이 처한 국내외 상황을 고려한 것이지만, 한국은 한중 간 한반도 통일 문제라는 보다 큰 틀에서 전략적 협력의 고도화를 추구한 반면 중국은 북한을 고립시키는 것이 중국의 한반도에서의 국가 이익에 부담이 될 것이라는 점을 고려해 신중하게 접근했다.

〈사례(1)〉 반파시스트 및 항일전쟁 승리 70주년과 한중관계

박근혜 대통령이 베이징에서 열린 "중국의 반파시스트 및 항일전쟁 승리 70주년(이하 전승절)" 행사에 참석했다. 이를 계기로 시진핑 주석과 6번째 한중정상회담을 개최했고 리커창 총리와는 4번째 만났으며 대한민국의 법통(法統)인 상하이 임시정부 청사 재개관 행사에도 참여했다. 박 대통령의 전승절 행사 참석에 대해서는 다양한 논의가 있었다. 그러나 한국 정부는 국내외의 여러 요소를 검토하는 한편 전승절 참석의 범위와 형태에 대해 중국과의 외교협상을 통해 열병식을 포함한 전승절 행사 전 과정 참석을 결정했다. 여기에는 우선 연간 100만 명에 달하는 인적 교류, 교역량 3천억 달러를 목전에 둔 한중 경제관계라는 현실적 요소가 있었고 실마리를 찾지 못하고 있는 북핵문제와 북한문제의 불확실성에 대한 돌파구를 찾기 위해서도 중국의 지속적이고 건설적인 역할이 필요했다. 더구나 광복 70년, 종전 70년을 맞아 한국독립운동의 주무대였던 중국에서 양국이 이러한 역사 인식을 공유하고 기념하는 것은 그 자체로도 의미가 있었다.

중국은 박 대통령의 전승절 참석에 따른 정치적 부담을 최소화하기 위해 외교적으로 세심하게 배려했다. 특히 북한문제나 북한대표단의 참여가 박근혜 대통령의 참석에 걸림돌이 되지 않도록 했고, 역사 이래 가장 좋은 관계를 맺고 있는 러시아의 푸틴 대통령에게도 제공하지 않은 단독 특별오찬, 시진핑 주석과의 단독정상회담, 리커창 총리와도 단독회담을 제공했다. 이틀간의 짧은 일정을 고려하면 중국은 할 수 있는 모든 의전을 제공했다. 이것은 냉각기를 겪고 있는 북중관계와 대비되면서 국제사회의 주목을 받았다.

실제로 박 대통령이 시진핑 주석, 리커창 총리와 가진 연쇄 정상회담을 통해 통일문제를 포함한 제반사항을 폭넓게 논의해 성과를 거두었다. 박근혜-시진핑 정부가 출범한 이후 한중관계는 정상 간 신뢰를 바탕으로 한중 FTA 타결 노력, 중국이 주도하는 AIIB 참여, 인문공동체를 향한 인문교류의 확대 등을 통해 전략적 협력동반자관계를 내실화했다. 특히 정상회담에서는 양국 간 외교안보 현안을 거의 모두 제기하고 중국도 여기에 적극적으로 화답하면서 전략적 협력공간을 크게 확대했다. 우선 한반도 신뢰 프로세스, 동북아 평화협력 구상 등 한국 정부의 핵심 외교안보정책에 대한 협력을 강화하기로 했고, 구체적으로는 '의미 있는' 6자회담이 조속히 개최되어야 한다고 합의했다. 무엇보다 새로운 점은 박 대통령이 통일기반 조성계획을 설명했고 한중 간 전략적 협력의 핵심은 한반도 통일에 대한 중국의 건설적인 역할에 있다는 점을 제시했으며 중국도 여기에 공감하고 지지를 표명했다. 실제로 우리는 "한반도가 분단 70주년을 맞아 조속히 평화롭게 통일되는 것이 지역의 평화와 번영에 기여할 것이다"는 점을 강조했고 중국도 "한반도가 장래에 한민족에 의해 평화적으로 통일되는 것을 지지한다"고 밝혔다.

또한 리커창 총리와 만나 향후 편리한 시기에 한중일 정상회담을 개최하는데 대한 의견을 교환했고 리커창 총리도 동의했고 한국이 주장한 동북아개발은행 설립에 대해서도 적극적으로 검토할 것이라고 밝혔다. 실제로 한중일 정상회담이 서울에서 개최되기도 했다. 구체적으로는 경제협력을 고도화하기 위한 한중 FTA 행정절차를 마무리하고, 김치수입 문제나 문화 콘텐츠 산업 협력 등 실무적인 쟁점에서도 진전이 있었다. 특히 리커창 총리는 국제경제의 불확실성 속에서 금융협력에 대한 공동대응은 물론이고 한중 양국의 제3국에 대한 공동

진출을 제안했다. 이것은 한중 양국을 하나의 단일시장으로 만들고 이를 토대로 아시아와 남미 등을 포함한 세계로 진출한다는 새로운 구상이었다. 이것은 점차 한중 간 경제무역관계가 보다 경쟁이 치열해지고 있는 환경에서 새로운 협력 모델을 만든 것으로 평가할 수 있다.

이러한 박 대통령의 중국의 전승절 행사에 대한 국제사회의 반응은 엇갈렸다. 우선 주중 대사를 행사장에 보낸 미국은 '중국의 권리와 권위에 대해 의문을 제기하거나 도전할 생각이 없다'고 밝혔지만 '이 같은 형태의 행사가 화해와 치유에 초점을 맞추는 것을 보고 싶다'는 속내를 조심스럽게 표현했다. 이것은 미국이 군사적 힘을 과시하는 중국에 불편함과 정치적 부담을 느꼈음에도 불구하고 9월 말 미중정상회담을 앞두고 중국을 과도하게 자극하지 않겠다는 정치적 판단 때문이었다. 실제로 미중 양국은 정상회담을 통해 신형대국관계를 명확히 하는 한편 '해와 달은 서로 다른 빛을 비춘다(日月不同光)'는 점을 강조하면서 상호존중과 상호협력의 틀을 구축했다. 반면 점차 동아시아의 아웃사이더로 밀려나고 있다는 평가를 받고 있는 일본의 반발은 좀 더 직접적이었다. 일본 정부는 항일전쟁의 역사를 강조한 중국에 대해 '중국은 미래를 지향해야 한다'고 우회적으로 비판했으나, 일본 외무성은 반기문 유엔 사무총장의 전승절 참석에 대해 유엔의 중립 위반이라고 강력하게 항의했고, 일본 언론은 중국의 군사 퍼레이드에 한국의 참여를 두고 한국의 친중국화가 가속화되고 한일관계 개선에도 부정적인 영향을 줄 것이라고 분석했다.

이처럼 박근혜 대통령의 전승절 참석은 한미동맹과 한중 간 전략적 협력동반자관계가 제로섬 게임이 아니라 '사안별 선택적 지지'라는 방식으로 한미관계와 한중관계를 동시에 발전시킬 수 있는 가능성을 열었고 한반도 안보질서와 남북관계에서 주도권을 확보하고 국제적 지지를 얻게 되었다. 또한 그동안 구체적인 정책적 접점을 찾지 못했던 한중 간 지역 전략에 대한 인식 차이도 좁혔다. 한국의 유라시아 이니셔티브와 중국의 육상 벨트와 해상 실크로드를 결합한 이른바 '일대일로 이니셔티브(一帶一路倡義)'를 서로 연계하기로 한 것도 이러한 맥락이었다. 그리고 박근혜 대통령의 전승절 참석을 계기로 중국이 한반도에서 긴장조성 행위에 분명히 반대한다고 밝힘으로써 북한이 10월에 개최된 노동당 창당 70주년을 앞둔 군사적 시위를 사전에 행동을 예방하거나 경고하는 효과가 있었다.

〈사례(2)〉 한국의 AIIB 가입

2014년 한중정상회담은 중국이 적극적으로 의제를 제기하며 관철하고자 했다. 특히 한중정상회담에서 눈여겨볼 수 있는 쟁점은 중국이 새로운 국제금융질서를 능동적으로 재편하기 위한 구조(Architecture)의 하나로 'AIIB'의 가입을 한국에 제시했다. 그러나 당시 이 문제가 지닌 민감성 때문에 한중 양국은 공동성명이 아니라 부속서에 "아시아 경제발전을 위한 인프라 투자확대 필요성에 공감하였다…. 이와 관련, 양측은 계속 협의하기로 했다."고 밝혔다. 또한 "지배구조와 세이프가드 문제에 대한 이견이 있어 중국과 협의 중이다. 이 문제가 해결되면 가입하지 못할 이유가 없다. 중국이 제시한 지배구조는 국제금융기구에 요구되는 합리성과 공평성 등 보편적 기준에 미치지 못한다"는 등 관망적 자세를 취했다. 그러나 2014년 8월 초 베이징에서 열린 4차 AIIB 설명회에 참석해 중국 측과 실무 협의를 진행했고 영국 등 서방국가를 포함해 대거 가입한 상황에서 한국도 중국의 참여 요청을 받은 지 8개월 만인 2015년 3월 27일 가입신청서를 제출했다. 이로써 중국은 한국의 참여를 크게 환영했고 이를 한중관계 발전의 시금석으로 평가하기도 했다. 이후 6월 27일 57개국이 참여한 가운데 설립협정문이 공식 채택되었고 2016년 출범하기로 결정했다.

그러나 이미 한국은 미국 등의 보이지 않는 반대에도 불구하고 "시의적절한 제의로 생각하며, 이를 위한 중국의 노력을 평가한다…. 협의결과를 감안해 참여 여부를 결정할 것이다."고 밝힌 바 있다. 실제로 한국은 장기적으로 모든 개발은행의 지분을 가지는 것이 한국 경제의 취약성을 보완할 수 있고, 한반도 안보문제 해결에 도움이 되는 등 일종의 미래투자의 성격을 지니기도 한다. 특히 토목건설에 관한 한 한국만큼 풍부한 기술과 노하우를 가진 국가가 별로 없다는 점에서 한국으로서는 투자기회의 측면이 있고, 아시아의 인프라 수준을 모든 분야에서 서구 수준으로 끌어올리는 데 있어 한국 역할론이 부각될 수도 있다.

물론 AIIB는 기존 국제금융기구를 보완하고, 위안화로 결제 가능한 건설 프로젝트가 증가하여 위안화 국제화가 촉진되어 중국의 금융 분야 영향력이 확대되고 본격적으로 추진하고 있는 일대일로 사업이 모두 투자대상이기도 하다. 한국이 AIIB에 가입한 논리는 세계 수준의 건설 노하우를 가진 한국의 경제적 실리를 고려한 것이었고 장기적으로 대북 인프라 건설을 통해 북한의 국제사회로의 참여를 유도할 수 있는 방안도 고려되었다. 특히 두만강경제지대(TREZ:Tumen River Economic Zone)는 중국, 러시아, 북한, 한국, 몽골 5개국이 공동으로 개발을 시작하였으나 현재 중국 주도하에 진행되고 있다. 이 개발사업은 북한을 포함하고 있어 북한을 국제사회의 일원으로 편입시키는 수단으로 작용할 수 있었다. 특히 자원개발, 농업투자, 공업개발 등 인프라에 투자가 집중된다는 점에서 북한 경제발전과 주변국과의 경제교류를 활성화시키는 데에도 효과적이다. 이런 점에서 한국 경제의 위험도를 낮추고 유라시아 협력구상과 연계할 수 있으며 북한 개발을 통한 기반조성이라는 좀 더 전략적인 차원에서 접근했던 것으로 보인다.

과거 한국은 정치적인 방법으로 한반도 문제를 해결하려고 했으나, AIIB 자금을 한반도의 발전에 활용하는 등 경제협력의 방법을 고려했다. 한반도 통일 이후 한국의 철도 · 도로는 실크로드를 올라탈 수 있고 항구는 해상 실크로드의 출입구가 될 것이다. 사실 북한의 변화를 바란다면 개혁 · 개방을 통한 경제 발전으로 이끌어 낼 수 있는 유효한 수단이 다자간 개발 은행을 통한 지원이라고 볼 수 있다. 중국도 이를 고려하지 않았을 수 없다는 점에서 일정 부분 북한을 포함한 동북개발에도 기능할 수 있도록 협상할 필요성은 있다.

〈사례 3〉 한중 FTA 발효와 한중관계

2015년 말 한국 국회에서 한중 FTA를 비준함으로써 FTA가 발효되었다. 이 것은 양국이 새로운 성장동력을 만들기 위한 경제적 틀을 마련한 것으로 중요한 의미를 지닌다. 왜냐하면 2015년 한중 간 교역은 중속성장을 하고 있는 중국 경제와 저속성장을 하고 있는 한국 경제가 맞물리면서 새로운 위상을 정립할 필요가 있었기 때문이다. 실제로 2015년 한중 교역은 지난해 대비 3.3% 마이너스 성장을 했고 특히 한국의 대중수출의 감소폭이 컸고 무역수지 흑자 규모도 줄어들었다. 뿐만 아니라 한국의 대중국 투자가 감소하는 한편 중국의 대한국 투자가 증가하는 새로운 전환기에 진입했다. 이것은 한중경제협력이 새로운 단계에 접어들고 있다는 것을 의미한다.

표 3 한중 교역 추이(한국 측 통계) (단위: 억 달러/ 괄호 안은 전년 대비 증감폭)

연도	대중교역	수출	수입	무역수지
2014	2354	1453	901	553
2015	2274 (-3.4)	1371(-5.6)	929(0.2)	469

특히 한중 FTA 발효를 위한 다양한 정상 간 접촉을 통해 경제협력의 고도화를 논의해왔다. 특히 10월 31일 리커창 중국 국무원 총리와 한중 관계 발전과 한반도 문제에 대한 협력을 물론이고 경제·문화 등 양국 간 실질협력 방안을 논의했다. 특히 무역 확대와 관련해 박 대통령은 한중 FTA 연내 비준과 발효를 위해 우리 정부는 국회 비준을 위해 적극 노력 중이라며 중국의 조속한 비준 마무리를 당부하고 한중일 FTA와 RCEP 협상 가속화를 위해 양국이 주도적 노력을 해가자고 제안하였다. 리커창 총리도 한중 FTA가 양국 간 경제무역협력에 활력을 제고할 것이라며, 박 대통령의 제안에 공감을 표하고, 이 FTA가 한중일 FTA, RCEP 등 동북아경제통합에 기여해 갈 것이라고 언급하였다.

특히 리커창 총리는 양국 경제의 구조적 조정이 필요하고, 이를 위한 네 가지를 제안하였다. 첫째, 중국 중서부 지역에 한중 혁신단지를 설치하여 양국 청년들의 창업을 활성화하고, 이에 대해 대기업들이 지원하는 방안, 둘째, 중국의 제조 2025와 우리의 제조업 혁신 3.0을 연계하여 협력하는 방안, 셋째, 중국의 자본과 제조 능력 그리고 우리의 첨단기술과 생산 능력을 결합하여 제3국 시장을 개척할 것을 제안하면서 이 경우 양국은 강화된 경쟁력을 확보하고 침체된 세계시장에 활력을 불어넣는 방안, 넷째, 중국의 일대일로와 우리의 유라시아 이니셔티브를 연계하자고 제안하면서, 이러한 연계를 통해 교통, 통신 네트워크가 구축되는 방안을 제시했다. 이에 대해 한국이 적극적으로 환영하였다. 특히 제3국 시장 공동 진출과 관련해 한국은 중국의 자본력과 한국의 기술, 디자인, 관리기법을 결합한 제3국 공동 진출이 바람직하다고 보고 이를 위한 제3국 시장 협력 진출에 관한 MOU, 한중 투자협력 기금 공동연구에 관한 MOU를 체결하고자 했다.

이러한 양국의 상호인식을 조정하고 경제협력의 고도화에 대한 필요성과 노력에 따라 2004년 한중 FTA 타당성 연구를 시작한 지 11년 만에 한중 FTA가 발효되었다. 특히 양국의 정책적 신뢰를 높이는 계기로 작용하면서 한중관계의 내실화와 고도화에 기여했다. 한중 FTA는 최근 양국 간 교역이 다시 줄어들고 있는 상황에서 새롭게 상품교역을 활성화할 수 있게 되었다. 상호 비관세장벽을 제거하고 양국에 진출한 기업을 보호하기 위해 비자 문제 등 다양한 제도를 도입했다. 서비스 교역과 투자를 활성화하기로 했다. 한중 FTA는 산업협력을 고도화하고 다양화하기 위한 협력 프로그램을 포함하고 있으며 환경과 전자상거래 등 21세기형 의제들도 다수 포함되어 있다. 구체적인 정책방향에 대한 논의도 있었다. 예컨대 한중 FTA 시범지구로 웨이하이 시와 인천을 경제자유무역구역으로 지정하는 한편 한중 산업단지를 설립하여 운용하기로 했다.

특히 한중 FTA는 중국이 이미 체결한 다른 FTA와 비교할 때, 국별(國別) 무역액이 가장 크며, 협정의 범위가 가장 넓고, 개방 수준이 가장 높으며, 관세 철폐의 과도기간이 가장 길고, 가장 용이하게 합의를 달성한 FTA이다. 그리고 한중 양국은 가까운 이웃 국가로서 '한국 수출품은 최장 48시간 내 통관을 원칙으로 한다'는 비관세 처리규정 등에서 오직 한중 FTA만이 가질 수 있는 '특색'도 가지고 있다. 또한 이러한 한중 FTA는 비단 경제 분야뿐 아니라, 한반도와 동북아의 안정을 촉진할 수 있는 기반을 마련했다. 한반도 역외가공지역에서 생산되는 제품에 대해 특혜 원산지 지위를 인정하여 북한 경제의 활성화에 기여할 수 있는 제도를 만들기도 했다.

III. 한중협력 방향

향후 한중관계를 어떻게 한 단계 더 발전시킬 것인가. 흔히 아시아에는 정치, 사회적 교류와 협력이 지속되면서도 안보분야의 협력이 더딘 이른바 '아시아 패러독스(Asia Paradox)'가 있다. 그러나 이러한 현상은 한중관계에도 나타나고 있다. 사실 한중수교 이후 양국 관계는 다양한 영역에서 교류가 확대되었고 심화되었지만, 인식 차이, 기대 차이 그리고 역할 차이가 있었다. 물론 이러한 차이들은 특별한 문제라기보다는보다는 양국 관계 발전과정에서 나타날 수 있는 자연스러운 것이지만, 이를 극복할 수 있는 새로운 협력 모델을 찾을 필요가 있다.

우선, 정치안보관계에서 질적 교류를 확대할 필요가 있다. 현재 미국의 아·태 재균형 정책과 중국의 반(反)균형정책이 대립하는 상황이 한중관계에 영향을 주면서 한국의 전략적 선택을 어렵게 하고 있다. 특히 한중관계는 양자 간 갈등보다는 북핵, 한미동맹, 일본, 지역미사일방어체제 등 제3의 변수가 한중관계에 영향을 미치고 있다. 이러한 긴장을 완화시키기 위해서는 한중 간 고위급 안보전략대화 체제를 내실화하고 군사교류를 군사협력으로 과감하게 발전시킬 필요가 있다. 사실 오늘날 한중관계는 상위정치의 예민한 현안을 사전에 모두 효과적으로 통제할 수 없다. 그러나 이러한 질적인 교류와 '대화의 습관화'는 갈등이 나타났을 때 신속하고도 효과적으로 극복할 수 있는 위기관리 메커니즘을 가동시킬 수 있다.

둘째, 북한 및 북핵문제에 대한 협력이다. 중국은 한중관계와 북중관계라는 양자 차원이 아니라 한반도 전체를 놓고 접근하는 이른바 '중국식 재균형'을 전개하고 있다. 비록 북한과 북핵문제 나아가 한반도 통일문제에 대해 양국이 심정적인 공감대를 가지고 있으나, 구체적인 방법과 최종 상황(end state)에 대해서는 인식과 징책노신의 차이가 있다. 2015년 한반도 상황은 유엔의 대북제재가 진행 중임에도 불구하고 북한이 핵능력을 고도화하면서 한반도 비핵화의 길이 점차 멀어졌다. 따라서 북한의 핵 활동 동결 등 북한의 성의 있는 행동을 전제로 6자회담을 비롯한 다양한 대화를 재개하고 상황의 악화를 방지할 필요가 있고 이러한 한중 협력이 절실하다.

셋째, 새로운 경제협력을 강화할 필요가 있다. 한중 FTA가 발효되었다. 이것은 양국 경제에 윈윈의 요소를 가지고 있으며 한중 경제협력의 고도화를 설계하는 플랫폼으로 기능할 것이다. 그러나 중국 경제가 중속 성장의 새로운 길에 접어들고 한국의 기업경쟁력이 지속적으로 약화되면서 중국 시장에서 경쟁은 더욱 심화될 것이다. 특히 중국이 수출경쟁력의 회복을 위해 주변국가의 경제에 부정적 영향을 주는 근린궁핍화(beggar my neighbor) 현상에 대한 우려도 있다. 이런 점에서 한중 정상이 이미 합의한 양국이 공동시장을 구축하여 제3국에 진출할 수 있는 선도사업을 발굴하는 한편 북·중·러 접경지역을 중심으로 한 손에 잡히는 한중경제협력모델 시범사업을 발굴해 확산시켜야 한다. 좀더 근본적으로는 동아시아 FTA를 만드는 플랫폼으로 만드는 한편 한국의 입장에서는 한반도를 동북아와 세계를 연결하는 노드(node)를 지향해야 한다.

넷째, 사회문화적으로도 한중 양국은 상대의 장점과 단점을 객관적으로 보기 시작했다. 이런 점에서 상호간의 인식 차이와 기대 차이가 하나의 프레임으로 고착화될 수 있는데 이를 방지하는 노력이 필요하다. 중일 관계는 이런 점에서 일종의 반면(反面)교사이다. 특히 정치와 안보 영역에서 갈등이 나타날 경우 민간의 부정적인 인식구조나 민족주의적 열기는 수면위로 나타날 가능성은 상존해 있다. 이런 점에서 여론을 바르게 이끄는 싱크탱크와 지식인의 역할이 중요할 뿐 아니라, 미래 세대의 주역인 청소년들의 교류와 협력을 증진시켜 차세대 한중관계의 동량으로 배양할 필요가 있다. 그 나라의 마음(heart and mind)을 사는 진정한 양국의 공공외교의 활성화도 이런 점에서 중요성을 가진다.

다섯째, 양국 정상이 합의한 중국의 일대일로 이니셔티브와 한국의 유라시아 이니셔티브를 접맥하여 새로운 한중관계의 이정표를 만드는 일이다. 중국의 일대일로 이니셔티브는 단순한 인프라 투자가 아니라 공영주의(共贏主義:win-winism)를 지향하는 새로운 지역협력 방안이다. 한국은 중국의 일대일로가 지나는 길목마다 도로와 항만, 통신, 에너지, 스마트시티 등을 활용해 일종의 '코리안 패키지'를 가동할 수 있다. 그러나 북한의 참여가 없는 동북지역의 일대일로 이니셔티브는 성공하기 어렵다. 이를 위해 한국이 주도적으로 움직이면서 나진·선봉지역 또는 훈춘지역 등에 유사한 산업기지를 조성하여 국경지역에 남북경협을 추진할 방안을 모색할 필요가 있다. 현재 북한은 제도적 결함에도 불구하고 중국의 개혁개방 초기와 같은 시장화, 해외투자 유치, 무역 다변화 등 변화의 징후가 나타나고 있다. 역설적으로 북한의 새로운 시장화 실험은 한중 관계와 남북관계의 선순환구조를 만들어낼 수 있는 공간이 확대되고 있다. 이런 점에서 한국이 중국의 일대일로에 올라타 남북관계, 한중 관계, 북중 관계를 선순환 구조를 만들어나가는 것이 중요하다.

전략적 성숙기로 나아가는 중한 동반자관계

먼훙화, 류샤오양(門洪華, 劉笑陽 / 국제전략연구소)

1. 서론

중한 양국은 역사적 연원이 깊고 현실적인 공동이익이 교차하는 동시에 각기 서로 다른 발전조건이 존재하여 양자관계의 복합적인 상호의존적 특징이 날로 뚜렷해지고 있다. 2013년 이후 전략적 협력 동반자관계가 심화되고 강화됨에 따라 양국 간의 실질적인 협력이 더욱 빈번해졌고 중한관계 역시 점차 전략적 성숙기로 발전되고 있다. 중한협력은 실로 "양국과 양국 국민들에게 실질적인 이익을 가져다주고 해당 지역과 세계의 평화 및 안정 유지를 위해 중요한 공헌을 하고 있다."[1] 동아시아 지역에서 성숙기로 나아가고 있는 중한관계는 한반도 안보문제의 평화적인 해결에 유리할 뿐 아니라, 동북아시아 및 동아시아 공동체 구축을 위해 필요한 제도적, 관념적 기초를 제공하여 지역의 장기적인 안정과 발전을 한층 더 촉진할 수 있을 것이다. 중국에게 있어 성숙기로 나아가고 있는 중한관계는 평화발전전략의 중요한 외교적 거점이자 신형 국제관계와 동반자관계의 선명한 본보기로, 주변 환경의 안정과 국제무역 향상, 역내 지위 강화, 국제 이미지 개선 등에 유리하고, 국가전략의 공간을 더 넓히고 확장할 수 있을 것이다.

....

[1] "全面推進互利合作, 推動中韓關係取得更大發展", 〈人民日報〉 2013年 6月 28日. 제1면.

한편, 중한관계의 발전 정도와 양국 정책결정자의 전략적 목표 간에는 아직 일정한 차이가 존재하여, 진정한 성숙기로 들어서려면 여전히 상당한 시일이 필요하다. 특히 양국은 정치와 안보의 구조적 수준에서, 경제무역의 과정적 수준에서, 인문교류의 관념적 수준에서 크고 작은 문제를 노정하였다. 중국의 대외전략이라는 전체 틀 안에서 양국 간 교류와 지역협력 및 세계적 상호작용 등의 수준에서 중한 양국의 공동이익과 동반자관계의 전략적 가치를 어떻게 지속적으로 발굴할 것인가는 중한관계가 전략적 성숙기로 나아가기 위한 중요한 과제가 되어야 한다. 이러한 점을 감안하여 우리는 18대 이후 중국 외교의 전략적 고려라는 기초 위에서 신형 동반자관계의 전략적 성숙기라는 평가 틀을 구축하고, 18대 이후 중한관계의 주요한 성과와 문제들을 결합하여 양국의 동반자관계가 전략적 성숙기로 나아가기 위한 정책적 건의를 제기한다. 나아가 중국 동반자관계 전략에 대해 학리(學理)적인 혁신을 시도하고, 동시에 중한 양국 협력과 동아시아 통합을 위해 더욱 지속적인 동력을 불어넣도록 한다.

1. 18차 당대회 이후 중국 외교의 전략적 고려

신형 동반자관계는 중국 외교 전략의 중요한 거점으로, 동반자관계의 전체 발전은 반드시 중국 외교 전략의 총체적 고려를 기초로 해야 한다. 현재 중국은 지역강국(regional power)에서 글로벌 파워(global power)로 가는 단계에 있으며, 나아가 글로벌 파워에서 세계강국(world power)으로 나아가는 과정에서 국가의 전략적 이익이 전 지구적으로 신속하게 확장되고 있다.[2] 국내외 도전에 맞서 국제적 기회를 잡아 지속가능한 발전을 실현하기 위해서, 중국은 현재 융합-변혁-창조(세계로 융합하여 자신을 변혁하며 세계를 만들어가는)를 핵심으로 하는 평화발전 전략의 틀을 구축하고 있다. 어떻게 평화와 발전, 협력, 공영의 방식을 통해 세

2 門洪華, "兩個大局視覺下的中國國家認同變遷(1982~2012年)", 『中國社會科學』 2013年 第9期, pp.54-66.

계 미래를 만들어갈 것인가는 평화적 부상(和平崛起)을 넘어 평화발전(和平發展)을 풍부하게 하고 부상 이후를 계획하는 중국의 전략적 착안점이 되었다. 외교전략에 있어서 중국은 국가의 전략적 이익 확장을 기초로 하고 협력공영을 핵심으로 하는 신형 국제관계 구축을 목표로 하여, '공동이익' '호혜공영' '중국책임'을 핵심으로 하는 신외교시대를 여는 데 주력하고 있다. 2013년 이후 국가 지도자의 잦은 해외 방문과 중국의 길에 대한 적극적 주장을 통해 중국은 협력과 공영이라는 강렬한 염원을 전 세계에 전달했고 국가질서와 전 지구적 거버넌스에 더욱 적극적으로 참여하겠다는 입장을 표명해왔다. 일련의 중요한 제안들을 했고 많은 중요한 컨센서스를 달성하였으며, 국제적 사안, 특히 지역 사안에서의 중국의 발언권을 효과적으로 증강시켜왔다.

장기적으로 안정적이고 건강하게 발전하는 신형대국관계를 만든다.
대국관계는 중국의 불변의 관심 사안으로 장기적으로 안정적이고 건강하게 발전하는 신형대국관계는 중국이 국제질서의 변혁을 추진하는 기초이다. 중국은 장기적, 안정적으로 발전하는 신형대국관계를 만들 것을 강조하며 상호신뢰 증진, 상호 융화, 대립방지, 호혜협력을 통해 국제체계의 평화로운 전환을 유지하는 데 주력하고 있다. 신흥대국과 수성(守成)대국 간의 충돌이라는 역사적 숙명을 뛰어넘어 기존 대국관계에서의 상호불신, 상호적대, 상호배척이라는 부정적인 요인을 극복하고, 상호신임, 상호존중을 강화하고 협력공영을 추구하여 협력공영의 새로운 모델을 건립하고 리스크 관리 메커니즘을 개선하여 국제관계를 위한 긍정적 에너지를 만드는 데 주력하고 있다. 18대 이후 중국의 신형대국관계 노력은 많은 긍정적인 효과를 거두었고, 또한 중한관계에 있어 신형대국관계의 대표인 중미관계 역시 가장 관건적인 외부적 요인이다. 2013년 6월 7~8일 중미 정상회담은 기념비적인 의미를 갖는다. 시진핑(習近平)은 충돌하지 않고 대립하지 않는, 상호존중, 호혜공영이라는 이니셔티브를 제안했고, 양측은 중미 신형대국관계 구축에 대해 중요한 합의를 이루어 양국관계 발전을 위한 방향을 확정하고 '투키디데스 함정' 위기에서 배회하는 중미관계를 효과적으로 안정시켰다. 중국은 역내 각국이 조화롭게 공존하는 아시아태평양 공동체를 건립하는 데 주력할 것이고, 아시아태평양국가로서 평화로운 지역발전을 위한 미국의 노력에도 환영한다. 이러한 개방적이고 포용적인 입장은 중미관계의 안정과 발전에 도움을 주고,[3] 또한 일정 정도 중한관계의 지속적 발전을 위한 편의를 제공하기도 한다.

공정하고 합리적인 국제정치와 경제질서를 추진한다.

안정적인 국제질서 유지는 대국이 진정한 성공을 거두었다는 중요한 표식이다.[4] 중국이 국제사회에 전면적으로 융합됨에 따라 중국은 전 지구적인 국제제도의 전면적 참여자가 되었을 뿐 아니라, 역내 제도의 창립에도 적극 참여하여 국제질서 형성의 중요한 역량이 되었다. 현재 부상 중이라는 점을 감안하여 중국은 건설적, 협력적, 예측가능한 자세로 국제질서의 공정하고 합리적인 방향으로의 발전을 촉진하고 있다. 국제정치질서 분야에서 세계문명의 다양성 존중을 제창하고 국제관계의 민주화를 적극 추진하며, 다자주의와 종합적 안보관을 제창하고 대화를 통한 국제분쟁 해결을 주장하였다. 국제경제질서 분야에서는 공동번영과 공동발전을 제창하고 남북격차 축소와 세계경제와 사회의 균형적이고 지속가능한 발전을 촉진하였다. 구체적인 포석 차원에서는 전 지구적 수준에서 종합안보관을 주도하고 협력안보의 규범과 제도보장을 강화한다. UN의 권위 보호와 UN의 적극적 역할 발휘를 주장하며, 세계적으로 전략적 동반자 관계 네트워크를 구축하여 국제적 영향력을 확대해나가고, '일대일로(一帶一路)' 전략의 실시와 금융 국가협력 메커니즘의 구축, '해외진출(走出去)' 전략의 강화, 아시아기초시설투자은행 건립 주도를 통한 국제금융질서의 변화를 촉구하고 있다. 요컨대 중국은 현재 동아시아 지역질서와 금융질서라는 양대 영역에서 힘을 발휘하여 국제질서의 공정하고 합리적인 방향으로의 발전을 추진하고 있다. 분명 전략적 협력동반자인 한국은 이러한 과정에서 중요한 외교적 거점 역

. . . .

3 門洪華, "中國對美國的主流戰略認知", 『國際觀察』 2014年 第1期, pp.11~24.

4 巴瑞 布贊(Barry Buzan), "中國崛起過程中的中日關係與中美關係", 『世界經濟與政治』 2006年 第7期, pp.15~18.

할을 발휘할 것이다.

평등협력, 호혜개방의 지역질서를 구축한다.

동아시아는 중국 정치, 안보, 경제이익이 집중된 지역으로 지속적 발전을 위한 가장 중요한 무대이고, 동아시아에서의 위상 정립 역시 중국의 장기적인 대외전략의 중점이다. 현재 중, 미, 일, 아세안 등 4대 세력이 상호영향, 상호견제 중에 있기 때문에 동아시아 대변동은 현재 세계의 가장 중요한 발전 과정이 되었고, 동아시아 질서는 재편의 과정에 있다. 이러한 점을 감안하여 중국은 역내 제도건설의 정층설계(頂層設計, Top-level design)를 적극 추진하고 공동이익 취합을 기초로 하여 동아시아의 개방적 협력을 전개하는 데 노력을 기울여왔다. 제도적 협력발전을 통해 동아시아를 이익공동체와 책임공동체로 발전시키고 동아시아 운명공동체 추진에 노력해왔다. 이러한 가운데 중국은 발전과 주변국가의 관계가 갖는 중요한 의미를 절실하게 인식하게 되었고, 이웃과 잘 지내고 이웃을 파트너로 한 선린(睦隣), 안린(安隣), 부린(富隣)을 견지해왔으며, 이는 친(親), 성(誠), 혜(惠), 용(容)의 이념으로 나타났다.[5] 중국의 정책결정자들은 주변외교의 확장을 위해 위대한 청사진을 제정하였는데, 업그레이드된 중국-아세안 자유무역지대 조성과 아시아기초시설투자은행의 건립과 '일대일로' 건설의 중대한 이니셔티브를 제기하여 주변국가와의 전략적 협력관계를 크게 상승시켰다. 지적해야 할 점은 2014년 하반기 이후 중일관계는 정치, 안보, 경제 등의 영역에서 점차 화해의 조짐이 나타나고 있어 중일 간 심각한 충돌을 방지하는 저지선이 현재 만들어지고 있다. 하지만 중일 간 화해의 길은 여전히 멀고도 험하다.[6] 동아시아 질서의 재편과 중일관계의 상황으로 인해 중한관계는 점차 동북아 안정과 발전의 중요한 거점이 되어왔다.

· · · · · · · · · · · · · · ·

5 習近平, 『習近平談治國理政』 北京: 外文出版社, 2014年, p.297.
6 門洪華, "日本變局與中日關係的走向", 『世界經濟與政治』 2016年 第1期, pp.72~90.

2. 신형 동반자관계와 전략적 성숙기

동반자관계는 국가 간 공동이익에 기반하여 공동행동을 통해 공동목표를 실현하기 위해 건립한 일종의 독립자주적인 국제협력관계이다.[7] 미국 학자 샴보우(David Shambaugh)는 "진정한 전략적 동반자란 매우 비슷한 세계관, 전략적 이익, 정치제도 및 제도화의 정보공유와 군사관계를 갖추어야 한다"[8]고 본다. 이러한 이해는 서구 동반자관계가 갖고 있는 동맹의 의미를 보여준다. 이와 대조적으로 중국이 세운 동반자관계의 기본 특징은 평등호혜, 상호존중, 우호적 교류, 상호 비적대, 제3국을 겨냥하거나 손해를 끼치지 않는 것 등이다. 이러한 신형 동반자관계는 평화와 발전을 기본 전제로 상호존중, 구동존이(求同存異)를 기본방침으로 하고 협력촉진, 호혜공영을 기본 목표로 하여, 대화로 이해를 도모하고 호혜로 발전을 촉진하며 협력으로 평화를 추구하는 제안이다. 신형 동반자관계의 양자 틀 아래, 주체 간 권력, 이익, 관념 배치의 시너지 효과와 윈윈 게임 실현에 노력한다. 중국이 주창하는 동반자관계의 목표는 현실주의 특징과 복합적인 상호의존적 특징이 서로 교차하는 국면에 부합하는 신형 국제관계를 구축하는 데 있다고 볼 수 있으며, 동반자관계 전략 역시 18대 이후 중국 외교전략의 중요한 거점이 되었다. 이와 동시에 중국이 주창하는 신형 동반자관계는 또한 비정태적인 양자 간 구조로, 그 발전과정에서 역시 동태적인 변화가 존재한다. 동반자관계의 최초 건립부터 단계적인 격상까지 그 행위 주체는 정치, 경제, 문화, 안보 등 다각적 차원에서의 접촉과 교류를 통해 동반자관계의 기존 틀에서 계속 성숙해나갈 수 있도록 노력해야 한다. 이 글에서는 전략적 기초, 전략적 원칙, 전략적 수단이라는 세 가지 차원에서 신형 동반자관계가 발전의 전략적 성숙기로 진입했는지의 여부를 판단해보도록 한다.

. . . .

7 門洪華, 劉笑陽, "中國伙伴關係戰略評估與展望", 『世界經濟與政治』 2015年 第2期, pp.65~95.

8 David Shambaugh, "Sino-American Strategic Relations: From Partners to Competitors," Survival, Vol.42, No.1, 2000, pp.97~115.

1) 신형 동반자관계의 성숙기 진입을 위한 전략적 기초

파워 측면에서 볼 때 성숙한 동반자관계는 상대적으로 공고하고 구조적 모순을 용납할 수 있는 완충적 공간을 보유해야 한다. 동반자관계는 전통적 의미에서의 동맹관계가 아니기 때문에 힘의 충돌이라는 가상의 적이 존재하지 않는다. 따라서 대립적인 힘의 확장과 비교해볼 때 신형 동반자관계는 협력적 힘의 타협에 더욱 주목한다. 그러나 동반자 주체의 독립성이란 국가의 힘이 양자 간 상호과정에서 상쇄되지는 않는다는 것을 의미하며, 이로 인해 양자는 동반자관계의 틀 내에서 파워 게임의 타협적 공간을 구축하려 시도하게 되고, 따라서 구조적인 힘의 충돌에 대비해 제한적인 행위 결과 및 대응방안을 제공한다. 다시 말해 전략적 성숙기로 진입한 동반자관계 역시 파워 게임의 구조적 모순을 해결할 수는 없으며, 단지 부정적 효과에 대비해 논쟁을 잠시 보류하는 공간과 갈등 화해의 여지를 만드는 데 치중한다는 것이다. 중한 동반자관계는 이웃하는 국가로 영토분쟁과 양자 무역구조의 불균형 및 한미동맹의 '안보 딜레마' 효과 등이 필연적으로 존재한다. 이는 모두 양국이 완전히 해결하기 어려운 구조적 모순이다. 현실적 상황에서 한중은 기본적으로 파워 게임이 초래하는 갈등을 위해 효과적인 '중간 지대'를 제공해왔으며, 양국 간 힘의 경쟁이 전체적인 충돌로 직접 전화될 가능성은 크지 않지만, 외부적 요인의 영향이 뚜렷한 영역에서는 여전히 불안정한 '암류(暗流)'가 존재한다.

제도적 차원에서 성숙한 동반자관계는 장기적이고 안정적이며, 전략적 상호 신뢰를 추진할 수 있는 양자 간 메커니즘을 보유해야 한다. 동반자 관계 자체는 결코 강제적인 제도배치가 아니며 그것이 내포하고 있는 탄력적인 메커니즘 설계는 주로 충실한 동반자관계 양측의 상호 정보교류 수단을 사용한다. 동맹관계 중에 나타나는 이익 양도와 달리, 신형 동반자관계에서의 메커니즘은 주로 '희생'이 아니라 '제한'이라는 틀을 통해 주체 간의 행위를 예측한다. 이와 동시에 동반자관계의 결성 초기 양자 간 메커니즘에는 실천적 측면에서 결함이 존재하기 때문에, 관계 주체가 '자아제한'에 대해 일정 정도 소극적인 대응을 할 여지가 있다. 그러나 양자 간 메커니즘의 안정성과 적용성이 점차 강화됨에 따라 동반자 양측은 제도적 제약을 자신의 이익의 효과적인 보장으로 간주하기 시작하고, 상호 정보교류 메커니즘의 기초 위에서 성숙한 전략적 신임을 적극 실현하고자 한다. 중한 동반자관계로 말하자면 정치, 경제, 인문교류 분야에서 모두 비교적 고정적인 제도를 형성했고, 양국은 이러한 제도적 틀 아래에서 일련의 심도 깊은 교류를 진행해왔으며, 또한 제도에 대해 부단한 피드백과 조정을 해왔다. 제도적 차원에서의 협력은 중한 동반자관계의 성과에서 가장 풍성한 영역이라 할 수 있다. 그러나 양국의 전략적 상호신뢰는 여전히 격상시켜야 할 공간의 여지가 많으며, 제도적인 전체 설계 역시 장기적인 검증이 필요하다.

관념적 차원에서 볼 때 성숙한 동반자관계는 주류를 차지하고 지위의 차이를 완화할 수 있는 긍정적인 컨센서스를 보유해야 한다. 동맹관계에서 참여자의 힘은 관계의 특징을 결정하는 핵심적 변수이며, 그 관념적 역량은 주로 지도자층과 엘리트층의 정체성에 달려 있다. 이와 비교하여 동반자 관계에서의 지위는 상대적으로 더욱 일치되고, 관념은 양자관계를 형성하는 효과 측면에서 더욱 뚜렷하게 나타나 정책결정자들의 정체성을 반영할 뿐 아니라 비정부 주체와 국민 간의 가치판단을 포함한다. 동반자관계 양측의 관념적인 정체성의 인식이 평등할수록 공동이익을 추구하는 행동에서 더욱 보조를 맞추게 된다. 따라서 성숙한 동반자관계에는 주류적인 긍정적인 분위기를 가지고 일정 정도 힘의 비대칭성이 가져오는 지위의 차이를 완화할 필요가 있다. 이러한 가운데 정부는 주도적인 역할을 발휘하고 다국적 기업과 비정부조직은 연결고리의 역할을 발휘하며 국민들은 주력적인 역할을 발휘하여, 상대적으로 안정적이고 체계적이며 성숙한 '동반자 관념'을 형성해야 한다. 중한 동반자관계의 경우 박근혜의 중국 전승전 열병식 참가 사건에서 볼 수 있듯이 양국 정부는 이미 관념 주도적인 역할을 적극 발휘하였다. 그러나 비정부 주체나 국민적 차원에서는 오히려 뚜렷한 체감 추세가 나타나고 있어, 전체적인 긍정적 컨센서스는 여전히 국가 관념의 주류적 위치로 안정되기 어렵다.

2) 신형 동반자관계의 성숙기 진입을 위한 전략적 원칙

성숙한 동반자관계는 자체 이익의 상한을 한정해야 한다. 합리주의 이론에서는 무정부 상태 하에서의 국제체계에서 국가 자신의 이익추구 최대화는 유일한 선택이라고 본다.[9] 신형 동반자관계에서 모든 행위 주체 역시 국부적이고 이기적인 이익의 관점으로 상호 간의 행위를 바라보게 된다. 이와 동시에 성숙한 동반자관계에서는 '국가이익 최대화' 사유의 부정적 영향을 부분적으로 상쇄시킬 수 있고, 동반자 양측은 전체적으로 자기 제한을 주동적으로 채택하여 서로 다른 영역에서 상쇄 보완할 수 있는 상대적인 이익획득 모델을 형성하게 된다. '자체 이익'은 동반자관계 주체의 합리적인 선택이라고 말할 수 있지만, 이러한 권리 추구는 반드시 '적절한 정도'가 필요하다. 이익추구의 한도는 상대방 이익에 손해를 끼칠 수 있는가의 조건까지이다. 한편으로 자체 이익의 보호와 확장이 상대방 이익의 희생을 초래할 수 있다면 이것을 주동적 혹은 필연적인 목표로 삼을 수는 없다. 또 다른 한편으로 만약 회피할 수 없는 자체 이익의 희생이 존재한다면 응당 제도적 틀 내에서 타협한 결과가 양측 모두 수용할 수 있는 전략적 조정이다. 자체 이익의 상한을 한정하는 것은 이익경쟁적인 측면을 완화할 수 있다. 중한관계에서 양국은 기본적으로 국가이익 최대화를 쟁취하는 데 있어 악성적인 충돌이 존재하지 않는다. 이익의 교집합에서 경쟁적인 마찰이 존재한다 하더라도 거시적으로는 여전히 필요한 제한을 설정하였다.

성숙한 동반자관계는 공동이익의 마지노선을 확립해야 한다. 공동이익의 틀은 신형 동반자관계의 기본적 전제로 만약 가시적인 공동이익이 없다면 동반자관계는 유지되기 어렵다. 신형 동반자관계에서 동반자 양측은 공동이익의 형성에 주목해야 할 뿐 아니라 공동이익의 분배도 필요하다. 동반자 관계 건립 초기 동반자 양측은 종종 공동이익이 가져오는 '이윤'에 치중하는 경향이 있지만, 협력의 영역이 부단히 확장되고 상호의존도가 심화됨에 따라 양국 공동이 직면한 위협과 문제[10] 역시 날로 중요해진다. 공동이익과 공동 위협, 공동 문제에서 각각 나타나는 이윤분배, 리스크 분배, 책임분배는 동반자관계의 성숙기에 평형 상태를 실현할 수 있어야 하고, 공동이익 마지노선의 기초를 단단히 다져야 한

. . . .

9 劉彬, 蔡拓, "'國家利益最大化'的反思與超越",『國際觀察』2015年 第5期, pp.1~15.
10 '공동 문제'가 나타내는 기본적 함의는 이러한 문제가 공동의 수익이 될 수도, 공동의 위협이 될 수도 있어 국가 간 선택에 따라 전환될 수 있다는 것이다.

다. 공동이익 확립의 마지노선은 이익협력 최적화의 한 면을 반영한다고 볼 수 있다. 중한 동반자관계는 최근 20여 년간의 '동반자' 교류로 인해 양측의 공동이익은 이미 비교적 명확해졌고, 중한 FTA를 대표로 하는 양자 간 제도 역시 공동이익을 실현시키는 현실적 설계로 만들어지게 되어 중한 양측의 공동이익의 틀 형성이 이미 초보적인 윤곽을 드러내게 되었다. 그러나 고유한 힘의 차이로 인해 양측은 공동이익 분배 측면에서 여전히 반감이 존재한다. 특히 공동 리스크와 공동 책임에 직면했을 때 시종 보조를 맞추기 어렵기도 하다.

3) 신형 동반자관계의 성숙기 진입을 위한 전략적 수단

정치적 측면에서 상호협조에서 상호신뢰로 가야 한다. 신형 동반자관계는 각 영역에서의 실무적 협력을 심화시키는 데 주력하고 다층적인 소통협력을 강화해야 한다. 양자관계의 마찰과 역내 충돌, 전지구적 문제 등의 공동 의제에 대해 동반자 양측은 안정적 메커니즘을 통해 신속하고 효과적으로 정치 고위층 간의 접촉을 진행하고 자신의 이익관심과 전략적 요구를 상대에게 전달해야 한다. 채택된 해결방안에 합의를 이루어 우호협력의 정치적 분위기를 만들어내고 최종적으로 전략적 상호신뢰를 실현시켜야 한다. 중한 동반자관계에서 쌍방의 소통협조 메커니즘은 현재 확립되고 있는 중이며, 이미 기본적인 정치적 상호신뢰 기조를 형성하였지만 아직도 진일보한 개선과 보강이 필요하다.

경제적 측면에서 상호협력에서 상호의존으로 가야 한다. 신형 동반자관계의 틀 내에서 각 주체들은 경제무역협력 모델을 혁신하고 이익의 교집합을 확대하며 협력 메커니즘을 개선해야 한다. 정치적 차원에서의 협력과 지원을 통해 양호한 대외무역과 투자환경을 조성하는 데 노력하고, 에너지, 정보통신, 금융, 물류, 노무 등의 중점 영역에서 협력을 전개한다. 협력이 심화되고 동반자관계가 성숙해짐에 따라 양자 간의 상호의존도 역시 갈수록 심화되고 있고, 경제통합의 경로 역시 풍부해지고 있다. 중한 동반자관계에서 FTA 메커니즘의 건립은 경제무역관계가 이미 기본적으로 상호의존의 정도에 도달했다는 것을 보여주지만, 취약성과 민감성의 비대칭성으로 인해 기존의 메커니즘이 어떻게 장기적인 안정성을 발휘할 수 있을지의 효용은 여전히 검증이 필요하다.

안보적 차원에서 상호지지에서 상호지탱으로 가야 한다. 신형 동반자관계는 신안보관에 기반하여 방위업무의 대화 메커니즘 구축을 통해 정기적으로 양자 혹은 다자간 군사훈련을 실시하고 신속한 정보 공유와 전통적 안보 및 비전통 영역에서의 교류 협력을 확대한다. 동맹관계와 달리 신형 동반자관계는 발전 과정에서 주체 간의 상호지지를 강조한다. 즉 일종의 적극적이고 긍정적인 자세를 보여주면서 돌발적 문제에 대응하는 것이다. 전략적 성숙기에 진입한 이후에는 한층 더 전략적인 협력배치를 형성함으로써 안보영역의 상호지탱과 안정과의 연동을 실현해야 한다. 중한 동반자관계에서 양측은 안보영역, 특히 비전통안보 분야에서 이미 효과적인 탐색을 진행하였지만, 전체적인 협력 정도는 비교적 정체되어 있다.

문화적 차원에서 상호이해에서 상호참조로 가야 한다. 동반자 대상은 관계의 틀 안에서 상호 간 대외무역확대를 강화하고 유학, 여행, 민간학술교류 등 각 영역에서의 양자 교류를 추진하고 민간 차원에서의 상호이해를 증진시켜야 한다. 문화적인 상호이해란 상대방에 대한 인정이라 할 수 있으며 배척하지 않고 오해하지 않는 것이다. 이에 비해 문화 참조란 이해의 기초 위에서 상호 대비, 상호 흠상(欽賞), 상호 참고를 실현하는 것으로, 상대방의 문화적 장점을 통해 자신의 소프트 파워 제고를 촉진하는 것이다. 중한 동반자관계에서 양측의 문화는 상호 융합된 선천적인 역사적 장점을 갖고 있지만, 관념적인 차원에서의 이해의 부족이 장기적인 장애를 만들어왔다.

요컨대 성숙기로 접어든 신형 동반자관계란 전략적 기초, 전략적 원칙, 전략적 수단의 틀에서 양자관계의 발전이 '탄탄대로'여야 하며, 동반자관계가 '퇴보하지 않았다'는 것은 전략적 성숙기로 진입했다는 핵심적 표식이다. 이를 중한 관계의 전체적인 상황과 결합해볼 때 필자는 양국의 동반자관계가 여전히 전략적 성숙기로 진입했다고 보지는 않지만, 거의 20년, 특히 18대 이후의 심화와 격상을 통해 성숙기로 접어드는 것이 이미 대세이며, 양자관계가 향후에 나아가게 될 주요한 방향이 될 것이라고 본다. 이에 따라 이 글의 다음에서는 18대 이후 중한 동반자관계의 주요 성과와 장기적으로 존재하는 주요 문제에 대해 구체적으로 분석하고 전략적 성숙기로 가기 위한 장단점을 명확하게 밝혀보겠다.

3. 18대 이후 중한 동반자관계의 주요 성과

18대 이후 중국 정책결정자들은 중한관계, 한반도 문제, 동북아시아 정세에 대해 계승적이고 혁신적인 전체적 구상을 제기했다. 즉 역내 정치관계를 발전시키고 역내 평화안정의 새로운 거점 확립을 모색함으로써 경제협력으로 역내 안보문제의 완화와 제도적 틀의 확립을 촉진하고, 사회교류와 문화교육활동을 지역협력의 연결고리와 연결시켜 역내 국가의 상호소통과 감독을 강화하고 역내 안보 교란자의 출현을 방지하는 것이다. 이와 동시에 중한 양측은 국가관계의 미래 발전 방향을 명확하게 하여 양자 간이나 지역 차원에서뿐 아니라 국제사회의 평화와 번영을 유지하는 차원에서도 진일보한 양국 간 전략적 협력 동반자관계를 추진해왔으며, 중한 양국이 공동발전의 동반자, 지역평화에 노력을 기울이는 동반자, 아시아 진흥을 위한 동반자, 세계번영을 촉진하는 동반자가 되도록 노력을 기울여왔다.[11] 2013년 이후 중한관계는 점차 발전되고 심화되어 다음과 같은 실질적인 진전을 거두었다.

첫째, 정치적 신뢰를 강화하고 역내 평화발전을 지지해왔다. 2013년 6월 28일 발표한 〈중한 미래비전 공동성명〉에서는 정치안보 영역에서의 전략적 소통 강화와 진일보한 전략적 신뢰의 제고를 제기하였다. 이를 위해 중한 지도자는 다양한 방식을 통해 일상적 소통을 하기로 결정했고 양국 외교부문 고위직 간 전략적 대화를 매년 2차례로 늘리기로 하였으며, 양국 외교안보대화와 정당 간 정책 대화, 국가정책연구기관 간의 공동 전략대화를 추진하기로 했다.[12] 2014년 7월 4일 발표한 〈중한공동성명〉에서는 양국 정부가 상호신뢰를 토대로 공동관

· · · · · · · · · · · · · · · ·

11 習近平, "共創中韓合作未來 同襄亞洲振興繁榮: 在韓國國立首爾大學的演講" (2014年7月4日), 〈人民日報〉 2014年7月5日, 제2면.

12 "中韓面向未來聯合聲明", 〈人民日報〉 2013年6月28日, 제2면.

심의 문제 및 중장기 문제에 대해 각급 기관에서 수시로 긴밀하게 소통하고 성숙한 전략적 협력 동반자관계를 구축하자고 강조했다. 구체적인 조치로 양국 지도자 간 상호방문의 정례화가 있는데, 2013년부터 2015년까지 중한 최고지도자가 연간 2차례 회담을 진행하여, 이미 고정적인 메커니즘을 형성했다고 볼 수 있으며, 양국 외무부 장관 간의 연례 상호방문과 양국 정부와 민간이 공동으로 참여하는 1.5트랙 대화 창구 등을 만들어냈다.[13] 2015년 9월 3일 박근혜는 중국 주석의 초청으로 중국인민 항일전쟁 및 반파시스트전쟁 승리 70주년기념식에 참석했다. 2015년 12월 22일 양국은 서울에서 중한 해역경계획정회담을 거행하였고, 3급 협상기제를 확립하여 해양경계문제의 해결을 위해 확고한 첫 발을 내딛는 데 합의하였다.

중한 양국은 지역협력을 적극 추진하였다. 양국은 2013년 6월 28일 〈중한 미래비전 공동성명〉에서 "중한관계 발전과 한반도, 동북아시아의 평화안정을 촉구하고 지역협력 및 전지구적 문제 해결을 위해 함께 공헌할 것"을 제안했다.[14] 2015년 9월 2일 시진핑은 박근혜와 회담 시 중국은 한반도 문제를 포함하여 국제, 역내 문제에 대해 한국과 소통 및 협력을 유지하기를 희망한다고 강조했다. 박근혜 역시 중국과의 공동노력을 통해 역내 국가관계가 건강한 발전의 궤도로 나아갈 수 있도록 노력하겠다고 밝혔다.[15] 동아시아 협력을 이끄는 중요한 틀로서 중한일 협력은 지역발전을 위해 매우 중요한 역할을 하고 있으며, 중한관계의 강화는 지역과 국제 업무에서의 삼국 간 소통과 협력을 촉진한다. 특히 2015년 10월 31일에는 제6차 중한일 정상회담이 3년 반 만에 개최되어 〈동북아 평화 협력에 관한 공동선언〉을 발표하였다. 중일관계와 한일관계에 존재하는 제반 문제를 고려해볼 때 중한관계의 공고한 발전은 두말할 것도 없이 역내 협력기제의 중요한 축이 될 것이다.

둘째, 호혜공영을 심화하고 경제무역협력 영역을 확대해왔다. 중한 양국은

. . . .

13 "中華人民共和國和大韓民國聯合聲明", 〈人民日報〉 2014年7月4日, 제2면.

14 "中韓面向未來聯合聲明", 〈人民日報〉 2013年6月28日, 제2면.

15 "習近平會見韓國總統朴槿惠", 〈人民日報〉 2015年9月3日, 제2면.

전략적 협력 동반자관계 하에서 경제무역협력의 새로운 도약을 거두었다. 기존의 협력을 확대하는 동시에 새로운 협력 영역과 프로젝트를 지속적으로 발굴해왔다. 현재 한국은 중국의 3대 무역 파트너이자 3대 수출대상국이고 2대 수입국이며, 중국은 한국의 첫 번째 무역 파트너이자 수출대상국, 수입국, 해외투자 대상국이다. 한국 매체 보도에 따르면 2014년 중국의 한국 직접투자액은 12억 달러에 달하여 동년 대비 147% 성장하였다. 중국은 이미 미국과 일본에 이어 한국의 3대 외자유치국이고,[16] 한국 역시 미국과 싱가포르에 이어 중국의 3대 외자유치국이다. 2015년 10월 31일 리커창(李克强)은 한국 박근혜 대통령과

표 1 중한 수출입 무역액 및 성장률 통계(2001~2015년)　　　　단위: 억 달러

연도	수출액(성장률)	수입액(성장률)	총액(성장률)	무역수지
2001	125.2(10.9%)	233.9(0.8%)	359.1(4.1%)	−108.7
2002	155.0(23.8%)	285.7(22.2%)	440.7(22.8%)	−130.7
2003	201.0(29.4%)	431.3(51%)	632.3(43.4%)	−230.3
2004	278.2(38.4%)	622.5(44.3%)	900.7(42.4%)	−344.3
2005	351.1(26.2%)	768.2(23.4%)	1119.3(24.3%)	−417.0
2006	445.3(26.8%)	897.8(16.9%)	1343.1(20.0%)	−392.5
2007	561.4(26.1%)	1037.6(15.6%)	1599.0(19.1%)	−476.2
2008	739.5(31.0%)	1121.6(8.1%)	1861.1(16.2%)	−382.1
2009	536.8(−27.4%)	1025.5(−8.5%)	1562.3(−16.0%)	−488.7
2010	687.7(28.1%)	1384.0(35.0%)	2071.7(32.6%)	−696.3
2011	829.2(20.6%)	1627.1(17.6%)	2456.3(18.6%)	−797.9
2012	876.8(5.7%)	1686.5(3.7%)	2563.3(4.4%)	−809.7
2013	911.8(4.0%)	1830.7(8.5%)	2742.5(7.0%)	−918.9
2014	1003.4(10.1%)	1901.5(4.0%)	2904.9(3.9%)	−898.1
2015	1013.8(1.0%)	1745.2(−8.2%)	2759.0(−5.0%)	−731.4

출처: 2001-2010년 데이터는 중화인민공화국 주한 대사관 사이트, 『중한무역통계(1992-2010)』, http://kr.mofcom.gov.cn/article/zxhz/tjsj/201002/20100206776027.shtml, 2013-6-16; 2011-2015년 데이터는 중국 해관사이트, http://www.customs.gov.cn/publish/portal0/tab49666/, 2016-3-1.

· · · · · · · · · · · · · · · ·

16 江振龍, 張曉靜, "中韓自貿區建立對兩國經濟貿易的影響", 『中國市場』 2015年 第17期, pp.18-19.

의 회담 시 4개 국가발전 전략을 서로 연계시켜 새로운 협력의 거점을 만들자고 제안했다. 중국이 주도하는 '일대일로'와 한국의 '유라시아 이니셔티브', 중국의 '대중창업, 대중혁신'과 한국의 '창조경제', '중국제조 2025'와 한국의 '제조업 혁신 3.0', 중한 공동의 제3국 시장개척과 국제생산능력협력 등을 서로 연결하여 혁신과 스마트 제조, 첨단기술 연구개발 등의 협력을 강화하고 양국 경제의 구조적 전환과 업그레이드에 주력하여 역내 상호교류를 촉진시키고 호혜공영과 공동발전을 실현하도록 하는 것이다.[17]

표 2 한국 대중투자 상황 일람표(2001~2015년)

연도	투자 기업수(개)	중국 비중()	실제사용금액 (억 달러)	중국 비중()
2001	2909	11.13	21.52	4.59
2002	4008	11.73	27.21	5.16
2003	4920	11.98	44.89	8.39
2004	5625	12.88	62.48	10.31
2005	6115	13.89	51.68	8.57
2006	4262	10.28	39.93	6.07
2007	3452	9.12	36.78	4.92
2008	2226	8.09	31.35	3.39
2009	1669	7.12	27.00	3.00
2010	1695	6.18	26.92	2.55
2011	1375	4.96	25.51	2.20
2012	1306	5.24	30.38	2.74
2013	1371	6.02	30.54	2.60
2014	1558	6.55	39.66	3.32
2015	—	—	40.40	3.20

출처: 2001-2010년 데이터는 商務部外國投資管理司, 商務部投資促進事務局編, 『2011中國外資投資報告』, (北京: 經濟管理出版社, 2011), p.46; 2011-2012년 데이터는 『國際貿易』 2013年 第2期, p.69; 2013년 데이터는 『國際貿易』 2014年 第2期, p.69; 2014년 데이터는 『國際貿易』 2015年 第2期, p.69; 2015년 데이터는 상무부 사이트. http://www.mofcom.gov.cn/article/tongjiziliao/v/201601/20160101238883.shtml.

· · · · · · · · · · · · · · · ·

17 "李克强同韓國總統朴槿惠擧行會談", 〈人民日報〉 2015年 11月 1日, 제1면.

셋째, 인문교류를 촉진하고 양국 간 민간이해의 폭을 넓혔다. 중한 간 전략적 협력 동반자관계에서 인문교류는 매우 중요한 구성 부분으로, 중국은 이미 한국 유학생들이 가장 많은 한국의 최대 해외여행지가 되었다. 재중 한국 유학생과 중국 여행객의 수는 장기간 1위를 차지했다. 한국 아산정책연구원 조사에 따르면 이명박 정부 시기 만약 한반도 전쟁이 재발한다면 북한 편에 서겠다고 응답한 비율이 76%에서 2014년 4월에는 35%로 감소했다.[18] 또한 일본의 민간 비영리조직인 '언론NPO'가 2015년 10월 20일에 발표한 여론조사에서는 아시아에서 중국 영향력이 확대될 것이라고 대답한 한국인의 비율이 일본인이나 미국인보다 높았으며, 국제사회에서 중국이 커다란 역할을 할 것이라고 응답한 사람 역시 비교적 많은 것으로 나타났다.[19]

최근 중한 문화교류가 날로 긴밀해지고 있다. 인문유대를 강화하기 위해 중한 양국은 '중한 인문교류공동위원회'를 설립, 정부 간 협력기관으로써 인문교류협력 프로젝트를 구체화했다. 인적 교류 측면에서 중한 양국은 2014년 7월 〈중화인민공화국과 대한민국 영사협정〉에 조인하였고, 이로써 중한 양국 간 인적 교류에 더 많은 법적 보장을 제공하였다. 관광 분야에서 중한 양국은 2015년과 2016년을 각각 '중국 방문의 해'와 '한국 방문의 해'로 지정했고, 2016년 양국 간 인적 교류의 목표를 연인원 1천만 명 달성으로 잡았다. 한국관광공사 통계에 따르면 2015년 중국 여행객의 숙박, 교통, 쇼핑 등이 한국에 가져다준 종합적 경제적 효과가 220억 달러에 이르는 것으로 나타났고 이는 한국 GDP의 약 1.6%에 상당한다.[20] 교육 교류 분야에서는 2014년 9월 24일 20번째 공자학원이 한국 원광대학에 설립되어, 한국은 아시아 지역에서 공자학원이 가장 많은 국가가 되었다.[21]

. . . .

18 雷默, "中韓關係昇溫與東北亞新局", 『南風窗』 2014年 第15期, pp.22-24.

19 "日本機構調查顯示: 韓國'向中國傾斜'意識明顯", 參考消息網, http://www.cankaoxiaoxi.com/china/20151022/972836.shtml, 2015年 12月 5日.

20 "中國游客去年爲韓國貢獻1.6GDP人均消費1.4萬", 環球網, http://world.huanqiu.com/hot/2016-01/8307176.html, 2016年 1月 12日.

21 공자학원 사이트를 참고할 것. http://www.hanban.edu.cn/confuciousinstitutes/node_10961.htm.

표 3 중한 양국 간 19개 인문교류활동 프로젝트

	활동 프로젝트 명칭	분류
1	한중 인문교류정책 논단	학술
2	한중 전통기예 체험학교	전통기예
3	한중 전통복식 연구토론회	전통기예
4	산동성-한국 유가문화교류회	전통기예
5	가면무-변검 교류대회	전통기예
6	쑤저우-전주 인문유산교류	전통기예
7	한중 중학생 교류	청소년
8	한중 대학생 교류	청소년
9	한국정부 초청 장학금	미분류
10	한중 교사교류 후원사업	미분류
11	한중인문논단	학술
12	국제음악고고학회	전통기예
13	민간공예제작인력 상호교류	미분류
14	우수작품확대교류	미분류
15	한중 청소년 특별교류사업	청소년
16	한중 청년 직업능력개발 및 창업교류활동	청소년
17	한중청년교류	청소년
18	한중지방정부교류회의	지방
19	한중인문교류주제도시	지방

자료출처: 李熙玉, "韓中公共外交與人文紐帶", 『吉林大學社會科學學報』 2015年 第3期, pp.28~33.

    18대 이후 중한 양국은 전략적 협력 동반자관계의 틀 속에서 기존의 협력 성과를 끊임없이 다지면서 새로운 잠재력을 발굴하는 데도 노력해왔다고 볼 수 있다. 코헤인(Robert O. Keohane)과 나이(Joseph S. Nye)는 외교정책의 관점에서 볼 때 모든 정부가 직면한 문제는 어떻게 국제교류 과정에서 이익을 얻는 동시에 가능한 한 자주권을 유지할 것인지, 국제체계의 관점에서 각국 정부가 직면한 문제는 어떻게 국제 시스템을 컨트롤하여 자신의 이익을 위한 경쟁에서 호혜의 협력 모델을 형성하고 유지할 것인지라고 지적했다.[22] 중한 동반자관계가 거둔

· · · · · · · · · · · · · · · ·

22 羅伯特 基歐漢(Robert O. Keohane), 約瑟夫 奈(Joseph S. Nye)著, 門洪華譯, 『權力與相互依賴』北

새로운 성과로 볼 때 양국 정부가 국가이익과 공동이익, 경쟁과 협력, 현실주의 특징과 복합적인 상호의존적 특징 사이에서 끊임없이 전략적 균형점을 찾아왔고, 나아가 독립 자주적이고도 상호의존적인 선순환적 교류 모델을 만들어왔다는 점을 알 수 있다.

4. 중한 동반자관계 발전 과정에서의 주요 문제

중한 동반자관계의 주요 성과는 양국의 협력 정도를 보여주지만, 협력 사이에 잠재된 '암류' 역시 중한 동반자관계가 진정한 전략적 성숙기로 진입하기 위해서는 여전히 장기적인 과정이 필요하다는 것을 보여준다. 중한 동반자관계의 현실에서는 여전히 일부 '기대 격차'가 존재하며, 전략적 신임 정도도 더 향상되어야 하고 전략적 매치 능력도 개선되어야 하며 전략적 관념 인식도 심화되어야 한다. 이러한 원인을 파헤쳐보면 양국 관계에 여전히 많은 외부적 요인의 제약이 있어 구조적, 과정적, 관념적인 문제가 잠재해 있다는 것을 알 수 있다.

첫째, 구조적인 정치, 안보 문제이다. 동북아 지역에 장기적으로 존재하는 안보 딜레마는 중한 양자관계가 더욱 더 심화되고 확대되는 데 구조적인 모순으로 작용하고, 이러한 모순을 구성하는 제반 외부적 요인은 장기적으로 중한 양국의 전략적 상호신뢰를 방해해왔다.

정치적 차원에서 중국이 가장 주목하는 것은 당연히 한미동맹이라는 존재가 중한관계에 대해 장기적인 견제 역할을 하지 않을까 하는 것이다. 2015년 10월 14일 한국의 황교안 총리는 국회 외교, 통일, 안보의 대정부 질의에서 한미동맹의 기초 위에서 중국과의 전략적 협력 동반자관계를 발전시켜 나가겠다고 밝혔다.[23] 만약 한국이 미국에 치우친 대외전략을 지속해 나간다면 중한미 삼자 간

. . . .

京: 北京大學出版社, 2012年, p.299.

23 "韓總理: 以韓美同盟爲基礎發展中韓戰略合作關係", 環球網,

에 대칭적인 평형관계를 형성할 수 없고, 안보 딜레마와 신뢰 부족도 지속적으로 존재하여 양국 간 전략적 협력의 공간이 여전히 제약을 받게 될 것이다. 한국으로서는 북한 핵문제와 한반도 통일이 가장 민감한 문제이기 때문에, 중국이 한국 측에 두 가지 문제에 대한 원칙적 입장을 재차 밝혔지만 역사적 배경에서 형성된 북중관계의 특수성에 기반하여 한국은 중국이 정책적으로 북한의 편을 들 수밖에 없을 것이라고 의심하기 쉽다. 특히 2016년 1월 6일 북한의 수소폭탄은 재차 한반도 주변 국가들을 긴장하게 만들었고 6자회담의 앞날이 더욱 어두워졌다.

안보 차원에서 중한 양국은 안보 영역의 교류와 협력이 여전히 상대적으로 정체되어 있다. 군사동맹의 배타성과 잠재적 적대성이 중한 사이를 의심하고 상호 경계하도록 만들었다. 한미동맹은 한국에게 기본적인 안보 보장을 제공하고 한국 정부 역시 통상 미국을 안보 영역 협력의 우선순위로 보기 때문에 중한 간 안보협력과 군사교류는 다른 영역에 비해 여전히 부족할 수밖에 없다. 더욱 분명한 것은 2016년 2월 7일 북한의 탄도미사일 기술 위성발사 행동으로 주변 국가들이 더욱 촉각을 기울이게 되었고, 한미 역시 이를 계기로 한국에 '사드' 미사일방어 시스템 배치 협의 체결을 고려하고 있다. '사드' 시스템이 중국 국가안보에 미칠 수 있는 위협을 감안해볼 때, 이러한 선택은 중한관계의 민감성과 한반도 관계의 취약성을 강화시키거나 혹은 향후 일정 기간 동안 중한 동반자관계에 있어 주요한 안보장애가 될 것으로 보인다.

둘째, 과정상의 경제무역 문제이다. 경제무역관계의 신속한 발전은 이미 양국관계의 성과이고 중한 자유무역협정 체결 역시 양국 간 경제무역협력을 위한 새로운 발전 공간을 열어주었지만, 중한 무역마찰에는 여전히 암조가 흐른다. 중한무역의 급속한 성장과 동시에 한국은 중국의 많은 제품에 대해 비관세장벽, 반덤핑 혹은 차별적인 검역기준 등의 방법으로 중국의 상시적인 무역적자를 유지해왔다. 이는 중국의 대한 수출에 상당한 영향을 미쳐 한국에 대한 중국

. . . .

http://world.huanqiu.com/exclusive/2015-10/7765229.html, 2015年 12月 6日.

의 장기적인 무역 적자를 형성해왔다. 예컨대 한국은 중국 농산품에 대해서는 6%의 비율로 표본검사를 진행하지만 미국 등 국가의 동종 제품에 대한 검수율은 3%에 불과하다.[24] 국제 시장에서 중한 양국의 무역 품목(자본과 기술집약적 산업)이 서로 겹쳐 제품의 경쟁성 역시 날로 치열해지고 있다. 이 밖에도 중한 간 상호 빈번한 무역구제조치 사용과 반덤핑 품목 수량의 증가 역시 일정 정도 자유무역의 순조로운 진행에 영향을 미치고 있다. 중한 양국은 비록 커다란 틀 안에서는 합의를 이루고 이에 상응하는 제도를 확립했지만, 중간이나 미시적인 영역에서의 협조는 여전히 시간이 필요한 실정이다.

셋째, 관념상의 인문교류 문제이다. 중한 인문교류는 효과적이지 못하고 다음과 같은 역설이 존재한다. 즉 양국 사회 간 교류 지역이 긴밀해지고 양국 국민 간의 접촉과 감정이 밀접해질수록 호감도는 낮아진다는 것이다.[25] 중한 양국은 공유 문화에 대한 이해가 다르고 일부 역사인식 문제에서도 심각한 차이가 존재한다. 중한은 자고 이래로 밀접한 지리적 연계를 유지해왔고 양국 문화에는 커다란 공통점이 존재하기 때문에, 문화의 발원과 역사문제에 대해 객관적이고 엄밀한 태도로 공정한 해석이 필요하다. 그러나 최근 일부 해석들에 '설전'이 잇달아 일어났고 한국의 일부 '등재 신청' 행동 역시 중국 정부 당국의 인가와 국민들의 인정을 얻지 못하고 오히려 서로 간의 반감만 증가하게 되었다. 또한 한국 관광객 숫자는 해마다 상승하는 추세에 있지만, 중국으로 여행을 가는 한국 관광객 수는 뚜렷하게 감소하는 추세에 있다. 한국의 조사에 따르면 향후 3년 동안 가장 가고 싶은 여행지로 미국이 36.7%를 차지했지만 중국은 10위권에 머무른 것으로 나타났다.[26] 또한 중한 유학생 집단이 날로 젊어지고 많아졌지만, 언어 교류의 장애와 사회진출 부족 등의 문제로 많은 유학생들의 학업이 우려할 만한 상황이고 취업 상황 역시 낙관적이지 않다.

· · · · · · · · · · · · · · · ·

24 湯婧, "中韓自貿區的未來趨勢: 化解困境, 開拓發展", 『國際經濟合作』 2015年 第4期, pp.12-15.

25 韓愛勇, "中韓社會交往22年: 成就與問題", 『當代韓國』 2015年 第1期, pp.56-68.

26 "韓國來華旅游輿情及傳播效果調查報告", 鳳凰網, http://travel.ifeng.com/news/detail_2014_10/10/39031017_0.shtml, 2015年11月10日.

5. 중한 동반자관계가 전략적 성숙기로 나아가기 위한 몇 가지 건의사항

첫째, 성숙한 신형 동반자관계 만들기를 중한 양국 미래의 단계적 목표로 삼는다. 중한 양국은 동반자관계의 틀 내에서 이미 비교적 풍부한 성과를 거두었으며, 양자관계를 통해 다자관계를 추진하는 많은 메커니즘을 구축해왔고, 또한 협력 과정에서 양국의 공동이익도 두드러졌다. 그러나 중한 동반자관계에는 여전히 해결해야 할 많은 전략적인 문제가 존재한다. 양국은 파워 게임의 완충적 공간을 지속적으로 단단하게 만들어야 한다. 양자관계의 기초에서 더욱 완벽한 제도화 모델을 촉진하고 국가 관념의 차원에서도 긍정적이고 효과적인 상호 인식을 촉구함으로써 독창적인 중한 간 '전략적 공동체'와 '운명 공동체'를 형성해야 한다. 이와 동시에 중한 동반자관계는 지속적으로 공동이익을 추구, 확립하고 양자 협력 과정에서의 이익의 협조와 분배를 이루며, 정치와 경제 영역의 긍정적인 성과를 튼튼히 하고 문화와 안보 차원에 더 많은 관심을 기울여야 한다. 특히 돌발적인 위기가 발생한 이후 자체 이익과 공동이익 간의 교집합을 적절하게 찾아서 동반자관계가 순탄한 가운데 '금상첨화'가 되고 역경 속에서는 '도움이 될 수 있도록' 하여, 정말로 기회를 잡고 도전에 대응하는 두 가지 차원에서 긍정적인 역할을 동시에 발휘해야 한다. 이것이 바로 동반자관계가 전략적 성숙기로 진입했다는 중요한 기준이다. 중한관계를 동북아 안정과 발전의 핵심적 기둥으로 만드는 것은 여전히 양자관계 발전의 주요한 방향이고, 이러한 이상 실현을 위해 중한 동반자관계를 전략적 성숙기로 나아가게 하기 위해서는 단계적인 목표가 필요하다.

둘째, 양자 간 다방면의 전략 대화를 강화하여 이해를 넓히고 오해를 줄여나간다. 중한 양국은 이미 제도화된 외교 및 국방전략 대화를 건립하여 양국 간 정치교류와 안보협력 촉진을 위해 건설적인 역할을 발휘하고 있다. 기존 제도 틀 내에서 중한 양국은 양측이 주목하는 문제에 대해 적기에 상호소통하고 대북 정책과 한미동맹 문제에 대한 추측을 완화하며, 동북아지역 위기에 대한 통제 능력을 강화하고 전통적인 안보 영역에서 새로운 협력 지점을 찾도록 노력한다. 이와 동시에 중한 전략적 동반자관계를 심화시키고 강화하기 위해서는 다방면에서의 중한 전략 대화의 심도와 범위를 강화하고 중한 1.5트랙 대화의 실질적인 효과를 높이는 것이 필요하다. 예컨대 중한 양국은 싱크탱크 간의 교류협력을 강화한다. 싱크탱크 간 정치안보, 경제무역, 사회문화, 군사 상호신뢰 등 영역에서의 공동연구를 진행하여, 중한 전략적 협력 동반자관계의 격상과 심화를 위한 학술적 지원을 제공함으로써 양국관계의 발전에 영향을 미칠 수 있는 잠재적 불안정 요인을 해소한다. 특히 단시일 내에 나타날 수 있는 한반도 미래의 새로운 변화에 대비해서, 중한 양국이 상대방의 개별 요구와 쌍방 간 공동요구를 충분히 고려하여 대화 과정에서 국가 이익의 마지노선을 확립하는 동시에 공동이익을 위한 상호 타협의 여지를 남겨두어야 한다. 또한 중한 양국은 대일 정책의 방향과 동북아 역내 협력 등의 분야에서도 지속적으로 상호 협조함으로써, 불안정 요인을 억제할 수 있는 견제력과 개방적인 협력을 촉구하는 추진력을 만들어나가도록 한다.

셋째, 중한 FTA의 틀 안에서 경제무역협력을 심화시키고 동북아공동체 의식을 만들어간다. 중한 무역마찰과 한미 FTA 체결이 중한 FTA의 효과를 일정 정도 감소시켰지만, 중한 전략적 협력 동반자관계의 중요한 연결고리로서 중한 FTA는 여전히 중한 무역과 동북아공동체 의식 형성의 중요한 절차라 할 수 있다. 중한 양국에게 '양자 간 경제관계의 예측가능성'[27] 확보는 FTA 건설과 경제무역협력에서 첫 번째 고려대상이다. 중한 자유무역협정이 공식 체결됨에 따라 양국은 중한 자유무역협정의 세부 사항을 지속적으로 연구할 필요가 있으며, 시범 지역을 선정하여 점진적으로 포괄 범위를 확대해 나가야 한다. 핵심 수출산업의 산업연관 효과를 넓혀나가 양국 간 현대적 서비스업의 사슬이 효과적으로 연결될 수 있도록 하고, 산업 간 상호 보완할 수 있는 제품무역을 지속적으로 공고히 하여 산업 내 제품무역의 차이성을 확대해 나간다. 무역자유화 영역의 제도적 협력을 강화하고 적극적인 협상을 통해 무역마찰을 적절하게 해결하도록

. . . .

27 約翰 伊肯伯里(John Ikenberry), 門洪華역, 『大戰勝利之后: 制度, 戰略約束與戰後秩序重建』(北京: 北京大學出版社, 2008年), p.222.

한다.[28] 중한은 우선 양자 간 자유무역지대를 건립하여 동북아 지역의 경제협력을 촉진할 뿐 아니라 역내 정치적 신뢰를 강화하여 공동이익의 기초 위에서 동북아공동체 의식을 만들어나가고 동북아 통합을 위해 힘을 기울인다.

넷째, 중한 민간 차원의 이해를 위한 대화를 추진하고, 인문교류의 질적 효과에 중점을 둔다. 중한 양국 정부는 더욱 합리적이고 탄력적인 민간 상호교류의 플랫폼을 만들어 양국 간 다차원적인 인문교류를 긴밀하게 확대해나간다. 상대방의 가치관에 대해 상호포용, 상호존중, 상호참고의 분위기를 만들어나가고, 대화와 교류의 과정을 통해 이해를 넓히고 오해를 줄여나가 민간 상호신뢰의 정서적 기초를 다져나간다. 역사문제에 대해 양국 정부는 개방적이고 포용적인 태도로 학술계의 객관적이고 과학적인 연구와 개방적 교류를 장려한다. 문화문제에 대해서는 양국 문화의 '공유(有)'의 개념을 강조하고 '공향(享, 함께 누림)'의 이념을 심화시켜, 상호 수용과 참고를 통해 문화적인 전략적 소통을 실현하도록 한다. 중한 양국의 인문교류는 양적으로 비교적 높은 수준을 유지할 뿐 아니라 향후 질적으로도 우선적인 관심의 대상이 되어 '관광의 해'나 '문화의 해' 등의 활동 효과에 중점을 둔다. 양국 국민 사이에서 상대방의 가치관을 존중하고 관용하는 태도를 육성할 수 있도록 노력하고, 심리적인 '안보 딜레마'와 '잘못된 인식'을 깨고 전면적으로 성숙한 '동반자 관념'이 형성될 수 있도록 촉진한다.

· · · · · · · · · · · · · · · ·

28 湯婧, "中韓自貿區的未來趨勢: 化解困境, 開拓發展", 『國際經濟合作』 2015年 第4期, pp.12-15.

한중 경제관계

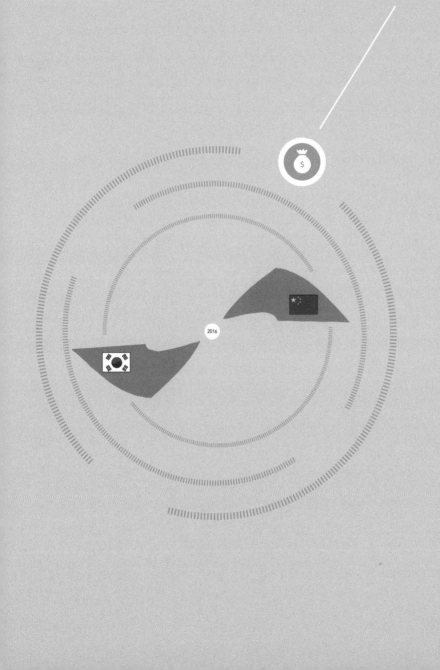

2016

전환기의 한중 경제협력 평가와 과제

양평섭(대외경제정책연구원)

Ⅰ. 서언

　2015년은 한중 경제협력에 있어 새로운 전기를 맞이할 준비가 이루어진 해였다고 할 수 있다. 2015년 한중 간 무역과 투자 협력이 새로운 전환기에 진입하였다. 무역과 투자가 과거의 고속성장 단계를 지나 중저속성장 단계에 진입하였다. 최근 3년간 양국 교역액은 연평균 2% 이하의 저속 성장을 하고 있고, 한국의 중국에 대한 투자도 지난 2년간 지속적으로 감소하고 있다.

　그러나 양국 간 무역과 투자 분야와 달리 서비스 분야 협력과 금융 통화 분야에서 협력은 크게 확대되었다. 양국 간에 경제협력을 확대할 수 있는 제도적 기반도 마련되었다. 2015년 6월 1일에는 한중 FTA 협정문에 대한 서명이 이루어졌고, 12월 20일에는 발효되었다. 2015년 10월 말 서울에서 개최된 정상급 회담에서는 양국 교역 확대, 혁신 분야 협력 강화, 제3국 시장의 공동진출 등 총 17건의 협력협정(MOU)을 체결함으로써 한중 FTA 발효 이후 협력 방향을 구체화하였다. 양국 간 상품교역과 투자 확대와 더불어 금융 통화 분야 협력 확대 필요성이 제기되고 있으며, 이에 2015년에는 한국이 아시아인프라투자은행(AIIB)의 창립회원으로 가입하였고, 금융 협력에 관한 합의문을 채택하는 등 금융과 통화 분야 협력을 구체화하기 위한 작업들이 추진되었다.

　양국 경제협력은 과거의 무역과 투자 중심의 협력에서 서비스와 금융 통화 분야로 확대되고, 전통 제조업 분야 협력에서 신산업 분야로 확대되며, 협력의 장도 양국에서의 협력에서 제3국에서의 공동협력이 필요한 단계로 접어들고 있다.

II. 2015년 한중 경제협력: 한중 경협의 전환기 진입

2015년은 한중 경제협력에서 전환기라고 할 수 있다. 양국 간 무역은 과거의 고도 성장기를 지나 중저속 성장기에 진입하였고, 투자 면에서는 한국의 대중국 투자가 성숙기에 진입한 가운데 중국의 대한국 투자가 지속적인 증가세를 유지한 해였다.

1. 한중 무역 평가: 중저속성장 단계 진입

첫째, 한중 교역이 중저속성장 단계에 진입한 것으로 판단할 수 있다. 2015년 한중 간 교역액은 한국 통계 기준으로 2,274억 달러로 전년 대비 3.4% 감소하였고, 중국 통계 기준으로 2,759억 달러로 5.0% 감소하였다. 과거 23년간 양국 간 교역은 연평균 17.8%의 높은 성장률을 유지하였으나, 최근 들어 증가율이

표 1 한중 교역 추이 (단위: 억 달러)

연도	한국 통계				중국 통계			
	대중교역	수출	수입	무역수지	대한교역	수출	수입	무역수지
1992	64	27	37	−11	50	24	26	−2
1995	166	92	74	18	170	67	103	−36
2000	313	185	128	57	345	113	232	−119
2005	1,006	619	386	233	1,119	351	768	−417
2010	1,884	1,168	716	453	2,071	688	1,383	−696
2011	2,206	1,342	864	478	2,456	829	1,627	−798
2012	2,151	1,343	808	535	2,564	877	1,687	−811
2013	2,289	1,459	831	628	2,742	912	1,831	−919
2014	2,354	1,453	901	553	2,905	1,003	1,902	−898
2015	2,274 (−3.4)	1,371 (−5.6)	929 (0.2)	469	2,759 (−5.0)	1,014 (+1.0)	1,745 (−8.2)	−731

주: ( )안은 전년 대비 증감률
자료: 한국무역협회 무역통계 DB 및 CEIC

급격히 둔화되고 있다. 특히 국제금융위기 이후 7년간 한중 교역증가율이 연평균 5.8%로 하락한 데 이어, 최근 3년간에는 1.9%로 급격히 둔화되었다. 특히 2015년 한중 교역액은 중국의 수입 둔화로 인해 전년 대비 3.4% 감소하였다. 이 중 한국의 대중국 수출은 5.6% 감소한 반면, 수입은 0.2% 증가하였다. 한중 교역이 둔화고 있는 것은 세계경기와 교역 둔화로 중국의 수출이 크게 둔화되면서 한국으로부터의 수출용 중간재 수입이 둔화된 것과 국제유가 하락에 따른 요인이 작용한 것으로 보인다.

둘째, 한중 교역의 둔화에도 불구하고 양국의 교역에서 상호 중요한 무역 파트너로 자리 잡고 있는 가운데 중국 수입시장에서 한국의 위상은 더욱 높아졌다. 1992년 수교 이래로 경제 통상 분야에서 급속한 관계 발전을 이룩하여 중국은 2003년 한국의 최대 수출시장으로 부상하였고, 2004년에는 제1의 교역대상국으로, 2007년에는 최대 수입대상국이 되었다. 한국은 2013년 일본을 제치고 중국의 최대 수입국이 되었다. 중국의 수출시장에 있어서는 1999년 독일을 제치고 미국, 홍콩, 일본에 이어 4번째 수출시장의 자리를 지키고 있다. 중국 수입시장에서 한국의 점유율은 1992년 3.3%에서 2005년 11.6%까지 상승하다가 이후 감소세로 전환되어 2011년에는 9.3%까지 하락하였다. 2012년 이후 다시 상승세로 전환되어 2015년에는 다시 10.4%까지 상승하였다. 중국의 내수용 수입시장에서 한국의 점유율도 2014년 5.7%에서 2015년에는 6.4%로 대폭 상승하였으며, 가공무역용 수입시장에서 한국의 점유율도 18.8%에서 19.3%로 높아졌다.

셋째, 2015년 한중 교역에서 중간재 비중이 줄어들고 소비재 비중이 상승한 해였다. 한국의 대중국 수출에서 중간재가 차지하는 비중은 2014년 77.2%에서 2015년에는 75.2%로 낮아진 반면, 소비재(승용차 포함)가 차지하는 비중은 3.6%에서 4.3%로 상승하였다. 2015년 한국의 대중국 중간재 수출액은 1,035억 달러로 전년 대비 7.7%가 감소하였고, 이 중 철강과 석유화학 등 산업용 원자재, 연료 및 윤활유류, 자동차부품은 각각 -15.6%, -39.6%, -5.6%가 감소한 반면, 전자 및 기계류 등 기타의 부품 수출은 3.2% 증가하였다. 한국 기업의 대중국 투자 둔화와 중국의 제조업 구조조정의 영향으로 자본재 수출은 3.4% 감소하였

한국의 대중국 수출 · 수입증가율 (단위: %)

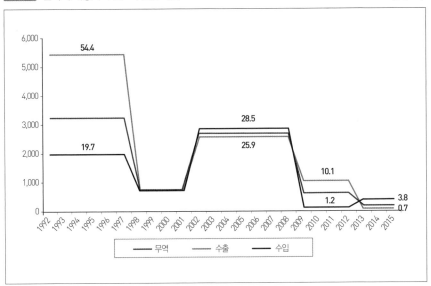

자료: KITA 한국무역통계DB

한중 양국의 시장점유율 (단위: %)

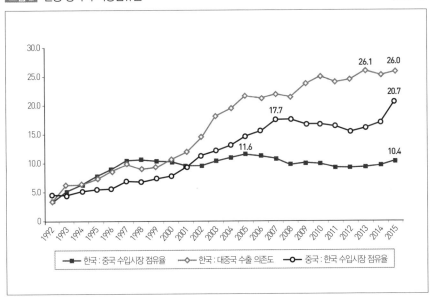

자료 : KITA 한국무역통계DB

다. 그러나 한국의 중국에 대한 소비재 수출(자동차 제외)은 44.2%가 증가했는데, 이는 중국 내 소비가 안정되면서 한국산 고급소비재에 대한 수요가 크게 증가하였기 때문인 것으로 보인다.

넷째, 2013년을 정점으로 양국간 무역불균형이 점차 축소되고 있다. 한국 통계를 기준으로 2015년에도 한중 교역에서 한국이 중국에 대해 지속적인 흑자를 유지하고 있으나, 한국의 중국에 대한 무역흑자 규모는 2013년 628억 달러에서 2014년에는 552억 달러로, 2015년에는 469억 달러로 줄어들었다. 이에 따라 2012년 이후 지속적으로 확대되었던 무역불균형 비율도 2013년 27.4%에서 2014년에는 23.5%로, 2015년에는 20.6%로 대폭 축소되었다. 중국 통계에서도 중국의 대한국 무역적자 규모가 2013년을 정점으로 줄어들고 있으며, 중국의 대한국 무역적자 비율도 2013년의 33.5%에서 2014년에는 30.9%로, 2015년에는 26.5%로 낮아졌다. 특히 지난해 중간재에서 한국의 대중국 무역흑자는 420억 달러로 전년대비 14.1%가 감소하였으며, 소비재 교역에서 중국에 대한 적자 규모도 85억 달러로 전년대비 10.9% 감소하였다.

그림 3 한국의 대중국 무역흑자 규모와 흑자비율   (단위: 억 달러, %)

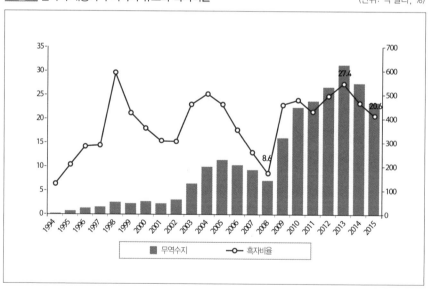

자료: KITA 한국무역통계DB

그림 4 가공단계별 한국의 대중 무역수지　　　　　　　(단위: 억 달러, %)

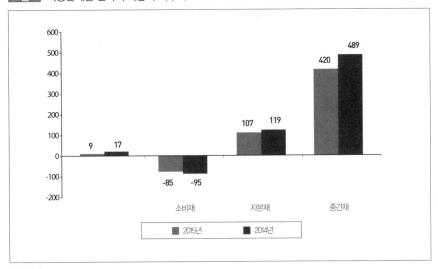

자료 : KITA 한국무역통계DB

2. 한중 투자 평가: 구조적 전환기 진입

최근 한국의 대중국 투자가 성숙기에 진입하면서 중국에 대한 투자는 2013년을 정점으로 감소세가 지속되고 있는 반면, 중국의 해외 진출 강화 전략이 추진되면서 중국 자본의 한국에 대한 투자는 빠르게 증가하고 있다.

첫째, 1992년 말 2억 달러에 불과하던 한국의 중국에 대한 투자액은 2015년 말에는 528.9억 달러로 증가하여, 한국의 해외투자의 16.9%로 미국(636억 달러)에 이어 2위 자리를 차지하고 있다. 또한 중국 상무부의 외국인 직접투자 유치 통계에 따르면 한국은 중국의 4대 외국인투자국으로서 1994~2015년 월말 누계 한국 기업의 대중국 투자액은 634억 달러로 같은 기간 중국의 대세계로부터 유입된 외국인 투자액의 3.8%를 차지하고 있다.

그러나 2015년에도 지난해에 이어 대중국 투자 감소세가 지속되었다. 2014년 한국 기업의 대중국 투자가 전년 대비 37.4% 감소한 데 이어 2015년에도 전년 동기대비 8.9% 감소하였다. 이와 동시에 한국의 해외투자에서 중국이 차지하는 비중도 2013년 16.7%에서 2014년에는 11.6%로, 2015년에는 10.3%로 낮아졌다. 중국이 WTO에 가입한 2001년 이후 고속성장을 구가하던 한국의 대중국 투자가 2007년을 정점으로 지속적으로 줄어들었다. 이러한 결과는 중국의 임금 상승, 환경규제 강화, 가공무역 규제 강화 등으로 중국을 생산기지로 활용하던 중소기업의 대중국 투자가 급격히 줄어든 데 기인한다. 특히 2010~2014년 기간 중 자동차, 반도체, LCD 등 대기업의 중국 현지 공장 설립과 증설이 이어지면서 다시 증가세를 유지하였던 대중국 투자가 대형 프로젝트 투자가 마무리되면서 지난해에 이어 금년에도 감소세가 이어졌다.

투자 분야에서는 제조업 투자는 줄어든 반면, 서비스업 투자는 대폭 증가하였다. 2015년 말 현재 제조업 투자가 408억 달러로 전체 대중국 투자의 77.2%를 차지하고 있으며, 서비스업에 대한 투자가 116억 달러로 21.9%를 차지하고 있다. 2015년 중 제조업 분야의 투자는 22.4억 달러로 전년대비 11.9%가 감소하였고, 서비스업 투자도 6.11억 달러로 동 0.6% 감소하였다.

그림 5 한국의 대중국 직접투자 추이   (단위: 억 달러, %)

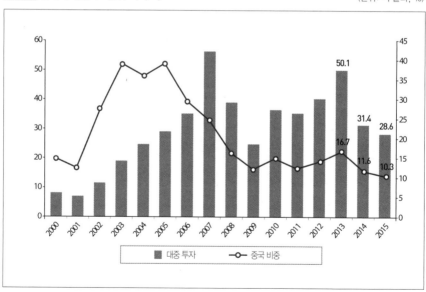

자료: 한국수출입은행 해외투자통계 DB

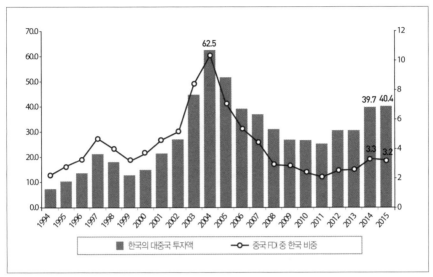

자료: 중국 상무부

  둘째, 지난해에 이어 2015년에도 중국 기업의 한국에 대한 직접투자가 큰 폭으로 증가하였다. 중국의 해외투자 전략(做出去) 추진으로 중국 기업의 한국에 대한 투자도 빠른 증가세를 유지하고 있다. 2015년 말 현재 중국의 한국에 대한 직접투자는 신고 기준으로는 9,650건, 81억 900만 달러이며, 도착 기준으로는 6,002건으로 45억 5,000만 달러에 달한다.

  2015년 한국에 대한 외국인 투자가 둔화되는 가운데에서도 중국의 한국에 대한 투자는 대폭 증가하였다. 중국의 한국에 대한 직접투자 신고건수는 685건으로 전년대비 30.5% 증가하였고, 신고액은 19억 7,800만 달러로 전년 동기대비 66.4%가 증가하였으며, 도착액도 17억 2,000만 달러 전년 동기 대비 446%가 증가하였다. 중국의 한국에 대한 투자는 무역업을 중심으로 이루어져 왔으나, 최근 들어 서비스업, 부동산, 문화 콘텐츠, 패션산업 및 IT산업 중심으로 대한국 투자가 증가하고 있다. 향후 한중 FTA 발효를 계기로 중국 기업의 메이드인 코리아(Made in KOREA) 기득권(프리미엄)을 활용한 중국 내수시장 진출형 투자 증대가 기대된다.

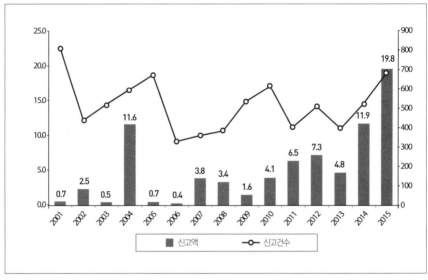

그림7 중국의 대한국 직접투자 추이 (단위: 억 달러, 건)

자료 : 산업통상자원부

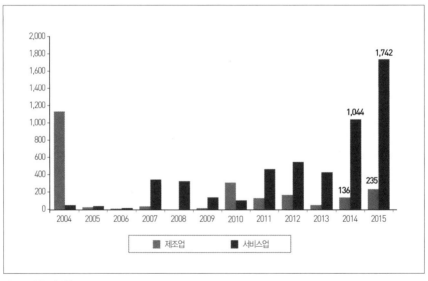

그림8 중국의 대한국 투자 분야 (단위: 백만 달러)

자료 : 산업통상자원부

3. 한중 경제협력의 3.0시대 진입

한중 간 무역과 투자 협력이 단계(3.0 시대)에 접어들고 있다. 중국 경제가 중고속 성장 시대에 진입하고, 수출 중심의 성장전략에서 내수 중심의 성장전략으로 전환하고 있다. 이에 따라 한중 간 경제협력 구조도 이전의 가공무역 위주의 교역에서 내수형 교역 구조로 전환되고 있으며, 무역구조에 있어서도 첨단부품과 소재 교역의 확대가 이루어지고 있다.

표2 한중 경제협력 시대의 구분

	1.0시대	2.0시대	3.0시대
시기	1992~2001	2002~2014	2015~
환경변화	한중수교(1992) 외환위기 (1998년)	중국 WTO 가입(2001.11) 국제금융위기 (2008년)	한중 FTA서명 발효 중국경제 New Normal
교역규모 (억 달러)	1992	2001	2014
	50 (연평균 증가율 : 24.4%)	360 (17.5%)	2,905 (〈5%)
교역	무역불균형 확대	무역불균형 확대	한중 무역불균형 축소
	상품무역 중심 교역 가공무역	상품무역 중심 교역 가공무역	서비스 무역 성장 내수용 무역 무역 균형
대중투자 (잔액)	1992년 말	2001년 말	2015년 9월 말
	1.2억 달러(상무부) 2.1억 달러(EXIM BANK))	127.5억 달러(상무부) 64.5억 달러(EXIM BANK))	624억 달러(상무부) 517억 달러(EXIM BANK)
투자	중소기업 중심 연해 중심	대기업 연해, 중서부 진출 확대	중서부지역 투자 확대
	한국의 일방적 대중국 직접투자	중국 走出去 전략 중국 자본의 한국 진출	상호 직접투자 확대 상호 자본시장 투자 확대
인적 교류	한국인의 중국 방문	중국인 한국 방문:요우커	상호 취업 확대 상호 인적 교류 1,000만 명 (2015년 1,043만 명)
산업협력	전통제조업 (경공업, 전기전자, 철강, 석유화학)	전통제조업(ICT, 자동차, 반도 체, 무선통신)	신성장동력 산업 전통산업 수입대체 및 해외투자 (중국)

자료: 필자 정리

투자 협력도 중국 내 최종재 조립형 투자에서 핵심 부품 분야로 확산되어 가고 있다. 한국 기업의 대중국 투자가 LCD, 반도체, 석유화학 등 대형 부품 및 소재 관련 분야와 서비스 산업의 투자가 확대되고 있다. 중국의 해외투자 전략으로 중국 기업과 자본의 한국에 대한 투자도 확대되면서 한국의 중국에 대한 일방적 투자에서 쌍방향 투자 확대로 점차 전환되고 있다.

한중 간 금융·통화 분야 협력 기반이 마련되면서 자본협력이 강화되고 있으며, 상호 인적 교류가 1,000만 명 시대에 진입하였다.

Ⅲ. 2015년 한중 경협 성과 : 한중 FTA 발효

한중 FTA는 2004년 11월 양국 정상이 FTA 체결을 위한 타당성 연구를 개시하기로 한 이후로부터 11년, 2012년 5월에 정식 협상을 개시한 이후 3년 반, 서명 후 6개월 만인 12월 20일 발효되었다.

한중 FTA는 단순한 관세인하 협상이 아닌 미래지향적인 포괄적인 협력 틀을 설정하는 데 역점을 두었다. 한중 FTA는 양국 간 경제협력을 확대는 물론 협력 구조를 고도화함으로써 양국 경제에 새로운 성장 동력을 제공하고, 동아시아 경제통합의 촉매제 역할을 담당하게 될 것이다.

1. 한중 FTA : 미래지향적 협력방향 제시

한중 FTA는 여타 FTA와 달리 관세인하에 그치지 않고 양국 간 경제협력 방향에 대한 종합적인 청사진을 담고 있다. 한중 FTA에서는 상품의 관세인하 이외에도 서비스와 투자 개방, 전자상거래와 환경 등 21세기 의제 협력, 전통산업과 신성장동력산업에서의 협력, 지방 간 협력 확대 등 다양한 양자 간 협력을 포함하고 있으며, 동북아 지역 안정에도 기여할 수 있는 제도적 기반을 마련하였다.

첫째, 상품 분야에서 증가세가 둔화되고 있는 양국 간 교역을 활성화시킬 수 있는 중요한 기반을 마련하였다. 전체 품목에서 FTA 발효 후 20년 내에 관세가 철폐되는 품목의 비중은 품목 수 기준으로 한국 92.2%, 중국 90.7%이며 수입액 기준으로는 한국 91.2%, 중국 85%이다. 특히 한국의 입장에서 한중 FTA를 통해 한국의 대중 수출 87억 달러에 해당하는 물품의 관세가 발효 즉시 철폐되며, 대중 수출 458억 달러에 해당하는 물품은 발효 10년 후 관세가 모두 철폐됨에 따라, 한국산 제품의 대중국 수출 활로를 개선하는 데 큰 도움이 될 것으로 전망된다. 특히 기존 가공무역 중심의 대중국 수출구조가 중국 내수시장을 겨냥한 고부가가치 최종 소비재 위주로 바뀌는 중요한 전기가 될 것이다. 향후 한중 간 농산물 교역 확대에도 기여할 것으로 기대된다. 한국의 대중국 수입 농수축산물 중 60(수입액 기준)를 관세철폐 대상에서 제외하였으나, 중국은 90 이상의 농수산물에 대해 개방함으로써 한중 간 농산물 교류는 물론 농업 분야 협력 가능성을 확대하였다.

둘째, 상호 비관세장벽을 제거하고, 진출한 기업들을 보호하기 위한 제도적 기반도 마련하였다. 그 일례로 재중 주재원 최초 2년 체류기간 및 복수비자 발급 확대, 700달러 이하 물품 원산지증명서 제출 면제, 48시간 내 통관 원칙, 부두 직통관제, 상품 반출시 전자적 서류 제출 등을 통한 통관 시간 및 비용 절감, 지재권 침해 물품의 압류 폐기를 명문화하였다. 기업의 애로 해소를 담당할 기관(중앙 성 단위)을 지정함으로써 기업의 실질적인 애로사항을 해소할 수 있는 창구 설치를 의무화하였다. 또한, 양국 정부가 비관세조치 해결 방안을 모색하기 위해 작업반을 설치하고, 각종 비관세조치를 보다 신속하고 효율적으로 해결하는 중개인을 통한 해결안 마련을 명문화하는 등 비관세장벽 문제 해소를 위한 제도적인 장치도 마련되었다.

셋째, 양국 간 서비스 교역과 투자 활성화에 합의하였다. 한국의 입장에서는 건설, 유통, 환경, 법률, 엔터테인먼트 등 중국 유망 서비스 시장에서 양허를 확보하고, 금융, 통신 분야 규범을 강화함으로써 서비스 기업의 상호 진출 기회가 확대될 것으로 기대된다. 특히 협정 발효 후 서비스와 투자 분야에서 네거티브 방식의 후속 협상을 개시하기로 합의함으로써 추가적인 서비스 시장 개방 기회도 확보했다.

넷째, 한중 FTA는 양국 간 산업협력을 고도화하고 다양화하기 위한 협력 프로그램을 포함하고 있다. 한중 FTA 협상에서 ① 철강, 중소기업, 정보통신, 섬유 분야의 산업협력, ② 농수산협력, ③ 정부조달, ④ 에너지자원, 과학기술, 해상

운송, 관광, 문화(방송 포함), 의약품 · 의료기기 · 화장품, 지방협력 등 기타 분야에서 협력을 강화하기로 합의함으로써 향후 한중 간 경제협력을 전방위로 확대할 수 있는 계기를 마련한 것으로 평가할 수 있다.

다섯째, 한중 FTA는 전자상거래, 정부조달, 환경 등 21세기 의제를 포함하고 있다. 중국 FTA 최초로 전자상거래를 독립 챕터로 설치했으며, 전자적 전송에 대한 무관세 관행 유지, 전자인증 서명, 개인정보보호, 종이 없는 무역 등을 규정하였다. 정부조달 분야에서는 경제협력의 한 분야로 포함해 정부조달의 구체적 의무사항 및 양허안을 규정하지 않고 중국이 GPA 가입 시 정부조달을 위한 협상을 시작하도록 규정함으로써 향후 정부조달 분야에서 양국 간 협력을 강화할 수 있는 기반을 마련했다. 한중 FTA에서는 양국의 지리적 인접성을 감안하여 환경협력을 강화하기로 합의하였다. 높은 수준의 환경보호, 다자환경협약 준수, 환경협력 강화 약속 및 환경위원회 설치, 환경관련 서비스 분야 개방 등을 합의하였다.

여섯째, 한중 FTA에는 지방 간 협력을 촉진할 수 있는 장치가 포함되어 있다. 한중 FTA 시범지구로서 중국의 웨이하이시와 인천경제자유구역(IFEZ)을 지정하여, 시범 협력 사업을 추진하고, 양국 간 상호 투자를 확대하기 위해 한중 산업단지(공업원)를 설립 운영 개발하기로 합의하였다. 이러한 합의에 따라 지난 10월에는 한중 산업협력단지에 관한 MOU를 체결한 데 이어, 11월에 개최된 차관급 회의에서는 한국의 새만금과 중국의 산둥성 옌타이(煙臺) 장쑤성 옌청(鹽城)시 광둥(廣東)성을 첫 번째 한중 산업협력단지로 지정하였다. 한중 FTA 협정에서 규정하고 있는 한중 산업단지와 한중 FTA 시범지구가 향후 한중 경제협력의 새로운 방향을 제시하는 과감한 시험장이 될 수 있도록 한중 FTA+, 중국 내 자유무역구 실험 적용 등 보다 전향적인 개방이 이루어질 수 있도록 중앙 및 지방정부 차원의 적극적 지원이 필요하다.

마지막으로 한중 FTA를 통해 한반도 및 동북아지역 안정을 촉진할 수 있는 기반을 마련하였다. 지역 안정 한반도 역외가공지역에서 생산되는 제품에 대해 특혜 원산지 지위를 인정하기로 합의함으로써 북한 경제의 활성화에 기여할 수 있는 제도적 기반을 제공하고 있다. 북한의 안정이 동북아지역의 평화와 번

영의 핵심인 만큼 한중 FTA는 개성공단에서의 역외가공을 통해 한반도 평화와
안정, 더 나아가 동북아 평화에도 크게 기여할 것으로 기대된다.

표 3 한중 FTA의 주요 합의 내용

분야	주요 합의 내용
상품 분야	FTA 발효 후 20년 내 품목 수 기준으로 한국 92.2, 중국 90.7이며 수입액 기준으로는 한국 91.2, 중국 85 개방 통관절차 및 무역원활화
서비스	시장접근(MA) 제한조치 도입 금지, 내국민대우(NT) 부여, 국내규제(DR), 투명성 제고, 상호자 격인정, 지불 및 송금, 혜택의 부인, 독점 및 배타적 서비스 제공자, 서비스무역위원회 설치 등 금융서비스 및 통신서비스에 대해 별도 챕터 구성 (중국 FTA 최초) 자연인의 이동 : 기업인의 일시 입국 체류에 관한 요건 및 기한 등
투자	내국민대우, 최혜국대우, 이행요건금지 조항 등 설립 후 투자자 보호조치 도입 투명성, 수용 및 보상, 송금, 대위변제, 혜택의 부인, 투자위원회 설치, 투자 환경 개선을 위한 접촉선 지정 등 외국인 투자자 대우의 최소기준, 투자자−국가 투자분쟁해결절차
원산지	양국의 교역구조, 기체결 FTA 원산지 규정과의 일관성 등을 고려하여 중립적인 특혜 원산지 규정에 합의 개성공단 생산 제품은 발효 즉시 특혜 관세 혜택 향유 가능 (310개 품목)
규범	중국이 체결한 FTA 가운데 가장 다양한 규범 협력 분야 포함 통관 무역에 대한 기술장벽 등 관련 챕터에 구체적인 의무를 규정, 중개절차(mediation) 및 비관세조치 별도 작업반 설립에 합의
경제협력	철강 중소기업 정보통신 섬유 분야의 산업협력, 농수산협력, 정부조달, 에너지자원, 과학기술, 해상운송, 관광, 문화(방송 포함), 의약품 의료기기 화장품, 지방협력 등 중국 웨이하이시와 인천자유경제구역을 협력시범지구로 지정하고, 한중 산업단지 설립 운영 개발 관련 협력 강화

자료 : 한중 FTA 협정문 및 보도자료 참조 저자 작성

2. 한중 FTA 의의

한중 FTA는 양국 간 경제협력 확대는 물론 협력 구조를 고도화함으로써 양
국 경제에 새로운 성장동력을 제공하는 동시에 중국 기업의 경쟁력 제고와 소
비자 효용도 증대시키게 될 것이다.

첫째, 한중 FTA는 양국 경제에 새로운 성장동력으로 작용할 것이다. 지난해
양자 간 경제교류도 상품무역 3,000억 달러, 상호 직간접투자 1,760억 달러, 인
적교류 1,000만 명, 금융과 통화 협력 확대 등 전 세계적으로 보기 드문 관계를

유지하고 있다. 그러나 국제금융위기 이후 한중 경제협력은 새로운 도전에 직면해 있다. 과거 23년간 연평균 17.8%에 달하던 양국 간 무역 증가세가 최근 3년간에는 연평균 2%대로 급락하였다. 한중 FTA 체결로 GDP 규모 11조 7,700억 달러(전세계의 15.1% 차지), 교역규모 5조 4,000억 달러(전 세계의 14.2% 차지)의 시장이 통합되게 된다. 한중 FTA 상대국과의 무역을 확대시킴으로써 경제성장을 추동하고 고용을 확대하는 기회를 가지게 될 것이다. 한국대외경제정책연구원에 따르면 한중 FTA 발효로 한국 경제는 10년 후 연간 0.96%의 새로운 추가 성장이 가능해지고, 5만여 일자리가 늘어나게 된다. 국무원발전연구중심에 따르면 한중 FTA는 중국 산업의 가치사슬 업그레이드로 이어져 GDP 0.34% 추가성장, 무역 1.81% 증가 등의 효과가 나타날 것으로 예상된다.

둘째, 한중 FTA는 그동안 중국이 추진해 온 FTA에 비해 매우 포괄적인 협정이며, 양국의 핵심 교역대상국과의 FTA이며, 동북아지역의 첫 번째 FTA로서 향후 중국의 FTA 전략 추진에 있어 전략적 의미를 가지는 FTA라고 할 수 있다.

한중 FTA는 지금까지 중국이 추진해 온 FTA 중에서는 가장 포괄적인 내용을 담고 있는 FTA로 평가할 수 있다. 한중 FTA 협정문은 총칙을 제외할 경우 상품 관련(6개 분야, 상품, 원산지, 통관 및 무역원활화, 무역구제, 위생검역, 기술장벽), 서비스 투자(5개 분야: 서비스, 통신, 금융, 자연인의 이동, 투자), 규범 협력(6개 분야 : 지재권, 경쟁, 투명성, 환경, 전자상거래, 경제협력) 등 무역 투자 서비스 관련 총 17개 분야를 망라하는 포괄적인 FTA로 평가할 수 있다. 향후 중국의 FTA 추진의 표준을 제공하게 될 것이다.

셋째, 한중 FTA는 동북아지역의 첫 번째 FTA로서 한중일 FTA 등 동북아지역의 경제통합을 가속화시키는 촉매제가 될 것이다. 한중 FTA는 한중일 FTA와 역내포괄적경제동반자협정(RCEP) 협상, 아태자유무역지대(FTAAP) 등 동북아 및 아태지역 통합을 활성화하고, 통합의 표준을 제공하게 될 것이다. 한중 FTA는 진입전 내국민대우와 네거티브 리스트 방식의 개방을 표방한 첫 번째 FTA로서 향후 중국의 FTA는 물론 동아시아지역 경제 통합의 표준이 될 것이다.

3. 한중 FTA 후속 협력 과제

1) 한중 FTA 후속 경제협력 기반 조성 강화

한중 양국은 2015년 10월 31일 정상급 회담을 통해 무역과 투자의 편리화, 산업협력 및 지방정부 간 협력 강화, 제3국 공동진출 등 다양한 분야의 협력을 강화하기 위한 쌍무 협력협정을 제결하였다. 양국 교역 확대 관련 6건, 혁신 분야 협력 강화 관련 4건, 제3국 시장의 공동진출 3건 등 총 17건의 MOU를 체결하고, 금융협력에 관한 합의문을 채택하였다.

특히 한중 양국 정부는 신산업 분야에서 양국 간 경쟁적 구조를 회피하고, 중국의 '중국제조 2025' 정책과 우리 '제조업 혁신 3.0전략'의 협력을 강화하기 위해 〈제조업혁신 3.0전략과 중국제조 2025간 연계 협력 MOU〉를 체결하였다. 동 협정에서는 양국 제조업 정책 교류 친환경 제조, 스마트 제조, 로봇 개발 활용 및 표준화, 디자인 분야 연구 스마트 공장, 친환경 공장 공동 작업반 설치(국장급 실무 협의체) 등에 협력하기로 하였다.

아울러 중국의 일대일로와 한국의 유라시아 이니셔티브를 연계시키기 위해 한중 양국 정부는 2015년 10월 30일 〈유라시아 이니셔티브-일대일로 간 연계 MOU〉를 체결하여 경제정책 공조, 기반시설 연결, 무역 투자 활성화, 금융협력, 인적교류 등 다방면에 걸친 경제협력을 확대하기로 합의하였다. 동시에 제3국 시장 공동개척, 양국 정보공유 플랫폼 구축, 투자 및 금융지원 제공, 공동연구 및 시범사업 실시 등의 협력 방식도 합의하였다.

2) 한중 FTA의 후속 조치 협력 강화

한중 FTA가 발효된 이후에는 투자와 서비스 등 추가 분야에 대한 조속한 협상과 동시에 협정 내용의 이행상황에 대한 철저한 점검 체제를 구축하는 등의 후속 조치가 뒤따라야 한다.

첫째, 추가적인 협상에 대한 철저한 준비와 조속한 협상개시가 이뤄져야 한다. 한중 FTA 발효 이후에는 투자와 서비스 분야의 네거티브 방식 전환 협상을 조속히 진행해야 한다. 동 분야의 협의는 FTA 발효 후 2년 내에 개시하고, 개

표 4 한중 간 17개 합의문과 주요 내용

합의문	주요 내용	담당 기관
한중 수입 및 수출용 쌀의 검역 검사 협력 MOU	-대중국 수출용 쌀의 품질과 안전성을 상호 보장하기 위한 정보 및 기술에 대한 교류와 협력	농림부 국가질량감독검험 검역총국
중국 수출 삼계탕의 위생 및 검역 검사조건에 관한 MOU	-한국에서 중국으로 수출되는 삼계탕에 대한 위생 및 검역 검사 조건 이행 및 상호 협력 합의	농림부 식약처 국가질량감독검험 검역총국
한중 수출입 활수생동물 검사 검역에 관한 약정	-양국의 검사 검역에 관한 정보교환 및 협력 채널을 마련하여 상호 수산물 안전관리체계 마련	해양수산부 국가질량감독검험 검역총국
한중 FTA 이행을 위한 양 관세 당국 간 협력 MOU	-한중 FTA 원산지증명서 정보 전자적 교환 및 FTA 원산지 검증 상호지원	관세청 해관총서
한국 '수출입 안전관리 우수 공인 업체 제도'와 중국 '해관기업 분류 관리 제도' 상호인정 약정 개정	-양국 간 성실 무역업체에 대한 신속통관과 관련된 협약을 상호 개정	관세청 해관총서
한중 경제무역발전 공동계획 (2016-2020)	-양국 간 중장기(2016-2020) 경제무역협력 방안에 대한 비전 설정	외교부 상무부
제조업혁신 3.0전략과 중국제조 2025간 연계 협력 MOU	-중국의 '중국제조 2025' 정책과 우리 '제조업 혁신 3.0 전략'의 협력 양국 제조업 정책 교류 친환경 제조, 스마트 제조, 로봇 개발 활용 및 표준화, 디자인 분야 연구 스마트 공장, 친환경 공장 공동 작업반 설치(국장급 실무 협의체) 등 합의	산업통상자원부 공업신식화부
한중 산업협력단지에 관한 MOU	-한중 산업단지 설립 운영 개발 협력 한국은 새만금사업지역을 한중산업협력 단지로, 중국은 산둥(山東)성 옌타이(煙臺) 장쑤(江蘇)성 옌청(鹽城)시 광둥(廣東)성을 중한산업협력 단지로 지정	산업통상자원부 상무부
소비자보호 공정거래 MOU	-소비자피해 구제에 관한 협력	공정거래위원회 공상행정관리총국
혁신창업 MOU	-창업공간 제공, 창조혁신 지원 조직 활용, 창업경진 대회, 한중 공동혁신 창업프로그램 등 포괄적 협력	미래창조과학부 과학기술부
제3국 시장 협력 진출에 관한 MOU	-제3국의 인프라, 플랜트 시장에 한국의 기술력과 디자인 역량, 중국의 금융조달 능력 등 장점을 결합하여 공동 진출	기재부 산업부 발개위 상무부
유라시아 이니셔티브-일대일로 간 연계 MOU	-양국의 중장기 경제 발전전략을 연계함으로써, 향후 아시아인프라투자은행(AIIB)을 활용한 우리 기업의 해외 진출 촉진 가능	기재부 발개위
한중 투자협력 기금 공동연구에 관한 MOU	-제3국 공동진출 지원을 위한 기금설치 방안에 대한 공동 연구 추진	산업부 상무부
판다 보호협력 공동 추진 MOU	-판다 보호 공동연구사업 진행상황과 평가 결과 공유, 보호 관련 활동 참여 등	환경부 국가임업국
대기질 및 황사 측정자료 공유 합의서	-서울 등 수도권 지역의 대기질 정보와 중국 35개 도시의 실시간 대기질 측정 자료 및 40개 지방 도시에서 황사 발생 시 측정 자료를 공유	환경부 환경보호부
통화 및 금융협력 합의문	-원화의 국제 활용도 제고 및 우리 금융기관의 중국 진출 여건 마련 중국 상하이에 원 위안화 직거래시장 개설	기획재정부 인민은행

시 후 2년 이내에 종결하도록 되어 있다. 정부조달 분야 역시 한국의 중요한 관심사의 하나이다. 정부조달은 경제협력의 한 분야로 포함해 정부조달의 구체적 의무사항 및 양허안을 규정하지 않고 중국이 GPA 가입 시 정부조달을 위한 협상을 시작하도록 하는 추후 협상(further negotiation) 조항을 규정해 추후 한중 FTA에 정부조달 챕터를 포함시킬 수 있는 기반을 마련했다.

둘째, 한중 FTA 발효 이후에는 이행상황에 대한 철저한 점검이 이뤄져야 한다. 협정에서는 양국의 장관급을 의장으로 하는 공동위원회(Joint Commission)를 두고, 그 아래 12개 위원회를 두어 이행상황을 점검하게 된다. 합의사항에 있어 우려가 되는 것은 중국의 제도적 관행과 중앙-지방 간 제도와 관행의 차이가 크다는 점이다. 이를 감안해 지방의 관행에 대한 철저한 분석이 이뤄져야 하며, 이를 바탕으로 한중 FTA 합의에 대한 이행상황 점검을 강화해 나가야 한다. 아울러 진출한 기업의 애로사항을 해결하기 위해 만들어지는 다양한 창구의 실효성을 확보하기 위한 노력을 경주해야 한다.

셋째, 한중 FTA 협정에서 지방 경제협력을 촉진하고, 한-중 산업단지(공업원)를 설립 운영하기로 합의함으로써 지방정부 간 협력이 확대될 것으로 예상된다. 한중 FTA 협정에서는 한중 FTA 시범지구로서 웨이하이시와 인천경제자유구역(IFEZ)을 지정하고, 상호 투자를 확대하기 위해 한중 산업단지(공업원)를 설립하기로 합의하였다. 지난 10월에는 한중 산업협력단지에 관한 MOU를 체결하여 한국의 새만금 지역과 중국의 산둥(山東)성 옌타이(煙臺) 장쑤(江蘇)성 옌청(鹽城)시 광둥(廣東)성을 첫 번째 중한 산업협력단지로 지정하기로 하였다.

한중 산업단지와 한중 FTA 시범지역이 가지는 전략적 의미를 감안하여 산업단지의 기능과 역할, 개방의 수준과 협력 방향을 정립할 필요가 있다. 한중 산업단지와 한중 FTA 시범지역은 향후 한중 간 경제협력을 선도하는 경제시범특구를 지향해야 한다. 개방을 선도하는 선행의 시범지역으로서 보다 전향적 입장에서 개방 영역을 확대하고, 새로운 협력 분야와 영역을 개척하는 실험장이 될 수 있도록 해야 한다.

양국 지방정부 간 협력을 확대할 수 있는 긍정적 효과가 기대되지만, 각 지방이 경쟁적으로 유사한 형태의 한중 산업단지를 조성하려 하고 있어 이에 대한 적절한 대책이 마련되지 않을 경우 그 실효성과 신뢰성이 크게 떨어질 것으로 예상된다. 아울러 한중 산업단지가 일부 지역에 편중되는 현상을 방지하고, 전략 지역(동북지역, 중서부 등)을 고려하는 것도 중요한 과제이다.

넷째, 다양한 홍보와 교육 등을 통해 관세인하 혜택의 수혜자인 기업들이 한중 FTA 협정을 적극적으로 활용할 수 있도록 지원하는 시스템을 구축해야 한다.

IV. 금융 통화 협력 강화

양국의 금융 통화 및 자본시장 협력이 확대 안정된 해이다. 원-위안화 직거래가 안정되고, 한중 간 무역결제에 있어 원화와 위안화 결제가 큰 폭으로 증가하였으며, 중국 자본의 한국 자본시장에 대한 투자도 안정되었다. 양국 정부 간 금융 통화 협력을 화대할 수 있는 제도적 기반도 강화되었다. 2014년 7월에 개최된 한-중 정상회의에서 원/위안화 직거래시장 개설, 위안화 청산은행 지정 등 청산체제 구축, RQFII(위안화 적격해외기관투자자) 자격 부여(800억 위안), 한국의 QFII(적격해외기관투자자) 투자 확대, 한국 외국계 기업의 위안화 표시 채권 발행 장려 등에 합의하였고, 2015년 10월 한-중 정상급회의에서는 한국 기획재정부와 중국인민은행 간에 중국 내 원화-위안화 직거래시장 개설, 중국 채권시장 내 한국의 위안화 국채(외평채) 발행, 산동성과의 금융협력 강화, RQFII 쿼터 확대(800억 위안→1,200억 위안), 예탁결제기관 간 연계 등 금융인프라 협력 강화 등에 합의하였다.

1. 금융 통화 협력 현황

첫째, 2015년 한국 내 원-위안화 직거래가 안정적으로 시행되었다. 2014년 7월 4일 중국교통은행 서울지점을 한국 내 위안화 청산은행으로 지정하였으며, 2014년 11월 3일에는 국내의 12개 은행을 원-위안화 은행 간 직거래시장의 시장조성자(market maker)로 선정하였고, 2014년 12월 1일에는 원-위안화 직거래

시장이 개설되어 은행 간 시장에서 원화와 위안화의 직접 교환이 시작되었다. 지난 1년간 원-위안 직거래 일평균 거래량은 22.6억 달러로 같은 기간 원-달러 일평균 거래량의 26.4에 달하는 등 원-위안 직거래시장은 성공적으로 정착해 왔다. 개장 초(2014년 12월) 일평균 거래는 8.8억 달러에 불과했으나, 중개 수수료 인하, 외환건전성부담금 감면 등 직거래 활성화 지원 조치 이후 거래가 증가하기 시작했다. 2015년 8월 11일 중국인민은행의 위안화 환율결정방식 변경으로 일정 기간 거래가 다소 위축되기도 했으나, 9월 이후 거래가 다시 회복세를 보이면서 일평균 거래는 20억 달러를 상회하고 있다.

그림 9 국내 원-위안 1일 평균 직거래 추이 (단위: 억 달러)

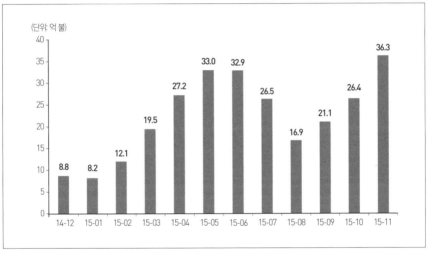

자료 : 기획재정부

둘째, 한중 간 무역결제에 있어 위안화 및 원화 결제가 빠르게 확대되고 있다. 2014년 한중 간 무역결제 중 미 달러화가 치지하는 비중은 대중국 수출의 95.6%, 대중국 수입의 95.3%로 절대적인 비중을 치지히였으며, 원화가 차지하는 비중은 각각 1.7%와 1.4%, 위안화가 차지하는 비중은 각각 1.7%와 0.9%에 불과하였다. 그러나 2015년 들어 한중 양국 무역결제 통화에서 위안화가 차지하는 비중이 대폭 상승하였다.

2015년 한국의 수출입에서 위안화 결제 규모는 78.4억 달러로 전년의 2.33배로 증가하였으며, 한국의 대세계 교역액에서 차지하는 비중도 2014년 0.31%에

그림 10 한중 무역에서 원화 결제액 (단위: 백만 달러)

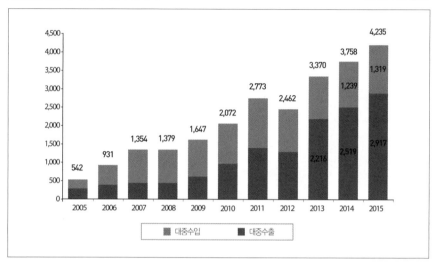

자료 : 한국은행 경제통계 시스템(ECOS)

그림 11 한중 무역에서 위안화 결제액 (단위: 백만 달러)

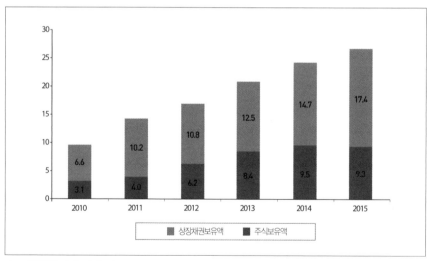

자료 : 한국은행 경제통계 시스템(ECOS)

서 0.81%로 0.5%p 높아졌다. 특히 2015년 한중 교역에 위안화에 의한 결제 규모는 67.7억 달러로 전년대비 2.03배로 늘어났으며, 한중 무역결제에서 위안화가 차지하는 비중도 2014년 1.42%에서 2015년에는 2.98%로 1.56%p 상승하였

그림 12 중국의 대한국 주식/채권 보유액   (단위: 조 원)

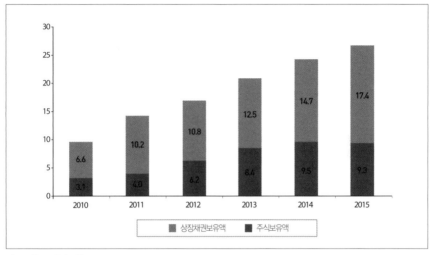

자료 : 한국금융감독원

표 5 QFII 및 RQFII 쿼터 사용 현황(2016.1.27. 현재)

	RQFII(억 RMB)	QFII(억 달러)
홍콩	2,700 (2,700)	168.00
한국	740 (1,200)	46.58
싱가포르	315 (1,000)	66.43
호주	300 (500)	16.00
영국	283 (800)	68.82
프랑스	198 (800)	19.85
독일	60 (800)	11.20
대만	–	97.76
미국	–	86.67
일본	–	26.04

주: ( )안은 최대 한도액
자료: 중국국가외환관리국

다. 또한 한중 교역에서 원화 결제 비중은 2014년 1.60%에서 2015년는 1.86%로 높아져 무역결제 분야에서 상호 통화 협력이 빠르게 확대되었다. 반면 2015년 한중 간 무역결제에 있어 달러화가 차지하는 비중은 2014년 95.35%에서 93.77%로 1.58%p 감소하였다.

셋째, 한국 증권 및 채권시장에 대한 중국 자본의 투자가 빠르게 증가하고 있다. 한국 금융감독원에 따르면 2015년 말 현재 중국 자금의 한국 상장채권 보유 규모는 17.4조 원으로 미국(18.1조원)에 이어 2위를 차지하고 있으며, 전체 외국인의 상장 채권 보유액의 16.8%를 차지하고 있다.[29] 또한 2015년 말 현재 중국 자본의 한국 상장주식 보유액은 9.34조 원으로 전년대비 1.6% 감소하였으나, 전체 외국인 주식보유액(421조 원)의 2.3%를 차지하고 있다.

넷째, 한국 자본의 중국 자본시장에 대한 투자도 확대되고 있다. 중국 국가외환관리국에 따르면 2016년 1월 27일 현재 중국 정부의 허가를 획득한 한국의 RQFII 한도는 740억 위안으로 전체 RQFII 허가액의 15.75%를 차지하고 있으며, 홍콩(2,700억 위안)에 이어 2위를 차지하고 있다. 2016년 1월 27일 한국의 QFII는 19건에 쿼터액은 46.58억 달러로 중국 전체 QFII(278개 사) 쿼터액(807.95억 달러)의 5.76%를 차지하고 있다. 그러나 한국의 쿼터는 홍콩 168억 달러, 대만 97.76억 달러, 미국 86.67억 달러, 영국 68.82억 달러, 싱가포르 66.82억 달러에 비해 소규모에 불과하여, 향후 한국에 대한 QFII 쿼터 확대가 필요하다.

2. 금융 통화 협력 강화 합의

아시아인프라투자은행(AIIB)의 발족, 위안화의 SDR 바스켓 편입 등에 대비한 금융 통화 분야 협력을 강화하고 있다. 이러한 노력으로 AIIB의 창립 회원 가입, 중국 외환거래소에서의 원-위안 직거래 시장 개설 합의, 한중 통화 SWAP 규모 확대 등 금융 통화 협력을 강화하고 있다.

첫째, 한국이 아시아인프라투자은행(AIIB: Asia Infra Investment Bank)의 창립 회

---

29 한국금융감독원 보도자료(2016년 1월 14일) "2015년 12월 외국인 증권투자 동향."

원국으로 가입함으로써 한중 간 금융협력을 강화할 수 있는 틀을 제공하였다. 한국은 2015년 3월 29일 AIIB 참여를 신청함으로써 '예정 창립회원국'지위를 획득하였고, 6월 29일에는 AIIB 협정문에 서명함으로써 창립회원국이 되었다. 우리나라는 37개 역내 회원국 중 4위, 57개 전체 회원국 중 5위인 3.81의 지분율을 확보하였으며, 이는 지금까지 우리가 가입한 국제금융기구 중 가장 높은 순위이다. 한국에 배당된 자본금 37.4억 달러 중 실제 납입금액은 7.5억 달러이며, 향후 5년간 분할 납입할 예정이다. 투표권은 국가별로 동일하게 분배되는 기본 비율 때문에 지분율보다 다소 낮은 3.50이다. 한국의 AIIB 가입으로 국제금융시장에서 양국 간 협력을 확대하는 동시에 국제금융기구에서 한국의 위상을 제고할 수 있는 기반을 조성하였다.

둘째, 2014년 한국에 원-위안 직거래시장을 개설한 데 이어 2016년 중에 중국내 원-위안 직거래시장 개설에 합의하였다. 중국 내 원화-위안화 직거래시장 개설은 해외에서 원화거래가 허용되는 최초의 사례인 만큼 원화의 국제적 활용도가 제고되는 역사적 전환점이 될 것으로 예상된다. 또한, 중국에서 원화 환전이 용이해져 무역결제에 있어 원화 결제 비중이 높아지고, 이에 따라 기업들의 환위험 감소, 환전수수료 절감 등도 기대된다.

셋째, 중국 채권시장 내 한국의 위안화 국채(외평채) 발행을 추진하고 있다. 위안화 외평채 발행은 위안화의 IMF SDR 바스켓 편입으로 국제적 위상 제고에 선제적으로 대응하여 외환보유액 조달 운용의 다변화를 도모하기 위한 조치이다. 또한, 최근 중국 정부는 해외 금융기관의 역내 채권시장에서의 위안화 채권(판다본드) 발행을 허용하는 등 채권시장을 점진적으로 개방하고 있다. 이와 같은 위안화 채권시장의 성장, 중국의 자본시장 개방 확대 등을 고려하여 한국도 위안화 표시 외평채 발행을 고려하고 있다. 위안화 외평채의 중국 내 발행이 성공적으로 이루어질 경우 한국 기업과 금융기관들이 전 세계 3위 규모의 중국 채권시장에 진출할 수 있는 발판을 마련할 것으로 평가되며, 국내 기관들의 역내외 위안화 채권 조달비용을 낮추는 벤치마크 효과도 있을 것으로 기대된다.

3. 국제금융시장에서 중국의 역할 강화에 따른 협력 과제

위안화의 SDR 편입과 아시아인프라투자은행(AIIB)의 발족으로 국제금융시장에서 중국의 위상이 제고될 것이며, 이에 따른 협력 확대가 필요하다.

첫째, 중국의 IMF SDR 편입으로 위안화의 국제적 위상이 제고되고, 위안화의 국제화도 가속화될 것으로 판단된다. 위안화의 IMF SDR 바스켓 포함은 국제통화로서의 위안화의 위상을 IMF가 공인한 것인 만큼 전 세계 무역 금융거래에 있어 위안화의 활용도가 더욱 증가할 것으로 예상된다. 특히, 준비자산으로서의 역할이 확대되면서 위안화 자산에 대한 수요가 점진적으로 증가하고 중장기적으로 위안화의 강세 요인으로 작용하게 될 것이다. 위안화의 SDR 바스켓 편입으로 중국의 자본시장 개혁, 국제금융시장과의 통합도 지속될 것으로 예상된다.

위안화의 국제화, 중국 자본시장의 개방에 맞추어 외환보유액의 조달과 운용의 다변화를 도모할 필요가 있으며, 국내 위안화 활용도 제고, 중국 자본시장 진출 등을 위한 노력을 더욱 강화해 나가야 한다. 이러한 필요에 의해 앞서 언급한 바와 같이 한국 정부는 2014년과 2015년 두 차례에 걸쳐 양국 간 통화 금융 협력 강화 방안에 합의하는 등 다각적으로 노력을 기울여왔다.

둘째, AIIB 출범에 따른 중국의 국제금융시장에 대한 영향력이 강화될 것이며, 이에 대한 적절한 대응이 필요하다. 한국은 AIIB 창립회원국 가입으로 다양한 인프라 건설 사업을 뒷받침하기 위한 대규모 사업에 대한 금융기관들의 사업 참여 기회가 확대되는 등 전후방 연관 산업에도 긍정적 영향이 예상된다. 교통, 전력, 물 공급 등 인프라 건설 등 일대일로 및 AIIB 관련 협력 사업에의 공동 참여 가능성을 모색할 필요가 있다. 이와 관련하여 진리췬(金立群) AIIB 초대 행장 선임자는 AIIB 투자는 2016년 2분기 이후 본격화될 것이며, 초기의 주요 투자 분야는 일대일로 주변국의 수요가 큰 전력, 교통, 물 공급 분야에 집중할 것임을 밝힌 바 있다.[30]

---

30 環球網(2015.11.12.), "金立群 : 亞投行融資將集中在電力等三領域."

셋째, 중국 자본시장에 대한 한국 자본의 진출을 확대하기 위한 노력을 지속해 나가야 한다. 이에 따라 2014년 한국은 중국으로부터 800억 위안의 위안화 적격해외기관투자자(RQFII; RMB Qualified Foreign Institutional Investor) 자격을 부여받은 데 이어 2015년 10월에는 동 쿼터 규모를 1,200억 위안(홍콩에 이어 세계 2위 규모)으로 확대하기로 합의하였다. 아울러 한국의 적격해외기관투자자(QFII; Qualified Foreign Institutional Investor)도 확대하기로 합의한 바 있다.

V. 맺음말

2016년은 한중 경제협력에 있어 새로운 전기가 되는 해가 될 것이다. 한중 FTA가 발효됨으로써 둔화되고 있는 한중 교역과 투자 회복에 도움이 될 것으로 기대된다. 한중 FTA를 계기로 한중 경제협력은 인적, 물적, 자본교류 등 여러 분야에서 더욱 확대되어갈 것이다. 상호 인적 교류는 2014년 1,000만 명을 넘어서 2015년에는 1,043만 명에 달하였다. 2015년 한중 간 무역규모는 전년에 비해 감소하였으나, 조만간 한중 무역규모가 3,000억 달러에 달하고, 직접투자와 자본시장에 대한 투자가 확대되면서 양국 상호 투자액도 2,000억 달러에 달하게 될 것이다.

2016년은 한중 경제협력에 있어 구조적 변화가 본격화되는 해가 될 것이다. 한중 경제협력이 무역과 투자 중심의 구조에서 서비스와 금융 분야로 확대되는 등 새로운 변화가 나타날 것이다. 중국의 '중국제조 2025' 전략과 '인터넷+' 전략 등 산업구조 고도화 정책 시행으로 미래성장산업 분야에서 한중 간 협력이 강화되고, 다른 한편으로는 경쟁도 격화될 것이다. 중국의 일대일로 추진, 위안화의 SDR 편입, AIIB 출범 등 세계경제 및 금융시장에 대한 영향력 확대로 통화와 금융 분야의 협력도 확대될 것이다. 한중 FTA가 발효된 데 이어 투자와 서비스 분야에 대한 추가협상이 이루어져야 하며, 미국을 중심으로 하는 TPP 협상이 타결됨으로써 한중일 FTA와 RCEP 등 동아시아 지역의 경제통합 움직임도 활발해질 것이다.

비대칭 의존 상태에서의 중한 경제무역 관계 및 새로운 조정과 새로운 추세

리우치엔(劉騫 / 동제대학교)

현재 아시아 지역에서 가장 활발한 경제체로서 중한 양국은 수교 이후 경제적으로 매우 밀접한 관계를 유지해 오고 있다. 경제협력 또한 양국 관계에서 가장 핵심을 이루는 의제이다. 경제협력은 중한 양국의 경제발전 수준의 상호보완성과 경제이익의 유사성에 따라 결정될 뿐만 아니라 양국의 우월한 지리적 위치, 유사한 전통풍습으로 필요하게 되었다.

중한 경제무역이 상호작용하는 동력으로 볼 때 중화민족의 부흥 실현을 목적으로 하는 중국이 안정과 주변 환경의 번영을 만들기 위해 한국과의 관계를 적극적으로 발전시키고,[31] 또 하나의 한강의 기적을 만들겠다는 목표를 가지고 있는 한국도 중국과의 관계 강화를 통해 경제 부흥을 도모하고자 노력하고 있다.[32] 중한 경제무역의 상호 보완성 측면에서 볼 때 중국은 이미 수년간 한국의 최대 무역 파트너이자 최대 수출시장, 최대 무역 흑자국, 최대 투자대상국이다. 그러나 한국은 중국의 제3대 무역 파트너, 제2대 수입국, 제3대 수출국이다. 양국은 2015년 중한자유무역협정(China Korea Free Trade Agreement)을 체결하였다. 이것은 양국의 경제무역 협력이 제도적으로 파격적인 발전을 이루었다는 것

---

31 習近平, "共創中韓合作未來同襄亞洲振興繁榮——在韓國國立首爾大學的演講", 『人民日報』 2014年 7月 5日, 제2편.

32 Jin Yong, "Chinese Factors in Modern Korea's Diplomacy," International Relations and Diplomacy, June 2015, Vol. 3, No. 6, pp.417-424.

을 의미한다.[33] 그러나 양국 경제무역 관계 발전의 전체적인 추세로 보면 2015년 양국 경제무역의 결합도가 미약해졌음에도 불구하고 한국의 대중 무역 흑자는 여전히 컸다. 대중투자액은 중국의 한국 투자액보다 훨씬 높아 비대칭 경제무역 관계가 계속 유지되고 있다. 게다가 국제시장에서 양국의 경쟁은 더 심해지는 추세에 있을 것으로 예견되고 있다. 그러나 중한 FTA 발표로 양국의 경제무역 관계에 새로운 성장동력이 발생될 것이고 양국 경제발전에 좋은 기회를 제공해줄 것이다. 2016년 양국 경제무역 관계는 중한 4가지 항목의 국가전략이 결합되어 지속 발전할 것으로 보인다. 중국의 '대중창업, 만중혁신'과 한국의 '창조경제'는 산업 혁신 협력의 새로운 시도를 하게 될 것이며 '중국 제조 2015'와 한국의 '제조혁신 3.0'으로 양국의 산업구조 조정에 주력하게 될 것이다. '제3자 시장의 공동개척'과 '해외 경제발전 공동추진' 그리고 '일대일로(一帶一路)'와 '유라시아 이니셔티브'로 양국의 협력은 더욱 확대될 것이다. 중한 경제무역 관계 발전은 여전히 적극적인 모습을 보이고 있다.

1. 2015년 중한 경제무역 관계의 발전과 특징

1) 중한 대외무역 현황

1992년 8월 중한 수교 이후 양국의 경제무역은 급속한 발전을 하였다. 2015년 중국은 한국의 최대 무역 파트너이자 최대 수출국, 최대 수입국으로 한국 관세청 통계에 따르면 2015년 중한 양국의 무역액은 2273.8억 달러로 3.4% 하락하였다. 그 중 한국의 대중 수출은 1371.4억 달러로 5.6% 하락하였고 중국에서 902.4억 달러를 수입하여 0.2% 성장하였다. 양국 무역이 전체적으로 둔화된 특징을 보이고 있지만 FTA로 새로운 무역 성장이 기대된다.

2015년 이후 중한 상품무역 상황을 비교해보면 2015년 양국 무역은 다음과

· · · · · · · · · · · · · · · ·

33 延靜, "中韓FTA生效開啓貿易新局面", 『大公報』 2015年 12月 10日.

같은 특징을 보이고 있다.

첫째, 월 수출입이 주기적으로 변동하는 특징을 보이고 있다. 수출의 경우 2015년 2월 춘절의 영향으로 한국의 대중국 수출입은 모두 최저 수준을 보이고 있다. 분기별로 보면 1분기 상품무역은 U자 형태로 분포되어 있고 연간 주기성 파동을 이루고 있다.

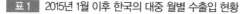

표 1　2015년 1월 이후 한국의 대중 월별 수출입 현황　　　　　　　　　(단위: 억 달러)

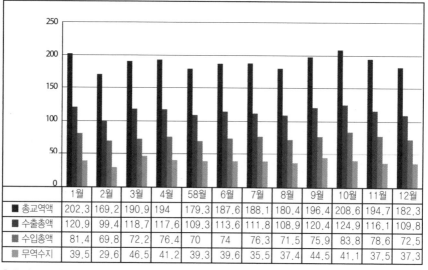

	1월	2월	3월	4월	58월	6월	7월	8월	9월	10월	11월	12월
■ 총교역액	202.3	169.2	190.9	194	179.3	187.6	188.1	180.4	196.4	208.6	194.7	182.3
■ 수출총액	120.9	99.4	118.7	117.6	109.3	113.6	111.8	108.9	120.4	124.9	116.1	109.8
■ 수입총액	81.4	69.8	72.2	76.4	70	74	76.3	71.5	75.9	83.8	78.6	72.5
■ 무역수지	39.5	29.6	46.5	41.2	39.3	39.6	35.5	37.4	44.5	41.1	37.5	37.3

출처: 상무부 중한무역통계, 해관총서 자료 정리

둘째, 전기기계제품, 광학의료설비, 화공제품은 한국의 주요 중국 수출품으로 2015년 수출액은 각각 677.9억 달러, 192.9억 달러, 152.1억 달러로 이 세 제품은 한국의 대중 수출총액의 74.6%를 차지하였고 광산품의 수출은 대폭 하락하였다.

한국이 중국으로부터 수입하는 상품은 전자기기, 비금속 및 비금속제품, 화공제품으로 2015년 수입액은 각각 418.7억 달러, 128억 달러, 66.7억 달러이다. 2015년 한국이 중국에서 수입한 주요 수입품 중 광산품의 하락폭이 컸다. 방직품, 원자재, 가구, 완구 등과 같은 노동집약형 산업의 수입은 중국이 지속적으로 우세를 유지하고 있다. 이런 제품들은 중국이 일본과 독일, 미국, 이탈리아 그리고 베트남과 같은 국가와 경쟁하고 있는 제품들이다.[34]

셋째, 중한 상품무역에서 한국은 여전히 안정적인 흑자를 보이고 있는데 주로 대중국 수출총액의 영향을 받고 있다. 흑자폭은 주로 한국의 대중 수출총액의 영향을 받는다.

2015년 중한 무역은 과거의 특징을 유지하고 있지만 새로운 변화가 생겼다.

2) 중한 무역 결합도의 지속적인 하락

중한 양국의 무역결합도는 결합도 지수를 통해 볼 수 있다. 무역결합도 지수 공식;

$$TCDab = (Xab\,/Xa)/(Mb\,/Mw)\ (\,1\,)$$

식(1)에서 TCDab는 b국이 a국의 수출 시장의 중요성 정도이다. Xab는 a국이 b국에 대한 수출액이고 Xa는 a국의 수출총액, Mb는 b국의 수입액, Mw는 세계의 총수입액이다. 만약 TCDab와 TCDba 모두 1보다 크면 양국의 무역이 매우 밀접한 관계에 있고 서로 중요한 수출시장이라는 것을 의미한다. 반대는 상반된 것을 의미한다. 무역결합도지수로 보면 중한 양국 경제의 상호 의존성을 볼 수 있는데 표2에서 2005년부터 2015년까지의 양국 무역결합도지수를 보여주고 있다.

표 2 중국과 한국의 무역결합도지수

년도	2005	2006	2007	2008	2009	2010	2011	2012	2013	2014	2015
TCD$_{ck}$	1.92	1.85	1.84	1.96	1.76	1.59	1.54	1.53	1.51	1.55	1.39
TCD$_{kc}$	4.44	4.33	4.18	3.88	3.57	3.29	3.10	3.15	3.17	2.46	2.37

출처: 상무부 중한무역통계, 해관총서자료 정리. TCD$_{ck}$ 중국 수출시장에서 한국의 중요 정도, TCD$_{kc}$ 한국 수출시장에서 중국의 중요정도.

표2를 통해 다음 3가지 결론을 얻을 수 있다.

. . . .

34 http://countryreport.mofcom.gov.cn/record/view110209.asp?news_id=47564 , 2016年 2月13日

첫째, 2015년까지 한국과 중국은 모두 상대국에 대한 무역결합도지수가 1보다 크므로 양국 서로 중요한 수출시장이고 무역관계도 밀접하다는 것을 알 수 있다.

둘째, 과거 10년간 무역결합도지수로 볼 때 중국의 대한국 무역결합도지수(TCD$_{ck}$)가 한국의 대중국 무역결합도지수(TCD$_{kc}$)보다 컸고, 이것은 한국의 대중국 무역의존도가 중국의 대한국 무역의존도보다 크다는 것을 의미한다. 동시에 양국 무역결합도의 차이도 컸다. 이것 역시 역사적으로 중국이 한국의 최대 교역 대상국이 되고 한국은 중국의 상위 10위 교역 파트너밖에 안 되는 상황에 부합되고 있다.

셋째, 2015년 양국 무역결합도지수는 지난 10년의 특징이 연속되어 감소 추세를 보이고 있는 동시에 중국의 한국 무역결합도(TCD$_{ck}$) 하락이 한국의 중국 무역결합도(TCD$_{kc}$) 하락보다 더 뚜렷하다. 이런 하락은 양국 무역결합도가 점차 하락하고 있고 양국 간의 무역관계가 약해지고 있다는 것을 의미한다.[35]

양국 간 무역결합도 하락은 역사적으로 일관된 특징으로 양국 무역결합도가 약해지면서 상호 무역의존도는 낮아질 것이다. 이것은 양국 경제관계의 변화 변화와 정치관계 변화에 영향을 미칠 수 있다.

2. 산업 내 무역현상의 하락과 수직에서 수평으로의 전환

중한 양국의 직접무역 거래 이후 오랫동안 안정적 산업 내 무역이 이뤄졌다. 산업 내 무역은 산업 내 국제무역의 간칭으로 한 국가 혹은 지역이 일정 시간 내에 동일한 산업 부문의 제품이 수출입 되는 현상을 말한다. 중한 무역에서 이런 현상은 흔히 볼 수 있다. 이런 현상의 변화를 분명히 하기 위해 산업 내 무역지수를 사용하여 설명할 수 있는데 산업 내 무역지수 공식은 다음과 같다.

. . . .

35 金綴橋, 楊逢珉, "中韓雙邊貿易現狀及潛力的實證研究", 『世界經濟研究』, 2015年. 第1期 , pp. 81-90.

$$T=1-|X-M|/(X+M) \qquad (2)$$

식(2)에서 X와 M은 모종의 특정 산업 혹은 한 제품의 수출액과 수입액이고 X-M의 절대치를 취하고 있다. T의 범위는 [0,1]이고 T=0일 때 산업 내 무역이 발생하지 않았다는 것을 의미한다. T=1일 경우 산업 내 수입액이 수출액과 같다는 것을 의미한다. 즉 T값이 클수록 산업 내 무역 정도가 높다는 것을 의미한다.

표3 주요 중한 산업 내 무역지수와 비중

세관 구분	상품 구분	T_{2013}	T_{2014}	T_{2015}
제4류	식품, 음료, 담배	0.651362984	0.675938804	0.801965602
제16류	전기기계	0.728893871	0.741968101	0.76365029
제15류	비금속 및 그 제품	0.78842887	0.714273205	0.731596156
제6류	화학공업제품	0.512201986	0.565791066	0.609645714
제11류	방직품 및 원자재	0.624192059	0.575355122	0.532972441
제8류	가죽제품,가방	0.589473684	0.512070227	0.498422713
제17류	운수설비	0.418160787	0.389678992	0.460296097
제7류	플라스틱, 천연고무	0.318925905	0.359056963	0.41500322
제20류	가구, 장난감, 기타	0.503332275	0.420229114	0.38185654
제18류	광학, 시계, 의료설비	0.295316718	0.350129408	0.381307941
제1류	살아있는 동물	0.505124451	0.377027027	0.374233129
제5류	광산품	0.320014833	0.278743388	0.286145083
제12류	신발, 우산등 경공업 제품	0	0	0.176032498
제13류	도자기, 유리	0.248625535	0.341272234	0.044215181
제2류	식물제품	0	0	0
제10류	섬유소, 종이	0	0	0

출처: 상무부 중한무역통계, 해관총서자료 정리

양국 교역에서 16종의 산업 거래가 있었고 그 중 단 2종류에서 산업 내 무역 현상이 존재하지 않았다. 산업 내 무역현상이 심각한 산업은 전기기계, 화하공업, 비금속 및 그 제품 그리고 식품, 음료와 술, 담배 등의 업종이다. 이러한 특징은 2015년까지 지속되고 있다. 2015년 산업 내 무역현상이 제일 심한 4류의 무역액은 한국의 대중국 수출액의 66.5%, 수입액의 69.4%를 차지하고 있다. 이것은 양국 교역이 2015년 전체적으로 여전히 매우 강한 산업 내 무역 특징을 가지고 있다는 것을 의미한다.

다른 한편으로 과거 3년 중 양국 산업 내 무역이 점차 심화되고 있어 16류 제품 중 7류 산업의 무역지수가 상승 추세를 보이고 있으며, 양국 교역에서 큰 비중을 차지하고 있는 전기기계와 화학공업 제품도 포함되어 있다. 비금속 및 그 제품, 방직품 및 원자재는 지속적인 하락세를 보이고 있다. 또한 상승 추세가 뚜렷한 전기기계와 플라스틱 및 고무 등의 비중은 증가하고 있다. 전체적으로 양국 간 산업 내 무역현상은 지속적으로 확대되고 있다는 것을 알 수 있다.

교역 시작 이후 지금까지 양국 산업 내 무역현상이 존재해 왔지만 중국이 지금까지 동일 산업이 노동집약형 산업이었고 한국은 자본과 기술집약형 산업이었다. 다시 말해 한국이 중국에 부품과 중간재를 수출하고 중국은 가공과 조립을 하는 분업체계가 이뤄졌었다. 중국이 산업사슬에서 이윤이 가장 낮은 가공, 조립으로 저렴한 자원과 노동력으로 교역을 해왔다는 것이다. 이것은 상호 보완 관계에 있는 것으로 경쟁이나 무역마찰은 일어나지 않았다. 이러한 관계를 수직적 산업 내 무역이라고 부른다. 이러한 모델의 기초는 양국의 기술 격차로 산업 내 분업이 형성되어 있다는 데 있다. 그러나 중국이 혁신을 강조하면서 급속한 기술 발전과 국내 산업 구조의 변화가 가속화되고 있다. 중국은 산업의 하위 단계에 만족하지 않고 국제시장 상위 단계에서 많은 이익을 획득하려고 노력하기 시작하였다. 양국의 수직적 산업 내 무역구조의 변화가 시작되었고 양국의 교역 경쟁은 더욱 치열해질 것이다.

이러한 현상은 산업 내 무역지수에서도 분명히 드러나고 있다. 최근 기술 함량이 높은 광학의료제품에서 산업 내 무역현상이 강화되고 있다. 그러나 방직업 중의 화학 섬유제품, 편직제품 심지어 모든 방직업의 산업 내 무역지수 및 중국의 대한국 교역액이 모두 하락하고 있다. 이것은 중국의 산업구조가 상위 단계로 전환하고 있다는 것을 의미하고, 중한 교역이 수직형에서 수평형으로의 전환을 초래하고 있음을 의미한다.

비록 지금까지 양국의 수직적 산업 내 무역구조에서 파격적 변화는 발생하지 않았지만 양국의 수평적 산업 내 무역이 시작되었다는 점은 무시할 수 없게

되었다. 수평적 산업 내 무역은 양국 교역 제품 종류와 질이 비슷해졌다는 것을
의미하고 이것은 양국 교역 의존도를 낮아지게 할 뿐만 아니라 국제시장에서
경쟁이 더욱 치열해질 것이라는 것을 의미한다.

3. 양국 무역적자 증가와 증가 속도의 주기성 파동

중한 양국이 직접교역을 시작한 이후 한국은 대중국 무역에서 줄곧 흑자를
보고 있다. 2015년 역시 이러한 추세가 유지되고 있다. 2015년까지 중국은 여
전히 한국의 흑자국이고 중한 교역에서 발생된 적자는 중국 적자의 주요 요인
이다. 2015년 양국 교역의 적자는 주로 중국의 급속한 경제발전 과정에서 한
국 제품에 거대한 시장을 제공했기 때문이다. 다른 원인은 양국의 수출입 상품
이 다르기 때문이다. 한국이 중국에 수출하는 것은 고부가가치의 기술집약형과

그림1 한국의 대중 무역수지[36]　　　　　　　　　　　　　　　　(단위: 억 달러)

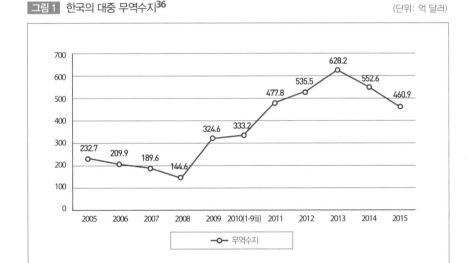

36 데이터 출처: 상무부중한무역통계 , 해관총서자료 정리

자본집약형 제품이기 때문에 한국이 대중국 수출에서 외화 창출 능력이 중국보다 훨씬 컸다.[37] 그러나 양국 무역 적자가 너무 커진다면 양국 교역관계 안정에 영향을 줄 수 있다. 최근 한국의 대중국 무역 흑자가 다소 감소하고 있는데 그 주요 원인은 글로벌 경제하락과 중국 제품의 부가가치 증가에 있다.

(2) 중한 직접투자 현황

오랫동안 양국 투자는 구조적 비대칭이 심각했고 한국의 대중국 투자는 중국의 한국 투자보다 훨씬 많다. 중국 기업의 '해외투자(走出去)' 추세가 강해지면서 한국의 중국 투자 유치도 강화되었지만 한국은 중국의 주요 투자 대상국이 되지는 못했다.[38] 2015년 중국의 한국 투자에서 이러한 현상이 뚜렷이 나타나고 있다. 중국의 한국 투자 규모가 작은 원인으로 한국의 투자환경이 중국 기업에게 흡인력이 없다는 것이다. 중국 기업의 해외 진출은 주로 3가지 방식으로 나타난다. 첫째, 자원 확보이다. 그러나 한국의 자원은 충분하지 않다. 둘째, 신기술 획득 그리고 셋째, 해외시장 개척이지만 한국은 구미 시장보다 시장 규모가 작다. 따라서 한국은 중국의 해외투자의 3대 목적을 하나도 만족시키지 못하고 있다. 반면 중국은 한국의 큰 투자 대상국이 되었다. 한국이 중국에 투자하는 이유는 중한 간의 질적 차이에 있다. 일반적으로 한 나라의 특정산업에서 요소 밀집도가 높은 요소의 상대적인 가격이 상승할 때 이 산업은 열세해진다. 따라서 이 산업의 요소 가격이 낮은 나라로 이전하여 요소의 조합을 합리화하고 자국의 국민 생산가치를 증가시킨다.[39]

2015년 한국의 대중국 투자액은 40.4억 달러로 중국의 4대 외상직접투자 대상국이고 중국은 여전히 한국의 최대 해외투자 대상국이다.[40] 그러나 2015년 1

· · · · · · · · · · · · · · · ·

37 鄭燕, 張吉國, "中韓貿易發展現狀, 問題及對策", 『山東農業大學學報』 (社會科學版) 2014, pp.66-72.

38 何喜有, "中國對韓國直接投資的結構性分布及其原因分析", 『韓國硏究論叢』 2015, pp.223-237.

39 王小, "韓國對華直接投資的貿易效應分析", (吉林大學碩士論文), 2014, pp.7.

40 http://www.fdi.gov.cn/1800000121_33_5583_0_7.html , 2016年 2月 23日.

월에서 9월까지 중국의 한국 투자는 2.47억 달러로 실제 투자 누계는 11.8억 달러에 불과하다. 이 글에서는 2015년 양국 투자관계를 더 자세히 보기 위해 투자산업, 투자지역, 투자규모, 투자 지위 등 4가지 측면에서 분석하였다.

첫째 투자산업이다. 과거 데이터와 2015년 정부 문건을 조합해보면 중국의 한국 투자는 주로 서비스업과 제조업에 분포되어 있다. 총 투자건수는 여전히 증가하고 있고 제조업건수는 50건 정도로 대부분 서비스업 투자가 차지하고 있다. 2015년 한국의 대중국 투자액의 대부분이 서비스업이고 그 다음이 제조업이었다.

표 4 중국의 한국 투자산업 분포

연도	투자건수(건)					투자액(백만 달러)				
	총액	A	B	C	D	총액	A	B	C	D
2011	405	11	49	341	4	650.9	54.2	132.6	463.1	1.0
2012	512	5	58	440	9	727.0	4.0	167.7	552.9	2.3
2013	402	6	47	344	5	481.2	0.6	45.2	432.9	2.5
2014	525	12	54	455	4	1189.4	3.3	135.7	1044.4	6

주 : A=농축업,어업, 광업, B=제조업, C=서비스업, D=물, 전기, 석탄, 건축업.
출처 : 한국산업통상자원부, 외국인투자통계 자료 활용

2015년 한국의 대중국 투자는 여전히 제조업과 서비스업에 집중되어 있고 자동차, 전자, 화장품, 엔터테인먼트, 문화 등이 대표적인 산업이다.[41] 국내 노동력 가격 상승의 영향으로 제조업 원가가 지속적으로 상승하고 있어 자국 상품 경쟁력을 높이기 위해 노동집약형 산업의 한국 기업이 중국으로 이동하여 중국의 노동력과 자원을 이용해 왔다. 따라서 제조업은 한국의 중국 투자의 주요 분야이다.

그러나 제조업 투자의 비중이 2015년에 다소 하락세를 보였다. 중국 인플레이션으로 노동력 가격이 상승하였고 제조업 투자 대상국이 중국에서 동남아와

41 中國韓國商會, 大韓商工會議所 편, (2015-2016在華韓國企業白皮書), 2015.

같이 노동력이 우세한 지역으로 이동하기 시작하였다. 또한 제조업 내부에서 노동력 가격 요소의 영향으로 중국 투자가 전자통신, 석유가공, 가전, 기계제품으로 전이되기 시작했다. 제조업 투자 하락과 함께 한국이 대중국 투자에서 서비스업의 비중이 상승 추세를 보이고 있다. 그러나 서비스업 진출이 늦은 이유로 아직 제조업과 서비스업의 투자 비중은 많은 차이를 보이고 있다. 양국 투자는 한 가지 특징을 가지고 있다. 농업에 대한 투자 비중이 모두 낮다는 점이다. 이러한 현상은 2015년에서도 나타나고 있다. 그 원인은 양국의 투자자들이 영리를 중시하기 때문에 농업 투자를 회피하여 투자액도 비교적 적기 때문이다.

둘째 투자규모이다. 2015년 중국의 한국 투자규모는 여전히 매우 작다. 그러나 2015년 투자규모는 상승세를 보였는데 각 기간의 투자 항목 수가 증가한 것을 바탕으로 대규모 투자 비중도 상승세를 보이고 있다.

표 5 중국의 한국 투자규모 구간별 총수 및 분포

연도	총 건수	100만 달러 이하	100만–1000만 달러	1000만–1만 달러	1억 달러 이상
2011	405	373	25	10	1
2012	512	476	22	15	0
2013	402	357	34	12	0
2014	525	441	65	21	1

출처 : 한국 산업통상자원부, 외국인투자통계 데이터 활용

셋째는 투자지역 분포이다. 중국의 외상투자지침에 따르면 중국은 주로 장삼각경제구(長三角經濟區), 주삼각경제구(珠三角經濟區), 환발해경제구(環渤海經濟區) 및 해협경제구(海峽經濟區) 등 4대 주요 투자유치 지역이 있다. 2015년 한국의 주요 중국 투자지역은 장삼각경제구와 환발해경제구이지만 시안(西安), 충칭(重慶), 란저우(蘭州) 등 서부지역의 투자도 증가 추세를 보였다. 투자지역의 특징은 다음과 같다.

우선 지역 요소의 영향으로 환발해경제구는 줄곧 한국 자본의 주요 투자지역이었다. 이 지역 투자항목은 거의 다 중소형기업의 중소 투자항목 위주이고 환발해경제구는 다른 경제구보다 한국과 지리적으로 근접하여 한국에서 원자

재 수입과 제품의 한국 판매에 유리하기 때문이다. 또한 문화습관이 유사한 것에 기인하고 있다.

다음으로 장삼각지역 또한 한국 투자를 유치하는 주요 지역으로 2015년 한국의 장삼각지역 투자는 안정적인 증가 추세를 보이고 있다. 장쑤(江蘇), 저장(浙江), 상하이(上海) 등 지역에서 새로 증가한 투자규모가 환발해지역보다 훨씬 많고 투자 유형이 대부분 기술과 자본집약형의 대형 기업의 대규모 투자이다.

세 번째는 투자지위이다. 중국 상무부가 발표한 데이터에 따르면 2015년 대중국 직접투자 상위 10위 국가/지역(실제 투자한 외국자금액 기준)에서 실제 투입된 외국자본총액은 1,186.3억 달러로 실제 외자이용 금액의 94%로 5.4% 증가하였다. 한국의 대중국 투자는 40.4억 달러로 4위에 이른다.[42] 이렇듯 한국은 중국의 중요한 투자유치국이다. 한국 기획재정부 발표에 따르면 2015년 1~9월 한국의 대외직접투자액은 270.5억 달러로 동기대비 17.1% 증가하였고 실제 177.3억 달러로 2.8% 하락하였다. 같은 기간 한국의 5대 투자 대상국과 지역(투자액기준)은 미국, 케이맨제도, 홍콩, 중국 그리고 베트남이다. 투자액은 각각 73.2억 달러, 27.8억 달러, 24.1억 달러, 22.5억 달러, 21.2억 달러였고 각각16.9%, 31.5%, 293.5%, -10.5%, 51.9% 증가 혹은 감소하였다. 중국은 한국의 해외직접투자 5대 투자 대상국들 중에서 유일하게 투자가 하락하였다.

중국이 발표한 해외직접투자통계를 종합해보면 중국 투자는 한국의 총 외자유치에서 낮은 비중을 차지하고 있다. 지난 10년의 통계 데이터에서 중국의 20위 해외직접투자 유치국에 단 5차례만 순위에 있었다. 중국 해외투자에서 한국의 비중이 낮은 것은 2015년까지도 보여지고 있고, 2015년 중국에 10억 달러 이상 해외직접투자를 한 국가는 13개국으로 한국은 포함되어 있지 않다.

· · · · · · · · · · · · · · · ·

42 10대 대중투자국가/지역(단위: 억 달러) : 홍콩(926.7) 싱가포르(69.7), 대만(44.1), 한국(40.40), 일본(32.1), 미국(25.9), 독일(15.6), 프랑스(12.2), 영국(10.8), 마카오(8.9)

2. 중한 FTA 타결의 기회와 도전

2015년 중한 FTA 가체결은 중한 경제관계에서 가장 주목을 끄는 것으로 연말 한국 국회에서 비준을 통과하여 직접 실행 단계에 돌입하게 되었다. 이것은 중국이 체결한 것 중 가장 광범위하고 최대 교역액의 자유무역구가 형성되었다는 것을 의미한다.

2012년 5월 중한 FTA 협상이 시작되었고 2014년 11월 10일 양자 합작문건에 서명하였는데 이 문건에는 중한 FTA 협상을 마무리하는 회의 개요, 양국 외교, 공무에 대한 비자면제 등의 내용을 포함하고 있다. 이러한 협정체결은 중한 FTA 협상이 마지막 단계에 이르렀다는 것을 의미한다. 2015년 2월 25일 중한 양국은 중한 FTA 협정을 가체결하였고 협정 내용을 확인한 후 2015년 6월 1일 중한 FTA가 정식 체결되었다. 11월 30일 국회에서 중한 FTA 비준동의안이 통과되었다.

2012년 5월부터 중한 양국은 2년 반 동안 14차 협상을 통해 2015년 6월 1일 양국 정상이 중한 FTA에 정식 서명하였고 한국 국회가 중한 FTA를 비준한 후 2015년 12월 20일 정식 발효되어 2016년 1월 1일부터 관세 혜택을 받게 되었다.

FTA 규정에 따르면 중국은 최대 20년 내 관세철폐 되는 상품이 품목의 91%, 수입액의 85%이고 한국은 관세철폐가 품목의 92%, 수입액의 91%에 달한다. 중국은 전기전자 분야에서 전기밥솥, 세탁기, 냉장고, 의료기기, 가전 부품 등의 품목에 대해 관세철폐를 하기로 하였고 강철 분야에서는 냉연강판, 스테인리스 열연강판과 후판 등의 품목에 대해서 관세를 철폐하기로 하였다. 한국은 단계별로 전기모터, 변압기의 관세를 철폐하고 중국에서 수입하는 생활용품인 핸드백, 골프채 등을 15~20년 내에 단계별로 관세를 철폐하기로 하였다. 제조업 측면에서 자동차와 부품이 관세 감세 대상에서 제외되었다. 농수산품의 경우 한국쌀, 고추, 마늘 및 오징어, 갈치 등 20여 종의 수산품이 관세 감면 대상에서 제외되었다.

중한 FTA 수립은 중국이 자유무역구 건설 전략으로 이룬 중요한 성과이다.

중한 FTA는 중국이 주변국을 기초로 하여 실시한 자유무역구 전략을 가속화하여 글로벌의 높은 수준에서 자유무역망을 형성하여 국제경제무역 규칙의 구성과 참여, 거버넌스 개혁으로 중국의 개혁개방과 국민경제 발전을 확대하여 치열한 국제경쟁에서 주도권을 얻었다는 데 중요한 의의를 갖는다.[43]

(1) 중한 FTA의 기회

중한 FTA 체결은 양국 경제발전에 새로운 동력이 되고 향후 양국 경제에 기회가 될 것이다.

첫째, 경제무역의 새로운 공간 확대이다. 우선 중한 FTA는 양국 간의 상품무역 규모를 확대시킬 것이다. 중한 FTA가 시행되면 양국은 상품 품목기준으로 90% 이상의 상품의 관세를 단계적으로 철폐하게 된다. 국내 기업에서 한국 제품을 구매하는 비용이 대체로 낮아지고 기업의 중간재 선택 범위가 확대되어 교역 규모가 대폭 증가할 것이다. 중국인들은 고급의약보건품, 의료설비, 의류, 가전 등 양질의 저렴한 한국 제품을 선택할 수 있게 되었다. 그리고 서비스 무역 협력이 확대된다. 양국 자유무역 협상 중 여행, 건강의료, 영화문화, 금융 등 소비를 중심으로 하는 서비스 무역은 한국의 핵심적 요구사항이었다. 중한 FTA 체결 이후 양국 원위안 직거래시장 개설 및 비자규범의 간소화 및 완화로 한국이 중국에 서비스 무역을 수출하는 촉매제가 될 것으로 보여진다.

둘째, 투자경로 확보이다. 중한 FTA의 투자협정 협상은 주로 투자 범위의 보급, 투자방식 및 투자비율 제한, 투자의 간소화 그리고 투자자보호 4가지 내용을 포함하며 양국의 안정적이고 서로 이로운 투자 환경을 만들어 중국의 한국 기업의 투자유치가 향상될 것으로 보인다.[44] 중한 FTA는 비교적 높은 투자규칙과 대책을 합의하기도 하였다. 투자 챕터는 19개 조항과 3개 부속서로 되어 있고, 국제투자협정에 일반적으로 포함되는 주요 내용은 다음과 같다. 첫째는 정의로서, 투자, 투자행위, 투자자, 기업, 자유사용가능 화폐의 개념 등을 정의하

· · · · · · · · · · · · · ·

43 羌建新, "中韓自貿區 : 背景,影響與前瞻", 『理論視野』, 2015, pp.66-69.

44 楊文生, "建設中韓自貿區的機遇,挑戰及對策", 『宏觀經濟管理』, 2015, pp.67-70.

고 있다. 둘째는 실행규칙으로서, 투자증진 및 보호, 내국민 대우, 최혜국 대우, 법원에의 접근, 이행요건 금지, 투명도, 수용 및 보상, 송금, 대위변제, 특별 형식 및 정보요건, 안보예외, 혜택의 부인, 환경조치, 투자위원회, 서비스-투자연계, 투자 환경 개선을 위한 접촉선 그리고 국제관습법, 수용, 송금 등의 3개 부속서로 되어 있다. 셋째 절차로서, 투자자 간 분쟁해결 기제를 규정하여 투자분쟁 해결방식, 중재조건, 중재규칙과 중재판정 등의 내용을 포함하고 있다.[45] 한국 자본 기업은 중국 환발해 경제권의 외상투자의 중요한 구성원으로 중한 FTA 협상에서 투자협정 개정은 한국 자본이 유입되고 양국 기업의 노동자 권익 보호를 강화하게 될 것이다. 중한 FTA로 한국 중소기업이 중국 시장에 더 적극적으로 진출하도록 하고 중국 현지화 전략을 강화하고 한국의 대중국 투자 규모를 확대하도록 할 것이다. 또한 중국 기업의 한국 투자가 확대될 것이다.

셋째는 기타 관련 자유무역구를 통합하는 것이다. 중한 FTA는 중한일 FTA를 추진하여 역내 포괄적 경제동반자협정(RCEP)과 아시아태평양자유무역지대(FTAAP)를 추진할 수 있다. 현재 중한 FTA로 중한일 FTA 협의가 시작되고 있다. 중국, 한국, 일본은 각각 2015년 1월 16일과 5월 12일에 6차, 7차 협상을 하여 심도 있는 논의가 진행되었다. 그 외에 중한 FTA 경제 규모로 볼 때, 양국은 아태지역의 주요 경제 주체로 아시아태평양경제협력체(APEC) 경제 규모의 25%, 상품무역의 29%를 차지하고 있다.[46] 아태지역의 주요국으로 중한 FTA는 아태지역의 자유무역을 발전시키는 중요한 기초가 되었다. 중한 FTA가 관련 자유무역지대 구축 동력이 되고 협력비용 절감 및 관련 FTA의 기초가 되었다.

(2) 중한 FTA 체결 후 양국 경제가 직면한 문제

첫째, 중한 상품무역의 적자 확대이다. 중한 FTA 체결 이후 양국 상품무역의 적자는 더 확대될 것이다. 산업 내 분공에서 중국은 한국보다 낮은 위치에 있어 산업 사슬에서 하위 위치에 있고 한국은 상위 위치에 있다. 이런 상황에서 한국

···············
45 羌建新, "中韓自貿區 : 背景,影響與前瞻", 『理論視野』 2015, pp.66-69.
46 韓愛勇, "中日韓自貿區建設的多重意義", 『理論視野』 2015, pp.70-74.

은 양국 교역에서 고부가가치 제품으로 더 우세한 위치에서 수출을 하게 될 것이다. 비록 FTA 체결로 양국에 이익이지만 관세장벽을 제거함으로써 한국의 수출이 더 확대될 것이다. 성장지수와 성장속도가 다르기 때문에 단기적으로 차이는 더 커질 것으로 보인다. 또한 양국의 내수를 고려할 때 양국의 수입 상품 가격이 인하되어 일부 상품의 확대 효과가 나타날 것으로 보인다.[47] 예컨대 패션, 가전 등 고급 소비품 시장에서 중국 내 시장의 잠재력은 매우 크다. 반면 한국이 중국에 수출해 온 농산품과 기계 부품의 수요는 안정적일 것이다. 비록 중국 상품도 중한 FTA 효과를 볼 것으로 보이지만 한국 상품이 수출되는 것과 같은 효과는 없을 것이고 양국의 내수시장 잠재력의 차이로 적자폭은 더 커질 것이다.

둘째, 양국 상품은 양자 교역과 국제시장에서의 경쟁력은 더욱 치열해질 것이다. 최근 양국의 상품무역 구조가 유사해지고 있어 유사품의 경쟁이 커지고 있다. 최근 양국 무역구조를 보면 중국이 한국에 수출하는 품목이 방직의류와 광산품에서 집접회로, 컴퓨터, 강철 등으로 바뀌고 있다. 이것은 한국이 중국에 수출하는 상품과 유사한 것들이다. 게다가 중국의 선진 설비의 투자도입으로 기술혁신 능력이 증가함에 따라 중국이 한국에서 수입하는 원자재와 부품 수입도 감소하고 있고, 이를 국내에서 해결하고 제품의 질도 향상되어 대외 수출 능력을 갖추고 있다.[48] 중국 상품이 중국에 수출하는 한국 상품에 도전장을 내민 것은 부인할 수 없다. 중한 FTA 체결 전 양국 정부는 모두 자국의 열세한 상품에 대해 보호무역 정책을 실행해 왔다. 따라서 양국 교역에서 자국 상품의 우위를 완전히 나타내기 어려웠다. 중한 FTA로 이러한 상황은 변화되어 유사성이 높은 제품의 경쟁은 더욱 치열해질 것이고 서로 열세한 산업의 업그레이드로 양국의 산업구조가 유사해져 경쟁이 치열해질 것으로 보인다. 이러한 상황에서 양국의 보호무역 정도가 하락하게 되고 동종 상품의 목표시장이 국제시장으로 전환되어 국제시장에서의 경쟁이 심화될 것이다. 그래서 중한 FTA는 수직보호

. . . .

47 湯婧, "中韓自貿區的未來趨勢: 化解困境,開拓發展", 『國際經濟合作』 2015, pp.12-15.

48 상게서

에서 수평경쟁의 과정을 가속화시키고 양국 상품의 경쟁 범위와 강도를 높이게 될 것이다.

3. 중한 경제무역 관계의 새로운 추세 그리고 새로운 전망

2016년 중한 경제는 중한 4항의 국제전략의 결합하에 지속적으로 발전할 것이다. 중국의 '대중창업', '만중창업'과 한국의 '창조경제'로 양국의 산업 혁신을 이루고 '중국제조 2025'와 한국의 '제조혁신 3.0'으로 양국 산업 구조를 조정하여 제3국 시장을 개척하고 해외 경제를 공동으로 추진하고자 한다. 그리고 중국의 '일대일로'와 한국의 '유라시아 이니셔티브'를 결합하여 양국 협력은 더욱 강화될 것이다.

리커창 총리는 2015년 10월 인터뷰에서 중국은 상대적으로 부유한 생산 능력을 가지고 있고 산업사슬에서 중간 단계에 있지만 한국은 첨단기술연구 개발 측면에서 우위를 가지고 있다. 만약 중한 기업이 협력하여 공동 생산한다면 중국 내 거대 시장뿐 아니라 동맹 국가를 포함한 제3국 국제시장도 개척할 수 있을 것이라고 한 바 있다. 양국 산업의 상호보완과 중국의 풍부한 생산 능력의 개방은 양국 경제무역 관계 발전에 새로운 사고방식과 방향을 제공하고 있다.

우선, 양국은 경제구조의 상호보완성을 이용하여 지속적인 협력을 할 것이다.

양국 산업의 구조적 보완성은 양국 경제무역 관계 발전에 직접적인 추진력을 제공할 것이다. 양국 경제발전 수준은 여전히 차이를 보이고 있다. 중국은 풍부한 자원과 노동력을 가지고 있지만 자본과 기술력이 부족하고 한국은 선진 기술과 자금력을 가지고 있지만 시장이 작고 자원과 노동력이 부족하다. 양국의 질적 상호 흡인력은 양국 무역과 투자, 금융 협력 방면에서 상호 보완하여 양국 경제발전 동력을 제공할 것이다.

양국 경제구조의 상호보완성은 양국 기업이 제3국 시장 협력을 유도할 것이다. 경제구조의 상호보완성과 국제시장에서 보편적으로 존재하는 인프라 구축

수요에 기초하여 제3국 시장의 협력은 향후 양국의 경제무역 협력의 중점이 될 것이다. '중국국가발전개혁위원회와 한국 기획재정부, 산업통상자원부의 제3자 시장협력에 관한 양해각서(中國國家發改委和商務部與韓國企劃財政部和産業通商資源部關於開展第三方市場合作的諒解備忘錄)' 체결에 따라 제3자 시장 협력의 규모는 더욱 확대될 것으로 보인다. 양국은 제3자 시장의 협력은 철강, 대형장비제조, 에너지화공, 인프라 구축 등의 분야에 경제협력 영역이 집중될 것이다. 협력 방식은 전통적 외주식(分包) 협력 위주가 될 것이고 컨소시엄 입찰, 연합생산 및 연합투자 등의 신형협력 모델도 도입될 것이다. 제3자 시장 협력은 경제구조의 상호보완적인 외재적 특징이고 양국의 지속적 발전의 원동력이 될 것이다.

다음으로 중한 산업구조의 변화는 무역구조의 지속적인 발전을 가져올 것이다.

중한 양국 경제무역의 역사를 돌이켜보면 중국은 줄곧 한국 수출의 보조가공, 조립을 하는 곳이었다. 최근 한국 국내시장의 서로 다른 업종 융합은 한국 내 신산업과 신비즈니스 모델의 발전을 가져왔다. 한국 국내의 산업구조의 전환은 더 많은 신흥산업 수출을 이끌어내고 그로 인해 양국의 무역구조의 변화가 생길 것이다. 다른 한편으로 장기적으로 한국이 우위를 가지고 있는 상품의 충격으로 중국의 상응 산업이 업그레이드될 것이다. 최근 중한 양국 교역구조의 변화 추세로 볼 때 중국이 한국으로 수출하는 품목은 방직의류, 광산품에서 집접회로, 컴퓨터, 강철 제품으로 바뀌고 있다. 동시에 중국의 선진설비 투자와 기술혁신 능력 증가로 중국이 한국에서 수입하는 원자재와 부품 수요가 감소하고 있고 국내 자급으로 바뀌고 있다.[49] 이런 추세는 2016년에도 지속되고 있어 양국의 생산구조의 전환으로 경쟁이 더욱 심화될 뿐만 아니라 양국 경제무역 거래가 더 높은 수준, 높은 단계로 발전될 것이다.

이와 동시에 중국 서비스 분야의 지속적인 발전으로 교역구조의 변화가 생길 것이다. 중한 양국은 향후 물류, 금융 등의 서비스 체인에서 효과적인 결합

----

49 湯婧, "中韓自貿區的未來趨勢: 化解困境,開拓發展", 『國際經濟合作』 2015, pp.12-15.

을 하게 될 것이고 새로운 혁신 교역 모델을 만들고 양자 무역의 새로운 성장점을 발굴해낼 것이다.

마지막으로 4항의 국가 전략의 연결은 중한 양국 경제발전에 넓은 공간과 양호한 정책 환경을 제공할 것이다.

일대일로와 유라시아 이니셔티브 전략의 연결은 양국이 전체 유리시아 대륙에 광활한 시장과 협력 가능성을 제공하고 있다. 유라시아 이니셔티브는 박근혜 대통령이 2013년 제시한 경제외교 구상이다. 그 내용은 한반도, 중국, 러시아와 유럽을 관통하는 교통망을 구축하고 유라시아 대륙을 한 개의 경제 공동체로 연결하는 것이다. 이 구상은 중국이 일대일로 전략과 시간과 공간에서 많은 유사성을 가진다. 두 가지 전략은 모두 상호연결, 상호소통, 상호신임을 핵심으로 주체 목표가 일치하여 전략의 연결 가능성을 제공해주고 있다. 다른 한편으로 두 전략의 중점이 좀 다른데 전략의 상호보완 가능성을 가지고 있다. 유라시아 이니셔티브의 중점은 북한, 러시아, 중국의 동북지역이고 일대일로의 중점은 중국의 중서부, 동부연해, 중앙아시아, 동남아시아 지역이다. 이 두 전략의 결합으로 전체 유라시아 대륙을 관통하고 유라시아 대륙 전체를 아울러 경제 융합의 앞날은 더욱 광활해질 것이다.

이러한 국가적 전략의 지지 속에서 중한 양국 간 경제 보완은 더욱 심화될 것이다. 정책의 격려와 지지로 양국의 경제무역의 상호작용은 더욱 활발해질 수 있다. 또한 이러한 외교정책을 이용하여 양국은 중앙아시아와 중동 지역에서 인프라 구축, 산업단지 건설, 자원개발의 협력을 강화하며 양국 간의 경제무역 거래를 더 확대할 수 있다. 국가 전략의 부합은 중한 경제발전에 기회가 될 뿐만 아니라 경제 리스크도 감소시킬 수 있다. 유라시아 대륙의 중심지역은 투자 리스크가 큰 지역이었지만 양국 정책의 지지와 협력은 기업의 투자 리스크를 감소시키는 활로를 제공해줄 것이다. 리스크의 감소는 양국 경제발전에 많은 이익을 가져올 것이다.

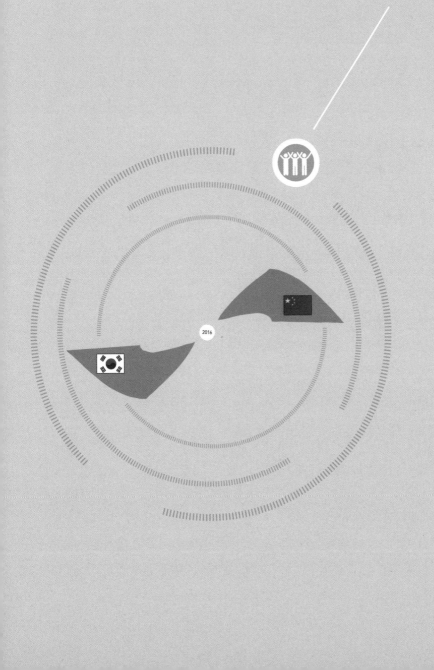

한중 사회관계

2016

2015 한중 사회관계 현황과 함의

양갑용(성균중국연구소)

1. 들어가는 말

2015년 9월 박근혜 대통령이 국내외 우려 섞인 시선에도 불구하고 중국이 주최하는 이른바 반파시스트 승리 70주년 기념 열병식에 참석했다. 열병식 기간 진행된 양국 정상회담에서 박근혜 대통령은 "한국은 양국 간 각 분야에서의 협력을 적극 추진하고, '유라시아 이니셔티브'와 '일대일로' 구상 간의 조율 및 연계를 더욱 강화할 것"이라고 하여 한중 간 교류가 전방위적으로 진행될 것임을 분명히 했다. 시진핑 주석 또한 "현재 한중관계는 정치적 상호신뢰, 경제통상 협력, 인문교류가 동시에 추진되는 국면"이라고 평가하고 "각 분야에서 교류와 협력을 심화하고 공동 발전을 실현하자"고 강조했다. 또한 한국의 '유라시아 이니셔티브'와 '일대일로' 구상이 상호 부합한다고 평가하고 한국의 적극적인 참여를 요청했다.

이와 같은 양국 정상 간 인식의 공감대는 2015년 양국 관계, 특히 사회관계의 지속적인 변화를 극명하게 드러내 보였다. 한국전쟁에서 적대국으로 맞섰던 두 나라가 60여 년 만에 상호협력의 동반자가 된 것이다. 이러한 양국 정상 간 상호신뢰와 협력 강화 의지는 2015년 양국의 정치 사회적인 변화를 추동했을 뿐만 아니라 사회문화 영역에 이르기까지 폭넓은 협력의 공간을 만들어냈다. 예컨대 한중 인문교류에 대한 투자를 확대하고 중국 관광의 해 및 한국 관광의 해 사업을 중점적으로 추진하기로 합의하는 등 다양한 영역에서 양국 간 교류와 협력을 강화하고, 인적 교류와 학술 교류, 정부 간 교류, 비정부 간 교류 등 다층차의 교류와 협력이 복합적으로 진행되었다. 따라서 2015년 한중관계는 2014년 한중 정상회담, 2014년 말 정상 간 합의한 FTA 등에 힘입어 기본적으로 유동성보다는 지속성이 유지된 한 해라고 평가할 수 있다.

2015년 한중관계 종합평가에 있어서 중국은 2015년 발표한 중국 외교백서에서 한중 간 '전략적 협력동반자관계'가 전면적이고 심층적이며 빠른 발전 추세를 보였다고 평가했다. 한국도 2015년 한중관계의 변화와 발전을 매우 긍정적으로 평가했다. 예를 들어 김장수 주중 한국 대사는 2015년 5월 19일 「환구시보(環球時報)」와의 인터뷰에서 "양국 관계는 계속해서 안정적인 발전 추세를 유지해 오고 있으며, 경제통상 및 인적 교류 부분에서 높은 수치를 기록하고 있다"고 평가하고 "한중 협력의 잠재력이 무궁무진하다"고 전망했다. 특히 "한중 관계가 1992년 수교 이래 최고 수준이라고 평가하고 한중 FTA 체결, 영사 협정 발효, 양국 간 인적 교류 천만 명 돌파 등 양국 간 전략적 협력동반자관계가 명실상부하게 심화, 발전하고 있다"고 진단했다.

한중 사회관계 분야와 관련하여 김장수 대사는 "양국 지도자들이 지난 2년 동안 다져놓은 양국 관계 발전의 틀을 기반으로 하여 인문교류 분야에서도 많은 조치를 취하고 있다"고 소개했다. 특히 "역사, 학술, 유적지 문제 및 관광 등 분야에서 양국은 협력의 잠재력이 있기 때문에 양국 간 협력과 교류의 잠재력이 극대화될 것으로 기대하고 있다"고 말했다. 이러한 양국 정상과 주요 지도자 간의 상호 인식 기반 아래에서 2015년 한중관계는 한층 성숙 단계로 진입했으며 한국과 중국의 사회관계 역시 새로운 성숙 단계로 진입하고 있다고 평가할 수 있다.

한중 사회관계는 양국 간 정치외교 변화에 직접 영향을 받는다. 물론 양국 국민의 신뢰와 상호 의존감 역시 양국 사회관계를 규정하는 핵심 요인 가운데 하나이다. 특히 사회관계의 성숙과 관련하여 인식의 문제를 되새겨보아야 한다. 즉 양국 국민이 느끼는 상대국과 상대 국민에 대한 인식의 정도에 따라 양국 관계, 특히 사회관계의 진폭이 비교적 크게 나타나기 때문이다. 양국 사회관계의 변화와 발전을 평가하는 데 있어서 이 점을 분명하고 정확하게 유념할 필요가 있다. 2015년에도 양국 사회관계를 규정하는 몇 가지 상대국과 상대 국민의 상호 인식에 영향을 주는 요인이 발생했다. 이것이 양국 사회관계 변화와 발전에 일정 부분 영향을 주었다. 예컨대 2015년에 발생한 한국의 메르스 사태, 중국에서 발생한 스모그 사태 등 불특정 다수에게 심리적 영향을 미치는 전염병이나 통제가 사실상 불가능한 재해 등이 대표적이다. 이 두 가지 이슈는 모두 해당 국민뿐만 아니라 상대국 국민들에게 깊은 불신을 야기했다는 점에서 사회관계에 부정적인 영향을 미쳤다.

이와 같이 한중 양국 간 사회관계에서 특정 이슈(가령 전염병이나 재해 등)에 대한 해당 국가의 처리 행태는 상대국 국민들의 인식에도 직간접으로 영향을 준다. 특히 이러한 영향은 일시적인 교류의 단절로 이어지기도 하지만 사태가 악화될 경우 중장기적으로 상호 신뢰에 부정적인 영향을 미친다. 결국 특정 이슈에 대한 처리 행태에 따라서 신뢰감에 회의감이 들거나 부정적 인식이 깊게 드리워질 경우 양국 간 성숙한 사회관계 구축에 부정적인 영향을 미치게 된다. 따라서 한중 양국 간 우호적 상호관계를 유지, 발전시켜 나가기 위해서는 불특정 다수에게 심리적으로 부정적 영향을 미치는 이슈들을 잘 통제하고 관리해야 한다. 아울러 정보 관련 상호 소통을 강화해서 양국이 대응 방안을 함께 모색하는 노력이 요구된다.

2015년 한중 사회관계는 양호하고 순조로운 변화, 발전을 보였다고 총체적으로 평가할 수 있다. 특히 정상 간 신뢰를 바탕으로 양국 정부와 민간이 다양한 층차에서 상대국 국가와 국민들의 상호 인식에 영향을 주는 여러 이슈에 대해서 나름대로 한층 발전된 사회관계를 만들어나가기 위해서 노력하였다. 그럼에도 불구하고 상호 인식에 부정적인 영향을 미치는 주요 이슈에 대한 처리 행태에 대해서 양국 국민들이 서로 만족할 만한 인식에 도달했다고는 볼 수 없다. 이런 전제 위에서 여기서는 주로 2015년 한중 사회관계 전반을 돌아보고, 특히 한국과 중국의 상호 인식에 영향을 주는 주요 이슈에 대한 시의적절하고 진솔한 정보 소통을 체계적으로 진행했고, 또한 적절하게 관리했는지를 사회관계 측면에서 들여다보고자 한다. 이를 통해 2015년 한중 사회관계를 정리하고 시사점을 공유할 것이다.

2. 2015 한중 사회관계 기본 현황

앞서 살펴본 대로, 2015년 한중 사회관계는 양국 정상의 우호적인 상호 인식에 기반을 둔 리더십을 바탕으로 한국의 '유라시아 이니셔티브'와 중국의 '일대일로', 한국과 중국의 새로운 외교정책 전략 변화, 그리고 이에 대응하는 한국과 중국의 노력, 양국의 상호 정책에 대한 반응이 복합적으로 나타났다. 2015년 한중 사회관계의 폭과 깊이는 이러한 양호한 조건의 상호작용에 의해 유지, 발전되어 왔다. 이러한 양호한 환경 외에도 한중관계 발전에 큰 영향을 끼치는 한반도 사드 배치 등 양자 관계 이슈를 뛰어넘는 국제 이슈도 한중 사회관계 변화와 발전에 일정 부분 영향을 미쳤다고 볼 수 있다.

리카이성 상하이 사회과학원 국제문제연구소 연구원은 「글로벌 타임즈」 2015년 4월 14일자 원고에서, "한국 내에서는 중국이 다양한 계기에 한반도 및 중국의 안보에 근거하여 사드 배치를 반대하고 있기는 하지만 한국의 국익에 기초하여 사드 시스템을 배치해야 한다고 주장하는 이들이 많은 상황"이라고 전제하고 이와 같은 논쟁이 계속될 경우 "발전 중인 한중 양국 간 정치, 안보 관계에 반목이 생겨날 수 있다"고 언급했다. 이러한 사드 배치 관련 한국과 중국의 갈등 국면 조성은 양국 간 정치, 안보 차원뿐만 아니라 전 분야 교류와 협력에 일시적인 영향을 미치게 되고, 이는 한중 사회관계의 경직과 지체를 야기하게 된다. 리카이성은 "한중 간 사드 배치 관련 논의가 길어질수록 한중 양국의 반목이 더욱 심화될 것임"을 우려하고 있으며, 이러한 우려는 제반 관계의 위축을 가져올 것이라고 전망했다. 이러한 악 조건에도 불구하고 2015년 한중 사회관계는 강력한 리더십의 추동에 힘입어 아래와 같이 다양한 영역에서 복합적인 사회관계 그림을 그려냈다.

1) 활발한 한중 고위층 교류

2015년은 어느 시기보다 한중 인적 교류가 활발하게 진행된 해였다. 특히 주목할 만한 것은 2015년에 중국 국가주석, 총리, 전인대 상무위원장 등 권력 서열 1, 2, 3위가 모두 한국과의 공식, 비공식 접촉을 가졌다는 점이다. 이러한 지도자 간 상호신뢰에 기반을 둔 한국과 중국의 활발한 교류는 다양한 층차의 사회 교류 전반으로 확산되는 효과를 만들어냈으며, 그 결과 2015년 다양한 분야에서 한중 사회 교류가 이루어졌다.

2015년 1월 22일 왕양(汪洋) 국무원 부총리가 '중국 관광의 해' 개막식 참석차 한국을 방문했다. 왕양 부총리는 박근혜 대통령을 예방한 자리에서 "양국 정상의 관심과 지도 하에 한중관계는 강력한 발전 추세를 보이고 있으며, 실무 협력 또한 부단히 심화되고 있다"고 평가하고, "양국이 함께 노력하여 인문 및 인적 교류를 확대"하자고 언급했다. 이에 박근혜 대통령은 "한중 각 분야의 교류와 협력의 규모가 큰 점은 매우 고무적이며 한국에서 '중국 관광의 해'를 개최하는 것은 올 한 해 양국 인문교류 분야 협력을 추진하는 데 있어 아주 중요한 부분이 될 것"이라고 하여 2015년 한중 간 인문교류가 더욱 활성화될 것임을 예고했다.

왕양 부총리는 방문 기간 최경환 경제부총리와 회담을 갖고 '양국 간 지방 협력 촉진'을 제안하여 양국 지방 정부 간 교류를 확대할 것임을 시사하기도 했다. 예를 들어 중국 세관 수출입 통계 기준에 따르면 한국과 중국의 2014년 12월 말 누계 교역 규모는 전년 동기 대비 5.9% 증가한 2,950억 달러를 기록했으며 무역 수지는 전년 동기 대비 21억 달러 감소했지만 898억 달러 흑자를 기록했다. 한국과의 교역이 가장 활발한 중국 성과 시는 광동성, 장수성, 산동성, 상하이시, 톈진시 등이며, 특히 광동성(723억 달러), 장수성(593.3억 달러), 산동성(328.4억 달러) 등 3개 성의 실적이 1,644.7억 달러로 전체 교역의 56.6%를 차지한다. 따라서 경제 교역 규모에 걸맞게 지방 정부 간 인문교류 심화도 2015년 한중 사회관계의 중요 추진 과제 가운데 하나였다.

2015년 3월 5일 제12기 전국인대 제3차 회의에서 리커창 총리는 〈정부공작보고〉에서 "인민 대중이 문화발전 성과를 한층 많이 향유하도록 할 것"이라고 하면서 그 방안 가운데 하나로 '외국과의 인적 및 문화적 교류 확대'를 정책 추진

목표로 제시했다.

2015년 3월 21일에는 한중일 외교장관 회의가 서울에서 개최되었다. 박근혜 대통령은 3국 외교장관 예방을 받고, "한중일 3국은 경제적으로 상호 의존적인 바 협력 강화가 필요하고도 중요하다"고 언급했다. 또한 "올해는 제2차 세계대전 종전 및 한반도 광복 70주년인바 한중일 3국에게 있어 역사적인 의미를 갖는 해"라고 강조하고, 따라서 "역사를 직시하고 미래를 지향하는 것이 그 어떠한 때보다 중요"하다고 강조했다. 3년 만에 서울에서 개최된 한중일 외교장관 회의를 통해 '정치 경제통상, 지속 가능한 발전, 인문 비전통안보 등 각 분야에서의 교류 협력을 계속 추진'할 것을 명확히 했고 2015년에 인문 등 사회관계 교류가 추진되는 힘을 받게 되었다.

장더장(張德江) 전국인대 상무위원장도 6월 11일부터 13일까지 정의화 국회의장 초청으로 한국을 공식 방문했다. 이번 장더장 위원장의 한국 방문은 전인대 위원장으로서 12년 만의 한국 방문이며 전국인대 위원장 취임 이후 첫 아시아 방문지가 바로 한국이었다. 이번 방문을 추궈홍(邱國洪) 주한 중국 대사는 "한중관계의 전면적 발전 및 양국 의회 교류, 협력 심화에 중요한 의미를 갖는다"고 평가했다. 장더장 위원장은 "한중 관계가 가장 좋은 발전 추세를 유지하고 있다"고 평가하고 "양국 정상 간 성공적인 상호 방문을 통해서 중요한 공동인식에 도달했으며 정치적 상호신뢰, 경제협력, 인문교류를 부단히 심화시켰다"고 언급했다. 박근혜 대통령은 장더장 전국인대 상무위원장의 예방을 받고 "한중이 각 분에서 실질적인 협력을 지속적으로 확대해 나가기를 희망하고 특히 한중 간 '전략적 협력동반자관계'가 새로운 발전을 성취할 수 있도록 지속적으로 추동해 나갈 것"이라고 언급했다.

2015년 10월 31일에는 서울에서 개최되는 제6차 한일중 정상회담에 참석하기 위해 리커창 국무원 총리가 박근혜 대통령 초청으로 2박 3일 일정으로 한국을 방문했다. 리커창 총리는 한중 사회관계와 관련하여 "인문교류를 심화해야 한다"고 강조했다. 특히 "양국 인적 교류 1천만 명 돌파를 기초로 인문 교류의 질과 양을 전면적으로 제고하여 양국 관계 발전의 여론 토대를 더욱 공고히 다져야 한다"고 강조했다. 이에 대해 박근혜 대통령은 양측이 인문 분야의 교류와 협력을 한층 더 확대할 것에 동의를 표했다.

리커창 총리는 또한 한중일 정상회담 외에 서울에서 열린 한중 청년지도자 포럼에 참석하여 연설도 했다. 한중 양국은 2014년 양국 정상회담에서 2015년 부터 5년 내에 매년 100명의 양국 청년 엘리트 간의 상호 방문을 추진하고 한중 청년지도자 포럼을 정기적으로 개최하기로 합의했다. 리커창 총리와 황교안 총리가 나란히 참가한 이번 포럼의 주제는 '한중 청년들의 힘을 모아 혁신 창업의 꿈을 펼치자'였다.

2) 한중 인적 교류 심화

이와 같은 고위급 인사들의 한중 상호 방문 외에도 일반 국민들의 양국 인적 교류가 2015년에도 계속되었다. 2014년 입국자 국가별 현황과 2015년 외국인 입국자 국가별 현황에서 중국은 여전히 한국에 입국하는 외국인 가운데 거의 50%를 차지한다. 한국에 재학 중인 외국인 유학생 역시 중국인이 60% 이상을 차지할 정도로 일반인들의 교류 또한 매우 활발하다.

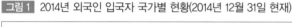 **그림1** 2014년 외국인 입국자 국가별 현황(2014년 12월 31일 현재)

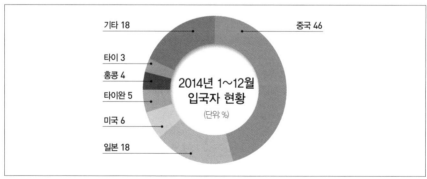

2014년 국적별 외국인 유학생 현황(2014년 12월 31일 현재)

국적	총계	유학	한국어연수	외국어연수
총계	86,410	61,257	25,138	15
중국	55,008	38,761	16,244	3
비중	63.7%	63.3%	64.6%	20.0%

자료: 대한민국 법무부 출입국·외국인 정책본부 출입국·외국인정책 통계월보 2014년 12월 호

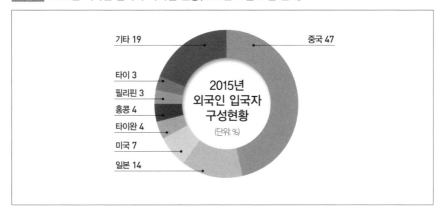

그림 2 2015년 외국인 입국자 국가별 현황(2015년 12월 31일 현재)

2015년 국적별 외국인 유학생 현황(2015년 12월 31일 현재)

국적	총계	유학	한국어연수	외국어연수
총계	96,357	66,334	30,017	6
중국	59,192	40,875	18,317	0
비중	61.4%	61.6%	61.0%	0.0%

자료: 대한민국 법무부 출입국 · 외국인 정책본부 출입국 · 외국인정책 통계월보, 2015년 12월 호

사회관계의 중요한 지표 가운데 하나인 한국과 중국의 문화관광 교류 역시 2015년에도 꾸준한 성장세를 보여주었다. 지난 2014년 양국 정상은 2015년과 2016년을 각각 중국 관광의 해와 한국 관광의 해로 설정하고 대규모 관광 교류를 제안했다. 중국 국가여유국(國家旅遊局) 발표에 따르면 2015년에도 위안화 가치 하락, 비자 신청 조건 완화 등의 영향으로 중국인의 해외 여행이 크게 증가할 것으로 예상했다. 국가여유국 2015년 2월 24일 발표에 따르면 2015년 춘절 연휴 기간인 2월 18일에서 2월 24일 사이 중화권(홍콩, 마카오)를 제외한 해외 출국 중국인은 518.2만 명으로 전년 대비 10% 증가했다. 상기 통계에 따르면 태국, 일본, 한국, 동남아 지역이 근거리 여행자들이 선호하는 지역으로 나타났다. 이는 2015년에도 한국과의 사회교류, 특히 문화교류의 큰 흐름은 여전히 견고하게 지켜지고 있다는 사실을 알 수 있다. 한국 관광객 역시 중국을 꾸준히 방문하고 있다.

중국 국가여유국이 발표한 중국 관광 입국자 통계에 따르면 2015년 한 해 동안 중국을 찾은 관광객은 1억 3,300여만 명에 달한다. 이 가운데 홍콩, 마카오, 타이완 등 중화권 관광객을 제외하고 관광 목적으로 중국을 방문한 외국인 관광객은 2,598만 명가량이다. 중국을 방문한 외국인 관광객 2,598만 명 가운데 중화권을 제외한 아시아 국가 출신 방문자는 1,662만 명이며 이 가운데 한국인은 26.7%인 444만 4천여 명에 이르렀다. 이는 전년도에 비해서 6.28%가 증가한 것이다. 2015년 관광 목적으로 중국에 입국한 일본인이 249만여 명으로 전년 대비 -8.09%를 기록한 것과 비교해볼 때 2015년 관광 목적으로 중국을 방문한 한국인이 아시아 최고를 기록했다.

3) 한중 문화, 인문교류 확대

문화교류와 인문교류 역시 2015년도에 견실하게 추진되었다. 지난 2015년 9월 초 전승절 행사 참석차 중국을 방문한 박근혜 대통령은 리커창 총리와 회담을 갖고 한중 문화교류에 대한 의견을 교환했다. 이 자리에서 양 지도자는 한중 간의 풍부한 문화 자원을 충분히 활용하여 문화교류를 강화하고 문화산업 협력을 확대해 나가기로 의견을 함께 했다. 이러한 인식의 공감대는 바로 문화교류의 심화로 연결되었다.

2015년 6월 30일 서울에서 제3회 한중문화산업포럼이 개최되었다. 동 포럼에는 윤태용 한국 문화체육관광부 문화콘텐츠산업실장, 류위주(劉玉珠) 중국 문화부 부장 조리가 참석했으며 한중 양국의 문화 관련 기관 책임자, 문화산업 분야 전문가 및 기업체 대표 등이 참석했다. 류 부장 조리는 축사를 통해 "문화산업 협력은 한중 문화교류 및 협력의 중요한 구성 요소로, 양국 문화협력에 있어서 가장 큰 성장 가능성을 지니고 있다"고 평가하고 "한중 양측이 문화산업 정책과 정보 교류 지속 확대, 문화기업 간의 교류와 협력 심화, 미래를 향한 한중 문화산업 협력 모델 구축, 양국 문화산업의 국제 경쟁력 강화를 위해 함께 노력해 나가기를 희망한다"고 언급했다. 한중 간 사회교류에서 문화 부문이 점점 중시될 것임을 암시했다.

2015년 10월 31일에는 서울에서 제3회 한중문화제(2015 서울-중국의 날) 행사가 개최되었다. 특히 이번 행사는 다양한 부스가 마련되어 체험 위주 문화제로 진행되어 시민들의 적극적인 참여를 유도했다는 점에서 높은 평가를 받았다. 또한 중국의 15개 성, 시, 자치구에서 참여하여 다양한 공연과 문화체험 행사를 마련하는 등 지방정부 간 교류의 새로운 비전을 제시했다. 또한 2015년 11월 28일부터 4박 5일 동안 중국 청두(成都)에서는 대한민국 청두총영사관이 주최한 2015년 한국-사천성 태권도 공개수업 행사가 열렸다. 한중 문화교류가 다양한 포맷으로 진행되고 있음을 잘 보여주었다.

이러한 문화와 인문교류 확대는 제도적인 뒷받침을 필요로 했다. 따라서 한중 간 영사 협정 체결과 발효도 2015년 한중 사회관계에서 주목할 만한 이슈였다. 한국과 중국은 2014년 7월 3일 한중 정상회담에서 '중화인민공화국과 대한민국 간의 영사 협정'을 체결했다. 한국과 중국은 각각 협정 발효에 필요한 국내 법률 절차를 완료하고 2015년 4월 12일에 영사 협정을 발효시켰다. '중한 영사 협정'은 중국이 체결한 49번째 양자 간 영사 조약이다. 한국과 중국 양측 인적 교류의 법률 문건을 규범화하는 동 협정은 중한 양국의 인적 교류를 위해 더욱 많은 법률적 기초를 제공했다. 또한 양측이 상대국에서의 자국 국민의 합법적 권익을 수호하기 위해 더욱 많은 법률적 근거를 제공하는 제도적 기초로서 한중 사회관계를 한층 더 제도화하는 데 역할을 할 것으로 기대된다.

인문교류 사업도 2015년 한중 사회관계의 중요한 성과 가운데 하나이다. 2015년 6월 30일 베이징에서는 한국경제인문사회연구회와 중국사회과학원이 공동 주최한 '한중 인문교류 정책포럼'이 '한중 인문학의 전승과 혁신'이라는 주제로 개최되었다. 이번 포럼은 한중 인문유대 강화 세부 사업 중 하나로 한국과 중국 양국의 외교부 후원으로 진행되었다. 한중 양국의 전문가와 학자 등 50여 명이 참석했다. 동 포럼에서 '동방의 정신과 전통의 지혜', '서방의 현대 사조(思潮)와 한중 인문학의 대응', '한중 인문교류정책에 대한 제안' 등 세 가지 의제를 토론했다. 동 포럼에서 장강(長江) 중국사회과학원 부원장은 환영사에서 "새로운 역사적 시기를 맞아 한중 양국은 인문교류, 인문유대를 통해 상호신뢰 메커니즘을 구축하고 '인문공동체'라는 새로운 역사의 한 편을 함께 써내려가야 한다"고 언급하여 향후 한국과 중국 사회관계에서 인문공동체 논의가 새로운 의제가 될 것임을 내비치기도 했다.

중국이 추진하는 '일대일로'와 한국이 추진하는 '유라시아 이니셔티브'를 결합하기 위한 노력도 함께 진행되었다. 2015년 7월 13일에는 주철기 외교안보수석이 '유라시아 친선 특급' 활동을 위해 중국을 방문, 장예수이 외교부 부부장을 만나 한중관계 및 국제, 지역 문제에 관한 의견을 교환하기도 했다. '유라시아 친선 특급' 활동은 한중인문교류공동위원회와 한국 외교부가 함께 주최하는 활동으로 중국국제문제연구원과 한국대외경제정책연구원(KIEP) 등이 공동으로 주최한 '유라시아 이니셔티브와 일대일로' 국제 세미나 활동이다.

4) 다양한 형식의 포럼 개최

이 외에도 2015년에는 한중 간에 다양한 형식의 포럼이 다수 개최되었다. 먼저 '한-동북3성, 한-중 FTA 시대를 맞아 경제협력의 새로운 비전 제시'를 주제로 주선양 총영사관과 동북 3성이 공동 주최하는 '한-동북3성 경제협력 포럼'이 코엑스에서 2015년 12월 11일 개최되었다. 이 자리에서 조태열 외교부 제2차관은 한중관계를 더욱 발전시켜 나가기 위해서 한국의 '유라시아 이니셔티브'와 중국의 '일대일로' 구상 간 연계성을 강화하고 한중 FTA를 적극적으로 활용하며 한국과 동북3성 간 신성장 동력을 모색하여 상호 협력 분야를 확대해 나가자는 메시지를 대내외에 전달했다.

2015년에는 또한 한중 양국의 청년이 참여하는 다양한 분야의 청년 포럼이 다수 개최되었다. 먼저, 한국국제교류재단이 주관한 2015 한중 청년 지도자 포럼이 중국과 한국에서 순차적으로 진행되었다. '한중 청년지도자 포럼'은 한국국제교류재단과 중화전국청년연합회가 공동 주최하는 한중 청년 지도자 교류 포럼으로 양국의 미래를 이끌어갈 청년 지도자 각 100명을 상호 초청하여 교류하는 프로그램이다. '한중 청년지도자 포럼'은 지난 2014년 7월 한중 정상회담에서 합의했으며 2015년 공식 출범했다. 본 포럼은 매년 양국 각계 청년 지도자 100명이 상호 방문하여 분야별 실질 네트워킹을 확대, 강화함으로써 미래 양국 관계 상호 발전을 위한 협의와 협조체계를 구축해서 상대국에 대한 이해 및 공감대를 형성, 미래의 양국 관계 발전에 기여할 것을 목적으로 추진되고 있다.

한국 청년 지도자 포럼 참가자들은 2015년 8월 중순 중국을 방문했으며, 중국 청년 지도자 포럼 참가자들은 11월 중순 한국을 방문했다. 한국 참가자들은 베이징에서 '일대일로'와 '중국 청년 사업' 등 중국 국정 현안 관련 강연을 청취하고 칭다오로 이동하여 하이얼 그룹 본사와 칭다오 첨단기술개발산업구 등을 둘러보고 중국의 기술 개발 등에 대한 현황을 직접 보고 관련 기술 개발 등에 대한 상호 관심사를 교환했다. 중국 참가자 100명은 친이즈(秦宜智) 공청단 중앙서기처 제1서기를 단장으로 2015년 10월 31일 한국을 방문하여 4박 5일 동안 한국의 주요 지도자들을 만났다. 또한 방한 기간 창조경제 혁신센터, 울산 현대자동차 공장 및 부산 항만공사를 방문하여 한국의 경제발전 현장을 둘러보았다. 특히 한국에서 개최된 '한중 청년지도자 포럼'에는 한국의 황교안 국무총리와 중국의 리커창 총리가 직접 참석하여 양국 청년 포럼에 힘을 실어주기도 했다.

한국국제교류재단이 추진하는 한중 청년 교류 관련 또 다른 이벤트는 한중 미래지향 교류사업이다. 이 사업은 중국과의 전략적 협력동반자관계 발전 사업의 일환으로 매년 외교, 경제통상, 사회, 문화, 언론 등 분야별 차세대 인사들을 초청하여 중국과의 협력관계를 강화하기 위한 목적으로 추진되었다. 지난 2015년 8월 17일부터 4박 5일간 중국 차세대 사회 문화 체육계 인사 24명이 한국을 방문했다. 이들 방한단은 중국 전역에서 모인 유명한 사회 문화 체육계의 차세대 지도자들로 구성되었다. 방한 기간 한중관계 전반에 대한 브리핑을 듣고, 서울 관광 마케팅, CJ 문화창조융합센터, SM타운, 아모레퍼시픽 오산 스토리 가든 방문 등 한류 문화와 관광, 한류 콘텐츠 등을 직접 접하는 기회를 가졌다.

2015년 11월 16일에는 경상북도 주최 '2015 제3회 인문으로 만나는 한중 청년 포럼'이 안동 예술의진당 국제회의실에서 개최되있다. 한중 인적교류와 인문교류를 확대하고 한중 청년들의 우의를 다지기 위한 목적으로 추진되었다. 이번에 개최된 한중 청년 포럼은 2014년 중국 산시성(陝西省)과 허난성(河南省)에서 개최된 제2회 한중 청년 포럼의 답방 형식이었다. 이번 포럼은 안동의 '인문 공간'을 주제로 지역 대학생과 중국 대학생 100여 명이 안동 지역의 인문 공간인 인문 마을, 안동 구시가지, 하회마을, 안동의 전통 시장 등을 직접 둘러보고 그 느낌을 서로 발표하고 교류하는 시간이었다. 이번 한중 청년 포럼은 인문 교류가 지방에서 착근하는 대표적인 사회교류의 새로운 유형을 보여주고 있다는 평가를 받았다.

청년 포럼 외에 제3차 한중공공외교포럼도 2015년 11월 19일 서울에서 개최되었다. 이 자리에서 양국 참석자들은 양국 공공외교 정책 방향, 인문 문화교류 촉진 방안, 양국 국민 간 상호 이해 증진을 위한 양국 언론의 역할 등에 대해 의견을 교환했다. '한중 국민이 함께 만들어가는 희망찬 미래'를 주제로 한국과 중국 외교부가 공동 주최하고 한국 국제교류재단, 중국 공공외교협회가 주관 기관으로 참여한 동 포럼에는 양국 정부 학계, 언론, 기업, 민간단체 등 약 200여 명이 참석했다.

한편 한중 산업발전 고위급 포럼도 11월 23일 베이징에서 개최되었다. 이 포럼은 중국사회과학원과 중국 삼성이 공동으로 주최하는 반관반민 성격의 경제 포럼으로 동 포럼은 제13차 5개년 계획 추진 기간 세계 경제 및 산업 발전 추세, 중국의 '일대일로'와 '중국제조 2025' 전략을 주제로 한중 전자, 신에너지 등 주요 산업의 발전 전망을 논의하는 자리였으며 참석 전문가들은 한중 산업의 미래 협력 가능성이 높다고 전망했다.

3. 2015 한중 사회관계 재인식-메르스 사건

한중 사회관계는 상호간의 인식의 정도에 의해 규정된다. 빈번한 교류와 잦은 만남이 사회관계의 근간을 이루는 것은 부정할 수 없는 현실이다. 여기에 더해서 이러한 양적인 교류의 증가가 질적인 관계 개선으로 나아가기 위해서는 한층 심도 깊은 노력이 필요하다. 여기에서 상호 인식에 대한 체계적이며 지속적인 관찰과 관심이 요구된다. 양적인 교류의 증가는 사회관계의 질적인 변화를 이끄는 데 기여하는 것은 분명하다. 그러나 이러한 질적인 변화가 우호적인 신뢰의 관계로 심화 발전하기 위해서는 상호 인식이 한층 성숙되어야 한다. 상호 인식의 성숙은 정보의 소통과 투명한 메시지 전달이 필수적이다.

지난 2015년 5월 20일 한국에서 메르스(MERS) 바이러스 감염 확진자가 처음으로 발생했다. 중국은 2003년 사스(SARS) 창궐에 따른 전염병 확산의 위험을 잘 알고 있었기 때문에 한국의 메르스 처리 과정을 예의 주시했다. 중국은 메르스 바이러스가 비록 사스에 비해 감염 치사율이 낮고 초기에는 큰 재난을 발생시키지 않는다고 봤지만 언제든지 강력한 바이러스 변이를 일으킬 가능성이 존재하는 전염병이기 때문에 한국 측 초동 대처에 관심을 갖고 지켜보았다. 이 과정에서 한국의 메르스 관련 의심자가 홍콩을 경유해서 광동성(廣東省)에 입국하고 바로 양성 반응을 받아 격리 조치되면서 중국의 바이러스 감염 우려는 현실적인 문제가 되었다.

당시 광동성 위생계획생육위원회는 한국 감염자의 이동 경로를 따라 밀접 접촉자를 찾아내 자가 격리 조치하는 등 초동 대응에 나섰다. 그러나 2015년 6월 1일 당시 밀접 접촉자 9명의 신원을 파악하지 못했다고 발표했다. 접촉자를 특정하지 못한 상황에서 광동성 지역을 중심으로 한국인 메르스 감염자에 대한 비난이 인터넷이나 언론을 통해서 확산되기 시작했다. 급기야 홍콩 정부는 한국 관광을 중단하겠다는 조치를 취했다. 중국 일부 지역에서도 한국 관광 금지 조치를 고려하겠다는 소식이 전해졌다. 특히 인터넷을 중심으로 한국의 조치를 비난하고 힐난하는 기사와 댓글이 확대 재생산되기 시작하였다. 한국의 일부 네티즌 또한 중국의 대응에 대해서 매우 감정적이며 즉흥적이라는 이유로 비난의 대열에 합류하여 논쟁에 가세했다. 이러한 상호간의 불신과 신뢰의 부족은 굳건하게 지켜오던 양국의 우호적인 사회관계를 기저에서부터 균열을 내기 시작했다.

사실 전염병에 관한 한 초동 대처는 괴담으로 번지는 것을 방지하기 위한 정확하고 시의 적절한 정보의 공유이다. 그러나 이번 메르스 사태는 정보의 시의 적절한 유통이 제때에 이루어지지 않았다. 특히 구체적인 감염 경로와 정보가 한국인뿐만 아니라 인접 국가인 중국에게도 제대로 전달이 되지 않아 초동 대처에 실패하면서 불신을 자초한 측면이 없지 않다. 이러한 미숙한 대응은 양국 국민 간의 불신을 조장하고 상호 신뢰를 저하시켜 사회관계의 정상적인 발전을 가로막았다고 평가할 수 있다. 예컨대 한국의 메르스 환자가 정부의 통제 범위를 벗어나 홍콩을 거쳐 광동성에 입국하면서 한국에서 중국으로 메르스가 전파되는 초유의 사태가 벌어졌다. 중국 네티즌 등 국민들의 이성적인 대응을 기대하기에는 상황이 매우 긴박했다. 특히 중국은 2003년 사스 사태를 통해서 전염병에 대한 학습 효과를 가지고 있었기 때문에 비교적 침착하게 메르스 확산에 대응했다. 이러한 대응이 결과적으로 양국 관계의 긴장을 일정 부분 누그러뜨린 효과를 가져오기도 했다.

예컨대 한국 메르스 환자가 광동성에 입국한 것이 알려지면서 중국 광동성 보건당국은 메르스에 알맞는 백신이나 치료약이 현재 없음을 국민들에게 사실대로 공개해서 혼란에 빠지지 말고 침착하게 대응할 것을 주문했다. 광동성 보건당국은 메르스가 감염성이 그리 강하지 않음을 알리는 한편 확진 판정을 받은 한국인 메르스 환자가 이용했던 교통편을 전부 언론에 공개했다. 신문과 방송에서는 2015년 5월 26일 아시아나 항공 OZ723편을 탔던 승객들에게 자진 신고를 해줄 것을 요구했다. 5월 26일 오후 4시 홍콩 국제공항에서 사터우쟈오(沙頭角)까지 버스 이동 경로를 공개하고 당시 홍콩 차량 번호 PJ2595도 공개했다. 5월 26일 오후 4시 46분 사터우쟈오부터 광동성 후이저우(惠州)까지 환자가 이동했던 광동성 차량 번호 웨(粵)ZCH70강(港), 홍콩 차량번호 HN5211을 모두 공개했다. 이렇게 광동성 보건당국은 한국 환자가 이용했던 항공기와 차량 정보를 언론을 통해서 바로 공개하고 해당 교통 수단을 이용했던 사람들은 광동성 질병 예방 통제 센터(廣東省疾控預防控制中心)나 후이저우시 질병 예방 통제 센터(惠州市疾病預防控制中心)로 연락할 것을 주문했다. 심지어 담당 의사 개인 휴대전화까지 모두 공개하고 적극적으로 관련 정보를 유통시켜 불안 심리를 잠재워 나갔다.

결국 이번 메르스 사태는 일국의 방역 체계가 무너지면서 인접국에 전염병 환자가 아무런 통제를 받지 않고 건너갔다는 점에서 한국의 안이한 대응이 중국과 중국인의 대 한국 인식에 부정적인 영향을 준 전형적인 사례라고 할 수 있다. 한국의 10번째 환자인 동시에 중국에서 발생한 첫 메르스 환자가 한국인이고 한국에서 건너갔다는 사실은 네티즌을 중심으로 중국인들의 한국에 대한 부정적인 인식과 비난 수위를 높이는 결과를 초래했다. 그 결과 외형적으로는 중국 관광객들이 단기간 한국 방문을 기피하게 만들었다.

결국 2015년 한중 양국 사회관계에 있어서 메르사 사태는 불특정 다수에 영향을 미치는 이슈가 어떻게 관리되느냐에 따라 상대국 국민들의 인식에 어떤 영향을 미치는지를 잘 보여주었다. 또한 한국과 중국의 사회관계를 다루는 데 있어서 다양한 분야의 양적인 교류 못지않게 사회관계를 규정짓는 상호 인식도 매우 중요하게 고려되어야 한다는 점을 잘 보여주었다. 메르스와 같은 집단 감염병이 가져올 수 있는 공포 심리의 확산과 이슈 관리에 대한 집단적 불신을 초기에 제대로 대응하지 못하면 아무리 두터운 양적 교류를 중층적으로 쌓아간다 할지라도 상호 인식의 부조화 때문에 한 순간에 관계가 무너질 수도 있다는 사실을 잘 보여주었다. 메르스뿐만 아니라 스모그를 대하는 한국과 중국의 상호 인식 또한 이 굴레를 벗어나지 못한다는 점에서 향후 한중 사회관계에서 상호 인식의 질적 제고를 위한 다양한 논의가 필요함을 시사하고 있다.

4. 결론 및 함의

2015년 한중 사회관계는 2013년 한중 미래비전과 2014년 한중 정상회담 공동선언문을 기초로 양국 정상의 신의에 기반을 둔 상호 이해와 협력 정신에 따라 내용은 더욱 풍부해지고 활동은 한층 다양해졌다. 2015년 한중 사회관계는 메르스라는 예기치 못한 전염병의 창궐과 역내 확산에 따른 한중 상호간의 신뢰에 다소 부정적인 영향을 미쳤다. 그러나 2015년 전 기간을 종합적으로 판단하면 한국과 중국은 양호한 관계를 유지했다고 평가할 수 있다. 그러나 상호 인식의 부조화와 기대치의 상이함으로 인하여 양국 국민 간의 징서적 유대감을 복원하고 한층 심도 깊은 교류과 협력의 모멘텀을 만들어야 한다는 과제도 떠안게 되었다. 2015년 한중 사회관계를 돌아보면서 한중관계의 두텁고 흔들리지 않는 토대를 마련하기 위해서는 한중 양국 간에 몇 가지 적극적인 고민이 필요하다.

　먼저, 돌발 상황에 대처하는 유연한 적응 전략의 필요성이 대두된다. 한국과 중국의 지리적 인접성과 함께 문화적 동질감은 한중 양국의 불가항력적인 돌발 상황에 직접 영향을 미치는 구조이다. 따라서 위기 상황이나 돌발 상황에 대한 역내 상호 이해를 증진하기 위하여 메시지 관리가 필요하다. 예를 들어 국경을 넘는 돌발 상황이 발생하는 경우 한중 양국은 내국인만을 상대로 하는 정보 공유에만 매달릴 것이 아니라 우의와 신의 차원에서 한중 상호간에 정보가 원활하게 전달되도록 해야 한다. 불필요한 오해가 발생하거나 작은 사건이 크게 확대되어 상호 불신을 조장하고 이해도를 떨어뜨리는 일을 사전에 차단하고 공동으로 정보와 메시지를 관리하는 노력이 필요하다. 메시지 관리를 위한 한중 양국의 상호 설명회 개최 등도 제도적으로 고민해볼 문제이다.

　다음으로 정명(精明)한 서비스 마인드 도입이 필요하다. 2015년 초 중국 국가여유국은 위안화 가치 하락, 비자 신청 조건 완화 등의 영향으로 중국인의 해외여행이 크게 증가할 것으로 예상했다. 또한 증가하는 중국인을 자국으로 유치하기 위해서 여러 국가의 소비 환경 개선이 있을 것이고 이는 중국 여행객의 증가를 불러올 것이라고 전망했다. 예컨대 스페인의 한 호텔에서는 중국 관광객을 위한 메뉴 개발, 중국 방송, 중국어 서비스 등을 제공하고, 미국의 일부 호텔에서는 중국 고객의 소비 습관을 이해하기 위한 강좌를 개설하는 등 소비환경 개선이 중국 관광객 증가 원인이 되었다고 언급한 바 있다. 관계의 출발은 나로부터 시작하고 나의 인식이 국가의 인식으로 확장된다는 점을 분명하게 되새겨야 한다. 지난 2015년 11월 20일 성균관대 성균중국연구소에서 개최한 국제학술회의에 참가한 모 중국 인사는 모두 인사말에서 당신이 투숙한 호텔에서 해외 주요 채널이 서비스되고 있는데, 일본과 미국의 채널 수에 비해서 한국에서 시청 가능한 중국 채널은 겨우 CCTV4 채널 하나밖에 없다고 언급하면서 한중 관계가 좋아지고는 있지만, 아직 요원하다는 의견을 피력한 적이 있다. 한중 모두 작은 부분을 놓치지 않는 섬세함이 필요한 시점이다.

　셋째, 지표상의 교류 증대가 아닌 양질의 관계 구축을 위해 노력해야 한다. 한중 사회관계는 주로 인적 교류로 나타난다. 인적 교류는 고위급 교류에서부터, 일반 국민, 기업인, 청년 등 다양하다. 지난 3년 동안 박근혜 대통령과 시진 핑 주석 집권 이후 한중 관계는 최고 지도자들의 상호 신뢰에 기반하여 순조로운 발전을 보였다. 이에 따라 양국 간 인적 교류 또한 비약적으로 성장했다. 그러나 이러한 양적 성장이 상호 인식을 두텁게 하고 이해의 폭을 넓히는 질적인 차원으로 승화되지는 못하고 있다. 따라서 한중 양국이 사회관계의 질적 전환을 위해서 양적인 수량에 집착하기보다는 질을 높이는 방향으로 사회관계를 기획하고 실천하는 패러다임의 전환이 요구된다.

넷째, 한중 사회관계에 있어서 언론의 중요성을 특별히 각인해야 한다. 양국 국민들을 연결해주는 매신저가 바로 언론이기 때문이다. 중국에서는 한국 언론의 오보가 한중관계 특히 사회관계의 좋지 않은 시그널을 제공하여 상호 인식을 더디게 하거나 왜곡되게 하는 사례가 있다고 보고 있다. 예컨대 '중국 인민해방군이 평양에 진입할 준비를 한다'는 등 오보를 통해서 거짓 진실에 기반을 둔 언론 보도로 네티즌 등 국민들이 북한 핵문제보다 오히려 중국의 북한 진입 가능성에 대해서 더 좋지 않은 편견을 심어주어 한중 사회관계의 왜곡 현상을 초래한다고 생각하는 사람이 적지 않다. 이러한 원인으로「인민일보」서울 지국장을 지낸 쉬바오캉(徐寶康)은 "한국 언론들의 보도 속도는 매우 빠르며 몇몇 정확한 북한 관련 보도도 존재한다. 하지만 치명적인 오보는 매우 부정적인 영향을 끼치며 사후에 사과도 하지 않는 경우도 있다"고 지적하기도 했다. 따라서 잘못된 보도는 한반도 정세에 불리하며 오히려 양자 간 대치를 더욱 날카롭게 만들고 상호 신뢰를 파괴하여 긴장된 분위기를 형성해서 국민 상호간 이해 증진에도 부정적인 요인으로 작용하거나 신뢰 구축에 걸림돌이 된다고 지적하는 중국의 목소리에 한국도 귀를 기울여야 한다. 물론 중국도 한국의 목소리에 귀를 기울여야 하는 것은 분명한 사실이다.

다음으로 한중 사회관계에서 관광객의 상호 교류도 다시 되새겨봐야 한다. 관광객은 양국의 사회관계를 발전시켜 나가는 데 좋은 길잡이 역할을 했다. 그러나 한국 관광에 대한 메리트가 줄어들고 특히 한중 FTA가 정식으로 발효되면서 중국 27개 품목 수입품 관세가 점진적으로 인하되면서 중장기적으로 중국인의 한국 쇼핑 관광은 줄어들 것으로 보인다. 따라서 관광과 여행을 통한 대규모 양국 간 교류는 조만간 변곡점에 이를 것으로 보인다. 이처럼 전반적인 관광객의 감소와 함께 중국 관광객의 한국 재방문 감소도 양국 사회관계에 빨간불이 되고 있다. 2015년 7월 한국경제연구원은 〈중국 관광객 유치 활성화를 위한 대응 과제〉 보고서를 통해 "중국 관광객 수가 증가하고 있지만 재방문자 비중은 줄어드는 등 양적 성장에 반해 질적 수준은 저하되고 있다"고 평가하고 "지속 가능성을 확보하기 위한 대책 마련"을 주문했다. 최근 4년간 방한 중국 관광객의 1회 방문자 비중은 2011년 68.5%에서 2014년 79.8%로 증가한 반면 재방문자 비중은 14.8%에서 11.6%로 감소했다. 이러한 재방문 감소는 관광 시장으로서 한국의 매력이 그리 크지 않다는 것을 반증하는 것으로 양국 사회관계 발전에도 부정적인 요인으로 작용할 가능성이 높다. 따라서 관광객을 상품 구매자로만 보는 시각을 수정하는 노력이 필요하다.

2015년 한중 사회관계에 가장 큰 영향을 준 것은 다름 아닌 메르스 사태이다. 메르스 사태 그 자체도 문제였지만 이를 관리하는 과정에서 많은 문제점을 노출했고, 이러한 문제점은 바로 한중 상호 인식의 간극을 더욱 넓히는 데 일조했다. 2015년 8월 5일 말레이시아 쿠알라룸푸르에서 열린 아세안지역안보포럼(ARF) 외교장관회의에서 왕이 외교부장은 "한국이 메르스를 성공적으로 이겨낸 것을 축하하며 이를 계기로 한중 인적 교류가 다시 최고조에 달할 것"이라고 전망했다. 또한 "중국은 한국과 고위층 교류 추세를 유지하며 정치적 상호 신뢰를 부단히 심화시켜 나가자"고 강조했다. 메르스 사태로 교착 상태에 빠진 양국 관계, 특히 다층차 교류를 다시 재개하기 위한 정부 차원의 노력이 시작되었음을 단적으로 보여주었다.

그러나 이러한 외교적 수사는 국가 간 레토릭에 지나지 않는다. 실제로 양국 국민들이 메르스 사태를 통해서 상호 인식의 증대보다는 아쉬움과 서운함, 분노감이 더욱 확산된 점을 부인할 수 없다. 따라서 사회관계를 좋은 방향으로 이끌어가기 위해서는 고위층 교류뿐만 아니라 실제로 양국 관계를 지탱해 나가는 일반 대중들의 상호 인식의 차를 줄여 나가야 한다. 메르스 사태를 전후로 형성되었던 양국 국민들 간의 서먹함을 약화시키고 견실한 관계를 다시 회복하기 위한 상호 인식의 접점을 늘려가는 노력이 계속되어야 한다. 메르스 사태를

2015년 한중 사회관계에서 우리가 교훈으로 삼아야 하는 이유가 바로 여기에 있다.

중한 전략적 협력관계 구축의 세 번째 초석

- 2015년 중한 사회문화 관계 회고와 향후 전망

한아이용(韓愛勇 / 국제전략연구소)

2014년 7월 3일부터 4일까지, 시진핑 주석의 방한 기간 동안, 양국 정상은 중한 전략적 협력동반자 관계의 내실을 더욱 풍부하게 함으로써 양국이 공동 발전의 동반자, 지역 평화에 힘쓰는 동반자, 아시아의 진흥을 위해 손을 맞잡는 동반자, 세계 번영을 촉진하는 동반자가 되기 위해 함께 노력하겠다고 결정했다. '네 개의 동반자' 관계는 중한 전략적 협력동반자 관계를 더욱 구체화한 개념일 뿐만 아니라 다양한 분야의 교류 목적을 실현하고자 하는 기대이기도 하다. 오늘날 중한 관계는 정치외교와 경제무역 협력이라는 두 가지 동력으로 움직이고 있으며 이는 중한 관계의 발전과 심화에 견실한 기반이 되어 왔다. 객관적으로 말해, 중한 관계의 건전하고 지속적인 발전은 양국 사회의 상호 교류 및 상호 신뢰와 밀접하게 연계되어 있다. 상호 교류 및 상호 신뢰가 없는 단순한 이해관계 혹은 전략적 관계였다면 양국 관계는 지속 가능한 동력을 확보하지 못했을 뿐만 아니라 상호 배반을 억제하기 위한 행위가 발생했을지도 모른다. 중한 사회문화 관계는 양국 관계를 조성하는 세 번째 초석으로, 양국 관계가 이해득실을 고려하는 생각에서 벗어나게 하는 동시에 양국 관계를 더욱 풍부하고 오랜 동안 지속할 수 있는 기반을 구축하게 하였다.[50] 더욱 반가운 사실은 2015

....

50 이는 오늘날 한반도 핵 위기 이후, 중한 관계에서 나타난 일부 미묘한 변화와 양국 사회에 나타나는 이견에서 비롯됨.

년도 중한 사회문화 관계의 발전이 이 세 번째 초석을 기반으로 더욱 빠른 속도로 발전 단계에 진입함으로서 정치, 경제, 인문 분야가 함께 발전하는 모습을 보이고 있다는 점이다.

1. 2015년 중한 사회문화 관계 발전의 성과와 특징

2015년은 중한 사회문화 관계가 두드러진 성과를 이룩한 한 해이자 두드러진 특징이 나타난 한 해라고 말할 수 있다. 성과에 대해 말하자면, 다음의 세 가지가 있다.

첫 번째는 2015년 한국에서 '중국 관광의 해'를 처음으로 개최했다는 점이다. 2014년 7월 3일, 시진핑 주석의 방한 시, 양국은 〈중화인민공화국과 대한민국 공동성명〉을 통해 2015년과 2016년을 각각 '중국 관광의 해'와 '한국 관광의 해'로 선언하였다.[51] 한국에서 '중국 관광의 해'가 성공적으로 개최되었다는 사실은 중한 양국이 경제적인 수익과 인문사회 교류에서 균형점을 찾았다는 의미이자 양국 인문사회 교류의 확대와 심화를 위한 광활한 플랫폼을 구축했다는 의미이기도 하다. 더욱 중요한 점은 인문 교류를 위해 경제적 수익을 창출할 수 있는 지원책을 투입함으로써 양국의 인문 교류의 지속성이 보장되었다는 것이다. '중국 관광의 해' 폐막식에서 리커창 총리는 "여행은 경제활동인 동시에, 인문 교류이다. '관광의 해'가 개최됨으로써 양국 국민의 상호 이해가 더욱 깊어지고 양국 국민의 우호적인 인식이 더욱 견고해질 것으로 믿는다"고 언급하였다.[52] 현재, 중한 양국은 '대중창업(大衆創業)' '만중창신(萬衆創新)'과 '창조경제', '중국제조 2025'와 '제조업 혁신 3.0', '일대일로'와 '유라시아 이니셔티브', 제

51 "中韓兩國將在2015年和2016年互辦旅遊年", 人民網
   http://travel.people.com.cn/n/2014/0707/c41570-25249043.html(2015-11-26).
52 "2015中國旅遊年(韓國)閉幕式在首尓隆重擧行", 中國國家旅遊局사이트.
   http://www.cnta.gov.cn/jgjj/jldjs/ljz/ljz_zyhd/201511/t20151102_750564.shtml(2015-11-26).

3시장 공동 개척 등을 포함한 발전 전략의 연계를 추진하고 있다.[53] '관광의 해 개최'의 본질은 양국 발전 전략의 종합적인 계획 하에, 양국의 사회문화 교류가 어떻게 하면 더욱 확대되고 심화될 수 있는지에 대한 구체적인 생각이다. 2015년 중한 양국 국민의 인적 교류는 1,000만 명이 넘어설 것으로 예상되고 있다. '관광의 해' 등 사회문화 교류 사업이 추진됨에 따라 인적 교류 규모가 지속적으로 증가하는 추세를 보일 것으로 전망된다. 이로써 중한 양국 사회의 교류와 상호 이해를 더욱 확대시킬 수 있는 가장 기본적인 '사람'이라는 요인을 갖추게 되었다.

두 번째는 "창조경제와 중한 청년 협력"을 주제로 한 제1회 중한 청년지도자 포럼의 개최이다.[54] 청년은 향후 양국 관계의 발전에서 가장 활발하게 활동할 수 있는 주체이다. 따라서 청년 간의 교류는 양국 관계가 발전되었음을 나타내는 지표일 뿐만 아니라 양국 사회문화 교류의 가장 기본적인 일환이다. 양국은 매년 100명의 청년들을 상대국에 파견함으로서 각 분야의 인적 네트워크를 더욱 확대시키고 각 분야의 발전에 양호한 협력 기반을 구축해 왔다. 청년지도자 포럼의 개최는 두 가지 의의를 가진다. 하나는 양국 청년 교류와 상호 이해를 위한 제도화된 플랫폼을 제공했다는 점이다. 다른 하나는 이번 포럼이 한국 국제교류재단과 중국 공산주의청년단이 공동으로 주관한 행사라는 점이다. 이는 양국 사회단체와 조직 간 상호작용과 교류가 점차 활발해지기 시작했음을 의미한다. 포럼의 성공적인 개최를 통해 청년 그룹의 교류를 확대하였을 뿐만 아니라 양국 사회단체의 교류와 협력의 모범적인 사례를 남길 수 있었다.

세 번째는 중한 인문교류공동위원회 메커니즘이 2015년에 순조롭게 운영되었다는 점이다.[55] 2014년 7월 3일, 시진핑 주석과 박근혜 대통령은 중한 인문교

53 "李克强總理將首次訪韓對接四項發展戰略", 人民網사이트.
http://world.people.com.cn/n/2015/1026/c1002-27741836.html(2015-11-26).

54 "中韓總理共同出席中韓青年領導者論壇", 中國政府사이트.
http://www.gov.cn/guowuyuan/2015-11/02/content_2958758.htm(2015-11-27).

55 중한 인문교류공동위원회 기제에 대해서는 中國日報의 "中韓人文交流共同委員會19日在首尔成立。"을 참고하라.
http://www.chinadaily.com.cn/hqzx/2013-11/19/content_17115578.htm(2015-11-27).

류공동위원회를 설립하고, 위원회가 양국 인문 유대를 강화하는 중요한 플랫폼이 될 수 있도록 함께 노력하자고 합의했다. 이에 2014년, 중한 인문교류공동위원회의 19개의 교류협력 사업을 성공적으로 진행하였다.[56] 이어 2015년 1월 23일, 왕양(汪洋) 부총리의 방한 시, 양국은 문화 교류, 관광, 청년 교류, 교사 교류, 공공외교, 대학생 교류, 중학생 교류, 대학총장 교류, 유학생 포럼, 전통문화, 지방정부 교류 등 50여 개 사업이 포함된 『2015년도 중한 인문교류공동위원회 교류협력 사업 목록』을 발표했다.[57](표1 참조)

2014년과 2015년을 비교해보면, 양국 교류협력사업 수가 3배 가까이 많아진 것 이외에도, 다음과 같은 눈에 띄는 변화가 나타났다. 먼저, 청소년 교류 사업이 2배 확대되었고, 전통문화 교류 사업은 4배 확대되었으며 지방정부 간 교류 사업이 6배 확대되었다. 이와 함께 대학총장 포럼, 공공외교 포럼, 관광의 해, 다큐멘터리 공동 제작 등의 사업이 추가하였다. 이는 청소년 교류, 지방정부 간 교류와 전통문화 교류가 중한 인문교류공동위원회의 주요 사업 내용이자 중한 사회문화 교류의 중점 분야라는 사실을 의미한다. 또한 중한 사회문화 교류의 사회적 인문학적 정서가 더욱 짙어지고 있음을 알 수 있다.

이러한 교류활동이 전개됨에 따라 2015년 중한 사회문화 관계의 특징 역시 두드러졌다. 첫 번째는 사회문화 관계 발전에 대한 양국 정부 고위층의 정치적 염원이 더욱 강화되었다는 점이다. 2년 전 박근혜 대통령의 방중부터 지난해 시진핑 주석의 방한까지의 기간 동안, 사회문화 관계는 줄곧 양국 지도자들이 매우 관심을 가지는 분야였다. 이번 '중국 관광의 해'를 예로 보면, 2015년 9월 2일, 시진핑 주석은 박근혜 대통령의 중국 전승절 70주년 기념 열병식 참석으로 개최된 정상회담에서 양국이 중한 인문 교류에 대한 투자를 더욱 확대하고, '중국 관광의 해'와 '한국 관광의 해'를 중점적으로 추진하자고 제안했다.[58]

· · · · · · · · · · · · · · · ·

56 "2014年中韓人文交流共同委員會交流合作項目目錄", 新華網사이트.
  http://news.xinhuanet.com/2014-07/03/c_126707363.htm(2015-11-27).

57 "2015年中韓人文交流共同委員會交流合作項目目錄", 新華網사이트.
  http://news.xinhuanet.com/world/2015-01/24/c_1114115924.htm(2015-11-27).

58 "習近平會見韓國總統朴槿惠", 新華網사이트.

표 1 2014~2015년도 중한 인문교류공동위원회 교류협력 사업 목록

■ 2014년 교류협력 사업 목록

	사업명	주관 및 후원
1	청년 교류	(中) 중국인민대외우호협회 (韓) 한국국제교류재단
2	청소년 교류	(中) 중화전국청년연합회 (韓) 여성가족부
3	청년 직업능력 개발 및 창업 교류	(中) 중화전국청년연합회 (韓) 여성가족부
4	중학생 교류	(中) 교육부 (韓) 국립국제교육원
5	대학생 교류	(中) 국가유학기금관리위원회 (韓) 국립국제교육원
6	정부 초청 장학금	(中) 국가유학기금관리위원회 (韓) 국립국제교육원
7	교사 교류	(中) 국가한어판공실 (韓) 국립국제교육원
8	국제 음악고고학 학술회의	(中) 허난(河南)박물원 (韓) 국립국악원
9	민간예술인재 교류	(中) 중국문학예술계연합회 (韓) 한국문화예술위원히
10	우수작품 교류	(中) 중국문학예술계위원회 (韓) 한국문화예술위원회
11	인문학 포럼	(中) 중국사회과학원 (韓) 한국연구재단
12	인문교류 정책포럼	(中) 중국사회과학원 정보연구원 (韓) 경제인문사회연구회
13	전통예술 체험학교	(中) 중국희극학원 (韓) 외교부, 주중대사관, 한국예술종합학교
14	샨시(陝西)성 시안(西安) - 경상북도 경주 인문교류	(中) 샨시성, 시안시 (韓) 경상북도, 경주시
15	전통복식 세미나	(中) 시안(西安)공정대학 (韓) 외교부, 주시안총영사관
16	유학교류대회	(中) 산둥(山東)성 (韓) 외교부, 주칭다오(青島)총영사관, 성균관대학교
17	한중 전통 연희(탈) 문화마당	(中) 쓰촨(四川)성천극(川劇)원 (韓) 외교부, 추청두(成都)총영사관, 안동국제가면탈춤페스티벌 사무국
18	쑤저우-전주 인문유산교류	(中) 장쑤성 (韓) 외교부, 주상하이(上海)총영사관, 전라북도
19	지방정부 교류 세미나	(中) 외교부, 관련 성시(省市) (韓) 전국 시도지사협의회

· · · · · · · · · · · · · · · ·

http://news.xinhuanet.com/politics/2015-09/02/c_1116452483.htm(2015-11-28).

■ 2015년 교류협력 사업 목록

	사업명	주관 및 후원
1	한중 인문교류공동위원회 백서 발간	(中) 외교부 (韓) 외교부
2	한중 인문교류 정책포럼	(中) 외교부, 중국사회과학원 정보연구원 (韓) 외교부, 경제인문사회연구회
3	한중 인문학 포럼	(中) 중국사회과학원 (韓) 한국연구재단, 교육부
4	문화교류회의	(中) 문화부 (韓) 문화체육관광부
5	공공외교포럼	(中) 외교부, 중국공공외교협회 (韓) 외교부, 한국국제교류재단
6	중국 관광의 해	(中) 국가관광국 (韓) 문화체육관광부, 한국관광공사
7	한중 다큐멘터리 공동제작	(中) 국가신문출판광전총국 (韓) 미래창조과학부
8	미래포럼	(韓) 한국국제교류재단 (中) 중국인민외교학회
9	한중 대학총장 포럼	(中) 교육부/ 각 대학 (韓) 교육부/ 각 대학
10	한중 중학생 교류	(中) 교육부 (韓) 국립국제교육원
11	한중 대학생 교류	(中) 국가유학기금관리위원회 (韓) 국립국제교육원
12	한중 청년 교류	(中) 중국인민대외우호협회 (韓) 한국국제교류재단
13	정부초청장학생(GKS)	(中) 국가유학기금관리위원회 (韓) 국립국제교육원
14	한중 교사 교류	(韓) 국립국제교육원 (中) 국가한어판공실
15	한중 유학생 포럼	(中) 주한중국대사관 교육부, 전한중국학자연합회 (韓) 동북아역사재단, 한양대 중국문제연구소
16	한중 청년 지도자 100명 상호교류	(中) 중화전국청년연합회 (韓) 한국국제교류재단
17	한중 청소년 특별교류	(中) 중화전국청년연합회, 외교부 (韓) 여성가족부
18	한중 청년 직업능력 개발 및 창업 교류	(中) 중화전국청년연합회 (韓) 여성가족부
19	한중 청년 지도자 포럼	(中) 중화전국청년연합회 (韓) 한국국제교류재단
20	한중 청년 리더 캠프	(中) 랴오닝(遼寧)대학 (韓) 주선양(沈陽)총영사관
21	스포츠 교류 활동	(中) 국가체육총국 (韓) 문화체육관광부
22	한중 대학생 및 여성 바둑교류	(中) 중국바둑협회 (韓) 한국기원
23	한중 전통예능 체험학교	(中) 중국희곡학원 (韓) 한국예술종합학교, 주중대사관
24	한중 전통예술 교류	(中) 베이징 화사전망 고쟁(古箏)센터 (韓) 국립부산국악원
25	한중 교류음악회	(中) 중국음악학원부속중학교 (韓) 국립국악고등학교

	사업명	주관 및 후원
26	중한 인문교류 테마 도시	(中) 하이난(海南)성 (韓) 제주특별자치도
27	"하이난의 날" 행사(제주도)	(中) 하이난성 (韓) 제주특별자치도
28	"제주의 날" 행사(하이난성)	(中) 하이난성 (韓) 제주특별자치도
29	제주-하이난 청소년 축구 교류전	(中) 하이난성 (韓) 제주특별자치도
30	제주-하이난 문화예술제	(中) 하이난성 (韓) 제주특별자치도
31	제주-하이난 우호 사진전	(中) 하이난성 (韓) 제주특별자치도
32	제주-하이난 대학 간 우호협력	(中) 하이난성 (韓) 제주특별자치도
33	제주-베이징 중학생 상호방문	(中) 주제주중국총영사관 (韓) 제주도교육청
34	중한 지방정부 교류회의	(中) 외교부, 중국 지방정부 (韓) 전국시도지사협의회
35	들리는 한국과 중국 - 중한 전통음악(민요) 공연	(中) 산시(陝西)성 문화청 (韓) 주시안총영사관
36	중한 전통복식 세미나	(中) 산시성 (韓) 주시안총영사관
37	유학(儒學)대화회의	(中) 산동성외사판공실, 니산(尼山)세계문명포럼조지위원회 (韓) 주칭다오총영사관, 한국정신문화재단 기금회
38	최치원연구 중한 학술교류전	(中) 양저우(揚州)시 (韓) 주상하이총영사관, 경주최씨종친회
39	중한 사행단 문화축제	(中) 라오닝성 인민대외우호협회 (韓) 주선양총영사관
40	중한 전통 연희(탈) 문화마당	(中) 쓰촨성문화청 (韓) 주청뚜총영사관
41	중한(화중지역) 바둑교류회	(中) 후베이(湖北)성 (韓) 주우한(武漢)총영사관
42	중한(광동성) 전통무예교류회	(中)광동성 외사판공실 (韓)주광저우총영사관
43	2015 빙설 - 중한 연 문화 축제	(中)베이징롱칭사(龍慶峽)공원 (韓)한중문화우호협회
44	수원-지난(濟南) 서예교류전	(中)지난(濟南)시 (韓)수원시
45	윈난(云南)과 한국 청소년 교류	(中)윈난(云南)성 (韓)충청남도
46	한국 내 "중국 푸젠(福建) 주간" 활동	(中)푸젠(福建)성 (韓)강원도
47	경기도-산동성 대학교류협의회	(中)산둥성 (韓)경기도
48	중한 고대음악 및 궁중음악 교류	(中)허난박물원 (韓)국립국악원
49	중한 평화의 소리	(中)국가대극원 (韓)한중문화우호협회
50	중한 자매우호도시 중학생 축구 친선 경기	(中)인민대외우호협회 (韓)전국시도지사협의회

이미 지난해 1월, 왕양 부총리가 한국을 방문하여 '중국 관광의 해' 개막식에 참석하였고, 11월의 폐막식에는 리커창 총리와 정의화 국회의장이 참석하였다. 이는 양국 정부가 '관광의 해'와 같은 새로운 형태의 중한 사회문화 교류를 매우 중시한다는 것을 의미한다. 11월 리커창 총리의 방한 기간 동안, 인문 교류가 매우 중요한 분야인 동시에 양국이 모두 더욱 발전할 필요가 있다고 생각하는 분야라는 사실을 알 수 있는 또 다른 사례가 있었다.[59] 리커창 총리는 황교안 총리와 함께 중한 청년지도자 포럼에 참석하였다. 「국민일보」는 "한국과 중국이 전략적 협력동반자 관계를 수립한 이후, 양국 관계는 빠르게 발전하였다. 정치외교와 경제무역이라는 양대 구심점에서 훌륭한 성과를 달성했을 뿐만 아니라 인문유대와 문화사업 분야의 협력을 더욱 확대시킬 수 있다"는 박근혜 대통령의 축전을 보도하였다.[60] 이러한 사실로 미루어, 중한 사회문화 발전이 양국 지도자들이 매우 관심을 가지고 집중적으로 추진하는 중점 분야임을 알 수 있다. 실제로도, 2015년과 2016년 개최된 '관광의 해' 행사가 순조롭게 진행되어 2016년 '양국 국민 상호 방문 1,000만 회 돌파' 목표를 실현하기 위해 양국 지도자는 공무 여권의 비자 면제, 일반 여권의 단기 여행비자 면제 등 행정 절차를 간소화하기로 결정하였다. 이는 양국의 정치적인 결정이 사회문화 관계 분야에서 생동감 있게 나타난 결과라고 할 수 있다. 객관적으로 말해, 강렬한 정치적 염원은 오늘날 중한 사회문화 관계 발전의 추진에 매우 중요한 역할을 했다. 최근, 양국은 상호 국민 간 최대 방문국이자 최대 여행국이 되었다. 매일 약 100여 편의 항공편이 운행 중이고 3만여 명의 여행객이 양국을 상호 방문하였다. 통계에 따르면, 2015년 1월부터 5월까지 한국인의 중국 방문 회수는 182만 회로, 전년 동기 대비 14% 증가하였으며 중국인의 한국 방문 회수 역시 전년 동기 대비 28% 증가한 269만 회인 것으로 나타났다.[61] 한국의 중국어 교육기관

· · · · · · · · · · · · · · · ·

59 "李克强同朴槿惠會談: 推動中韓四項國家戰略待接", 中國新聞網사이트.
   http://www.chinanews.com/gn/2015/10-31/7599354.shtml(2015-11-28).

60 "韓媒: 李克强訪韓成果豊碩 經貿合作人文交流全面深化", 國際在線사이트.
   http://gb.cri.cn/42071/2015/11/02/8131s5152074.htm(2015-11-25).

61 "李克强稱訪韓像走親戚正爲韓國泡菜進入中國創造條件", 中廣網사이트.

이 연평균 20% 이상 증가하고 있으며 유교 문화, 중국 요리 등 중국적인 요소들이 한국인의 생활에 깊이 유입되고 있다.[62]

두 번째는 중한 사회문화 관계 발전을 위한 메커니즘이 구축되기 시작했다는 점이다. 중한 인문교류공동위원회를 예로 보면, 공동위원회가 설립된 2013년부터 2015년까지, 불과 2년이라는 시간 동안, 공동위원회가 제안하고 추진한 교류 사업은 무에서 유를 창조했다고 할 수 있다. 사업 분야가 점차 확대되었으며 교류의 내용 역시 더욱 구체화되었다. 따라서 중한 인문교류공동위원회 메커니즘의 구축을 통해 양국 사회문화 교류가 '점과 점, 그룹과 그룹, 기관과 기관 간'의 연계와 상호작용을 실현했다고 할 수 있다. 제1회 중한 청년지도자 포럼의 성공적인 개최는 중한 인문교류공동위원회가 함께 시작한 협력 사업 중 하나이다. 이 사업을 통해 양국 간 사회 교류를 확대했다는 사실보다 더욱 중요한 것은 양국 사회단체 간의 연계와 상호작용이 새로운 장을 열었다는 것이고, 사회단체 간 교류에서 부족했던 부분을 확실하게 개선했다는 것이다. 자발적인 민간 교류와 비교해, 우호단체는 더욱 명확한 목표와 이성적인 행위, 장기적인 계획을 가지고 있어야 한다. 우호단체의 규모와 수량이 확대되면서 사회 교류에서의 역할이 더욱 두드러지고 있다. 중한 사회 교류의 효율성 제고라는 측면에서 보면, 이러한 사업은 적은 노력으로도 많은 성과를 이룰 수 있는 효율적인 메커니즘이다.[63]

세 번째는 중한 사회문화 관계 발전의 대체적인 구도가 기본적으로 나타났다는 점이다. 2014년과 2015년의 중한 인문교류공동위원회 교류협력사업 목록을 예로 보면, 2년 동안 중한 인문교류공동위원회가 추진한 교류 사업은 크게 청년 교류, 지방정부 간 교류, 전통문화 교류의 세 가지 분야에 집중되어 있다. 이 세 가지 분야가 사실상 중한 사회문화 관계를 구성하는 3대 기반인 셈

. . . .

http://china.cnr.cn/ygxw/20151101/t20151101_520350372.shtml(2015-11-25).

62 ""四個伙伴"構筑中韓關係", 人民網사이트.
http://opinion.people.com.cn/n/2014/0704/c1003-25239256.html(2015-11-25).

63 韓愛勇, "中韓社會交往22年: 成果與問題", 『當代韓國』, 2015年 第1期, pp.56-68.

이다.[64] 청년은 양국 사회문화 관계의 미래를 지탱하는 힘이고, 지방정부는 양국 사회문화 관계를 더욱 심화시키고 구체화하는 현실적인 주체이다. 전통문화는 양국의 사회 인식과 지혜가 나타난 역사적인 성과라 할 수 있다. 따라서 양국 사회문화 관계의 3대 영역에는 과거와 현재, 그리고 미래가 모두 고스란히 담겨 있다. 결국 이 세 분야는 지난 20여 년 동안 양국 사회문화 관계의 발전을 탐구한 결과이자 사회문화 관계의 발전에 대한 양국 국민들의 구체적인 기대인 것이다. 이러한 구조의 확립은 기념비적인 의의를 가지고 있다. 이는 양국 사회 관계를 발전시키기 위한 양국 정부와 국민들의 구체적인 활동들을 통해 확립되었음을 의미하기 때문이다.

네 번째는 중한 사회문화 교류의 역사적인 공감대가 점차 명확해지고 있다는 점이다. 2014년 1월 19일 안중근 의사 기념관의 개관부터 2015년 9월 3일 박근혜 대통령의 열병식 참석까지, 중국과 한국은 역사적인 문제에 인식이 점차 근접해지고 있다. 중국과 한국의 역사를 회고할 때, 역사적인 원한을 기억하는 것보다 더욱 아름답고 평화로운 미래를 창조함으로써 역사적인 비극이 재현되는 것을 방지해야 한다. 역사에 대한 공통된 인식을 통해 양국 국민들의 호감 역시 제고되고 있다. 박근혜 대통령의 열병식 참석에 대해 중국 언론들은 두 가지 내용을 집중적으로 다뤘다. 하나는 박근혜 대통령이 기념행사에 참석하자 현장에 있던 4만여 명의 관중들이 뜨거운 박수를 보냈다는 내용이고, 다른 하나는 시진핑 주석 내외가 국빈들을 맞이하며 악수하는 사진을 찍을 때 박근혜 대통령이 자리를 잡지 못하는 상황이 나타났음에도 박근혜 대통령이 자리를 잡은 후 오히려 겸손하고 미안한 표정으로 미소를 지었고, 이 미소가 모든 이의 마음을 사로잡았다는 내용이었다. 중국 네티즌들은 한국 대통령의 '귀여운' 모습에 '좋아요'를 클릭했다. 박근혜 대통령의 열병식 참석에 관한 정치적, 경제적인 효과나 국제사회에 미친 영향 등을 떠나 이 두 가지 사실을 통해 박근

· · · · · · · · · · · · · · · ·

64 이희옥 교수는 중한 사회문화 교류에서 이 세 가지 분야 이외에도, 이웃국가 국민들이 쉽게 인정하고 보통 시민들이 쉽게 참여하며 지속적인 발전이 가능한 학술이 네 번째 분야가 되어야 한다고 인식함. 李厚芽 杜鵑, "加强中韓兩國人文交流紐帶,開啓中韓文化發展新局面", 『國外社會科學』, 2015年 第1期, pp.156-159.

혜 대통령의 방중이 헛되지 않았음이 증명되었다. 현장의 관중들이나 네티즌의 반응은 연출된 것도 아니며 의도적으로 준비하여 나타난 효과도 아니다. '한풍' 과 '한류'가 수년간 이어지면서 중한 관계는 이미 견실한 국민적 기반을 확보했다.[65] 양국 국민들의 마음속에 공통된 역사적 인식과 기억이 있었기 때문에 이러한 기반이 조성될 수 있었다.

양국 고위층의 강렬한 정치적 염원, 사회문화 관계 발전을 위한 메커니즘, 사회문화 교류의 3대 기반 형성 등 2015년에 나타난 중한 사회문화 관계의 특징은 중한 사회문화 관계의 발전과 문화 교류에서 제도화된 발전단계에 진입했음을 의미한다. 이와 동시에, 중한 양국 사회에 대한 호감도 역시 눈에 띄게 상승하였다. 이를 통해 가까운 미래에 중한 관계는 정치외교, 경제무역, 사회인문이라는 세 가지 초석을 구축할 수 있을 것으로 예상된다. 또한 사회문화적 정서와 관심이 더욱 확대되면서 중한 관계가 더욱 장기적이고 활발한 발전 동력을 가질 수 있을 것으로 기대된다.

2. 2015년 중한 사회문화 관계 발전에 나타난 문제점

2015년, 중한 사회문화 관계가 순조롭고 빠르게 발전하며 사람들에게 기쁨을 선사했음에도 불구하고 여전히 일부 문제들은 관심을 가지고 연구할 가치가 있다. 특히 일부 기본적인 문제들은 양호한 발전 추세에도 근본적인 해결책을 찾지 못하는 상황에 직면해 있다. 이러한 문제는 대략 다섯 가지로 요약할 수 있다.

첫째, 정치적인 염원은 강하나 전략적 계획은 부족하다. 상술한 바와 같이, 중한 양국의 중앙정부부터 지방정부까지 중한 사회문화 관계의 발전에 대한 강

· · · · · · · · · · · · · · · ·

65 王木克, "朝鮮半島的'舒適度'", 『世界智識』, 2015年 第18期, p.73; "外媒: 朴槿惠參加閱兵獲中國超規格禮遇", 中華網, http://military.china.com/kangzhan70/zxxx/11172250/20150903/20324516.html (2015-11-28).

렬한 정치적 염원은 의심할 여지가 없다. 그리고 이러한 염원이 양국의 사회인문 교류를 추진하는 핵심적인 동력이 되어 왔다. 그러나 문제가 바로 여기에 있다. 우리가 무엇인가에 대해 더욱 의존하게 될 때, 우리의 취약성이 공교롭게도 그 무엇으로부터 나타난다. 먼저, 강렬한 정치적 염원이 결코 완벽한 전략적 계획을 의미하지 않는다. 정치적 염원은 정권이 교체됨에 따라 수동적으로 바뀔 수 있다. 완벽한 전략적 계획이란 정권의 교체에도 불구하고 양국 정부가 함께 작성한 공동성명의 전략적 계획이 크게 변하지 않는 것을 의미한다. 다음으로 사회교류, 인문교류 등의 기능적인 측면에서 독립성과 운영 규칙을 가지고 있어야만 정치적 염원 역시 바뀌지 않는다. 기능적인 독립성이 보장될 때 차이점을 포용적으로 향유할 수 있고 공동의 문화적 가치관을 나눌 수 있으며 아름다운 미래를 함께 기대할 수 있다. 그러나 정치적인 염원은 공동의 가치관을 조성할 수 없다. 특히 각기 다른 그룹의 인식으로부터 분출되는 인식의 차이를 봉합할 방법이 없다. 정치적 염원은 사회 그룹 간 교류와 인문 교류를 위해 편안한 환경을 조성할 뿐이다. 정치적 염원이 변화됨으로써 지금까지의 교류 방식이 전환될 경우 가장 먼저 튀어나오는 것은 각기 다른 그룹들의 인식에 대한 공격과 파괴이다. 한편, 정치적 염원은 국민 전체의 공통된 마음을 대변하지 않는다. 예를 들어, 중한 FTA는 경제무역 발전에 대한 양국 정부의 강렬한 염원에 의해 체결되었다. 그러나 한국 국회에서는 중한 FTA에 대한 비준을 표결하는 전체회의가 취소되기도 했었고(2015년 11월 27일),[66] 서울에서는 수만 명의 인파가 중한 FTA 체결에 대해 항의하는 집회를 개최하였다. 이를 통해 강력한 정치적 염원의 배후에는 소규모 그룹이 가진 다른 염원이 뒤덮여 있다는 사실을 알 수 있다. 이는 만약 사회인문 교류에서 일부 그룹의 교류 의지가 매몰되거나 경

---

66 "韓國會取消表決中韓FTA批准案全體會議 靑瓦臺表遺憾", 環球網, http://world.huanqiu.com/exclusive/ 2015-11/8059426.html(2015-11-25). 당연히 이번 시위의 원인이 중한 FTA로부터 발생한 것이 아니지만, 이번 활동을 선택한 시점으로 인해 수많은 중국 국민들이 FTA의 배후에 정치적인 반대가 있는 것으로 인식함. 결과적으로 보면, 중한 FTA는 예상대로 한국 국회의 표결을 통과하여 2015년 12월 20일에 공식 발효됨. "韓國國會表決通過中韓自貿協定批准案", 中國新聞網을 참조. http://www.chinanews .com/gj/2015/11-30 /7648722.shtml(2015-12-05).

시당할 때, 사회인문 관계에 잠재된 위험이 폭발할 수도 있음을 의미한다. 따라서 중한 사회인문 교류의 전략적 계획에 이에 대한 대책을 시급히 마련할 필요가 있다.

둘째, 사회 교류의 평가 메커니즘이 여전히 확립되지 않았다. 중한 인문교류 공동위원회를 예로 보면, 2014년 공동위원회는 19개 교류협력 사업을 추진한 데 이어, 2015년에는 사업을 50여 개로 확대했다. 왜 확대했는가? 이러한 교류 사업이 양국 사회인문 교류를 확실히 촉진하였는가, 아니면 각 부문, 지방정부, 심지어 연구기관의 경제적 수익 확보가 촉진되었는가, 이것도 아니면 둘 다 이루어졌는가? 이러한 사업의 확대 근거가 2014년에 시행한 사업들의 교류 성과에 대한 평가에서 비롯되었는지, 단순히 농후한 정치적 염원에서 기인한 것인지 알 수 없다. 중한 사회문화 관계의 질적 양적 제고를 추진하기 위해서는 중한 양국 사회문화 관계의 발전에 대한 공통된 인식이 있어야 하고, 이를 확인하기 위해서는 기존 관계에 대한 정밀한 평가와 객관적인 예측이 필요하다. 효율적인 평가 메커니즘과 시스템을 구축해야만 중한 사회문화 교류가 더욱 활발해질 수 있는 확실한 기반을 마련할 수 있으며 불확실성으로 인한 충격과 간섭을 방지할 수 있다.

셋째, '관광 열기' 이면에 가려진 문제점이다. '중국 관광의 해'와 '한국 관광의 해'가 시행되면서 양국 국민의 상호 방문이 고조될 것으로 기대되었다. 관광 열풍의 이면에는 중국의 대한국 관광 적자가 더욱 두드러진 특징이 나타났다. 2014년에 발표된 '한국 국민의 해외여행'에 관한 보고서를 보면, 향후 3년 내 가장 가고 싶은 국가를 묻는 질문에 미국이 36.7로 1위를 차지했으며 프랑스, 영국, 일본이 뒤를 이었다. 반면, 홍콩과 타이완은 7위, 중국은 10위에 그쳤다.[67] 2015년 1월부터 5월까지 한국 관광객의 중국 방문 횟수는 전년 대비 14% 증가한 182만 회인 반면, 중국 관광객의 한국 방문 횟수는 전년 대비 28% 증가

. . . .

67 "韓國來華旅遊輿情及傳播效果調查報告", 鳳凰網.
http://travel.ifeng.com/news/detail_2014_10/10 /39031017_0.shtml(2015-11-28).

한 269만 회였다.[68] 양국의 경제무역 분야에서 중국이 적자를 나타내는 것과 같이 이러한 격차가 양국 사회문화 관계에 잠재된 문제점으로 인식되고 있다. 동시에 중국을 방문한 한국 관광객 중 50대 이상의 남성이 가장 많으며 다른 연령대는 중국보다 일본 방문율이 더 높은 것으로 조사되었다. 따라서 젊은 연령층을 어떻게 중국으로 유치할지가 매우 중요한 문제로 부상하였다. 한편, 관광열기의 고조에 따라 여행하는 그룹의 선호도에 부합하는 관광산업이 뒷받침되어야 한다. 중국을 방문하는 한국 관광객은 주로 자연 경관이나 명승고적 방문, 민속 문화 체험이 목적인 반면, 한국을 방문하는 중국 관광객은 쇼핑이 목적이다. 따라서 중국은 인프라 구축, 특히 중서부 지역의 교통 인프라 구축이 더욱 필요한 반면, 한국은 숙박에 대한 개선이 필요하다. 2013년의 경우, 한국을 방문한 중국 관광객의 1인당 평균 지출은 2,317달러로, 한국을 방문한 외국인 중 가장 높은 소비성향을 나타냈으나 숙박으로 지출한 비용은 292달러에 불과했고, 많은 중국 관광객들이 호텔 등 관광 관련 시설과 서비스에 불만을 나타냈다.[69] 만약 관광과 연계된 산업에 대한 개선이 이뤄지지 않는다면 관광 열기가 오랜 동안 지속될 수 있을지는 미지수다.

인식의 측면에서 보면, 양국 국민의 해외여행은 본질적으로 양국 사회의 상호 이해를 증가시키고 이를 통해 양국의 상호 신뢰를 구축하는 굳건한 사회적 기반이 된다는 데 의의가 있다. 그러나 과거의 경험으로 볼 때, 상대방에 대한 명확한 반감, 심지어 혐오하는 심리를 가진 사람들의 대다수가 상대국을 여행했거나 상대국에서 유학한 경험을 가지고 있다.[70] 사회 교류가 긴밀해질수록 양국 국민이 충돌하는 감정은 점차 깊어지고 호감도 역시 낮아질 수 있다는 사회 교류학적 역설(Paradox)이 있다. 관광 열기가 고조되는 시점에서 이러한 역설이 희석되거나 근절되었는지 여부는 '중한 관광의 해' 사업의 성공을 결정짓는 중

. . . .

68 "李克强稱訪韓像走親戚正爲韓國泡菜進入中國創造條件", 中廣網.
http://china.cnr.cn/ygxw/20151101/t20151101_520350372.shtml(2015-11-25).

69 "韓媒: 赴韓旅遊外國人里中國旅客最多 主要是購物", 中華網.
http://news.china.com.cn/world/2014-01/19/content_31237801.htm(2015-11-28).

70 韓仁熙, "當前韓中文化外交存在的問題及對策", 『當代韓國』, 2011年 第1期, pp.83-91.

요한 잣대가 될 것이다.

넷째, 전통문화 교류 가운데 나타나는 공동의 인식 문제이다. 2015년 중한 전통문화 교류는 문학, 음악, 회화, 서예, 희곡, 의약, 음식, 체육 등 다양한 분야에서 영상, 전시, 공연 등 다양한 형태로 진행되었다.[71] 이러한 풍부한 전통문화 교류의 이면에는 일부 시급히 해결해야 할 문제가 있다. 중한 양국의 전통문화 교류는 대중의 전통문화에 대한 감성적인 인식에만 머무르는 것이 아니라 전통문화에 대한 공통된 흥미를 찾아야 되고, 동양 문화의 구성 요소에 포함되는 중국과 한국의 전통문화로서 공통된 가치관을 탐구해야 한다. 전통문화의 본질적인 가치를 회복할 것인가, 아니면 전통문화에 대한 현대적인 의의를 탐구할 것인가도 생각해볼 문제다. 만약 후자를 추구할 경우, 교류 목적이 과학연구와 같은 엘리트 문화의 교류 범위에 포함되기 때문에 오늘날 대중 교류 형태로는 추구하는 목적을 달성할 수 없다. 만약 전자의 경우라면, 이러한 문화교류의 의의가 도대체 어디서 나타날 수 있겠는가?

객관적으로 말해, 일반적인 전통문화의 교류가 양국 사회의 공통된 문화적 인식을 추구하기에는 효과적이지만 결국 문화란 유일무이한 특성으로 인해 세상에 존재하는 것[72]이기 때문에 문화의 이러한 내재된 차이와 전통문화 교류가 추구하는 목적은 사실상 일치하지 않는다. 따라서 양국 문화교류 과정에서 일반적인 전통문화 교류와 전통문화 연구 교류의 차별화가 필요하다. 결론적으로, 일반적인 전통문화 교류를 통해 양국 사회에 존재하는 공통된 문화를 보호하고 상대방의 문화적 차이를 포용적으로 감상하는 한편, 전통문화 연구 교류를 통해 전통문화의 현대적인 가치와 의의를 찾는 동시에, 동방문화의 인문학적 정신 및 가치 진흥을 도모함으로써 정체된 전통문화가 도대체 어떠한 가치가 있는지를 학술적으로 고증해야 한다. 이러한 중한 간 인문유대를 통해서만이 비로소 진정한 '유대' 작용이 발휘될 수 있다.

다섯째, 중한 사회문화 교류에서 민간단체의 역할이 나날이 증대되고 있지만

. . . .

71 2014년과 2015년도 『한 중 인문교류공동위원회 협력사업 목록』을 참조.

72 [美] 露絲 本尼迪克特 저, 王煒等 역. 『文化模式』, 北京: 社會科學文獻出版社, 2009年, p.3.

반드시 해야 하는 결정적인 역할을 해내기엔 부족하다. 상술한 표에서 보는 바와 같이, 2014년과 2015년 중한 인문교류공동위원회가 추진한 교류 사업의 절대다수는 중한 인문교류공동위원회의 간판만 걸고, 결국 중앙정부와 지방정부의 차원에서 시행한 것이다. 다시 말해, 중한 사회문화 교류 과정에서 민간단체라는 꼬리표가 붙어 있으나 구체적인 시행부문은 여전히 정부라는 의미이다. 이를 통해 중한 사회문화 교류가 정부라는 고속열차에 편승해 빠르게 발전하고 있지만 반드시 필요한 사회적 정서는 정치적 교류라는 휘황찬란한 불빛에 가려져 있는 것이다.

3. 향후 중한 사회문화 관계 발전 전망

중한 사회문화 관계는 2015년에 들어서며 기념비적인 발전을 이루었다. 이를 통해 향후 중한 사회문화 관계가 양국 교류에서 진정한 '인문유대' 역할을 할 수 있는 매개체가 될 것이고, 중국과 한국의 전면적인 전략적 협력동반자 관계를 군건히 하는 세 번째 초석이 될 것이라는 사실을 믿어 의심치 않게 되었다. 중한 사회문화 관계는 당연히 현실적인 도전에 직면하겠지만 다음과 같은 획기적인 진전이 나타날 것으로 전망된다.

첫째, 사회단체의 참여도가 급격히 증가하여 중한 사회관계의 주요한 추진동력이 될 것이다. 의심할 여지 없이 오늘날 중한 사회관계의 발전을 추진하는 주요 동력은 양국 지도자의 정치적 염원과 지방정부이다. 양국은 지도자의 정치적 염원을 통해 사회관계의 발전을 위한 제도화된 교류 플랫폼을 구축하였다. 따라서 정치적 염원이 여전히 중대한 역할을 해왔지만 만약 정치적 염원이 가진 사명감이 다할 경우 향후 양국 사회관계의 발전을 추진하는 행위자는 정부에서 사회로, 사회에서 다시 민간으로 전환될 것으로 전망된다. 각기 다른 영역에 종사하는 사회단체 사이의 제도화된 교류는 양국 사회관계 발전의 주요 경로가 되어야 한다. 이러한 형태의 발전만이 지속적인 동력을 확보할 수 있을 뿐만 아니라 사회관계 발전에 내재된 규율성에 부합할 수 있다. 현재 청년지도자 포럼과 각 업계 내 조직 간의 교류는 이미 시작되었다. 이들에게는 상호교류를 위한 정치적인 분위기 조성도 필요하지만 장기적으로 볼 때, 상호교류를 위한 상대적인 독립성이 더욱 필요하다. 독립성을 확보해야만 정치적 요소가 사회문화 교류에 초래할 가능성이 있는 부정적인 영향을 최소화할 수 있다.

둘째, 문화, 특히 전통문화의 교류가 활발해질수록 중한 양국, 나아가 동아시아 전체의 발전에 전통문화의 지혜와 현대적인 동방정신을 제공할 것이다. 중한 전통문화의 교류가 활발하게 진행될 수 있는 이유에는 세 가지 원인이 있다. 먼저, 양국의 전통문화에는 매우 큰 유사성이 있다. 양국은 한자를 사용하는 유교문화권으로, 인본(人本), 인문, 예의(禮儀), 인의(仁義) 등 기본적인 문화적 이념을 공유한다. 이러한 유사성은 양국 문화 교류에 선천적인 편리함을 제공하며, 양국 국민들이 사회적 문화적으로 형성된 차이점에 대해 공통된 인식을 가질 수 있도록 도와준다. 다음으로 양국은 근대 이후 유사한 역사 인식과 역사적 기억을 가지고 있다. 이러한 유사성은 비록 일정 부분에서 비극적인 정서를 가지고 있으나 두 사회가 인류의 향후 운명에 대한 장기적인 사고는 물론 당면한 양국 관계에 대한 이성적인 계획을 가질 수 있도록 한다. 또한 양국은 유사한 발전적 사명에 직면해 있다. 이는 양국이 공통된 언어 환경을 가질 수 있도록 하였다. 특히 청년 그룹과 문화연구에 전문적으로 종사하는 학자들은 혁신, 동아시아문화공동체, 전통문화의 현대적 가치, 동방정신의 현대성 등 공통된 용어를 사용하고 있다. 이러한 사실에서 볼 때, 전통문화의 현대적 가치, 인문학적 정신, 인본주의 등을 찾아내고 이를 통해 중한 '인문공동체', 나아가 동아시아 문화공동체를 구축하는 것이 향후 중한 전통문화 교류의 주된 방향이 될 것이라고 판단할 수 있다.

셋째, 중한 사회문화의 교류가 중한 정치관계의 영향으로 인해 도태될 가능성이 여전히 존재한다. 상술한 바와 같이, 중한 사회문화 교류의 급격한 발전은 중한 정치관계와 전략적 상호 신뢰의 발전에 도움이 되었고, 이는 중한 사회문화 교류가 빠르게 발전할 수 있는 기반이 되었다. 반면, 중국과 한국의 정치관계와 전략적 상호 신뢰 가운데 발생하는 극복하기 힘든 고질적인 병폐는 한미 군사동맹, 한반도 정세 불안 등 제3의 요인과 연계되어 있다. 일단 미국, 북한

등이 역내 안보에 영향을 미치는 행위나 전략적 움직임을 나타내면 중한 정치 관계가 다양한 시련에 직면하게 된다. 좋지 않은 상황에 직면하여 양국의 정치 관계와 전략적 상호 신뢰에 '변화가 발생'할 경우, 중한 사회문화 교류의 기반 도 커다란 충격을 받을 것이다.[73]

향후 중한 사회문화 교류 과정에서 누가 '주도권'을 갖느냐의 싸움도 나타날 수 있다. 이는 중한 양국이 모두 우려하는 문제로, 객관적으로 말해 이론적으로 나 실질적으로도 발생할 가능성이 충분하다.[74] 특히 양국 사회문화 관계의 발전 을 추진하는 원동력이 정치적 염원일 경우, 이러한 가능성은 더욱 증대된다. 현 재는 정치적 염원이 양국 사회문화 관계의 발전을 추진하는 긍정적인 요소로 자리 잡고 있으나 향후 중한 사회문화 관계의 발전에서 국가중심주의라는 굴레 를 어떻게 벗어날 수 있을지에 대한 준비를 해야 할 필요가 있다. 사회적 역량 은 물론 문화에서의 인본주의와 인문정신을 통해 양국의 사회문화 관계가 장 기적으로 발전할 수 있는 안정적인 '사회적' '문화적' 기반을 공고히 하는 동시 에, 사회와 문화 교류 가운데 반드시 필요한 메커니즘, 프레임, 플랫폼 등을 구 축한다면 정치관계 혹은 전략적 상호 신뢰의 불안정으로 초래되는 영향과 충격 을 최소화하거나 받지 않음으로써 손해를 모면하고 이익을 추구할 수 있다. 중 국은 중국이 가지고 있는 외교이념에 대해 자신감을 가지고 있다. '친선혜용'의 이념을 기반으로, 중국의 발전으로부터 창출되는 성과를 주변국들과 공유하며 '주변운명공동체'를 조성하는 것이 중국 주변 외교의 장기적인 전략이다. '운명 공동체'는 중한 사회문화 관계의 추진 및 발전과 떨어질 수 없다. 그리고 이러 한 운명공동체에는 '주도권'과 연관된 문제가 존재하지 않는다. 이것이 바로 중 국과 주도권을 차지하기 위한 싸움은 절대 없을 것이라고 믿는 이유이다.

. . . .

73 북한의 제4차 핵실험과 위성발사 등으로 초래된 경직 국면은 중한 정치관계의 발전과 전략적 상호 신 뢰의 제고에 장애요인이 되었고, 이는 중한 사회문화 교류로 생성되는 영향을 보다 더 자세히 관찰하 고 생각할 필요성을 상기시킴. 이번 한반도 정세 불안은 중한 사회문화 교류의 기반이 굳건한지, 메커 니즘이 완벽하게 작동하고 있는지, 효과가 탁월한지 등을 알 수 있는 핵심적인 지표로 간주할 수 있음.

74 邢麗菊, "關於加強中韓人文交流的思考", 『東北亞論壇』, 2014年 第6期, pp.112-124.

동북아와 한반도

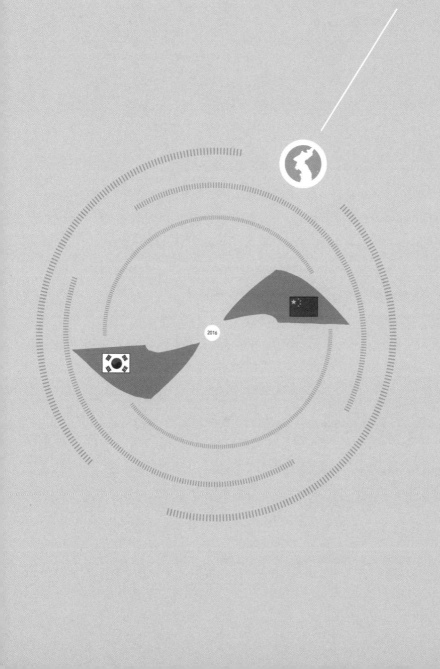

2016

지정학적 관점에서 본 2015년 한반도 정세: 미중관계를 중심으로[75]

서정경(성균중국연구소)

I. 서론

한반도는 대륙과 해양의 중간에 위치한 지정학적 특수성으로 인하여 자고 이래로 주변 해양세력과 대륙세력 간 협력 및 대립관계의 영향을 받아왔다. 오늘날 한반도 정세 또한 비단 남북 당사국 간 관계뿐 아니라 역내 강대국 중국과 미국의 외교정책 및 상호관계와도 밀접히 연관되어 있다. 다시 말해 한반도 정세는 중국의 부상, 그리고 그에 대응하는 미국 등, 동아시아를 둘러싼 '미중 간 경쟁과 협력의 복잡한 국면'이 대외적 질서구조를 형성하는 가운데, 한반도 당사국인 한국과 북한 간 상호작용 및 대외정책과 맞물리며 복잡하게 전개되고 있다. 국익의 추구를 최우선시하는 각국의 복잡한 셈법 속에서 한반도 정세는 매우 치열하게 전개되어왔으며, 2015년도 예외는 아니다.

본 글은 "지정학 관점의 유용성"과 "한반도를 둘러싼 계층적 질서구조"라는 두 가지 틀에서 출발하여 2015년 한 해의 한반도 정세를 조망한 것이다. 한반도 정세는 결코 당사국인 한국과 북한 양자 간의 사안에만 해당하는 것이 아니다. 남북 간 이데올로기와 체제 대립 이외에도 한반도 외부 세력의 영향력이 적

75 본 글은 서정경, "지정학적 관점에서 본 시진핑 시기 중국외교: '일대일로' 전략을 중심으로," 『국제정치논총』, Vol. 55, No. 2, (2015. 6)를 수정 보완한 것입니다.

잖이 미치고 있다. 특히 개혁개방 이후 신중국의 빠른 성장과 부상이 한반도를 둘러싼 기존의 세력 배분 구조를 변화시키고 있다. 한반도 정세에 미치는 주변 강대국의 영향력에 대해 주목할 필요가 커지고 있는 것이다.

한반도 정세를 미중관계의 관점에서 보려는 본 글의 기본 틀은 지정학적 관점, 그리고 한반도에 계층적 질서가 존재한다는 가정이다. 1장에서 이에 대해 우선 설명한다. 다음 장에서는 부상하는 중국과 미국의 지정학적 인식과 대응에 대해 살펴보고, 3장에서 2015년 한 해 한반도를 둘러싼 미중관계의 양태를 각각 분석하였다. 2015년 한해 한반도 이슈를 둘러싸고 미국과 중국은 자국의 이익에 따라 협력과 경쟁을 각기 전개했다. 하지만 한반도를 둘러싼 협력보다 경쟁관계가 보다 분명하게 드러났다는 특징이 있다. 이를 상징적으로 드러내는 사례로 주한 미군의 THAAD 배치 이슈와 한국의 AIIB 가입을 둘러싼 미중 간 신경전을 들 수 있다. 마지막 결론 부분에서 논의를 정리하고 미래를 전망하였다.

II. 미중관계와 한반도를 보는 관점

1. 지정학

지정학(Geopolitics)은 정치지리학에 속하는 하나의 이론체계로서, 지리적 요인과 정치구조에 따라 형성되는 역내 또는 국제사회의 전략적 정세와 국가 행위를 분석 및 예측하는 역할을 해왔다. 지정학은 19세기 말부터 제2차 세계대전 시기 우월한 문화적, 인종적 확장을 합리화한 지식체계와 결합한 바 있다. 냉전시기에는 강대국의 공세적 대외정책과 열강 간 경쟁관계를 뒷받침하는 주요한 도구 역할을 수행하였다. 따라서 냉전이 종식된 이후 지정학 또는 정치지리학의 학문적 위상은 크게 하락했고 학문영역에서 그 세력이 약화되었다.[76]

. . . .

[76] 1920년대 독일 히틀러와 나치당의 공세적 대외확장에는 게르만의 지정학이 강력한 지적 기반을 제공했다. 그러나 21세기 초 새롭게 진행된 연구들이 나치 지정학을 보다 깊게 검토한 결과, 지정학 이론과

그러나 지정학적 관점과 시각은 인류 역사상 국제질서 전환기마다 제고되었다. 19세기 후반 20세기 초반 유럽 열강의 대외 확장 및 세계전략에 투영되었을 뿐 아니라, 제2차 세계대전 전후 미국의 강대국화 외교정책에도 영향을 미쳤다. 오늘날 미국이 중국의 부상을 견제하기 위해 '아시아 재균형' 전략 및 '신실크로드' 계획을 추진하고, 이에 맞서 중국이 주변외교(周邊外交)를 격상시키고 '일대일로(一帶一路)' 전략을 적극 추진하면서, 전세계 GDP의 1/3 이상을 차지하며 가장 우월한 성장 잠재력을 지닌 것으로 평가받는 아시아 지역을 둘러싼 강대국 간 경쟁구도가 재현되고 있다. 다시 말해 오늘날 미국의 상대적 쇠퇴가 부각되고 중국의 부상이 가시화되는 시점에서 정치적 과정의 지리적 조건, 또는 정치적 공간과 그 구조 안 행위자와의 연관성에 관한 연구가 여전히 유효하다는 사실이 부각되고 있는 것이다.[77]

2015년의 미중관계를 지정학적 관점에서 분석하기 위해서는 먼저 주요 지정학 이론을 파악할 필요가 있다. 본 연구는 대표적 지정학자인 핼포드 매킨더(Halford Mackinder)와 니콜라스 스파이크만(Nicholas J. Spykman)의 관점에 주목한다. 양자는 모두 대륙세력과 해양세력이라는 프레임으로 역대 강대국의 흥망성쇠를 조망하고 자국의 전략적 대처를 주문하였다. 매킨더는 자신의 심장부 이론(Heartland Theory)에서 전세계를 세 개의 섬, 즉 '세계 섬(World-Island),' '근해섬(offshore islands),' '외부 섬(outlying islands)'으로 나누었다. 유라시아의 핵심부 즉 발트해로부터 흑해를 거쳐 동유럽까지를 '심장지역(Heartland)'으로 보고, 강대국이 되려면 심장지역을 지배하는 것이 필수라고 주장했다. "동유럽을 지배

....

히틀러의 비전은 분명히 다르다는 것을 밝혀냈다. 콜린 플린트, 『지정학이란 무엇인가』, 한국지정학연구회 옮김(서울: 도서출판 길, 2006), pp.48~49.

77 이러한 시각과 관점으로는 Walter Russell Mead, "The Return of Geopolitics: The Revenge of the Revisionist Powers," *Foreign Affairs* 93(3), 2014, pp.69~79. 미드는 최근 러시아의 우크라이나 사태 개입, 중국과 일본 간 긴장고조, 중동 지역에서의 이란의 행동 등 오늘날 국제사회가 다시 지정학 시대로 진입하고 있다고 주장하였다. 이 외에도 Mohan Malik, "America and China's Dangerous Game of Geopolitical Poker," *The National Interest*, June 18, 2014 ; David Rapkin & William Thompson, "Power Transition, Challenge and the(Re)Emergence of China," *International Interactions* 29(4), 2003, pp.315~342 등 참조. 반면 지정학 시대의 부활에 대한 반론으로는 John Ikenberry, "The Illusion of Geopolitics: The Enduring Power of the Liberal Order," *Foreign Affairs*, 93(3), 2014 참조.

하는 자가 심장지역을 지배하고, 심장지역을 지배하는 자가 '세계 섬'(유라시아)을 지배하며, '세계 섬'을 지배하는 자가 세계를 지배한다"는 것이다.[78]

심장부 이론은 심장지대를 둘러싼 분쟁들로 인해 한때 설득력을 얻었으나, 이후 심장지대론에서 '외부 섬'이라 무시했던 지역에서 미국이라는 새로운 강대국이 등장하자 이론으로서 타격을 받았다. 이에 스파이크만이 매킨더의 '세계 섬,' '근해섬,' '외부섬' 개념에 약간의 수정을 가하여 '심장지대', '림랜드', '해외 섬 및 대륙'으로 재구성했다. 그는 해양세력이 하트랜드를 정복하기 위해서는 우선 하트랜드의 주변 지역인 림랜드를 먼저 장악하는 것이 필요하다고 보았다. 즉 스파이크만은 매킨더의 '세계 섬'에서 심장지대를 분리하고 난 나머지 지역을 림랜드(rimland)라고 규정하였고, 림랜드는 해양세력과 대륙세력이 충돌하는 광활한 지역이자 육지와 바다 두 가지 성격을 모두 가지는 지역이라고 보았다. 그리고 "림랜드를 지배하는 자가 유라시아를 지배하고, 유라시아를 지배하는 자가 전 세계를 지배한다"고 주장하였다.[79] 이 이론에 따라 림랜드를 장악한 미국은 유라시아 강대국의 부상을 막고 세계 패권국이 되면서 림랜드 이론의 유효성을 증명하였다.

결국 시기에 따라 지정학적으로 중시된 지역에 다소 차이는 있지만, 지정학은 결국 지정학적 가치가 높은 지역을 대륙세력과 해양세력 중 누가 먼저 장악하느냐에 따라 패권국의 주인이 달라진다고 여기는 관점임을 알 수 있다. 그리고 자국의 이익 추구를 본능적으로 추구하는 국가의 속성상 국가의 대외정책에는 지정학적 관점이 끊임없이 반영되고 있음을 주목하고 있다.

2. 한반도의 상하 계층적 질서 구조[80]

동북아 지역에는 예로부터 상하 계층적 질서구조가 존재해왔다. 그리고 이와 같은 질서는 한반도의 지정학적 특성과 밀접한 관련이 있다. 한반도는 바다와

. . . .

78 Halford J. Mackinder, *Democratic Ideals and Reality* (New York: Henry Holt and Company, 1942).

79 Nicholas J. Spykman, *The Geography of Peace* (New York: Harcourt, Brace and Company, 1944).

80 서정경, "중국의 부상과 한미동맹의 변화" 『신아세아』(서울: 신아시아연구소), 제54호, 2008년.

대륙을 잇는 반도에 위치하여 예로부터 지정학적으로 해양세력과 대륙세력이 상호 교차하고 충돌하는 특성을 갖고 있다. 해양국가는 대륙국가를 공격하고 자신의 세력을 확장하려 할 때마다 한반도를 중요한 교두보로 삼았고, 대륙국가도 한반도를 해양세력의 위협을 완충시킬 수 있는 중요한 전략기지로 보았으며 드물게는 한반도를 교두보로 세력 확장을 시도한 예도 있다.[81] 즉 림랜드 이론에 따르면 한반도는 전형적인 림랜드에 해당한다. 한반도의 역사를 보면, 과거 대륙세력이 주도하는 국제질서가 동아시아 지역을 유기적으로 지배했던 고대 일정 시기를 제외한 나머지 기간 동안에 한반도를 둘러싼 강대국 간 세력 경쟁이 빈번하게 전개되었다. 세력 균형이 깨지거나 세력 배분 구조가 변화될 때마다 해양세력과 대륙세력으로부터 오는 흡인력과 영향력은 종종 한반도로 집중되어지며 한반도 거주민의 의사와 상관없이 무력분쟁으로 전이되곤 했던 것이다. 일본의 세력이 강화되었던 16세기 1592년의 임진왜란, 일본의 세력이 재차 강화되었던 19세기 말 일본에 의한 1894~95년의 중일전쟁 및 1904~05년의 러일전쟁, 그리고 제2차 세계대전 종전 이후 새로운 질서구도 형성기간 소련과 미국 간 대립 심화와 함께 발발한 1950~53년 한국전쟁 등이 모두 이와 같은 사례에 해당한다.

중국은 수천 년간 한반도를 순망치한의 관점에서 바라보았다. 특히 근대 이후 자국 안보는 한반도의 불안이 강화될 때마다 위협받았다는 관념을 가지고 있다. 중국은 과거 일본 그리고 오늘날 미국이 주요한 해양대국으로서 한반도라는 지정학적 요충지를 통해 자국 안보를 위협할 수 있는 세력이라고 인식하고 경계하고 있다. 이에 비해 세계패권을 장악한 미국 역시 자국의 대외정책에서 지정학적 관점을 줄곧 중요시해왔다. 미국은 냉전시기였던 1953년 한미동

· · · · · · · · · · · · · · · ·

81 13세기 몽골과 고려가 동맹을 맺어 일본으로 진격한 예가 있다. 이와 같은 한반도의 특수한 안보환경에 관해 고전적 현실주의자인 한스 모겐소는 "기원전 1세기 이래로 한반도의 국제적 지위는 대체로 중국의 패권이 아니라 중일 간의 경쟁에 의해 좌우되어왔다. (중략) 그 후 미국이 일본을 대체하고, 러시아의 한반도에 대한 야심을 제약하는 세력이 되었으며, 중국은 한국전쟁의 개입을 통해 한반도에 대한 자신의 전통적 이익을 회복하였다. 2천여 년에 걸치는 기간 동안 한반도의 운명은 일국이 아닌 이 지역의 통제권을 쟁탈하려는 양국 간 세력균형에 의해 결정되어왔다"고 밝혔다. 漢斯 摩根索, 『國際縱橫策論-爭强權求和平』(盧明華等譯)(上海: 上海譯文出版社, 1995) pp. 233~234.

맹을 형성한 이후 한국을 자신의 지역통합전략에 따라 해양세력권에 통합시켰다. 미국은 한미동맹을 동아시아 지역에서 자신의 기득권을 지키기 위한 전략적 도구로 인식해 왔으며, 특히 중국에 대한 인식 및 정책은 미국의 한미동맹전략을 결정짓는 주요 요인으로 작용해왔다. 이러한 동북아 지역의 계층적 구조는 냉전기와 탈냉전기를 거치면서 지속되었고, 중국-(소련)-미국이라는 상위구조와 남한-북한이라는 하위구조가 일정한 상관관계를 가지며 동북아의 상하 계층적 질서를 구성해왔다.[82]

개혁개방 이후 빠른 경제성장을 바탕으로 강대국의 길을 걷고 있는 중국의 영향력 확대에 대해 미국은 적극적으로 대응하고 있다. 미국은 지정학, 외교, 군사, 경제 및 무역 등 어느 영역에서 보더라도 동아시아 지역은 자국 국가안보이익의 확보에 매우 중요하다고 여기고 있다.[83] 따라서 공개적으로는 부강한 중국을 환영한다고 표명하는 한편 내심 중국의 부상 및 주변국으로의 영향력 확대가 자신의 영향력 축소로 이어질 가능성에 촉각을 세우고 있는 형국이다. 즉 중국의 시장경제 활성화 및 민주이념의 전파로 인한 '화평연변'(和平演變)식 변화를 기대하고 있으되, 다른 한편으로는 중국의 세력 확대를 적극 억제하고자 하는 것이다. 군사안보적으로 미일동맹을 강화하고 '아시아 재균형정책'을 전개하면서 아시아 지역에 대한 기존의 영향력을 지속하려는 움직임을 보이고 있다. 이에 대해 중국도 증강된 국력을 바탕으로 활발하고 적극적인 다자간 및 강대국 외교를 펴나가고 있다. 즉 중국의 영향력 확대는 이에 상응하는 미국의 전략적 대응을 가져옴으로써 동북아지역의 미중 간 세력구조를 변화시키고 있다. 이와 같은 상황은 미중 간 지정학적 요충지인 한반도를 둘러싼 경쟁상황이 다시 재연되고, 한국을 향한 미중 양대 세력의 흡인력이 강화되는 배경을 제공하

----

82 Lowell Dittmer, "The Emerging Northeast Asian Regional Order," Samuel S. Kim ed., *The International Relations of Northeast Asia*(Oxford: Rowman & Littlefield Publishers, 2004), pp.331~362.

83 크리스토퍼 힐 미동아태차관보가 2006년 3월 8일 미의회 국제관계위원회에 제출한『전환기의 동아시아: 미국의 기회와 도전』보고서는 이러한 미 국무부의 동아시아전략에 대한 입장을 드러내는 대표적 문건으로 평가받는다. Christopher R. Hill, "East Asia in Transition: Opportunities and Challenges for United States," http://www.shaps.hawaii.edu/security/us/2006/20060308-Hill.html

고 있다.

III. 중국의 부상과 미중관계

1. 중국의 부상에 대한 미국의 인식과 대응 : 지정학적 관점

미국 대외정책 기반에는 '미국은 다르다'는 미국 특유의 우월주의와 선민사상 즉 '미국식 예외주의(American Exceptionalism)'가 내재해 있다. 이것이 고립주의(Isolationism)와 개입주의(Interventionism)라는 서로 다른 양태로 나타나는 동안 지정학적 사고와 관점은 필요시 언제라도 이러한 미국식 예외주의와 결합하여 대외 팽창을 뒷받침했다.[84] 즉 미국이 스페인과의 전쟁을 계기로 고립주의에서 벗어나 해외 확장을 전개한 19세기 말 20세기 초반, 미국의 강대국화가 본격적으로 이뤄지고 패권국 지위를 확보한 제2차 세계대전 이후, 냉전시기 그리고 탈냉전시기 미국의 세계전략에는 모두 지정학적 사고와 주장이 면면히 반영되어 있다.[85]

· · · · · · · · · · · · · · ·

[84] 고립주의 시기의 경우 미국은 자신의 위대성과 순수성이 구세계를 포함한 바깥에 의해 오염되지 않도록 방지하기 위하여 미대륙 내에 머물렀던 것이라 볼 수 있고, 개입주의 시기에는 미국의 위대한 가치와 제도 가령 자유 교역, 민주주의, 자유 이념 등을 전파하고 확산하려 했던 것이라고 평가할 수 있다. 권용립, 「미국 외교의 역사」, (서울: 삼인출판사, 2010), pp.17~19.

[85] 냉전시기 미국은 공산주의에 맞서기 위하여 NATO를 구축하고, 전쟁에 개입하며, 광범위한 동맹정치를 전개하면서 지정학적 요충지를 지키려 노력했다. 1970년대에는 고전 지정학이 미국의 전 국무장관 헨리 키신저(Henry Kissinger)에 의해 세련된 세력균형이론(balance of power theory)으로 재탄생되었다. 1980년대 반공주의자 레이건 집권 시기 지정학적 관점은 다시금 소련을 향한 강경한 핵 정책으로 표출되었다. 탈냉전시대에 접어들자 과연 누가 소련의 뒤를 이어 미국에 대항할 것인가가 미국 정치학계의 화두였고, 개혁개방 이후 빠른 성장을 보이는 중국에 대한 미국의 의구심은 지속되었다. 새뮤얼 헌팅턴(Samuel Huntington)의 '문명충돌론'이나 브레진스키(Zbigniew Brzezinski)의 '거대한 체스판' 등 지정학적 관점과 사고는 끊임없이 표출되어왔다. 브레진스키는 탈냉전시대 미국의 압도적인 패권 지위에 대한 잠재적 적들의 부상을 견제하고 미국의 패권적 지위를 유지하기 위해 유라시아를 어떻게 관리하느냐가 미국 대외전략의 핵심이라 여겼다. 그리고 이미 그는 향후 미국의 패권에 도전할 주요한 가능성이 있는 세력으로 중국을 예견한 바 있다. 그가 보기에 향후 미국의 미래 안보에 가장 위험한 시나리오는 중국이 같은 대륙세력권인 러시아, 이란과 거대한 반미 동맹을 구축하는 것이며, 따라서 미국이 유라시아의 서쪽과 동쪽, 남쪽에서 미리 지정학적 대응책을 마련해야 한다고 주장하였던 것이다. Zbigniew Brzezinski, *The Grand Chessboard: American Primacy and Its Geostrategic Imperatives*, (New York: Basic Books, 1997).

2008년 세계금융위기를 계기로 미국 패권의 상대적 쇠퇴가 부각되면서 오늘날 국제사회는 미중 간 국제질서 전환기라는 과도기적 시기에 진입하였다. 그리고 중국에 대한 미국의 견제가 가시화되고 있다. 비록 세계 경제의 미래를 판가름할 에너지, 인구, 창의력 면에서 중국은 여전히 미국의 위상에 영향을 줄 만큼 성장하지 못했다는 조셉 나이(Joseph Nye)의 견해도 있지만 오바마 행정부는 기본적으로 미중 간 경쟁은 불가피하다고 여기고 있다.[86]

2011년 7월 힐러리 클린턴 당시 미 국무장관은 제2차 미 인도 전략대화에서 '신실크로드(New Silk Road)' 계획을 주창하였다. 이는 2001년 9·11 테러 이후 10여 년에 걸쳐 미국이 개입하여 영향력을 쌓은 아프간을 중심으로 중앙아시아와 남아시아를 연계 통합하려는 지역통합구상으로 풀이된다.[87] 동 계획은 중앙아시아와 남아시아에서의 미국의 전통적 영향력을 강화함으로써 러시아, 중국 등의 이 지역에서의 영향력을 배제하려는 의도를 가지고 있는 것으로 풀이된다. 당면한 많은 어려움에도 불구하고 2015년 1월 미 국무부 남아시아 담당 차관보는 우드로 윌슨 센터에서의 발표를 통해 비록 이 계획이 일정한 도전에 처해 있지만 오바마 정부는 이 계획을 지속적으로 추진할 것이며 역내 에너지 시장, 무역과 교통 촉진, 세관 개선, 비즈니스와 인간의 자유로운 왕래 등을 추진할 것이라고 밝혔다. 이를 위해 현재 미국은 아프간에서 투르크메니스탄, 파키스탄, 더 나아가 인도 등 주변국과의 고속도로, 철도, 가스관 등을 연결하는 다양한 경협 프로젝트(TAPI: Turkmenistan-Afghanistan-Pakistan-India)를 추진하고 있다. 프로젝트의 실행에는 미국의 영향력이 작용하는 아시아개발은행(ADB)이나 세계은행(WB)의 자금이 투입되고 있다. 이 외에도 더욱 두드러지는 미국의 대중 지정학적 압박은 '아시아 재균형' 정책이다. 이는 전통적으로 미국-아메리카의 운명이 아시아태평양 지역에 있다는 미국의 지정학적 인식과 믿음에

. . . .

86 Joseph S. Nye, Jr., *Is the American Century Over?* (M.A: Polity Press, 2015) 참조.

87 "Clinton Remarks at Anna Centenary Library," Sify news July 21, 2011, http://www.sify.com/news/clinton-remarks-at-anna-century-library-full-text-news-default-lhxuutccabc.html (검색일: 2015년 5월 29일).

서 출발한 것으로, 중동에 과도히 편중된 미국의 자원과 시선을 아시아로 돌려야 한다는 관점에 따른 것이다. 힘의 우위를 유지하는 동안 지정학적 우위를 심화시켜 세계질서의 미래를 주도해야 한다는 미국의 전략적 의도에 따른 것이었다.[88] 보다 구체적으로 보자면, '아시아 재균형' 정책에는 패권의 유지에 필수적인 경제성장의 동력 및 천연 에너지 자원을 확보하기 위해 지정학적 요충지를 수호하려는 미국의 전략적 의도가 반영되어 있다. 미국의 1인당 에너지 수요량은 세계 1위이지만 미국 내 매장량은 중앙아시아 매장량의 반 정도에 불과하다. 셰일가스로 인해 에너지 수입 의존도가 일부 완화될 것으로 추정되지만, 여전히 전통적 지정학적 요충지인 유라시아 지역에 대한 확고한 지배력을 유지하는 것은 중요하다. 중국, 인도 등 신흥 산업국들이 매년 엄청난 양의 에너지를 빨아들이며 이 지정학적 요충지에 대한 영향력을 제고시키는 상황에 대비해야 하는 것이다.

미국은 중국의 군사력이 계속 증강됨에 따라 자신의 동북아 군사 패권이 상당 부분 약화될 것을 우려하고 있다. 2014년 카네기국제평화재단에서 발표한 『2030년 중국의 군사력과 미일 동맹: 전략적 평가 보고서』에서는 향후 15~20년 사이 동북아에서 중국은 미국의 군사적 우위를 상당 부분 약화시킬 가능성이 매우 크다는 전망이 나왔다.[89] 물론 '아시아 재균형' 정책이 중국에 대한 직접적 봉쇄인가에 대해서는 논쟁의 여지가 있다. 2012년 6월 제11차 아시아안보회의에서 리언 파네타(Leon Panetta) 전 국방장관은 미국의 아시아 재균형 정책을 보다 구체화하여, 아시아 지역 중시 정책의 4대 원칙 중 하나인 '파트너십 강화'가 미국의 전통적 동맹국 외에 인도, 싱가포르, 인도네시아, 중국 등과의 관계강화를 포함하며, 미국의 아시아 중시 정책이 중국을 봉쇄하려는 의도

. . . .

88 Patrick Cronin, "As the World Rebalances in the Asia-Pacific Century, So Must the United States," *Global Asia*, Vol. 7, No. 4 (Winter 2014), p. 12.

89 보고서는 균형의 약화(eroding balance), 제한적 충돌(limited conflict), 위협의 완화(mitigated threat), 아시아 냉전(Asian cold war), 중국 중심 아시아(Sino-centric Asia), 중일 경쟁(Sino-Japanese rivalry) 이라는 여섯가지 시나리오 중 첫 번째 가능성이 가장 크다고 전망했다. Stephen G. Brooks, G. John Ikenberry, and C. Wohlforth, "Don't Come Home, America: The Case Against Retrenchment," *International Security*, Vol.37, No.3(Winter,2012), pp.50~51에서 재인용.

가 아니라는 메시지를 전달하였다.[90] 또한 '아시아 재균형' 정책의 실무 총사 령탑을 맡았던 커트 캠벨(Kurt M. Campbell) 미 국무부 전(前) 동아태담당 차관보 도 2014년 5월 중앙일보-CSIS 연례포럼에서 미국의 '아시아 재균형' 정책이 중 국을 봉쇄하기 위한 것이 아니며, 이 전략이 성공하려면 중국을 포용하고 참여 시켜야 한다고 언급한 바 있다.[91] 그렇지만 미국이 중시하는 아시아의 경우 중 국의 부상에 대한 적극적 대응이 미국 외교의 핵심 사안이 되었다는 점에서, '아시아 재균형' 정책과 대중국 전략은 상호 불가분의 관계를 갖는다. 그리고 2011년 클린턴 미 국무장관이 밝힌 아시아개입 6대 행동원칙 중 안보동맹 강화 가 첫 번째 순위인 점에서도 알 수 있듯 미국의 '아시아 재균형' 정책에는 군사 안보적 접근이 우위를 차지한다.[92] 전통적으로 미국은 아시아에서 자신을 중심 으로 하는 여러 양자 동맹관계(Hub and Spoke)를 구축해왔다. '아시아 재균형' 정 책 천명 이후 동아시아 핵심 동맹국 일본을 중심으로 한국, 호주, 필리핀, 태국 더 나아가 인도네시아, 싱가포르, 뉴질랜드와의 관계망을 통해 미-일-한, 미- 일-호, 미-일-인 삼각동맹을 중층적으로 확대시켜 나간다는 계획이다. 미 국방 부가 2014년 3월 발표한 '4개년 국방 전략 검토 보고서(QDR)'에서도 2020년까 지 해군 전력의 60%를 아태지역에 배치하고 역내 공군력도 증강하겠다는 구상 이 담겨 있다.[93]

경제적으로도 미국은 '환태평양 경제동반자 협정(TPP: Trans-Pacific Partnership)'의 확대를 통해 아태지역에 대한 자신의 지배적 지위를 공고화하고 자 한다.[94] 미국은 애초부터 중국이 포함되지 않은 아태지역 다자경제협력체인

· · · · · · · · · · · · · · · ·

90 그는 2012년 중국 방문을 통해서도 시진핑 당시 국가부주석과의 만남에서 미국의 아시아 재균형 정책 의 목표가 지역의 안정과 평화, 번영을 추진하기 위한 것이며, 이 목표를 실현하는 데 특히 중요한 조 건은 미국과 중국이 건설적 관계를 구축하는 것이라고 강조한 바 있다. http://news.xinhuanet.com/ politics/2012-09/19/c_113137558.htm (검색일: 2015. 2. 3)

91 「중앙일보」, 2014년 5월 28일자.

92 Hillary Clinton, "America's Pacific Century", *Foreign Policy*, November 2011.

93 U.S. Department of Defense, *Quadrennial Defense Review*, 2014.

94 원래 동 협정은 2005년 6월 아시아 태평양 지역 경제의 통합을 목적으로 뉴질랜드 싱가포르 칠레 브 루나이 4개국이 출범시킨 것이다. 미국이 2008년 2월 동 협정에 참여하면서 TPP는 미국이 중국을 겨

TPP에 일본 등 주요국들이 참여해 주기를 바랐다. 현재 동 협정에는 중국을 제외한 대부분의 동아시아 역내 국가들이 참여하거나 관심을 표명하고 있어, 결과적으로 미국의 경제적인 대중국 봉쇄 라인으로 작용할 가능성이 크다. 이처럼 '신실크로드' 계획, '아시아 재균형' 전략, '환태평양 경제동반자 협정' 등 다양한 미국발 동진(東進) 전략이 중국의 '일대일로' 전략을 태동시키는 주요한 지정학적 배경이라 풀이할 수 있다.

2. 중국의 대미 인식과 대응 : 지정학적 관점

주지하듯, 중국의 부상은 현 국제질서를 동요시키는 주요 역량이다. 중국은 2001년 WTO 가입을 통해 국제경제체제에 편입된 이후 2005년에 GDP 기준으로 프랑스를, 2006년엔 영국을, 2007년엔 독일을, 그리고 2010년엔 일본을 차례로 따라잡았다. 이처럼 빠른 성장속도는 일반적인 예상을 뛰어넘는 것이었다. 글로벌 금융위기의 여파로 미국을 위시한 선진국의 경제력이 쇠퇴하는 가운데 중국의 경제성장은 상대적으로 지속되고 있으며, 2019년이 되면 세계 제1 경제대국 미국에 미칠 것이라는 「이코노미스트」의 전망도 있다.[95]

이처럼 빠른 국력 성장을 보이는 중국의 눈에 미국의 신실크로드 계획은 역외 국가인 미국이 중국 자신의 주변을 대상으로 영향력을 키우려는 것으로 비춰진다. 미국이 중앙아시아의 자원, 경제 및 외교를 남쪽으로 유도함으로써 중앙아시아, 남아시아를 자신의 전략적 세력범위에 포섭하겠다는 것이다. 아울러 러시아, 중국과 중앙아시아지역 간 관계 강화를 차단하겠다는 것이다. 동 계획을 통해 미국은 해당 지역 국가들과 자신의 새로운 파트너인 인도와의 관계 강화를 촉진하려는 반면, 중국 자신을 배제하려는 의도로 읽혀지고 있다.[96] 현재 TAPI 프로젝트를 추진하고 있는 것 외에도 오바마 대통령은 2015년 1월 인도방문을 통해 '미국 인도 공동 전략 비전'과 '미국 인도 방위관계체계 2015'를

. . . .

낭하여 아시아의 경제적 리더십을 확고히 하려는 전략적 도구로 활용되기 시작했다.

95 "An Understated Economy," *The Economist*, 2012년 12월 15일.

96 陳宇, 賈春陽, "美國'新絲綢之路計劃'現在怎樣了" *World Affairs*, 2015.10, pp.30~31.

체결하였다. 인도양과 말라카 해협, 남중국해로 이어지는 해상교역로를 통제함으로써 중국에 대한 견제력을 강화하려는 것이다.[97] 시진핑 주석 역시 동년 5월 인도 무디 총리와의 정상 간 교류 및 경제협력을 추진함으로써 이에 대한 맞대응을 선보였다. 현재 중국은 인도를 포함한 남아시아 국가들과의 단일경제권 구축을 위해 중국-파키스탄과의 경제회랑 및 '방글라데시-중국-인도-미얀마(BCIM)경제회랑'을 '일대일로'의 승패를 좌우하는 중요한 프로젝트로 추진 중이다.

이러한 상황 속에서 중국은 야심차게 '일대일로' 구상을 제시하였다. 이는 뉴노멀 시기를 맞이하여 국내 과잉생산을 해소할 해외 시장을 구축하고, 새로운 경제성장의 동력을 확보하고자 함이지만 이 외에도 미국의 전 세계적 패권적 우위를 동요시킴으로써 국제질서의 다극화를 더욱 촉진시키려는 의도가 반영된 것이기도 하다.[98] 중국은 AIIB에 대한 주변국들의 참여를 독려함으로써 미국의 영향력이 강하게 발휘되는 세계은행(World Bank)과 아시아개발은행(Asian Development Bank)의 지배적 위치를 흔들고 중국이 주도하는 아시아 금융 네트워크를 독자적으로 구축해나가고 있다.[99] 중국은 '일대일로'를 통한 전방위적 물류 네트워크를 구축함으로써 미국과 일본이 장악하고 있는 역내 패권 및 대중 포위 구도를 약화시킬 수 있다고 여긴다. 미국과 일본이 전 세계를 대상으로 하는 광범위한 물류 시스템을 조기에 확충한 덕분에 오늘날의 무역대국이 될 수 있었다고 보고, '일대일로' 전략의 장기적 실행을 통해 자국 중심의 통합 물류체계를 창출시킴으로써 미 일의 대중 봉쇄에 대항할 수 있다는 논리다. 이를

. . . .

97 "Obama in India: India, US renew defence framework pact for next 10 years," Jan. 25, 2015, http://www.india.com/news/india/obama-in-india-india-us-renew-defence-framework-pact-for-next-10-years-260348/ (검색일: 2015년 2월 27일).

98 薛力,""一帶一路"折射的中國外交風險," http://www.ftchinese.com/story/001059886?full=y (검색일: 2015년 3월 4일). 그는 만일 중국이 '일대일로' 전략을 잘 추진한다면 '미국의 아대'를 '중국의 주변'으로 전환시킬 수 있겠지만, 그렇지 못하다면 '일대일로'는 중국에게 아주 골치 아픈 것이 되고 미국에게 오히려 기회를 제공하게 될 것이라고 주장하고 있다.

99 "China's new bank plan may be aimed at countering Japan, U.S." *IFCL Media News*, http://ifclmedia.com/feeds/china-s-new-bank-plan-may-be-aimed-at-countering-japan-u-s (검색일: 2014년 8월 25일).

위해 일본 한국 대만 필리핀 호주 인도, 심지어 미얀마에 이르기까지 친미(親美)적 성향이 강한 나라들을 포섭하는 것이 중요한 과제라고 여기고 있다. 중국사회과학원 장윈링(張蘊嶺) 교수에 따르면, 중국은 아직 미국처럼 전 세계 193개국의 '이웃'이 되지 못했는데 세계 강대국의 권력을 추구하려면 반드시 주변이라는 '국면(局)'을 잘 다뤄야 한다는 것을 깨달았기에 과거 한동안은 동아시아에 집중하다가 점차 세력을 균형적으로 확장시켜 나가고 있다.[100]

IV. 한반도를 둘러싼 미중 관계의 이중성

한반도를 둘러싼 미중관계를 정확히 이해하려면 먼저 중국과 미국의 관계가 '이중적'이라는 사실을 이해할 필요가 있다. 사실 미중 양국은 '한 배를 탄 운명'에 동의했고, 중국이 '평화발전론'을 제창하는 등, 기존의 국제체제를 서로 협력해서 유지해 나가겠다는 의지를 상호 공유한 바 있다. 실상 과거 미소관계와 비교해보았을 때 오늘날 미중관계는 협력지향적이다. 2008년 세계금융위기 이후 중국과 미국 간 거시적 협력의 필요성은 더욱 강화되었고, 양자는 '내가 살기 위해서는 상대와 협력할 수밖에 없는' 긴밀한 경제무역 관계에 서로 얽여 있다. 그럼에도 불구하고 3장에서 밝혔듯, 미국과 중국은 기존 패권국과 신흥 부상국으로서 서로 간에 팽팽한 긴장감이 있다. 서로 다른 이데올로기와 문명의 역사를 지닌 두 대국으로서 양자 간에는 여전히 충분한 신뢰감이 조성돼 있지 않다. 2001년 WTO 가입 이후 미국 중심적 국제체제 속에서 빠른 경제성장을 이뤄온 중국이지만, 중국의 대미 인식이 그에 상응하게 개선되었다고 평가하기 어렵다. 중국의 성장을 바라보는 현 기존 패권국 미국의 인식에도 일정한 경계심과 불편함이 자리하고 있다. 과거 영국과 미국 간 평화적 세력전이의 배경이 되었던 서로에 대한 신뢰와 동일한 문화, 친밀감의 역사가 양국 사이에

. . . .

100 張蘊嶺, "聚焦一帶一路大戰略", 『陸橋時評』, 2014년 8월.

는 존재하지 않는다. 따라서 양자는 서로를 끝까지 믿지는 못하고 있다. 지정학적 요충지인 한반도를 둘러싸고 양자 간 불신 또한 지속되고 있다. 미국은 한미동맹을 대중국 관계에 유용한 도구로 사용하길 원하고, 중국도 만일의 상황을 대비하여 북한과의 군사동맹조약을 폐기하지 않고 지속시키고 있다.

2015년 한 해 한반도를 둘러싸고 중국과 미국은 아래와 같은 관계 양태를 보였다. 이를 크게 협력과 경쟁관계로 나누어 살펴보면 다음과 같다.

1. 미중 간 협력

2015년 한 해 중미관계는 일정한 기복을 겪으며 전개되었다. 전반적으로 보았을 때 6월 말 제7차 미중전략경제대화, 제6차 중미인문교류고위급회담, 그리고 9월의 시진핑 주석의 방미와 정상회담 등 양국 간 꾸준한 접촉과 대화의 자리가 마련되면서 표면적인 안정을 지향한 것이 사실이다. 특히 미중 간 폭넓은 경제무역관계는 양국관계의 안정을 담보하는 일정한 안전판의 역할을 해왔다.

한반도에 관해서도 양국은 일정한 협력구도를 형성하고 있다. 첫째, 북한의 핵개발 반대 및 핵보유국 불인정, 둘째, 한반도의 거시적 안정 유지라는 부문에서 양자의 이익이 서로 같다. 미국은 현재 대선 임기를 얼마 남기지 않은 국내 상황, 중동 지역 IS 세력의 창궐, 자동예산삭감(sequester) 등의 요인으로 인해 한반도 이슈로 무력분쟁을 빚고 싶어하지 않는다. 이는 중국도 마찬가지다. 특히 시진핑 시기 대외적 관심 대상이 확대되는 추세에서는 더욱 그러하다. '일대일로' 전략은 중국의 외교공간과 힘의 투사 대상이 아시아, 유라시아, 아프리카 등으로 확대되고 있음을 나타낸다. 이런 큰 스케일의 전략을 장기적으로 신중하게 추진해야 하는 중국으로서는 미국과의 직접적 충돌을 반드시 우회해야 하는 것이다. 이른바 왕지스(王輯思) 교수가 주장한 서진전략(西進戰略)의 체현이다. 이러한 상황 속에서 미중 양국은 모두 각자의 이익에 맞게 한반도의 평화와 안정을 유지하길 원하며, 급변사태나 불안정 국면이 빚어지는 것을 희망하지 않는다.

2015년 9월 25일 미중 정상회담에서도 양국은 한반도 평화와 안정에 대한 의지를 표출하였다. 오바마 대통령과 시진핑 주석은 정상회담 이후 공동기자회견에서 북한을 핵보유국으로 인정하지 않을 것이며, "완전하고 검증 가능한 한반도 비핵화를 평화적 방법으로 해결할 것"이라 밝혔다. 또한 시진핑 주석은 "미국과 중국은 한반도에 긴장을 조성하거나 유엔 안보리 결의에 위배되는 어떤 행동도 반대한다"고 밝혔다. 2016년 초 북한의 핵실험과 미사일 발사로 인해 한반도 정세가 빠르게 악화되자 미중 양국은 유엔 무대에서의 조율을 통해 강력한 대북제재 결의안 제2270호를 통과시켰다. 국제사회의 보편적 규칙과 질서를 무시한 북한에게 응분의 대가를 치르게 해야 한다는 데에 그리고 북한의 핵개발을 반드시 억제해야 한다는 데에 양국의 입장이 일치하였다. 왕이 외교부장과 케리 국무장관 간 직접 통화 및 연쇄 회담을 포함한 다양한 루트를 통해 미중 양국은 한반도 문제를 수시로 논의하고 서로의 이견을 조율하고 있다.

2. 경쟁과 대립

2015년 한 해 미국과 중국이 한반도 관련 협력만 했던 것은 아니다. 중국의 부상과 미중 세력전이라는 거시적 질서 전환기를 맞이하여 양자 간 정치적 신뢰관계가 굳건하게 형성되고 있지 못하기 때문이다. 이는 9월 미중 정상회담 이후 남중국해 중국 인공섬 조성을 둘러싼 미중 간 갈등이 심화되고, 또한 남중국해 문제를 둘러싼 갈등이 표면적으로 가라앉는 상황 속에서 12월 미국의 대대만 무기 수출계획이 제기되면서 양국관계가 경색된 상황에서도 살펴볼 수 있다. 2015년의 경우 '신형대국관계'라는 용어가 양자 간 회자되었지만, 기존 패권국과 부상국 간 조화와 협력 이외에 잠재된 갈등관계도 나타났던 한 해이기도 하였다. 특히 양국 간 지정학적 요충지인 한반도를 둘러싼 미중의 인식과 정책에서 긴장과 경쟁구도가 비교적 분명하게 드러났다.

오바마 행정부는 아시아 재균형 정책을 추진하는 가운데 동아시아 핵심 동맹국 일본과의 유대 강화 외에도 한미일 삼각 안보관계 강화를 추진하였다. 중국의 항일 및 반파시스트 전쟁 승리기념식 참가, 한중 FTA 체결 등, 중국과 우호적 무드가 형성되고 있는 한국에 대해 미국은 한국이 중국으로 경사되고 있다는 의혹의 목소리와 눈길을 주었다. 또한 "고고도 미사일 방어체계인 사드(THAAD)의 한반도 배치 검토"를 선제적으로 언급하면서 논란을 촉발시켜왔다.

아울러 과거 MB정부 시기 한국 국민의 비판적 정서를 고려해 전격 취소됐었던 한일 군사정보보호협정의 판본인 한미일 군사정보 공유를 다시 추진하였다.

한국은 사드 배치에 대한 미국의 요구 속에서 이것이 한국의 안보에 미칠 유불리를 계산했다. 북핵으로 인해 생존의 위협에 직면한 상황에서 마땅히 강력한 자구책을 마련해야 한다는 점, 그리고 사드는 공격이 아닌 방어용이라는 점에서 사드의 주한미군 배치를 찬성하는 목소리도 있었고, 사드 배치를 통해 한미일 삼각체제가 강화되고 한미일 대 북중러 구도가 형성되는 것이 한국 안보에 유리하지 않다는 우려와 반대의 목소리도 있었다. 이 가운데 2016년 1월 북한이 4차 핵실험 및 장거리 미사일 발사 실험을 전격 감행하자 한국 국내에서는 북한의 핵위협에 대한 극도의 우려와 긴장감이 일시에 크게 팽배했다. 한국 국내에는 북한의 핵위협에 맞서 한국도 핵개발을 추진해야 한다는 주장이 일각에서 대두했고, 국방부는 국민의 생존을 보장한다는 이유 하에 사드 배치를 전격 발표했다. 이에 미국은 즉각 환영의 뜻을 표명한 반면, 중국은 반대의 입장을 분명하게 표명하기 시작했다.

사드 배치는 엄밀히 말해 미국과 중국 간 문제이다. 미국은 한반도에 사드를 배치함으로써 동아시아 역내에서의 미중 간 공수 균형 구도를 자신에게 보다 유리한 방향으로 이끌기를 원하고, 중국은 사드로 인해 자국 국경 내 지역이 미국 레이더의 탐지 대상이 되길 원하지 않는다. 미국은 한국에게 주한 미군의 사드 배치를 수용하라고 요구해왔고, 중국은 한국에게 이를 수용하지 말아야 한다는 뜻을 전달해왔다. 즉 지정학적 요충지를 둘러싸고 미국과 중국이 힘겨루기를 하고 있는 형국이다. 왕이 외교부장이 대북제재 논의를 위해 미국을 방문하자 한미 간 예정되었던 사드 배치 논의의 속도가 한국의 의사와 무관하게 완화된 사실에서도 사드 문제가 결국은 미중 간 문제임을 알 수 있다. 만일 미국과 중국 간에 안보적 신뢰가 충분하다면 사드 이슈는 애초에 발생하지 않았을 일이다. 중국의 부상으로 인한 한반도 세력구조 변화 시기, 한반도라는 지정학적 요충지를 둘러싼 동아시아 역내 두 강대국 중국과 미국 간의 상호 견제와 대립이 사드를 둘러싼 갈등으로 표출되고 있다.

이 외에도 한국의 AIIB 가입문제를 둘러싸고 미국과 중국이 보인 태도도 양국이 역내 금융질서를 둘러싸고 일정한 경쟁구도를 가지고 있음을 분명하게 드러내었다. 이는 양국 간 경제영역의 빈번한 접촉과 막대한 무역량과는 별개다. 2015년에는 AIIB외에도 RCEP과 TPP, 그리고 일대일로와 신실크로드를 둘러싼 미중 간 경쟁구도가 비교적 명확하게 드러났다. 미국의 견제에도 불구하고 3월 영국이 서방국가로서는 처음으로 AIIB 가입에 포문을 열자, 뒤를 이어 프랑스, 독일, 이탈리아, 호주, 한국 등이 모두 뒤를 따름으로써 AIIB 창립회원국이 57개 국에나 이르렀다. 한국의 가입에 대해 미국이 원하지 않는다는 부정적인 의사를 계속 전달하는 가운데, 중국은 꾸준하게 한국의 참여를 희망해왔다. 그리고 한국은 중국이라는 기차에 올라타 성장의 과실을 나누기 위해 AIIB에 참여하기로 전격 결정 내렸다. 환구시보 등 중국 관영언론은 즉각 한국의 AIIB 가입을 환영하는 논평을 냈고, 미국 조야에선 미국 외교의 실패로 지적하는 목소리가 대두되었다.[101] 이번 AIIB의 전 세계적 흥행은 미국의 입장에서는 브렌튼우드 체제 이후 처음으로 미국이 중국을 배제시키려다가 오히려 미국이 다수에 의해 배제된 상황을 맞이하게 된 셈이다. 중국은 전 세계 강대국으로 발돋움하기 위하여 특히 세계금융위기 이후 취약성을 드러낸 국제금융체제의 개혁에 주목하고 있다.[102] 현 국제금융질서의 틈새를 메우고 새로운 공간을 창출하려는 중국의 적극적 움직임은 지속될 것이며, 이에 대한 미국의 의구심도 지속될 것이다.

V. 결론 및 전망

2015년 한 해 미중 간 정치안보관계 및 경제관계를 구체적으로 살펴보면 양국관계는 여전히 이중적이었음을 알 수 있다. 미국이 중국에게 요구하는 것은 현 패권국 미국의 기존 지위를 유지해나가는 데 필요한 의무와 책임을 중국이

. . . .

101 環球時報, 2015年 3月 27日.
102 이러한 관점으로 門洪華, "中國和平發展與國際秩序變革: 國家實力, 國際目標與戰略設計(1985-2015)", 『中國道路的學術表達』, 門洪華, 李放 編, (상하이: 상하이인민출판사, 2015) 참조하라.

분담하는 데 방점이 있다. 미국은 자신의 패권을 유지해나가는 데 필요하다고 여기는 아시아에 대한 집중도를 더욱 제고하려 하고 있다. 이에 반해 국력의 증대와 함께 미국에 대해 더욱 자신감 있는 인식을 갖게 되었을 뿐 아니라, 핵심 이익관의 확대를 경험하고 있는 중국으로서는 아시아를 중심으로 한 주변 지역을 강대국화를 지향하는 전략적 교두보로 구축해 나가면서 종국적으로는 중화민족의 대부흥을 실현하고자 한다. 다시 말해 거시적인 차원에서 중미 양국 간 협력의 필요성은 공유되고 있지만, 양자는 서로를 완전히 신뢰하지 못하고 있기 때문에 한반도라는 지정학적 요충지를 둘러싸고 미중 간 상호 경쟁 및 대립하고 있을 뿐 아니라 이러한 경쟁구도는 더욱 치열해지고 있다. 즉 북핵 문제, 한반도 통일 이슈 등 한반도라는 지정학적 요충지를 둘러싸고 미중 간 협력과 조율의 필요성과 중요성이 더욱 높아지고 있는 한편, 한반도 주도권을 둘러싼 미중 양국 간 경쟁구도는 더욱 심화되는 추세인 것이다. 그리고 이는 아베 정권 일본의 우경화 및 미일관계 강화, 미국에 함께 대항하고자 연합전선을 펼치는 러시아에 의해 더욱 추동되고 있다.

　이러한 외부 상황은 한반도 평화통일 조성 국면에 결코 유리하지 않다. 과거 한반도를 둘러싼 세력 배분의 변화 그리고 강대국 간 정치적 각축 및 세력 다툼은 결국 지정학적 요충지인 한반도의 정세불안 또는 무력분쟁으로 전이되어 왔다. 현재 미국과 중국은 모두 한반도 정세의 안정 유지를 선호하고, 한반도 비핵화에 관한 협력태세를 유지하고는 있지만, 동시에 미중 양국은 한반도라는 지정학적 요충지를 상대의 세력권에 넘기지 않기 위해 눈에 보이지 않는 경쟁을 하고 있다. 사드나 AIIB는 본질적으로 미중 간 이슈이며, 두 나라는 한반도를 둘러싼 힘겨루기를 진행하고 있다. 그 결과 사드로 인해 한중관계가, AIIB로 인해 한미관계가 부정적인 영향을 받게 되었다. 지역질서를 둘러싼 대국 간 경쟁구도가 주변국에 투영된 사례인 것이다.

　특히 군사안보적으로 문제가 더욱 복잡하다. 미국은 한미동맹을 한미일 삼각관계로 끌어들이려 하고 있고, 그러면서 북한을 대화상대로 인정하지 않고 있다. 중국은 이에 대응하여 지정학적 요충지인 북한에 대해 영향력을 유지하고자 노력하면서, 미국의 동맹국인 한국을 끌어들이려는 모습을 보였다. 이러한 상황은 한편으로는 한국에게 더 많은 국제공간을 허락하지만, 극단적인 경우 한국으로 하여금 미국이냐 중국이냐 하는 선택의 길을 강요할 뿐 아니라, 더욱 중요한 것은 북한으로 하여금 미중 간 경쟁 구도 속에서 반복적으로 생존 공간을 찾아내고 모험주의를 시도할 수 있는 전략적 공간을 제공하고 있다는 사실이다. 이러한 외부 상황은 또한 장기간 체제 대립과 이데올로기 대립을 진행해 온 한반도 남북정권 간 상호 체제경쟁 및 생존전략과도 서로 연동되어진다. 한반도 정세는 복잡한 모습을 띨 수밖에 없다.

한반도의 종국적 평화통일은 시대적 흐름이자 반드시 성취해야 할 역사적 사명이다. 한반도의 평화통일을 위해서 무엇보다 한반도 당사국인 한국과 북한의 기본 태도와 정책이 중요하다는 것은 두말할 나위도 없다. 북한 관련 한국의 적절한 대응과 노력 및 장기적 지혜가 필요함은 물론이다. 그러나 이것만 가지고 해결되지는 않는다. 한반도에 관한 주변 강대국 간 관계 안정과 협력구도가 반드시 필요하다. 특히 오늘날 동북아의 주요 행위자인 중국과 미국 간 한반도를 둘러싼 상호 경쟁과 대립이 아닌, 상호 신뢰와 조화가 반드시 필요하다. 한국과 미국과의 우호적 신뢰와 협력 외에도 한반도 평화통일을 점진적으로 이뤄갈 주역인 한국과, 그간 주변국 중 한반도의 평화와 안정을 강하게 지지해온 중국 사이에 한반도 통일 및 동북아의 평화와 미래에 관한 허심탄회한 대화와 신뢰가 요구된다. 그리하여 '한반도의 평화통일과 한민족의 번영이라는 한국의 꿈'과 '중화민족의 대부흥이라는 중국의 꿈'이 서로 선순환적 구도를 형성할 수 있어야 할 것이다.

2015년 동북아와
한반도 정세 분석 및 전망

궈루이(郭銳 / 길림대학)

2015년 동북아 정세는 대체로 파란과 점진적 안정이 병존했던 한 해였다. 동북아 국제관계의 '바로미터'인 한반도 정세는 안정에서 긴장으로, 긴장에서 다시 안정으로 가는 파형적 궤도를 그렸다. 한반도 정세의 긴장과 안정은 주로 내부요인 특히 구조적 안보요인의 영향을 받은 것이며, 아울러 동북아 지역의 대환경이라는 중요한 연계성 요인의 영향도 벗어나지 못하고 있다. 2015년 "바람이 부니 풀도 따라 흔들렸던" 한반도 정세는 여러 부문—동북아의 변화무쌍한 정세, 연말의 중일한 삼국정상회담, 남북차관급회의, 북한의 잠수함 탄도미사일(SLBM) 실험과 수소폭탄 보유 언급 등의 영향을 받았다. 이러한 상황은 안보와 발전의 촉진이 여전히 동북아 각국에게 핵심 이익이 된다는 것을 나타낸 것이다. 한반도의 평화, 안정 그리고 발전을 실현하려면 져야 할 막중한 임무와 가야 할 먼 길이 있지만, 이는 각자의 이익에 부합하는 것이기도 하다.

1. 2015년 동북아 정세의 새로운 변화와 특징

2015년 동북아 각국은 상호작용을 통해 다양한 새로운 변화를 드러냈다. 중국, 미국, 러시아 삼국 간 경쟁도 있고 협력도 있었다. 하지만 협력은 여전히 삼국 모두가 추구하는 바였다. 한반도와 그 외부 환경을 보면, 중국, 일본, 한국, 북한 간의 상호작용은 어지러운 중에도 일정한 질서가 보였다. 남북관계의 경우 긴장과 대치국면을 다소 벗어는 났으나 여전히 한반도 정세의 안정세는 미약하고 쉽게 경색될 가능성이 있다. 중한 FTA 협정의 정식 발효로 인해 양국관계는 완전히 새로운 발전단계를 맞이하였다. 중일한 삼국의 경우 비록 격렬한 마찰도 겪었지만 삼국정상회담을 실현함으로써 피차간의 정치적 긴장관계를 완화시킬 수 있었다. 전체적으로 보아 2015년 동북아 정세는 "용의 머리", "뱀의 몸통", "봉황 꼬리"의 세 가지 단계를 겪었다. 하지만 2016년 초 북한이 핵실험을 감행함으로써 한반도 정세와 동북아 안보 정세는 급격히 악화되었다.

(1) 연초, 한반도 정세는 완화세를 보였고, 동북아 정세는 '용 머리'로 시작했다

중국의 고어에 "용봉은 상서로운 조짐을 나타낸다"고, '용 머리'는 양호한 시작을 뜻하는 말이다. 2015년 초 동북아 정세는 남북 양국 고위층의 우호적 발언으로 시작되었다. 2014년 북중, 남북관계가 점차 경색된 이후, 북한 최고지도자 김정은은 2015년 신년사를 통해 새로운 태도를 비쳤다. 과거부터 견지해온 '세계강국'을 건설하겠다는 강한 결심을 드러내는 것 외에도 한반도 통일문제를 대폭 언급했다. 김정은은 "(북남 쌍방은) 활발하게 대화, 협상, 교류 그리고 접촉을 해야 한다."고 언급하며 북한이 남한과의 고위급 회담을 재개하고 각 부처 간 대화를 재개할 의향이 있음을 보였다. "분위기와 환경이 성숙되면 고위층 회담을 못할 이유가 없다"라는 것이었다. 한국의 박근혜 대통령도 2015년 1월 12일의 신년 기자회담을 통해 "북한과 회담을 개최하여 분열의 아픔을 완화하고, 평화통일을 촉진시키기를 원한다."고 언급함으로써 김정은과의 회담 의향이 있음을 밝혔다. 또한 설 이후 남북 이산가족 상봉을 추진할 것을 제의했다. 드물지만 성의가 가득했던 이러한 남북 간 상호작용으로 인하여 2015년, 비록 파도는 쳤지만 크게 동요되지는 않았던 동북아와 한반도의 새로운 정세가 이렇게 시작되었던 것이다.

(2) 연중, 동북아 정세는 매우 복잡했고, 한반도 정세는 '뱀의 몸통' 형세를 띠었다

'뱀의 몸통'으로 2015년 동북아와 한반도 정세의 험준했던 과정을 잘 표현할 수 있다. 2015년 초 완연하게 상냥하고 활기차며 부드러웠던 남북관계를 겪고 나서 남북관계는 다시금 긴장과 대치라는 냉기류를 맞이하게 되었다. 북한에 대한 미국의 새로운 제재가 이러한 긴장 정세의 서막을 열었다. 2014년 소니 영화사가 배급한 '김정은 암살영화'가 북한의 강렬한 불만을 초래했고, 이후 동 회사의 홈피가 해킹당했다. 북한이 그 일과의 연관성을 부인했지만 미국은 북한이 반드시 책임을 져야 한다고 주장했다. 남북관계 개선을 꺼리는 미국의 심리가 다시금 발현된 것이다. 2015년 1월 2일 '해킹사건'이 분명하게 규명되지 않은 상태에서 휴가 중이던 오바마 대통령이 새로운 행정명령에 서명함으로써 북한에 대한 일방적인 제재를 추가하기로 결정했다. 여기에는 북한의 세 기관과 다섯 사람에 대한 새로운 제재가 포함되었다. 미국의 일방적 제재 심화 조치에 북한은 강한 불만을 드러냈다. 북한 외무성 대변인이 "미국은 북한에 대해 지속적으로 억제정책을 실시하며, 북한에 대한 적대감을 부채질하고 있다. 이는 국가주권을 지키려는 북한의 의지와 결심을 더욱 굳게 만들 뿐이다."[103]라고 밝혔다. 북한에 대한 미국의 일방적 제재는 개선 중이던 남북관계에 찬물을 끼얹었고 한국은 이를 피동적으로 수용할 수밖에 없었다.

남과 북 사이에는 성의는 있었으나 행동이 부족했다. 2015년 1월 10일 미국의 국무부 대변인은 북한의 1월 9일 "만일 미한이 올해 합동군사훈련을 멈추면 북한도 핵실험을 잠시 중지하겠다"는 제안을 거절했다. "북한이 미한 연례 합동군사훈련을 핵실험과 연결시키는 것은 적당하지 않으며, 이는 암시적 위협이다"라는 것이다.[104] 조선중앙통신사는 "한국에서 매년 전개되는 대규모 군사훈련은 한반도 긴장 정세를 심화시키고 조선민족에게 핵전쟁 위험을 초래하는 주

. . . .

103 "朝鮮稱美國擴大對朝制裁彰顯敵意", 로이터 통신 중문 홈페이지,
http://cn.reuters.com/article/2015/01/04/north-korea-us-idCNKBS0KD03T20150104, 2015년 11월 22일.

104 "美國拒絶朝鮮"有條件停止核試驗"提議", 新華網,
http://news.xinhuanet.com/world/2015-01/11/c_1113951712.htm , 2015年 11月 22日.

요한 화근이다. 상대를 겨눈 전쟁연습이라는 살기 등등한 분위기 속에서 신의를 갖춘 대화가 불가능하며, 한반도의 긴장완화와 안정도 이뤄질 수 없다."고 밝혔다.[105] 2015년 1월 11일 미국의 위스콘신 구축함이 한국으로 향했으며 이틀에 걸친 군사훈련을 한국 해군과 함께 거행했다. 북한의 "조건적 핵실험 중지" 제안이 미국에 의해 거절당하자 남북관계를 개선하려는 북한의 적극성도 영향받았다. 북한의 조국평화통일위원회 대변인은 1월 23일 "만일 한국 당국이 인도주의 문제에 진정 관심을 갖는다면, '이산가적 문제를 거론하기 전에, 대항을 위해 고의로 실시하고 있는 금수조치를 우선적으로 해제해야 한다.' 5·24 조치를 해제하지 않으면서 이산가족 상봉행사를 하자고 하는 것은 일종의 선전에 불과하다. 제재를 해제하지 않으면 '어떠한 형식의 대화, 접촉 혹은 협상도 모두 불가능하다.'"고 밝혔다.[106] 이는 미한 군사적 압력이 지속되는 상황에서 북한이 남북회담을 결코 추진하지 않을 것이라는 명확한 태도를 나타낸 것이다. 이에 대해 한국은 깊은 유감을 표했고 남북관계는 빠르게 경색되었다. 이 기간 동안 한국 국민들이 북한으로 약 10만 장의 전단지가 담긴 풍선을 날려 보냈다. 북한의 조국평화통일위원회는 남한당국이 입으로는 "'북한과의 대화'를 말하지만 실제로는 '자유조선전사'기관의 탈북자들에게 DVD 등 기술적 수단을 제공했는데 이러한 행위는 '용서할 수 없는 도발행위'"라고 밝혔다.[107] 남북은 비록 양자관계를 완화하고 싶은 바람이 있었으나 미국이 '해커 공격'을 빌미로 북한을 계속 어렵게 만들고 또한 한국 민간단체들의 반북활동이 있었기에 남북 간 실질적인 긴장완화가 이뤄지기 어려웠다.

미한 연합군사훈련과 광고 선전은 화근을 제공했다. 2015년 1월 11일 일미한 해군 연합군사훈련이 시작되어 당해년도 미한 군사훈련의 서막을 열었다.

· · · · · · · · · · · · · · · ·

105 "朝鮮敦促今年停止美韓軍演 願以暫停核試驗回應," 中國新聞網,
　　http://www.chinanews.com/gj/2015/01-11/6956139/shtml, 2015년 11월 22일.
106 "朝鮮提取消制裁換家屬團聚遭韓方拒絕", 新華網,
　　http://news.xinhuanet.com/mil/2015-01/25 /c_127417624.htm, 2015년 11월 22일.
107 "朝鮮稱韓國向其放飛傳單氣球是不可饒恕挑釁行爲", 參考消息,
　　http://www.cankaoxiaoxi.com /world/20150122/636840.shtml, 2015년1월 23일.

북한은 1월 9일 미국에게 "만일 미한이 올해에 합동군사훈련을 중단한다면 북한도 핵실험을 잠시 중단하겠다."고 밝혔다. 미국은 이를 거절했고, 이로 인해 남북 간 연초에 조성되었던 화해 분위기가 영향받았을 뿐 아니라 점점 냉각되었다. 2월 24일 미한연합사령부는 3월 2일부터 13일까지 연례 군사훈련인 '키리졸브2015'와 함께 '독수리'훈련을 실시한다고 밝혔다. 전자는 8,600여 명의 미군과 만여 명의 한국군이 참가하는 규모이고, 후자는 3,700여 명의 미군과 20여만 명의 한국군이 참가하는 규모이다. 북한은 미한 연합군사훈련에 대해 강한 비난을 가하며 전쟁 상태에 돌입한다고 선포함으로써 모종의 행동이 뒤따를 것임을 밝혔다. 3월 2일 북한은 동해로 스커드 단거리 미사일을 쏘아 항의를 표했다. 또한 "주한미국대사 습격사건은 미국이 한미합동군사훈련을 전개한 것에 대한 징벌"이라 평했다. 8월 18일 미한은 "을지프리덤(UFG) 연합군사훈련을 전개했고 3만여 명의 미군과 5만여 명의 한국 군인이 참가하였다. 호주, 캐나다, 콜롬비아, 덴마크, 프랑스, 뉴질랜드와 영국에서 군대를 파병해 참가했다. 북한은 연합군사훈련을 취소하지 않을 경우 미국에게 보복하겠다고 위협했다. 대규모로 거행된 군사훈련이 북한의 민감한 신경 부위를 건드린 것이었고, 이로 인해 남북 간 변경지역의 마찰과 충돌 위험성이 크게 높아졌다. 우선 북한의 목함지뢰 사건이 두 명의 한국 군인을 다치게 하면서 남북 간 설전이 발생했다. 북한의 지뢰행위에 보복하기 위해 한국은 11년 동안 중단되었던 대북 확성기 방송을 재개했다. 북한은 한국에게 변경지역에서의 반북 전단지 활동을 중지하라고 요청했으며 그에 상응하는 군사행위를 하겠다고 위협했다. 8월 20일 남북 변경지역에서 포격사건이 발생하였고 김정은은 북한 인민군에게 전시 상태에 돌입할 것을 명령했다. 한국 군부도 방어 수준을 최고 레벨로 올렸다. 박근혜 대통령은 북한의 어떠한 도발 행위에도 한국 군대는 반드시 '선 행동, 후 보복' 원칙을 견지해야 한다고 밝혔다. 순식간에 한반도 정세가 일촉즉발의 위기상황으로 악화되었다. 남북은 사태의 악화를 방지하기 위해 8월 22일부터 24일까지 판문점에서 고위급 회담을 거행했다. 북한은 황병서 인민군총정치국 국장과 김양건 노동당 중앙서기를 파견했고, 한국은 김관진 청와대 국가안보실장과 홍용표 통일부장관을 참석시켰다. 남북은 남북 간 첨예한 군사 긴장 상태를 해제하고 북남관계를 발전시키기 위한 협상을 진행했으며 여러 사안에 대해 합의를 이뤘다. 북한은 전시상태를 해제했고, 한반도 긴장 국면은 일시적으로 완화될 수 있었다.

러북관계는 "각자 필요한 만큼 얻어갈" 수 있었다. 북한은 중국의 거듭된 권고에도 불구하고 제3차 핵실험을 진행하여 중국의 '한반도 비핵화' 정책의 마지노선을 건드렸다. 중국은 유엔 안보리의 북한 제삼차 핵실험에 관한 2094호 결의안에 찬성표를 던졌고 중북관계는 경색되었다. 이는 원래 에너지와 양식이 많이 부족했던 북한으로 하여금 설상가상의 상황을 초래했다. 에너지와 양식 부족의 어려움을 벗어나기 위해 북한은 2014년부터 일본, 러시아와의 관계를 적극 개선하기 시작했다. 하지만 일북 간 관계개선 도모는 일시적인 응급조치에 불과했고, 양자의 속셈이 달랐다. 납치된 일본인 석방문제가 해결되지 않는 상황 속에서 일북관계의 개선은 흐지부지되었다. 이후 북한은 러시아와의 관계 개선을 도모했다. 러시아는 크리미아 문제와 우크라이나 위기사태의 영향으로 인해 동방 정책을 취하기 시작했다. 2014년 이후 러북 양국은 정치, 경제무역 등 영역에서 일정한 진전을 이루었다. 비록 김정은은 2015년 5월 러시아에서 거행된 제2차 세계대전 승리 70주년 기념활동에 불참했지만 러시아에 양해를 구함으로써 러북관계의 발전에 영향을 주지 않았다. 러시아 극동 발전부의 데이터에 따르면 2015년 이후 러북 간 루브르 결산액이 35억 루브르를 넘었으며 빠르게 증가세를 보였다.[108] 북한 대외경제부장 겸 북러 정부 간 무역경제과학기술합작위원회 북한 측 주석은 러시아 하바로프스크 변경지역 부행정 장관과의 회담에서 "북한은 2015년 연말 이전에 북러 양자 무역액을 3억 달러까지 늘릴 계획"이라고 밝혔다.[109] 이 외에도 2015년을 "북러 우호의 해"로 삼았다고 밝힘으로써 양국 간 정치, 경제, 문화 등 양 부문에서의 관계를 심화하려

· · · · · · · · · · · · · · · ·

108 "2015年以來俄朝盧布結算額已超35億盧布", 중국 상무부 홈피, http://www.mofcom.gov.cn/article/i/jyjl/e/ 201504/20150400942096.shtml, 2015년 11월 20일.

109 "2015年俄朝雙邊貿易額或達到3億美元," 러시아 위성망, http://sputniknews.cn/economics/20150225.

했다.[110] 중한관계는 역사상 가장 좋은 시기를 맞이하였다. 러북관계가 날로 밀접해지는 동시에 중한관계는 2015년에 수교 이래 가장 좋은 시기를 맞이했다. 오늘날 중한관계는 '삼고(三高)' 특징을 보인다. 첫째는 정치적 상호 신뢰가 높아 고위 지도층 간 빈번한 상호작용과 우호적 교류가 실현되고 있다. 둘째는 경제무역 협력의 수준이 높아서 2015년 말 중한 FTA 협정이 정식 발효되었다. 한국은 미국의 압력에도 불구하고 AIIB에 가입했으며, 서울 인민폐 청산은행이 순조로이 영업 중이다. 셋째는 인문교류가 뜨겁게 진행되고 있다. 중한은 서로 최대 해외 여행국이다. 양국은 인민지원군 유해 송환 메커니즘을 만들어 두 번에 걸쳐 송환했다. 중국에서 한국 광복군 옛터 기념비 제막식이 거행되었고, 하얼빈에서 안중근 열사 기념관이 열렸으며, 상해의 대한민국 임시정부 공간이 새로 개방되는 등 중한 민간교류가 한층 더 심화되면서 새로운 단계에 접어들었다.[111]

일본의 우경화 심화는 동북아 긴장 정세를 한층 더 심화시켰다. 2015년 중한 양국의 대일본 태도는 일치했다. 중일, 중한 간 해상 영토분쟁은 통제되었지만 일본은 역사문제에서 일방적으로 행동했다. 2015년 4월 일본은 역사교과서를 재수정했고, "이번 심사에서 통과된 교과서는 조어도와 독도(일본명 죽도)를 모두 일본의 고유영토라고 칭했다. 또한 남경대학살에 대하여 '일본이 수많은 포로와 주민을 살해했다'라는 문구를 '포로와 주민에게까지 이어져서, 많은 사상자가 발생했다'로 바꾸었다."[112] 제2차 세계대전 패전 당일인 8월 15일 일본 내각 여러 명이 야스쿠니 신사를 집단 참배했다. 비록 아베 일본 수상은 참배하지 않았지만 자민당 총재 명의로 자비를 들여 봉헌했다. 9월 17일 일본 참의원 안보법특별위원회에서 일부 의원이 불참한 가운데 아베 수상은 집권당의 수적

110 "朝鮮宣布2015年爲'朝俄友好年,'" 新華網,
　　http://news.xinhuanet.com/2015-03/11/c_1114600921.htm, 2015년 11월 20일.

111 "中國駐韓國大使 : 中韓關系發展現'三高'特征", 人民網,
　　http://korea.people.com.cn/n/2015/1031 /c205165-8969599.html, 2015년 11월 21일.

112 "日本再改教科書卻永遠修改不了歷史", 新華網,
　　http://news.xinhuanet.com/world/2015-04/08 /c_127667905.htm, 2015년 11월 21일.

우세를 이용하여 안보 관련 법안을 강제로 통과시켰다. 이는 일본 대중들의 강한 반발을 불러일으켰을 뿐 아니라 중국과 한국 등 주변국의 강한 불만을 초래했다. 일본의 일련의 위험한 행동은 동북아 정세의 안전과 안정의 민감한 신경을 건드렸고, 한때 일본 제국주의에 의해 유린되었던 한반도에 거대한 위협을 초래했다. 남북 모두는 일본의 위험한 행태에 비난을 가했다. 비록 일본의 신안보법 통과가 국내와 주변국의 강한 반발을 초래했지만 미국은 환영을 표했고 이것이 새로운 미일안보지침에 부합한다고 여겼다. "근본적으로 보아 신안보법은 세계를 위한 것이 아니며 미국을 위한 것이다. 미국의 아시아 재균형 전략을 돕는 것이었다."[113]

(3) 연말, 안보와 발전이 주류를 점했지만, 동북아 정세는 '봉황 꼬리'로 막 내리다

'봉황 꼬리'는 '용 머리'와 같이 비교적 좋은 결말을 의미하는 것이다. 2015년 동북아 정세에는 기쁜 변화가 발생했다. 10월 10일 중공중앙정치국 상무위원 겸 중앙서기처 서기 류윈산과 김정은이 함께 조선노동당 성립 70주년 경축활동에 참가했다. 중북관계 완화 기운이 감돌았다. 10월 20일 여러 번 미뤄졌던 남북이산가족 상봉회가 금강산에서 거행되며 남북관계가 한층 더 개선되었다. 11월 1일 리커창 중국 국무원 총리와 박근혜 대통령, 아베 신조 일본 수상이 서울에서 제6차 중일한 정상회담을 개최함으로써 중일한 삼국 정상이 다시 만날 수 있었다. 이는 중일한 삼국의 공동의 바람과 이익에 부합하는 것이었다. 미러 양국은 험준한 국제 반테러 정세로 인해 잠시 대립을 멈추었다. 양국 지도자는 11월 15일 G20 정상회담에서 시리아 문제를 논의했고, 긴장관계를 완화시키면서 반테러리즘에 공동 대응하겠다는 의사를 표출했다. IS 무장세력의 위협이 점차 심화되면서 미국, 러시아 등 서방 대국들의 주의력은 중동지역에 집중되었고, 동북아지역 특히 한반도에 대한 강대국 요인도 다소 약화되었다. 따라서 2015년 말 동북아와 한반도는 일정한 안정세를 보일 수 있었다.

. . . .

113 "日新安保法將成歷史恥辱", 人民網,
http://www.peoplenews.eu/toutiao/6859.html, 2015년 11월 21일.

(4) 연초 한반도 정세의 급격한 변화 그리고 비핵, 비동란, 비전쟁 정세의 험준화

2016년 초 북한은 전 세계가 손을 쓸 새도 없이 소위 수소폭탄 실험을 감행했고, "불에 기름을 끼얹는 격"으로 광명성 4호 위성을 발사했다. 이로 인해 국제사회에 커다란 진동과 주변국가의 공포 심리를 초래했다. 미일한 삼국은 여론을 계속 조성하며 외교적 압박을 가했고 경제제재와 군사적 수단을 동원하였다. 이에 북한도 강한 언사로 맞받아치면서 한반도 정세는 새롭게 요동쳤다. 비핵화, 비혼란, 비전쟁 국면은 매우 험준해졌다.

최근 10여 년간 북한은 총 네 번에 걸쳐 핵실험을 감행했는데 이 중 두 번은 김정은 집권 이후에 벌어진 것이다. 이번 북한의 '수소폭탄 실험'은 김정은이 순조롭게 삼년상을 마친 후 나온 것이다. 이 기간 동안 비록 정치적 숙청 사건이 계속 이어졌지만 김정은 정권의 기반은 기본적으로 안정되었으며, 오늘날 북한 정세 또한 안정됐다. 충격적인 첫 '수소폭탄 실험'을 통해 북한은 대외적으로 김정은 시대가 도래했음을 강렬하게 전파하였고, 북한이 핵과 경제 병진 노선을 계속 이어갈 것이라는 굳은 결심을 드러내었다.

주목할 만한 점은 이번 북한의 '수소폭탄 실험'은 김정은 집권 초기 감행되었던 첫 번째 핵실험과 다르다는 사실이다. 이번 '수소폭탄 실험'은 김정은 정권의 안정이라는 거시적 배경 속에서 진행된 것이며, 권력을 집중시키려는 신생 국가의 최고 권력자의 마음에서 비롯된 것이 아니었다. 2015년 북한은 여러 번에 걸쳐 미사일을 발사했으며, 특히 연말엔 잠수함 미사일 발사실험도 진행했다. 더욱이 과거엔 위성발사를 했지만 이번엔 북한이 핵무장의 계열화, 핵탄두의 소형화, 핵타격의 정밀화 차원에서 기술적 진전과 실전 능력을 제고했음을 대외적으로 알린 것이었다.

비록 김정은이 2016년 신년담화에서 남북관계의 완화 및 정상회담 실현의 바람을 언급했지만, 이후 갑자기 '수소폭탄 실험', '광명성 4호' 위성발사를 감행했다. 이러한 행태는 분명 한반도 정세의 평화와 안정에 유리하지 않은 것이었다. 미한 군부의 고압적 자세는 필히 북한의 더욱 강력한 반응을 초래했다. 하지만 북한은 핵실험을 계속하겠다는 강경한 대처를 통해 남북관계의 완화와 한반도 통일과정을 자신이 주도하고 있으며, 자신이 '비대칭' 능력을 가지고 있다는 사실을 전파하고자 하였다.

사실 북한의 핵능력 수준은 신뢰할 만한 새로운 진보나 새로운 거대한 기술적 진전을 이루지 못했다. 북한의 기존 네 차례에 걸친 핵실험의 규모는 모두 크지 않다. 일부는 핵기술 능력의 최저 수준에도 미치지 못했다. 심지어 전문기관에 의해 아예 핵실험이 아니라는 비아냥까지 받고 있다. 오늘날 북한은 수소폭탄급의 핵실험을 진행하기 어렵다. 핵능력 구축상 거리 계열화, 정밀화, 소형화 및 실전화에 필요한 수준에 도달하기란 아직 멀었다. 즉 북한이 핵실험을 하는 것은 여전히 정치적 필요성과 외교적 고려에 따른 것으로 보아야 한다. 선군정치와 실리외교라는 전통적 방식인 것이다. 이에 대해 국제사회는 점점 무뎌지는 상황이며, 북한이 예측한 충분한 실리를 얻기란 쉽지 않다.

경계해야 할 점은 이번에 북한이 갑자기 더 높은 수준의 '수소폭탄 실험'을 진행하였다고 공공연히 선포하면서 핵실험 방식에 중대한 조정을 가할 것임을 나타낸 것이다. 즉 "정치적 고려에서 비롯된""몇 년에 한 번 실험" 방식이 "기술의 진전 속도"에서 비롯된 "일 년에 여러 차례 실험"으로 바뀌어져 가고 있다는 것이다. 이로 인해 북한은 핵기술의 빠른 축적단계로 접어들게 되었다. 이는 주변국가와 국제사회에 더욱 현실적인 안보위협이 되고 있다. 일단 북한이 핵실험에서 '기술 우선'의 주기적 궤도에 진입한다면 그 위험성은 통제하기 어려워지게 될 것이다. 북한이 자신을 핵보유국이라 크게 선전하고, 핵노선에 집착하는 무책임한 행태가 만일 '정치적 고려'에서 나온 것이라면 북한의 핵기술은 낮은 수준에서 배회하는 상태가 될 것이다. 물론 이는 절대로 북한 당국의 정책적 억제의 결과가 아니며, 핵기술 자체가 정말 낙후된 바에 기인하는 것이다.

2. 동북아와 한반도 정세 분석

2015년 동북아 정세의 발전과 한반도 정세의 변환은 강대국의 장기적 개입 및 치열한 게임이 초래한 동북아 안보 딜레마라는 구조적 제약이 객관적으로 존재한다는 사실, 그리고 이로 인해 한반도가 견고하고 지속적인 전략적 상호 신뢰관계를 갖기 어렵다는 것을 드러내었다. 물론 한반도 평화체제가 줄곧 건립되지 못한 근본 원인은 상호간 전략적 신뢰가 부족한 것에 있다. 한반도가 장기간 평화와 안정을 실현하지 못하는 상황은 동북아 지역에 영향을 미치며, 결국 동북아 지역과 한반도 정세가 안보 딜레마라는 틀에 갇히게 된다.

1) 강대국의 침투 속에서 취약해진 남북관계

강대국 요인의 지속적 침투는 한반도가 장기적 평화통일과 안정을 실현하지 못하는 주요 원인 중 하나다. 비록 2015년 초 남북 양국 지도자가 신년담화에서 남북관계를 완화시키려는 거대한 선의를 드러내면서 한순간에 사람들로 하여금 올해가 한반도 평화와 안정의 첫해가 된 듯한 느낌을 갖게 만들었다. 하지만 그 후 미국의 대북제재 업그레이드 및 대규모 미한 연합군사훈련 등은 남북관계 개선을 공허한 것으로 바꿔버렸다. 남북관계는 줄곧 간단한 양자관계가 아니며, 시시각각 강대국의 개입과 게임의 그림자 속에서 수정과도 같이 취약한 양자관계였다. 미국의 침투와 간여는 한반도에 적당한 수준의 긴장관계를 유지하기 위해 이뤄졌고, 남북 양자가 과도하게 접근함으로써 미국의 한반도에서의 영향력을 약화시키는 것을 막기 위한 것이었다. 오바마 정부의 한반도에 대한 개입과 간여 정책은 북한에 대한 '전략적 인내'를 줄곧 유지하며 북한으로 하여금 과격한 행위와 주변화 정책을 취하게끔 유인하는 것이었다. 미한, 미일 군사동맹을 묶고 강화시키며, 미한군사동맹 재강화를 통해 북한을 자극시킴으로써 남북관계를 한층 더 이간시키려는 것이다.

2015년 미국은 북한에 대해 여전히 '전략적 인내' 정책을 취했다. "오바마 정부의 대북정책은 '접촉'과 '압박' 병행의 투 트랙 정책이었다. 하지만 전반적으로는 압박 위주였다."[114] 오바마 행정부가 북한에 대해 실시한 '투 트랙' 정책의 주요 수단으로는 다음과 같은 것들이 있다. '접촉' 차원에서 최소한도의 대화와

. . . .

114 楊悅, "奧巴馬政府對朝'戰略忍耐'政策探析," 『外交評論』 2015年 第4期, pp.37-156.

소통을 유지한다. 또한 '압박' 차원에서 대북 경제제재를 실시하며 미한군사동맹을 강화한다. 2015년 북한은 미국 정부와 직접적 대화와 소통을 갖자고 여러 번 언급했으나 미국은 줄곧 북한에 대한 최저한도의 접촉만을 유지했고, 미북 양자회담은 대다수 비관방적 형태를 띠고 진행되었다. 그 내용도 대다수는 북핵문제와 관계가 없는 다른 것들이었다. 설사 북핵문제에 관련이 된다고 해도, 회담의 성격과 양자 간 대립되는 입장으로 인해 결과를 도출하지 못했다. 이 외에도 미국은 북한에 대해 고강도 '압박'조치를 취했다. 우선 오바마 행정부는 2015년 1월 2일 '소니사 해킹'을 이유로 북한에 새로운 경제제재를 가했다. 비록 미국의 제재 강화행위는 그저 상징성에 그친 것이긴 했지만 북한의 강한 반발을 불러와 남북관계를 개선하려는 북한의 적극성에 일정하게 영향을 미친 것이 사실이다. 다음으로 미국은 한국과의 군사동맹관계를 적극 강화시키고 있다. 빈도와 강도가 매년 증폭되는 미한 연합군사훈련의 가상적은 모두 북한이다. 따라서 한반도 정세가 긴장될 시기에는 항상 미한 연합군사훈련이라는 그림자가 따라다니고 있으며, 이는 2015년도 예외가 아니었다. 미국은 미한 군사동맹 강화를 통해 북한을 한층 더 자극시키고, 남북관계를 긴장시키려는 의도를 매우 강하게 가지고 있다. 이러한 의미에서 보았을 때 8월 남북관계의 긴장은 예상범위 안의 일이었다.

2015년 미한 군사동맹의 재강화가 한반도 정세의 변화에 많은 부정적 영향을 초래했음은 물론이다. 미한 군사동맹의 부단한 강화는 미국이 한반도에서의 영향력을 확립하고 공고화시키는 중요한 수단이 되고 있다. 이는 두 가지 방면에서 나타난다. 첫째, 군사동맹관계를 강화하는 기반 위에 군사동맹 내용의 한층 심화를 기하는 것이다. 미한 군사동맹관계의 심화는 미국의 한반도에 대한 장기적 침투와 개입에서 비롯된 것이며, 이는 북핵문제 관련 미국이 줄곧 북한의 '선 핵폐기 후 담판'이라는 기본 입장을 지속하는 것으로 나타나고 있다. 비록 '전략적 인내' 정책을 취하고는 있지만 여전히 북한의 핵포기 주장을 견지하고 있다. 미국은 대북외교에서 일관된 강경자세를 보이고 있다. 실제 행동으로도 한국과 함께 북한을 가상적으로 하는 대규모 연합군사훈련을 이어나가고 있다. 강경대북정책이건 아니면 '전략적 인내' 정책이건 간에 그 효과는 모두 만족스럽지 못하다. 단순히 북핵문제가 잘 해결되지 않을 뿐 아니라 오히려 미북, 남북관계를 급격히 악화시켰다. 양자담판과 대화 루트는 관계의 지속적 악화로 인해 중단되곤 했다. 한국은 북한으로부터 각종 위협이 도래할 경우 그저 미국에만 의지하곤 했다. 미국과의 군사동맹관계를 강화하는 방법을 통해서 자신의 안전감을 충분케 하려 한 것이다. 2015년 미한은 전 세계에서 첫 번째 연합사단을 만들었다. 아울러 한국은 미국과 함께 북한을 겨눈 연합군사훈련을 계속함으로써 미한 군사동맹의 공고함을 드러내기로 선택하였다. 그러나 미한 군사동맹의 재강화가 남북관계에 미치는 막대한 반작용을 소홀히 여겨선 안 된다. 2015년 8월 한반도의 긴장정세는 미한 군사동맹의 강화가 북한을 크게 자극시킨 탓에 비롯된 것이며, 이로 인해 남북 간 변경지역에서 포격사건이 재발하게 된 것이었다.

다른 한편, 한국은 외교적으로 미국의 아시아 재균형 전략에 적극 발맞추고 있다. 2015년 10월 15일 한국의 박근혜 대통령은 미국 방문 시 "한국은 미국의 가장 신뢰할 만한 파트너이며, 한미동맹은 미국 아시아 재균형 전략의 핵심적 중추이다"라고 밝혔다.[115] 이러한 태도는 한국이 미한 군사동맹을 계속 강화함으로써 북한을 억제하려는 바람을 나타낸 것이며, 또한 미일동맹에 의해 주변화되지 않으려는 것이기도 하다. 한국은 어떠한 전략적 관점에서 사고하더라도 미한 군사동맹을 강화하려는 미국의 입장에 부응하고 있으며, 한반도 최전방에 군사적 배치를 유지하려는 전략적 의지를 가지고 있다. 이는 필경 북한의 고도의 경계심을 초래할 것이므로 남북 간 전략적 상호신뢰를 실현하기엔 여전히 갈 길이 멀다. 분명한 것은 미한 군사동맹의 재강화는 오늘날 남북관계 긴장을 초래하는 직접적 원인이며, 미국의 지속적 침투와 개입은 남북 간 전략적 상호신뢰에 대한 가장 부정적인 요인이 되고 있다는 사실이다.

· · · · · · · · · · · · · · · ·

115 "樸權惠訪美時稱韓美同盟是美重返亞太支點", 國際在線,
http://gb.cri.cn/42071/2015/10/15 /8131s5133243_1.htm, 2015년 12월 1일.

2) 한반도 평화체제의 장기적 결여

한반도 평화체제의 장기적 결여는 주로 남북 양자 간 전략적 상호신뢰의 결여에서 비롯된다. 2015년 8월 20일 남북 변경지역에서 다시금 포격사건이 발생했다. 비록 사망자는 없었지만 한반도 정세는 빠르게 긴장되었다. 이에 대해 중국과 러시아 등 주변국가들은 남북이 냉정하게 자제해줄 것을 요청하였다. 사실 남북 양자 간 포격사건은 우연이 아니다. 2010년 11월 23일 '연평도 포격사건'은 한국에서 네 명이 죽고 여럿이 다치는 심각한 결과를 낳았다. 2011년 8월 남북 간 '북방한계선' 부근 해역에서 포격사건이 발발했다. 2014년 10월 변경지역에서 총기 발사 사건이 발생하였다. 2015년 남북 변경지역의 포격사건의 경우, 양측은 모두 누가 먼저 공격했는지 인정하지 않고 있다. 하지만 북한은 한국에 대북 방송 장비를 철거할 것을 명확히 요구하였다. 겉으로 보기에 이번 사건은 한국이 대북 방송을 재개함으로써 북한이 한국에 크게 불만을 갖게 되면서 발생하게 된 것이다. 본질적으로 보자면 이번 사건은 남북 양국이 오랫동안 효과적인 안전보장 및 평화 메커니즘이 결여돼 있다는 현실을 드러내고 있다. '정전협정'은 단지 양측이 오늘날 '휴전' 상태에 놓여 있음을 나타내는 것이지 한반도의 전쟁 상태는 결코 끝나지 않았음을 나타낸다. 한반도에는 여전히 대규모 전쟁이 발발할 가능성이 존재한다. 이러한 장기적인, 고위험의 군사적 대치 상태는 남북 간 상호 의심, 편견, 경계심 및 이러한 인지적 습관을 조성하고 있다. "한반도 정세는 줄곧 오랫동안 존재해왔고, 과도하게 관심 갖거나, 고의로 확대하거나, 혹은 그냥 무시해 버리는 큰일과 작은 일들에 의해 좌우되어 왔던 것이다."[116] 이러한 상호 의구심과 비방 속에서 한반도는 평화체제 구축에 필요한 전략적 상호 신뢰의 기반을 쌓지 못하고 있다.

한반도 평화체제의 추진은 주로 동북아 안보 딜레마의 제약을 받는다. 비록 박근혜 대통령은 '한반도 신뢰 프로세스'를 제시하여 중국, 프랑스 등 국가들의 환영과 지지를 얻었지만 남북관계의 개선 및 전략적 상호 신뢰의 실현 과정은

. . . .

116 郭銳, "朝鮮半島南北關系緩和需要跨越'三道坎'," 新華網,
　　http://news.xinhuanet.com/comments /2015-08/24/c_1116353349.htm , 2015년 11월 23일.

매우 느리게 진행 중이다. 한편으로는 남북 간 전략적 상호 신뢰의 장기적 결여 상황이 초래한 것이며, 다른 한편으로는 동북아 안보 딜레마라는 현실의 영향을 받은 것이기도 하다. 탈냉전 시기 동북아 지역은 오늘날 세계의 삼대 화약통 중의 하나로 여겨지고 있다. 복잡하게 얽힌 역사적 애증, 다양한 형태의 정치제도, 국력의 차이, 제로섬 게임, 완고하게 지속되고 있는 냉전적 사고방식이 모두 역내에 가득 차 있는 것이다. 따라서 동북아 각국 간 전략적 신뢰가 흔히 결여되어 있으며, 역내 영토 분쟁, 북핵문제, 역사인식 등 지정학적 핫 이슈들이 줄곧 해결되지 못해왔으며, 고위험의 군사적 충돌이 여전히 존재해 있으며, 역내 각국은 줄곧 역내 안보 딜레마에서 벗어나지 못하고 있다.

동북아 각국이 역내 안보 딜레마에서 줄곧 벗어나지 못하면서 동북아 안보 메커니즘의 구축이 지지부진하게 진행되고 있다. 이는 "주로 구조적 딜레마, 과정적 딜레마 그리고 기능적 딜레마로 나타난다. 양자동맹, 세력균형과 협력안보의 병존은 오늘날 동북아 안보협력의 주요한 특징이다. 동북아 관련 국가들은 안보 딜레마의 전략적 노선에 대해 과정적 딜레마를 해결하는 것부터 착안해야 한다. 기능적 부문에서의 힘이 부족하여 근본적으로 구조적 딜레마를 건드리지 못하고 있다."[117] 우선 과정적 안보 딜레마에 과도히 집중하여 동북아 각국이 전략을 조정하는 것이 비록 일정한 성과는 얻을 수 있겠지만, 하지만 각국의 전략에는 일정한 상충성이 있다. 미국의 아시아 재균형 전략은 중국의 부상을 억제하려는 명백한 의도가 있다. 일본은 역사를 잊고 우경화노선을 걸어가고 있다. 미한 군사동맹의 재강화는 북한의 민감한 신경을 건드리고 있다. 북한의 선군정치 노선과 핵보유 전략은 어느 순간이라도 동북아 지역에서 터질 수 있는 화약고를 형성하고 있다. 전략이 상충되기 때문에 동북아 국가들은 2015년에 전략적 상호 신뢰의 길로 나아가기 어려웠으며, 지역 전체는 여전히 무정부적인 혼란 상태에 처했고, 한반도 평화체제의 구축은 "입만 번지르르하고 실제로는 아닌" 상태였던 것이다. 다음으로 동북아 안보 딜레마의 기능적 부

. . . .

117 門洪華, "東北亞安全困境及其戰略應對", 『現代國際關系』 2008年 第8期, pp.16-22.

분에 여전히 동력이 부족하다. 이는 주로 역내 권력 구조에서 비롯된다. 오늘날 동북아 지역의 권력구조는 매우 복잡하다. 강한 영향력을 가진 중국, 미국, 러시아라는 세 유엔 안보리 상임이사국이 있고, 세계 경제강국이라는 오랜 명성을 지닌 일본, 신흥경제국 한국 그리고 핵무기를 소유했다고 떠들어대는 북한이 있다. 구조적 딜레마의 다양한 영향을 받아 동북아 각국은 경제, 정치, 군사 에너지 및 문화교류 등 방면에서 시종일관 고도의 경각심을 유지하고 있다. 비록 상호간에 많은 경제무역 협력을 하고 있지만 정치, 군사, 에너지 등 영역에서는 명백한 갈등 구조가 있다. 남북관계의 경우 양국은 본래 경제, 정치, 군사, 에너지 등 부문에서의 상호 협력 기반이 부족하다. 인문교류에 속하는 이산가족 상봉 또한 동북아와 한반도의 변화무쌍한 정세에 의해 시시때때로 중단되곤 한다. 충분한 교류의 기회가 부족하기 때문에 남북 간 전략적 신뢰관계는 논할 수조차 없고, 한반도 평화체제 구축이란 그저 공허한 바람에 불과하다. 동북아 지역의 구조적 딜레마와 기능적 딜레마의 작용으로 인하여, 전통적 안보와 관련한 구조적 딜레마는 아무런 영향을 받지 않으며, 중일한 삼국의 역사적 애증과 영토 분쟁은 여전히 수시로 격화되어지며, 미북 적대적 국면 또한 변화되지 않았다. 북한은 2015년에 '핵보유' 의지가 더욱 강해졌으며 심지어 수소폭탄을 가졌다고 선언하기까지 하였다. 냉전 이후 동북아 정세의 긴장을 유발하는 각종 문제들이 모두 적절히 해결되지 않았을 뿐 아니라 오히려 시간이 가면 갈수록 지역 전체에서 에너지 안보, 인터넷 안보 등 새로운 개입 요인들도 나타나면서 동북아 정세는 더욱 복잡해져 가고 있다. 비록 2015년 동북아 지역의 전반적 추세는 다소 개선되었으나 전략적 신뢰를 이루기엔 여전히 갈 길이 멀고, 역내 각국은 장기적 안보 메커니즘을 구축하는 긍정적 루트를 걷지 못하고 있다. 동북아 지역에서 전략적 상호 신뢰가 장기적으로 결여된 상황 속에서 남북 간 '한반도 신뢰 프로세스'의 추진은 극히 어려웠다. 상호 신뢰의 결여가 초래한 역내 안보 딜레마는 한반도 평화체제의 구축을 심각하게 제약하고 있기 때문이다. 한반도 정전체제는 유명무실해졌고, 북핵문제 육자회담은 장기 정체돼 있기 때문에 관련국들의 전략적 의구심 더 나아가 군사적 대치는 오히려 지역 전체의 안보 딜레마를 더욱 심화시키고 있다.

3) 한반도의 안정은 동북아 발전의 '린치핀'

한반도는 특수한 지리적 위치와 독특한 국제지위를 갖고 있다. 동북아 국가들은 모두 한반도 문제와 연관된 자신의 이익을 가지고 있고, 이는 동북아 지역의 평화와 안보에 직접적으로 영향을 미친다. 한반도의 평화와 안정은 모든 지역의 안보 및 발전의 린치핀이다. 미국에게 있어 한반도는 아태지역의 전략적 교두보이므로 적당한 수준의 남북 긴장을 유지하는 것은 미국의 핵심 이익에 부합한다. 하지만 과도한 긴장 국면은 한반도에 대한 미국의 영향력과 통제력을 손상시킴으로써 미국의 아태 재균형 전략의 실시를 위협할 수 있다. 따라서 오바마 정부는 미한 군사동맹 강화를 주요 내용으로 하는 한국 정책과 전략적 인내를 주축으로 하는 북한정책을 각각 취하고 있다. 비록 매우 많은 실제적 문제들이 해결되지는 못했지만, 한반도에 더욱 큰 새로운 혼란 국면이 조성되지는 않으면서 동북아 지역은 상대적으로 안정된 일 년을 보낼 수 있었다. 중국의 경우, 중국과 한반도는 자고 이래로 순망치한의 관계에 놓여 있다. 한반도의 안정은 중국의 안보와 밀접하게 관련돼 있다. 중국의 정책적 주장은 한반도의 평화와 안정 유지를 위해 노력하자는 것이며, 중국과 한국, 북한 간의 선린우호 협력관계를 적극 추진하려는 것이다. 한반도의 비핵, 비혼란, 비전쟁이라는 원칙적 입장을 견지하고, 한반도의 자주적이며 평화적인 통일을 지지한다는 것이다. 2015년 중한관계의 발전은 한반도의 평화, 안정, 그리고 번영이 바로 동북아 각국에게 필요한 것임을 증명하였다. 일본의 한반도 정책은 미국을 하나하나 추종하는 것이며, 북핵 위협을 '정상국가' 실현이라는 전략적 목표의 구실로 삼는 것이다. 2010년 간 나오토 일본 수상은 "(일본)정부는 현재 한반도에 '전쟁이 발생하면' 자위대를 한국으로 보내 '일본인을 구조'하려고 생각하는 중이다. 간 나오토 수상은 핵목표를 실현하기 위해서는 자위대 관련 법안을 수정할 필요가 있다"라고 밝혔다.[118] 일본인을 보호하기 위해 한국에 출병하겠다는 간 나오토 일본 수상의 입장은 정일선생 이선 일본이 소선에 출병할 때 내세운 명

....

118 "日媒稱朝韓若開戰日本要派兵去韓國'救日本人'," 中國新聞網
http://www.chinanews.com/gj/2010 /12-12/2716032.shtml, 2015년 12월 1일.

분과 완전히 동일하다. 중일 간 청일전쟁은 동북아 지정학적 구도 전체를 직접적으로 크게 변화시켰고, 동북아 및 동남아 국가들에게 반세기 이상의 고난과 굴욕의 역사를 초래했다. 한반도가 평화롭고 안정되어야만 동북아 지역 전체의 안보와 발전이 유지될 수 있음을 역사는 증명하고 있다. 러시아의 한반도 정책은 "실용, 경제이익 위주"이다.[119] 러시아는 남북 양국과 장기적으로 긴밀한 경제무역관계를 맺어왔다. 교통 인프라, 에너지 무역 등 부문에서도 광범위한 공동이익을 가지고 있다. 러시아는 한반도 비핵화라는 원칙적 입장을 가지고 있어 남북 양국과 등거리 외교를 전개하고 있다. 특히 크림반도 사태와 우크라이나 위기 이후 중국, 북한, 한국 등 동방 이웃국과의 외교관계를 강화시킴으로써 유럽 지역에서의 러시아의 외교적 고립상태를 개선시키려 하고 있다. 최근 몇 년간 러북관계의 강화는 러시아의 '동방외교'가 구체적으로 나타난 것이며, 한반도 안정은 러시아의 장기적 전략 이익에 부합하고 있다.

한반도 문제는 동북아 강대국 간 상호작용에 커다란 영향을 미치고 있다. 동북아 지역은 중국, 미국, 러시아, 일본이라는 사대 강대국이 위치해 있다. 사대 강대국이 어떠한 경제 및 외교전략을 취하느냐는 결국 남북 양국에 영향을 미치게 되어 있다. 또한 남북 양국이 취하는 한반도 혹은 동북아 전략이 동북아 강대국 간 상호작용에 영향을 미친다. 중미 양국은 한반도에 막대한 영향력을 가진 나라이다. 중국은 한반도 문제에서 대체할 수 없는 중요한 역할을 하고 있다. 또한 미국은 한국의 전략적 동맹 파트너이며, 한국은 대북정책상 미국 입장만 쫓고 있다. 2013년 이전에 중미 양국의 북핵실험에 대한 태도는 기본적으로 일치했다. 즉 북한의 핵실험을 단호히 반대하며, 한반도 비핵화를 실현하겠다는 것이다. 북한을 징벌하는 수단으로 미국이 채택한 것은 외교적 압박 그리고 경제 제재의 병행정책이었다. 그리고 중국은 대부분 외교적 수단을 가지고 북한당국에 압박을 가해왔다. 2013년 이후 북한은 중국의 여러 번에 걸친 만류에도 불구하고 돌연히 제3차 핵실험을 감행함으로써 중국을 포함한 국제사회의

119 張慧智, "朝鮮半島戰略調整與東北亞大國關系互動", 『社會科學戰線』 2012年 第4期, pp.156-161.

강한 반발을 초래하였다. 북한에 대한 태도와 징벌 수단에 관해 중미 양국은 합의를 이뤘고, 중국은 유엔의 북한제재안 2094호 결의안에 찬성표를 던졌다. 이는 또한 북중관계를 한층 더 정상국가 관계로 변환시키는 것이기도 하였다. 중일관계는 동북아 안보 딜레마의 또 다른 커다란 문제요소로 작용하고 있다. 양국은 모두 동북아 역내의 중요한 국가이면서 서로 복잡한 역사적 애증과 현재의 영토 분쟁을 가지고 있다. 2012년 일본의 "도서 매입 난동"이 시작된 이후 중일관계는 조어도 문제 격화로 인해 크게 악화되었다. 조어도 해역에 있는 양측의 어선, 항선, 함정은 한때 일촉즉발의 위기까지 갔다. 중일 간 긴장관계는 동북아 정세의 변화에 막대한 영향을 미치고 있다. 다행히 중일 양극이 극도의 자제심을 발휘하여 조어도 문제로 관계가 파멸되지 않도록 하고 있다. 하지만 중일관계는 단기간 내에 완전히 회복되기 어렵다. 중일한 삼국 정상회담의 재개는 중일, 한일관계의 개선을 위해 좋은 분위기와 유리한 계기를 만들어줄 것이다. 또한 동북아 정세의 전반적 안정이 긍정적 방향으로 나아가는 데 일정한 기반을 놓을 것이다.

3. 동북아와 한반도 정세의 미래 전망

앞서 밝혔듯 2015년 동북아와 한반도 정세는 불안했다가 점차 안정되는 국면을 보였다. 연초 남북관계의 완화를 지나, 연중 남북정세가 악화되었고, 연말이 되어 다시 남북관계가 개선되면서 동북아와 한반도는 평범하지 않은 일 년을 보냈다. 2016년 동북아와 한반도에는 일종의 '분화적' 국면이 나타날 것이다. 동북아 지역은 장차 2015년에 기본적으로 안정된 전체적 국면을 지속하게 될 것이며, 한반도는 더욱 유동적인 긴장 국면에 들어서게 될 수 있다. 2016년 초 북한이 갑자기 수폭실험을 하고 위성을 발사하였다. 주변 국가들은 이에 대해 충분한 심리적 준비도 없었고, 더 나은 정책적 조치도 생각하지 못하고 있다. 기존의 국제적 제재 조치, 군사적 압박, 외교적 고립정책 등의 효과는 그다지 만족스럽지 못하다. 비록 국제사회의 대다수는 북한의 이번 핵실험은 수소폭탄 실험이 아니라고 여기고, 심지어 핵실험 수준에 도달하지 못했거나 아예 가짜 핵실험이라고 의심하는 여론도 있다. 하지만 북한의 이러한 행동은 분명 동북아 정세에 새로운 거대한 파동을 초래하고 있다. 한국은 이미 2015년 한때 한반도 정세의 극한 불안을 초래했던 대북확성기 방송을 재개했고, 남북관계의 완화 과정을 돌연 중지했다. 미한연합군사훈련은 2016년 더욱 큰 규모로, 더욱 빈번하게, 더욱 강하게 조준하여, 더욱 오랜 기간 동안, 더욱 실전 요소를 갖추고, 그리고 더욱 깊은 의도를 가진 방식으로 진행되고 있다. 북한에 대해 전면적인 군사적 압박을 가하고 있는 것이다. 미국 또한 이 틈에 한국에 새로운 더욱 큰 전략적 압박을 가함으로써 한국에게 수용하라고 요구하고 있다. 이러한 정책적 행태는 한반도 정세의 새롭고 더욱 큰 연쇄적 반응을 초래하게 될 것이며, 관련국 간의 상호 위협 정도를 현저하게 제고시킴으로써 역내 군비경쟁이라는 거대한 리스크를 증대시키게 될 것이다.

강대국 개입 요인은 향후에도 지속될 것이다. 하지만 개입의 강도와 정도는 다소 낮아질 것이다. 미국이 아태 재균형 전략을 가속화함으로써 한반도의 전략적 위치는 날이 갈수록 강화될 것이다. 미국은 한반도에서의 영향력과 통제력을 유지하기 위하여 미한 군사동맹을 부단히 강화하면서 중국의 부상을 억제하려는 전략적 목표를 추진하고 있다. 미국은 한반도에 적당한 긴장국면이 조성되도록 할 것이며, 남북관계가 과도하게 좋아지는 상황을 결코 만들지 않으려고 할 것이다. 이것이 미국의 아태 지역에서의 전략적 이익에 부합하기 때문이다. 따라서 이는 미래 남북관계가 계속 불안할 것임을 의미한다. 하지만 ISIS의 테러 위협이 날로 심화되고 있고 특히 파리 테러 사건 발발 이후 미국을 중심으로 하는 나토 참가국들이 오늘날 세계 반테러 정세가 절대 낙관적이지 않음을 인식하게 되었고, 미국도 전 세계 테러리즘에의 대응이라는 새로운 공간으로 중심을 분산시키지 않을 수 없게 되었다. 따라서 동북아와 한반도에 대한 침투와 개입의 정도가 다소 낮아지게 될 것이다. 이러한 배경하에 남북 양측은 원래대로의 계획에 따라 2015년 12월 11일 차관급 회담을 개최하여 한반도 관련한 다양한 사안에 대해 논의를 진행했다. 비록 미국이 전 세계 반테러에 더욱 역량을 증대시키고 있지만, 하지만 이것이 남북관계가 따라서 계속 완화될 수 있는 충분한 조건을 갖췄음을 의미하는 것은 아니다.

　남북 간 전략적 상호신뢰는 단기간 내에 수립되기 어렵다. 2015년 남북관계는 비록 다소 완화되었지만 이것이 지속되지는 않았다. 중일한 삼국관계는 분명히 호전되고 있지만, 동북아의 장기적 안정과 번영을 실현하기 위해서는 단순히 관계의 완화에만 의지하는 것은 충분하지 않다. 규범화되고, 제도화된 안보 메커니즘이 동북아 지역의 장기적 안정을 실현하는 기초가 될 수 있다. 북핵문제 육자회담은 북한의 핵실험과 미북 간 완고한 정책으로 인해 장기간 중단되어왔다. 오늘날 또한 육자회담을 대체할 만한 새로운 메커니즘이 존재하지도 않는다. 동북아 지역 전체에는 또한 안정된 안보 메커니즘이 더욱 부재하다. 근원적으로 보았을 때 안보 메커니즘의 결여는 주로 전략적 신뢰의 부재에 기인한다. 북핵문제를 위한 육자회담의 장기적 중단은 결코 메커니즘 자체의 문제에서 비롯된 것이 아니며, 또한 북한 한 나라만의 문제인 것도 아니다. 이것의 근원은 각자 전략적 상호 신뢰가 결여되었다는 데 있다. 오늘날 동북아 정세의 경우, 비록 다소 호전되는 기세가 보이지만, 남북 간 날로 심해져가는 종합국력의 차, 지속적으로 강화되는 미한, 미일군사동맹관계, 지속적으로 침투하고 개입하는 강대국 요인 등으로 인하여 동북아 지역 특히 한반도 국가, 중일 간 전략적 상호 신뢰가 단기간 내에 형성되기 어렵다. 동북아와 한반도평화체제의 수립은 더 많은 인내심과 더 큰 노력이 필요하다.

　한반도의 평화와 안정을 촉진하고 실현하려면 남북 양국은 '심리'와 '자존' 간의 벽을 넘어서야 한다. 효과적인 리스크 관리 및 안보 메커니즘의 부재, 그리고 남북 간 이데올로기 차이로 인하여 양측은 시종일관 고위험의 군사적 대치를 이어가고 있다. 남북 간 정상적 교류가 실현되지 않으며, 남북 간 과도하게 민감해지고, 상당히 미묘하고 매우 취약한 심리적 상태가 이어지면서 병태적이고, 모형적이며, 편견 가득한 심리적 특성이 나타나고 있다.[120] 남북관계는

- - - - - - - - - - - - - - -

120 郭銳, "朝鮮半島南北關系緩和需要跨越" "三道坎", 新華網,
　　http://news.xinhuanet.com/comments /2015-08/24/c_1116353349.htm, 2015년 11월 23일.

복잡한 심리적 상호작용으로 인해 극히 민감하고 극히 취약하게 변했다. 남북 양국 간 전략적 상호 신뢰를 실현하기 위해서 양측은 우선 상대를 징벌하려는 심리상태를 벗어나서, 더욱 더 냉정하고 자제하는 마음으로 충동을 줄여나가야 할 것이다. 통일의 주도권 쟁취는 남북관계의 발전을 관철하는 중요한 요인이다. 이는 남북관계를 서로 다른 방식의 자존감을 갖게끔 하고 있다. 이는 또한 남북관계가 좋아지려면 '자존'이라는 갭을 넘어서야 한다는 것을 의미한다. 한반도 정세가 빠르게 요동치는 것은 사실 남북이 각자의 의지와 바람을 가지고 남북관계를 주장하는 것과 무관하지 않다. 양측은 한반도 이슈에 관해 서로 다른 이익을 추구하고 정책적 주장을 펼치고 있다. "북한은 주로 '완화 카드'를, 한국은 주로 '통일 카드'를 만지작거림으로써 양측의 정세에 대한 판단과 책략을 드러내고 있으며, 또한 양자 간 대화가 성과를 거두기 어렵게 만든다."[121] 더욱이 남북은 정치체제, 이데올로기, 종합국력 등 여러 방면에서 커다란 차이를 보이고 있다. 이는 양국의 자존심을 더할 나위 없이 취약하게 만들고 있다. 강렬한 자존심이 전개되면서 사실상 효과적으로 남북관계가 개선되기 어려운 것이다.

중한관계는 새로운 전략적 조정기를 맞이하였다. 양국관계를 한층 더 강화하고 가깝게 하는 것은 양국의 핵심 이익에 부합하며, 또한 한반도 정세의 안정과 동북아 지역의 평화발전에 유리하다. 2015년 중한관계는 과거의 긍정적 분위기를 지속했다. 정치 영역에서 양국 정상 간 상호방문이 빈번했으며, 중한은 국제사무와 전 세계 무대에서도 서로 지지하고 응원하였다. 경제무역 부문에서 중한은 2015년 6월 1일 정식으로 FTA 협정에 서명하였고, 동년 11월 30일 한국 국회에서 통과되었다. 이는 중한 양국이 무관세시대에 접어들었음을 의미하며, 중한 경제무역이 2016년에 새로운 최고점을 찍을 것으로 전망된다. 하지만 미국은 중한관계가 날로 친밀해지는 것을 원치 않는다. 비록 이것이 전체 지역의 핵심 이익에도 부합하고 또한 미국의 전략적 이익에도 부합하지만 말이다.

. . . .

121 高浩榮, "2015年朝鮮半島局勢展望", 『軍事文摘』 2015年 第7期 , pp.19-21.

미국은 북한의 2016년 초 핵실험을 이용하여 한국에의 사드 배치를 적극 추진하고 있다. 이는 한국을 속박하고 중한관계를 이간시키려는 전략적 고려에 따른 것이다. 미국은 특히 한반도 정세를 휘젓고 이용하는 방식을 통해 중한관계의 발전에 각종 장애를 만들 것이며, 양국 간 전략적 갈등과 정책적 차이의 틈을 더욱 벌리려 하고 있다. 이 점에 대해 중한 양국은 충분한 주의를 기울일 필요가 있다.

중일한 FTA는 일정한 진전을 이룰 것으로 보인다. 2015년 11월 1일 중일한 삼국정상이 서울에서 만남으로써 중일, 한일 간에 장기간에 걸쳐 고위층 접촉이 이뤄지지 못했던 계면쩍은 상황을 변화시킬 수 있었다. 중일한 삼국 정상들은 삼국 간 협력을 강화하는 것이 동북아 지역의 번영과 발전에 도움이 된다는 데 모두 동의하고 있다. 아베 일본 수상은 "삼국자유무역지대의 구축은 동북아 협력의 촉진에 중요한 의미를 가진다. 삼국 간 경제무역협력관계가 더욱 발전하기를 희망하며, 중일한 삼국협력사무국이 긍정적 작용을 발휘하기를 기대한다."고 밝혔다.[122] 중일회담에서 아베 수상은 다시금 "(중일한)삼국은 협력을 강화해야 하며, 삼국이 함께 발전하며 경제통합을 추진해야 한다. 일본은 중국과 전면적이고 높은 수준의 일중한 자유무역협정을 하루라도 빨리 체결하는 것에 관해 적극 논의하길 원한다."고 재차 언급했다.[123] 이는 일본이 중일관계의 개선을 희망하며, 중한과 함께 자유무역지대를 구축하고 싶다는 명확한 의지를 표현한 것이었다. 현실적으로 보았을 때 오늘날 전 세계 경제는 침체기에 접어들었고, 중국 경제는 거대한 하향의 압박을 받고 있다. 한국과 일본의 경제성장세도 약화되고 있다. 2016년 전 세계 경제정세가 더욱 심각해질 것이라는 분석이다. 중일한 삼국은 경제발전 침체라는 불리한 국면을 벗어나야 하며, 삼국 간 제도화된 경제무역협력관계와 수준을 강화해야 한다. 또한 중일한 삼국 간 상

· · · · · · · · · · · · · ·

122 "李克强出席第六次中日韓領導人會議", 中國外交部사이트.
　　http://www.fmprc.gov.cn/web/wjdt_674879 /gjldrhd_674881/t1310946.shtm, 2015년 12월 2일.
123 "李克强應約會見日本首相安倍晋三", 中國外交部사이트.
　　http://www.fmprc.gov.cn/web/wjdt_674879/ gjldrhd_674881/t1310945.shtml, 2015년 12월 2일.

호 보완을 강화해야 한다. 중한자유무역지대가 힘차게 추진되는 가운데 중일한 FTA 또한 2016년에 일정한 진전을 보일 것으로 전망된다.

"삼척 깊이의 얼음은 하루아침에 언 게 아니다"라는 말이 있다. 한반도 이슈의 탄생, 변화와 발전에는 자체적인 구조적 요인도 있지만 또한 강대국의 간섭, 역사적 애증, 현실이익 등 연관된 요인들도 영향을 미치고 있다. 한반도 문제의 연착륙을 위해서는 중국, 미국, 러시아, 일본 등 주변대국의 공동 관심과 노력이 필요하다. 또한 남북 양국이 양자관계를 처리하는 데 있어서 일정한 진전과 혁신을 이룰 필요도 있다. 동북아 지역의 발전과 번영은 한반도의 평화 및 안정과 분리되는 것이 아니다. 또한 한반도의 장기적 안전과 발전은 동북아 지역이라는 기반과 지지가 필요하다. 비핵, 비혼란, 비전쟁의 한반도는 남북 쌍방의 핵심 이익에 부합될 뿐 아니라 또한 동북아 각국의 국가 이익에도 부합된다. 이를 위해 한반도 정전체제라는 병목적 제약을 타개해야 하며, 평화체제 구축이라는 새로운 시대로 손 잡고 나아가야 한다.

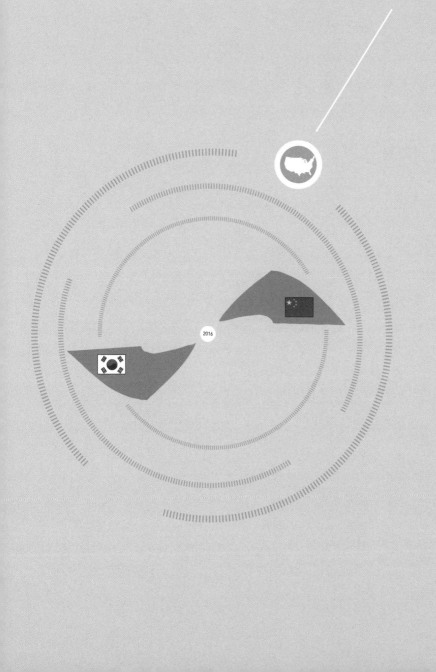

동북아와 **미국**

동북아시아 국제정세와 미국:
한국의 시각

조성렬(국가안보전략연구원)

I. 문제제기

냉전이 미·소 세력 균형에 의한 양극체제였고, 탈냉전이 유일 초강대국 미국 주도의 단극체제였다면, 현재의 국제질서는 「뉴욕 타임스」 편집위원 프리드먼(Thomas Friedman)의 말대로 중국, 인도, 러시아 등의 부상 및 재등장으로 미국과 함께 다극화된 탈·탈냉전(Post-Post-Cold War)의 시대라고 부를 수 있을 것이다.

그렇다면 탈·탈냉전시대의 모습은 어떠한가? 동서냉전을 종식시킨 주역 중의 한 사람인 고르바초프 옛 소련 전 대통령은 2014년 11월 베를린 장벽 붕괴 25주년 기념토론회에서 "세계가 새로운 냉전시대로 접어들고 있다"라고 말한 바 있다. 이 말은 냉전이 끝나면 자유주의 제도가 확산되고 초국가적 협력이 확대될 것이라는 믿음과 달리, 국가들 간의 분쟁이 점차 확대되고 있다는 의미로 해석된다.

오늘날 세계는 1990년대 냉전의 종식 이후 일시적으로 평화가 찾아온 듯했지만, 여전히 각지에서 전쟁과 대립이 계속되고 있으며, 오히려 동아시아에서는 해상영토의 관할권 및 해상교통로의 안전을 둘러싸고 역내 국가들 간의 대립이 충돌 직전 상황까지 도달하고 있다. 특히 동아시아에서의 대립과 갈등은 중국의 부상과 이에 대한 미국의 동아시아정책과 밀접히 관련되어 있다.

오늘날 동북아시아에서 강대국들의 각축은 130년 전 제국주의들끼리 침략경쟁을 벌이던 시기와 비슷한 양상을 보이고 있다. 중국의 부상에 따라 미국은 아시아를 중심으로 동맹국가들과 협력해 對중국 공동대응을 본격화하고 있고, 이에 맞서 중국은 축적된 경제력을 바탕으로 군사력을 키우며 미국 주도의 기존 동아시아 질서에 대한 현상 변경을 꾀하고 있다.

시진핑 중국 국가주석은 2014년 1월 외신 인터뷰와 2015년 9월 미중 정상회담 등에서 미국과 중국이 '투키디데스의 함정(Tuchididdes trap)'에 빠져선 안 된다고 말하며 신형 대국관계의 성립을 통한 평화적 세력전이를 주장하고 있다. 하지만 미국은 중국이 책임 있는 이해상관자(responsible stake-holder) 역할을 거부한 채 동아시아의 현상변경을 꾀한다면서 중국의 신형 대국관계 정립 요구를 수용하지 않으며 기존 질서의 유지를 희망하고 있다.

현재 미중 관계는 양국의 패권경쟁 양상마저 띠고 있다. 1,500년 이후 기존 패권국가에 대하여 신흥강대국이 도전한 사례는 15번 있었으며, 그 가운데 11건이 전쟁으로 이어졌고 나머지 4건은 평화적 세력전이를 실현하였다. 중국의 부상과 미국의 상대적 쇠퇴에 따른 세력전이(power shift)가 펠로폰네소스 전쟁처럼 스파르타-아테네 간의 패권전쟁으로 치달을 것인지, 아니면 평화적으로 이행될 것인지 주목된다.

이 글은 한국인의 시각에서 현재 동북아지역의 정세를 개관해보고, 이어서 미국의 동아시아 전략을 아시아 재균형 정책과 오바마 독트린에 맞춰 분석하였으며, 그 뒤 이러한 미국의 동아시아 전략이 한반도 정세와 한국의 주변국 관계에 미치는 영향을 분석해보았다. 그리고 최근 한반도에서 발생한 남북한의 포격전 및 북한의 추가 핵실험·로켓 발사로 야기된 동북아 국제정세를 평가하고 전망해보았다.

II. 격동의 동북아 정세와 신질서 형성을 둘러싼 경쟁

1. 동아시아의 3대 열점 지역과 잠재적 분쟁지역

미국의 최고전략가로 꼽히는 키신저 전 미 국무장관은 2014년 2월에 열린 뮌헨 안보컨퍼런스에서 "아시아는 19세기 유럽과 같다. 군사충돌을 배제할 수 없는 상황"이라고 평가한 바 있다. 동아시아에서 당장 군사충돌이 일어날 수 있는 열점(熱點, hotspot) 지역으로 꼽히는 곳은 센카쿠 열도(중국명 釣魚島), 남북한 접경지역과 스프래틀리 제도(중국명 南沙諸島) 등 세 곳이다. 잠재지역으로는 중국-대만 양안, 북방 4개 섬, 독도 등이 꼽힌다.

센카쿠 열도는 2010년 9월에 중일 간에 물리적 충돌이 발생한 이후 2012년 일본 정부가 이를 국유화하면서 사태가 더욱 악화되었다. 그 뒤 일본 순시선과 중국 해경선 간에 신경전이 계속되고 있다. 2014년 11월 7일 중일 양국은 '관계개선 4대 원칙'에서 센카쿠 위기관리 시스템을 조성해 군사적 충돌로 이어지지 않도록 관리하고 있다.

한반도의 DMZ는 2015년 8월 20일 남북한 간에 한 차례씩 포격이 오가는 등 군사적 충돌이 있었다. 미국과 중국이 막후에서 개입한 끝에 남북한의 긴급협상으로 '8·25합의'를 이루어 사태가 잠정 봉합된 상태이다. 하지만 불안정한 정전체제가 60여 년간 지속되고 있고, 북한의 핵·미사일 개발을 비롯한 도발이 지속되고 있어로 한반도 언제라도 군사충돌이 일어날 수 있는 위험한 지역으로 남아 있다.

새롭게 열점으로 부각된 곳이 바로 남중국해 해상이다. 중국은 시진핑 체제에 들어와 일대일로(一帶一路) 구상의 일환으로 21세기 해양 실크로드 정책(일명 진주목거리전략)과 함께 군사적으로 적극방어전략(일명 A2AD전략)을 추진하면서 동북아에서 동남아, 서남아, 중앙아시아에 이르는 광범위한 해양에서 영향력을 확대해 가고 있다. 중국 정부는 스프래틀리 제도 위의 무인암초를 매립해 인공섬을 만들고, 이 위에다 전투기 폭격기의 이착륙이 가능하도록 3,000m에 달하는 활주로까지 설치했다. 뒤이어 파라셀 군도(중국명 西沙群島)에 지대공 미사일을 배치하고 스프래틀리의 인공섬에 레이더 시설을 건설하였다. 그리고 이곳을 중국 영토로 삼아 12해리의 배타적 주권을 선언했다.

남중국해 문제는 중국으로서는 미국의 중국을 겨냥한 아시아 재균형 정책에 대응하기 위한 절체절명의 과제로서 핵심 이익(Core Interest)의 하나로 부상하고 있고, 미국으로서는 해양대국으로서 사활적 이익(Vital Interest)으로 간주하는 해상교통로(Sea Lane) 보호와 관련된 문제이다. 해양국가로서 자유로운 해상교통로 확보를 사활적 국가이익으로 간주하는 미국은 중국 측이 주장하는 인공섬의 12해리 영해 안에 이지스구축함을 파견해 '항해자유작전'을 감행하는 등 인공섬을 중국의 해상영토로 인정할 수 없다는 입장을 분명히 하고 있다.

잠재지역들 가운데 중국-대만 양안지역의 경우, 2016년 1월 16일 대만 총통 선거에서 대만독립을 지지하는 차이잉원(蔡英文) 민진당 후보의 승리로 중국과의 양안(兩岸)관계가 긴장될 조짐을 보이고 있어 주목된다. 러시아-일본의 북방 4개 섬 문제나 한일 간의 독도문제도 아직 잠복해 있지만 언제라도 크게 현안으로 등장할 수 있는 폭발력을 갖고 있는 지역현안들이다.

2. 동아시아 신질서 형성 제라운드: 위기관리 시스템의 구축

2015년 들어 동아시아 지역국가들은 지금까지 제기되어 왔던 군사 분야의 현안들에 대한 위기관리 시스템을 만드는 등 새로운 질서 형성의 1라운드를 마무리 지어가고 있다. 급부상한 중국의 현상변경 요구와 기득권을 지키려는 미국과 일본의 현상유지 노력 사이에서 벌어졌던 공방전이 우발적인 전쟁상황을 회피하기 위한 충돌방지 시스템의 구축으로 정리되고 있는 것이다.

미국은 4월의 「미일 공동비전 성명」과 「2015 미일 방위지침」을 통해 그동안 핵심과제로 설정했던 미일동맹을 한 단계 격상함으로써 아시아 재균형 전략에 따른 과제를 1차적으로 마무리지었다. 아울러 미국의 적극적인 중재로 일본군 위안부 문제에 대한 한일 간의 갈등을 봉합함으로써 한미일 삼각군사협력체제의 구축에도 한 걸음 다가섰다.

미중 양국도 9월 25일 양국 정상회담을 통해 사이버테러를 포함해 각종 군사 현안들에 대해 대화기구를 마련하는 등 타협점을 모색해 많은 부분에서 성과를 거두었다. 하지만 남중국해 문제에 대해서만큼은 해법을 찾지 못했다. 지난번에 군사적 충돌 위험까지 갔던 남중국해 인공섬을 둘러싼 미중 간의 갈등은 양국이 서로 군사충돌을 자제하기로 하는 선에서 일단 봉합의 수순을 밟고 있다.

이처럼 미중 사이에 위기관리체제가 만들어지면서 한동안 요동치던 갈등과 분쟁이 임시 봉합되고 상대국의 힘과 의지를 떠보던 신질서 형성을 위한 제1라운드가 막을 내렸다. 동아시아 열점 지역을 둘러싼 군사적 갈등이 충돌을 막기 위한 위기관리 시스템의 구축으로 봉합됨과 함께, 경제주도권 경쟁과 한중일 3국의 과거사를 둘러싼 갈등도 1라운드의 마무리작업에 들어갔다. 이제 동아시아 질서재편의 주도권을 둘러싼 제2라운드로 들어가게 될 것으로 보인다.

제2라운드는 한중일 정상회담에서 시작되었다. 신질서 형성의 주도권을 둘러싼 갈등과 경쟁 때문에 2008년부터 정례적으로 열렸던 한중일 정상회담이 2013~14년에는 열리지 못했다가 2015년 11월 1일에 서울에서 열려 〈동북아 평화협력을 위한 공동선언〉을 채택하고 3국 정상회담의 정례화에 재합의했다. 박근혜 대통령과 아베 총리 간의 한일 정상회담도 양 정상 취임 후 처음으로 열려 종군위안부 문제의 조속한 타결에 합의하는 등 한일 화해를 모색했다.

경제 분야에서도 미중 사이의 경쟁이 일단락되고 있다. 2015년 6월 29일 베이징에서 한국을 포함해 57개국이 참여한 가운데 아시아인프라투자은행(AIIB)의 설립협정문이 공식 채택되었다. 또한 2015년 11월 열린 아세안 정상회의에서 2016년 타결 목표를 담은 'RCEP 정상 공동선언문'이 발표되었다. 이로써 중국이 주도적으로 추진 중인 역내포괄적경제동반자협정(RCEP)은 일단락되었다. 이와 함께 10월 4일에는 미일 주도의 환태평양경제동반자협정(TPP)도 타결되었다. 이제 경제 분야의 미중 경쟁이 경제 분야에서도 본격화하게 되었다.

III. 미국의 아시아 재균형 정책과 동북아 전략구상

1. 미국의 아시아 재균형 정책과 오바마 독트린

미국의 상대적 쇠퇴와 중국의 부상이 진행되면서 패권전이의 가능성이 제기되기도 하였다. 하지만 최근 들어와 '미국의 귀환(Return of the U.S.)'이라는 목소리가 높아지고 있다. 이는 제조업의 부활, 셰일가스 생산, 금융업의 재기, 군사 혁신의 성과, 외교리더십의 회복 등으로 미국의 국력이 점차 회복세를 타고 있어 미국 패권시대가 다시 열리고 있다는 주장이다. 실제로 미국은 유럽 국가들의 경제위기에도 불구하고 꾸준한 성장세를 계속하고 있고, 이를 바탕으로 국제분쟁에 적극적으로 개입하고 있다.

미국은 2011년 12월 이라크 주둔 미군의 철수가 완료되면서, 아프간전과 이라크전을 수습하고 미·일·호 해양연대 구축 등을 골자로 하는 '아시아 중시 정책', '아시아 재균형 정책' 등을 표방하고 나섰다. 수전 라이스 미 NSC 보좌관은 2013년 11월 20일 조지타운대 강연에서 "아시아 재균형 전략이 오바마 외교정책의 주춧돌"이라고 강조하기도 하였다.

하지만 미국은 연방예산자동삭감제도(Sequester)에 의거해 10년 동안 국방예산을 5,000억 달러 삭감키로 함에 따라 '아시아 재균형 정책'을 추진하기 위한 예산이 제약을 받고 있다. 설상가상으로 러시아의 크림 반도 합병과 우크라이나 내전사태에 이어, 이라크와 시리아 등지에서 이슬람국가(IS) 반군이 세력을 확장하면서 미군은 여전히 중동지역에 발목이 잡혀 있게 되었다.

이 때문에 아시아 재균형 정책을 내세운 미국은 독자적인 힘에 의거하기보다는 동맹국들의 안보자산을 활용해 이 정책을 추진하고자 하고 있다. 또한 우크라이나와 중동지역에 발이 묶여 있지만, 다른 지역 현안들을 놓치지 않기 위해 새로운 외교실험에도 나섰다. 이것은 미 육사 졸업식 연설에서 '오바마 외교 독트린'(2014.5.28.)의 발표로 나타났다.

오바마 대통령이 새롭게 밝힌 '오바마 독트린'은 'DDSS(Don't do stupid shit) 정책'이라고도 불리는데, 이는 3가지 유형으로 나뉜다. 제1유형은 다자주의와 동맹 우방의 국제공조로 국제분쟁을 해결한다는 것이고, 제2유형은 온건파 반군지원 및 대테러 방식을 전환한다는 것이며, 제3유형은 미국의 안보이익이 직접 침해될 때만 무력 사용한다는 것이다.

'오바마 독트린'이 적용된 최근 사례를 보면, 제1유형의 경우 우크라이나 사태에 대한 대러시아 고강도 경제제재와 북한에 대한 경제제재 및 인권, 정보유통 압박을 들 수 있다. 제2유형의 사례로는 수니파 IS사태 해결을 위해 시아파

국가인 이란과의 관계정상화 및 핵협상을 타결한 것을 들 수 있고, 제3유형으로는 우크라이나 사태나 IS사태에 지상군을 투입하기보다는 제한적 폭격으로 대처하고 있는 것 등을 들 수 있다.

2. 미국의 아시아 재균형 정책과 미일동맹

미국은 본격적으로 아시아 재균형 정책을 추진하면서, 동아시아 지역에서는 '외교 독트린'의 제1유형에 따라 다자주의 및 동맹 우방과의 국제공조로 역내 문제를 해결하고자 하고 있다. 이는 이미 「2014년 4개년 국방검토보고서(QDR2014)」에서도 재확인되고 있다. 미국은 중국의 도전을 견제하기 위해 아시아 재균형을 추진하고 있으나, 이를 뒷받침할 재정적 여력과 군사력이 부족하자 일본과 호주, 한국 등 동맹국들의 국방자원을 활용하려는 의도를 드러내고 있다.

미국은 이러한 아시아 재균형 정책의 핵심 파트너로 일본을 상정하고 있다. 일본은 1894~95년 청일전쟁 이후 110년 넘게 동아시아의 강대국으로 군림해 왔으며, 여전히 중국에 이은 세계 3위의 경제대국이다. 하지만 일본은 중국의 부상으로 국력이 역전되자 자국의 우월적 지위에 대한 도전으로 받아들이면서 미일동맹의 강화와 해양연대의 구축을 통해 중국을 전략적으로 견제하고자 하고 있다.

2015년 4월 28일 오바마 미 대통령과 아베 일본 총리는 전후 미일 관계가 적대관계에서 '부동(不動)의 동맹(unshakeable alliance)'으로 발전했다고 규정짓고, 힘에 의한 일방적 현상변경 반대, 미일 방위지침 개정에 의한 '동맹의 변혁', 오키나와 미군의 재배치 등 주일미군의 재편, 환태평양경제동반자(TPP)협정의 조기타결 등을 골자로 하는 〈미일 공동비전 성명〉을 발표했다.

성명을 발표하기 하루 전날인 4월 27일에는 미국의 국무장관, 국방장관과 일본의 외상, 방위상이 만나 '2+2전략대화 성명'을 발표하고 평시, 유사시, 주변유사시로 나누던 종래 구분에서 집단적 자위권을 행사할 수 있는 '중요영향사태'를 추가하여 「2015 미일 방위협력지침」을 만들기로 합의했다. 이 내용에는 센카쿠 열도(중국명 댜오위섬) 분쟁을 상정한 '섬 지역 방위'와 우주 및 사이버 분야에서의 미일 협력이 추가적으로 명시되었다.

4월 29일에는 아베 총리가 일본 총리로는 처음으로 미 의회 상하양원 합동 연설을 했다. 아베 총리는 연설에서 태평양전쟁에 대해 미국에 사과했지만, 미국을 제외한 전쟁 피해국가들에 대한 사과도 없었고 종군위안부에 대한 언급도 없었다. 그 대신 새로운 미일 방위협력지침으로 미일동맹이 격상되었음을 강조하고, 2015년 안에 집단자위권 행사가 가능하도록 법령을 제정하겠다고 약속했다.

그 뒤 일본은 국내외의 반대와 비판 속에서 안보 관련 법안 제 개정을 달성하였다. 일본의 자민 공명 양당은 7월 16일 집단적 자위권법 등 11개 안보 관련 법안을 중의원에서 단독 처리한 데 이어, 9월 19일 참의원에서도 야당의 반대를 물리치고 강행 처리하였다. 이러한 안보법안들은 2016년 3월부터 발효되었다. 또한 2015년 10월 4일에는 미일 주도의 환태평양경제동반자협정(TPP)이 타결되었다.

이렇듯이 미국이 일본의 우경적 행태를 두둔하며 보통국가화를 적극 지지하는 이유는 중국의 아시아·태평양 패권국가화를 저지하겠다는 의도가 자리 잡고 있다. 아시아로 전략적 무게 중심을 옮겨오겠다는 미국의 전략은 미일 동맹의 강화를 통해 차근차근 실행에 옮겨지고 있는 것이다.

3. 미국의 아시아 재균형 정책과 '샌프란시스코 체제'의 재강화

미국의 아시아 재균형 전략으로 인해 제2차 세계대전의 전범국가 일본에 대한 '미완의 전후처리'로 만들어진 샌프란시스코 체제가 다시 주목받고 있다. 샌프란시스코 체제의 특징은 하버드대 동양사 교수 출신이자 1960년대 주일 미 대사를 지낸 라이샤워 교수의 발언에서 잘 드러난다. 그는 "전후 미국은 중국의 공산화에 대응하기 위해 일본의 중요성을 인지했으며, 한국 등은 이를 지원하는 역할을 수행할 필요가 있다."고 언급했다. 중국의 공산화로 인해 미국은 제2차 세계대전의 전후처리보다 공산화된 중국에 대항하는 거점으로써 일본의 가치를 재발견했던 것이다.

이 때문에 미국은 일본에 대한 전후처리 과정에서 나치즘 청산을 시도했던 유럽의 경우와 다른 태도를 취했다. 미국을 비롯한 연합국은 천문학적인 물적, 인적 피해를 초래한 나치즘의 유산을 근본적으로 청산하기를 원했으며, 이는 뉘른베르크 재판을 통해 구체화되었다. 반면, 미국은 일본의 전후처리보다 중국의 공산화에 대한 대응이 중요하다는 판단을 내렸기 때문에, 한국 등 주변국들에 대한 침략과 식민지지배에 대한 과거사 청산을 '미완'으로 남긴 채 샌프란시스코 평화조약과 미일안보조약을 통해 일본을 전범국에서 미국의 동맹으로 재탄생시켰다.

미국은 1952년 '샌프란시스코 평화조약'과 함께 무장해제된 일본을 자국의 군사적 보호 아래 두는 '(구)미일 안보조약'을 제정했고, 1960년 개정된 '(신)미일 안보조약'을 통해 미일 관계를 동맹으로 격상시켰다. 이제 중국의 급격한 부상에 대응하기 위해 아시아로 회귀하면서 미국은 다시금 일본의 중요성에 주목하고 2015년의 〈미일 공동비전 성명〉을 통해 '부동의 동맹'으로 다시 한 번 격상시킨 것이다.

최근 아베 정권은 아시아 침략과 식민지지배에 대한 잘못된 인식, 즉 일제 침략 및 식민지지배로 야기된 해상영토문제와 위안부 강제동원 등 과거사의 부정, 그리고 진정한 역사적 성찰이 없는 보통국가화를 지향하고 있다. 그런데 미국은 이 같은 일본의 그릇된 과거사 인식에 대해 미일동맹의 강화를 빌미로 적극적인 조정 역할을 하지 않고 있다.

이처럼 '미완'의 전후처리와 미일동맹을 특징으로 하는 '샌프란시스코 체제'의 기조는 2015년 미국의 아시아 재균형 정책에서 재강화되는 경향을 보이고 있다. '미완'의 전후처리에 기반한 '샌프란시스코 체제'의 재강화 움직임은 오늘날 동아시아지역에서 벌어지고 있는 과거사와 해상영토분쟁의 주요한 배경이 되고 있는 것이다.

Ⅳ. 미국의 동북아 전략구상과 한국의 주변국 관계

1. 미국의 동북아 전략구상과 한미 관계

미국은 아시아 재균형 정책에 따라 한미일 군사협력을 한층 강화함으로써 중국의 부상에 대응하고자 하였다. 이에 따라 미국은 한미동맹과 미일동맹의 연계 강화하고 기존의 한미연합사 체제를 존속하는 방향으로 기존 정책을 바꾸었다. 2004년 당시 미국은 럼스펠드 개혁에 따라 전시작전통제권의 한국군 이양 및 한미연합사 해체에 적극적이었으나, 최근년에 들어서는 기존 한미연합체제의 유지 · 강화에 주력하고 있다.

그 배경으로 우선 미국은 냉전시기의 '허브-스포크 관계'(hub and spoke relation)에 있는 한미동맹과 미일동맹을 연결할 고리가 필요하였다. 이러한 필요성과 함께 북한의 핵미사일에 대한 공동대응을 위해 한국과 일본이 「한일 군사정보보호협정」을 체결하도록 중재하였다. 하지만 2012년 6월 한국 여론의 커다란 반발에 부딪쳐 '한일 (군사)정보보호협정'의 체결은 무산되었다.

이처럼 직접적인 한일 군사협력이 어렵게 되자, 미국은 자국을 매개로 한미일 3각 군사협력을 맺는 방식을 채택하였다. 미국은 한일 관계의 개선을 요구하며 아시아 재균형 정책에 동참할 것을 희망하였고, 한국 정부는 일본군 위안부 강제동원을 비롯한 과거사문제를 들어 한일 관계의 정상화에 소극적인 태도를 취했다. 하지만 미국은 자국의 동북아 전략구상을 지속적으로 추진하였다.

2014년 2월 케리 미 국무장관의 방한을 계기로 미국의 전략구상과 한국 정부의 입장이 조율되어 접근되었다. 같은 해 3월 헤이그 핵안보정상회의에서 한미일 정상회담의 개최를 시작으로 5월 한미일 국방장관회의, 7월 한미일 합참의장회의가 잇달아 열렸고, 마침내 2014년 12일 29일 한미일 3국은 국회의 동의를 필요로 하지 않는 '한미일 군사정보보호 약정(MOU)'을 체결하기에 이르렀다. 그 뒤에도 미국은 한미일 국방장관회담을 정례화하려는 노력을 계속하고 있다.

2015년에 들어와서도 미국은 북한의 핵 · 미사일 위협에 대처하기 위해 핵억제전력의 한반도 전개 등 한미 군사연습을 확대 강화하고, 주한미군기지의 방어를 위한 고고도탄도미사일(THAAD, 이하 사드) 배치 문제를 제기하였다. 처음에는 한중 관계를 고려해, 지역정세에 영향을 미칠 수 있는 민감한 문제인 사드 배치에 관해 한국 정부는 미국과의 공식 협의를 자제해 왔다.

하지만 한미 정상회담 이후 이러한 분위기가 바뀌었다. 2015년 10월 16일 한미 양국은 워싱턴에서 정상회담을 갖고, 한반도 비핵화에 대해 일치된 목소리를 냈으며, 동북아지역의 안정을 위해 한일 관계의 회복과 한중일 정상회담의 개최 필요성에 공감하였다. 10월의 한미 정상회담은 당초 4월의 미일 정상회담에 이어 6월 16일 개최될 예정이었으나, 신종전염병인 메르스의 확산으로 연기되어 개최된 것이다.

이렇듯 한국 정부는 중국과의 전략적 협력동반자 관계의 실질화를 도모하면서도 전통적인 한미동맹을 확고히 발전시키는 균형외교를 전개해왔다. 하지만 2016년 1월 6일 북한의 4차 핵실험과 2월 7일 대륙간탄도미사일(ICBM)로 전용될 수 있는 장거리 로켓 발사로 안보가 심대하게 위협을 당하게 되면서 한국 정부는 안보정책의 전환을 꾀했다. 한미 양국은 사드의 한국 배치를 적극 추진하기로 합의한 것이다.

2. 미국의 동북아 전략구상과 한일 관계

미국의 아시아 재균형 정책에 따라 한미일 군사협력이 가시화되는 가운데, 동아시아 안보에서 일본의 역할이 점차 커지게 되었다. 냉전시기에는 주한미군이 동아시아의 핵심전력으로 기능했고 주일미군과 일본 자위대는 후방지원전력과 지원세력의 역할을 담당했었다. 그러나 탈냉전 이후 주한미군과 주일미군의 기능과 비중이 바뀌었고, 최근 미국의 아시아 재균형 정책에 따라 일본 자위대의 역할도 바뀌기 시작했다.

주한 미군의 역할이 한반도에서 대북 억제력으로 지역안정자로 확대되기는 했지만, 주일미군은 동북아시아에서 동남아시아를 거쳐 서남아시아에 이르는 이른바 '불안정한 활꼴' 지역의 중심 기능을 담당하도록 확대되었다. 그에 따라 일본 자위대의 역할도 단지 지역적으로 확대됐을 뿐만 아니라 기능도 '집단적 자위권'의 행사 쪽으로 확대되었다.

일본 자위대가 집단적 자위권을 행사할 수 있게 되면서, 일본은 한반도문제에 대한 개입 의도를 노골화하고 있다. 10월 20일 한일 국방장관회담에서 나카타니 겐 일본 방위상은 "휴전선의 남쪽만 한국 지역이다. 자위대가 북한에 진입할 때 한국의 동의가 반드시 필요한 것은 아니다"라고 발언하였다. 유사시 자위대가 북한에 진입할 경우 한국의 승인이 필요 없다는 취지의 발언을 하면서 내세운 주장이다.

한반도에서 한국 정부 주권의 유효범위는 휴전선 이남에만 국한된다는 것이 일본의 논리이며, 이는 한국 정부의 입장과 정면으로 배치되는 것이다. 집단적 자위권이 통과된 상황에서 미일 안보동맹을 근거로 일본군이 한국 정부의 동의 없이도 북한에 진입할 수 있다는 입장을 노골적으로 밝힌 것이다.

이에 대해 애슈턴 카터 미 국방장관은 10월 2일 제47차 한미연례안보협의회(SCM)에서 일본 자위대의 북한 진입에 대해 일본측 입장에 가까운 태도를 보였다. 동북아지역에서 미국에게 중요한 안보협력의 대상은 일본이라는 인식에 바탕을 둔 것이다. 이는 중국의 부상에 대응하기 위해 일본 자위대의 아시아 지역에 대한 해외 전개가 필요하며, 따라서 북한도 당연히 이 범위에 포함되기 때문이다.

한편, 2015년이 한일 국교정상화 50주년을 맞이하는 해였지만, 한일 양국 관계는 2013년 12월 26일 아베 총리의 야스쿠니 신사 참배 이래 냉랭한 관계를 유지해 왔다. 하지만 앞에서 보았듯이 아시아 재균형 정책을 추진해온 미국은 2014년 3월 헤이그 핵안보정상회담에서 한미일 정상회담을 주선한 데 이어, 2015년 10월 한미 정상회담에서도 한일 관계의 정상화를 촉구해왔다. 마침내 한중일 정상회담을 계기로 11월 2일 박근혜 정부 들어 첫 한일 정상회담이 열렸으나, 위안부 문제에 대한 합의는 이루지 못했다.

한일 외교당국 간의 물밑 접촉이 계속된 가운데, 12월 28일 한일 외교장관회담을 갖고 한국 정부는 일본측과 종군위안부 문제를 타결지었다. 일본 정부는 처음으로 일본군 위안부에 대한 책임을 공식적으로 인정하고 사과하였으며 아베 신조도 총리대신의 자격으로 위안부 피해자들에게 "진심으로 사죄와 반성을 표한다"는 뜻을 밝혔다. 이로써 한일 군사협력의 최대 장애물이던 일본군 위안부 문제가 타결되었지만, 한국 내의 반발이 지속되고 있다. 향후 한미일 군사 협력이 어디까지 진전될지 주목된다.

3. 미국의 동북아 전략구상과 한중 관계

한중 관계는 경제협력뿐 아니라 인문 분야로까지 확대되고 있고 대북공조 도 원활히 진행되는 등 전략적 협력동반자 관계가 강화되고 있다. 2014년 7월 시진핑 국가주석은 사상 최초로 북한에 앞서 한국과 정상회담을 가진 데 이어, 2015년 9월 한중 정상회담을 통해 양국 전략적 협력동반자 관계의 실질화를 진 전시키고 있다. 특히 박근혜 대통령의 중국 전승절 및 열병식 행사 참석으로 한 중 관계는 더욱 밀착되는 모습을 보였다.

하지만 미국의 아시아 재균형 정책이 본격화되면서 한국 외교는 미중 사이 에서 딜레마에 빠지기도 했다. 미국은 중국이 주도하는 아시아인프라투자은행 (AIIB)에 한국이 가입하는 것에 대해 직간접적으로 반대의사를 전달하고, 중국 이 반대의사를 분명히 한 전역고고도지역방어(THAAD) 미사일의 한국 배치 문 제를 제기했다. 이처럼 최고로 평가되는 한중 관계와 미국의 아시아 재균형 정 책 사이에서 한국은 외교적 선택에 직면하게 된 것이다.

그런 가운데 9월 2~3일 중국인민 항일전쟁 승리 및 세계 반파시스트전쟁 승 리 70주년 기념 열병식에 박 대통령이 참석하였다. 미국과 일본 등 서방국가의 최고지도자들이 아무도 참석하지 않은 가운데 이루어졌기 때문에 일부 언론들 은 "한국 외교, 낯선 길로", "박근혜 대통령의 '아무도 가지 않은 길'", "박근혜 독트린"이라는 제목을 뽑아가며 우려와 기대를 나타내기도 했다.

이처럼 중국의 전승절 70주년 행사를 둘러싼 미묘한 분위기가 연출된 가운 데, 9월과 10월, 11월에 각각 미중 정상회담과 한미 정상회담 및 한중일 정상회 담이 개최되면서 한동안 요동쳤던 동북아 정세는 점차 안정세를 찾아갔다.

9월 25일 시진핑 주석의 국빈 방미로 이루어진 미중 정상회담에서 양국은 북 한 핵문제에 대해 단호한 공동입장을 내놓았다. 하지만 시진핑 국가주석이 기 자회견에서 종전과 달리 '한반도 평화 안정'을 '한반도 비핵화'보다 먼저 언급 함으로써 중국의 한반도정책 우선순위에 변화가 있는 것이 아닌가 조심스러운

관측이 제기되기도 하였다.

그런 가운데 10월 31일~11월 2일 리커창 중국 총리가 한중일 정상회담 참석차 처음으로 방한하였으며, 마침내 12월 20일 한중 FTA가 발표되었다. 한중 FTA는 중국이 맺은 국가 간 무역액이 최대인 무역협정으로, 6월 1일 공식 체결되고 11월 30일 한국 국회에서 비준동의안이 가결된 것이다. 한국도 최대 파트너인 중국과 FTA를 체결함으로써 한중 경제관계의 새 장이 열리게 되었다.

4. 미국의 동북아 전략구상과 남북한 관계

박근혜 정부는 대외압박과 대북대화를 적절히 배합하여 북한의 태도 변화를 이끌어내고 북한 핵문제 해결을 유도하는 방향으로 대외전략을 설계하였다. 대외적으로 중국과 전략적 협력을 강화해 북한의 퇴로를 차단하면서 한미일 등 국제공조로 강하게 북한을 압박하여 북한 핵문제를 진전시키는 한편, 대북관계에서 한반도 신뢰 프로세스를 통해 북한에게 작은 통로를 열어주면서 한국에게 유리하도록 북측 태도 변화를 유도한다는 구상인 것이다.

미국의 아시아 재균형 정책에 따라 북핵문제를 포함한 한반도 문제의 해결에 미국이 적극적인 자세로 나올 것이 기대되기도 했으나, 미국은 '전략적 인내' 정책을 펴면서 한반도에 대한 관심이 상대적으로 저조하였다. 뿐만 아니라 북한 핵문제보다 중국의 부상에 대한 대응에 역점을 두는 바람에 한미 양국의 전략적 우선순위에서 차이가 드러났다. 그 대신 미국은 '오바마 외교독트린'을 한반도에 적용해 북한에 대한 고강도 제재를 시행하고 있다.

북한 외무성은 2015년 1월 9일 미국 측에 한미연합군사훈련을 임시 중단하면 핵실험을 임시로 중단할 수 있다는 뜻을 전달하고, 미국과 언제든지 마주 앉을 준비가 되어 있다는 입장을 밝혔다. 이에 대해 미국은 북한의 제의가 비핵화보다는 한미를 이간하는 데 목적이 있다고 보고 거부했다. 1월 25일 오바마 미 대통령은 북한이 핵과 미사일 기술을 보유해 딩딩 동맹국 한국에 피해가 생길 수 있는 만큼, 군사적 해법보다는 전방위 경제제재와 인터넷 등 정보유통 확산을 통한 자발적 변화를 유도할 것이라는 입장을 밝혔다.

2015년 5월 북한이 잠수함발사 탄도미사일(SLBM)의 사출 실험에 성공하는 등 핵·미사일 능력을 지속적으로 강화하자, 미국은 대북압박을 한층 강화하면서도 6자회담 재개방안을 모색하기 위해 북한과의 조건 없는 '탐색적 대화' 가능성을 열어놓았다. 이를 위해 한미일 6자회담 수석대표 회의 및 미중 수석대표 회의를 잇달아 갖기도 했다.

남북관계는 8월 초 북한군이 설치한 목함지뢰 사건으로 커다란 위기에 직면했다. 한국 군당국은 북한의 도발에 대응해 대북 확성기 방송을 실시하고, 이에 반발해 북한군이 군사적 위협을 가해왔다. 실제로 8월 20일 북한군이 포격 도발을 감행해 오고, 한국군이 대응포격을 가하면서 한반도 군사위기가 절정에 달했다. 결국 미국과 중국의 막후 노력으로 남북대화가 열려 마침내 '8·25합의'를 통해 한반도 군사위기가 일시 봉합되었다.

일시적으로 남북관계가 봉합된 가운데, 10월 1일 북한은 리수용 외무상의 유엔연설을 통해 평화협정을 제안하고, 외무성 성명을 통해 '선 평화협정, 후 비핵화'를 주장하였다. 이에 대해 미국과 한국은 북한의 평화협정 제안이 비핵화를 회피하려는 의도라고 보고 즉각 거부하였다. 하지만 북한의 4차 핵실험 조짐이 드러나자, 2015년 12월 미국 정부는 뉴욕 채널을 통해 북한측과 비핵화를 전제로 평화협정 문제를 논의할 수 있다는 입장을 밝히기도 하였다.

이러한 물밑접촉은 북한의 제4차 핵실험으로 무산됐지만, 2월 17일 왕이 중국 외교부장의 '비핵화-평화협정 병행 추진' 제안으로 되살아났다. 2월 23일에 있었던 미중 외무장관회담에서 미중 양국이 강력한 대북제재에 합의하면서, 케리 미 국무장관은 북한이 비핵화에 동의한다면 주한미군의 사드 배치 유보와 함께 평화협정 문제를 논의할 수 있다는 입장을 나타냈다. 이로써 북한 핵문제는 엄격한 제재가 시행되는 가운데 대화를 모색하려는 새로운 국면을 맞이하게 되었다.

IV. 전망과 과제: 신질서 형성의 제2라운드에 들어선 동북아

시진핑 체제에 들어와 중국이 해양에서의 영향력을 확대해 가자 동남아 주변국들과 미국이 크게 반발하고 있다. 베트남은 미국과의 군사협력을 확대하면서 남중국해 내 분쟁지역에 장거리 무인정찰기와 러시아제 잠수함을 투입한다는 계획이다. 필리핀도 2014년에 체결된 미국-필리핀 간의 '국방협력강화협정(EDCA)'에 대해 대법원이 합헌 판결을 내림에 따라 1992년에 폐쇄했던 수빅 만 해군기지와 클라크 공군기지 등 필리핀 내의 8개 기지에 미군이 주둔할 수 있게 되었다.

이미 미국은 미 본토, 괌, 하와이 등에 전력투사중심기지(hub)를 구축하고, 이와 연계해 한국과 일본에 주작전기지(MOB: Main Operating Base)를 운용하고 있으며, 호주 등지에 평시 훈련·병참기지를 운용하고 있다. 향후 동남아시아와 중앙아시아 등에 훈련·병참기지를 추가로 확보하고 네트워크화를 추진하고 있다. 이번에 필리핀에 MOB를 확보할 수 있게 됨에 따라 동아시아에서 미국의 전략적 유연성이 강화될 것으로 보인다.

3대 열점지역의 하나인 센카쿠 열도 주변과 잠재지역인 독도 주변에서 마찰이 재발할 가능성도 높다. 일본 집권여당인 자민당과 공명당이 공동으로 추진하고 있는 '배타적 경제수역(EEZ) 법안'은 새로운 마찰의 불씨를 낳을 것으로 보인다. 이 법안은 일본의 EEZ 안에서 외국인이 해양조사를 하거나 인공섬을 만들 경우 사전허가를 받도록 하고 이를 위반하면 현장조사를 나서도록 하는 방안을 담고 있기 때문이다.

이 법안이 일본 의회에서 통과될 경우 중일 간의 센카쿠 열도와 한일 간의 독도 주변에서 마찰이 발생할 수 있다. 일본이 실효지배하고 있는 센카쿠 열도 주변에서 중국이 '영유권'을 주장하며 해양조사를 실시할 경우 일본 정부가 자국의 법을 근거로 중지를 요구하면 마찰이 발생할 수 있다. 반대로 한국이 실효지배하는 독도 주변에서 한국이 해양조사를 실시할 경우 일본 측이 '일본 EEZ에서의 조사'라고 주장하며 허가를 요구할 경우 한일 간의 마찰은 불가피하게 된다.

양안지역에서도 차이잉원(蔡英文) 총통이 2016년 5월 정식 취임한 이후 양안 문제가 새롭게 불거질 가능성이 있다. 차이잉원 총통은 '현상유지' 정책을 통해 양안의 평화와 안정을 추구하겠다는 공약을 내세웠지만, 국민당이 내세웠던

'통일, 독립, 무력 불추구(無統 · 無獨 · 無武)'의 이른바 '3무(三無)정책'은 인정하지 않겠다는 입장을 갖고 있다. 중국 정부도 차이(蔡) 총통이 당선된 직후 "대만 독립을 위한 어떤 형태의 분열활동에 반대한다"는 경고성 성명을 발표하는 등 경계를 늦추지 않고 있다.

북방 4개 도서문제의 경우, 러-일 양국은 2014년 발생한 우크라이나 사태 이후 푸틴 대통령의 일본 방문이 불발되는 등 냉각기를 갖고 있다. 하지만 2016년 1월 10일 일본 자민당 간부가 총리 친서를 휴대하고 러시아를 방문해 북핵문제에 대한 공조를 추진하고 북방 4개 섬 등에 대해 타결을 모색하였다. 2016년부터 북방 4개 도서 해결을 위해 러일 간에 대화가 있을 것으로 예상된다.

이제 동북아 정세는 예상보다 빨리 신질서 형성을 향한 제2라운드에 돌입했다. 제1라운드가 양국 간의 대화를 통해 충돌방지 시스템을 만드는 위기관리체제의 구축이 목적이었다면, 제2라운드는 이러한 충돌방지 시스템의 토대 위에 각국의 주장을 적극 개진하면서 점차 다자대화의 틀로 옮겨가는 동북아 다자안보체제의 초기적 형태를 띨 것으로 보인다.

미국의 문명학자인 재러드 다이아몬드(Jared Diamond)는 그의 유명한 저서 『총, 균, 쇠』에서 "흔히 성공 이유를 한 가지 요소에서 찾으려 하지만, 실제 어떤 일에서 성공을 거두려면 수많은 실패 원인을 피할 수 있어야 한다"는 이른바 '안나 카레니나의 법칙'을 제시했다. 동북아 국가들이 지역의 평화와 안정을 위한 다자안보체제의 논의에 들어가게 된다면, 어떤 한 가지 성공요인을 추구하기보다 작은 실패요인들을 피해나가는 노력을 우선해야 동북아시아의 평화와 안정이 지켜질 것이다.

재균형 프로세스의 단계적 추진- 2015년 이후 미국의 동북아 정책

쉬닝, 샤오시(許寧, 肖晞 / 길림대학교)

　　미국이 '아태지역 재균형' 전략을 내놓은 것은 글로벌 경제 시스템에서 동아시아 및 아태지역의 비중이 증가한 것에 따른 대응책이다. 또한 미국이 이전에 여러 주관적, 객관적 원인으로 초래한 동아시아 지역에서의 영향력 약화에 대한 보완책이다. 냉전 종식 초기, 미국은 동북아 지역에 역량을 배치하면서 한동안 축소와 철수의 태도를 보였다. 9·11 사건 이후 미국은 전략의 무게중심을 반테러리즘으로 옮겨 적시에 동아시아 지역의 경제 활력 제고와 지정학적 구도 변화에 대응하지 못했다. 미국의 군사전략 전문가들은 동아시아 지역 전략에서의 이와 같은 단계적 '무시'는 심각한 결과를 초래했다고 생각한다. 이는 미국의 동아시아 지역 동맹체제가 느슨해지고 경제적 유대가 약화되며, 지역체제에서의 미국의 역할이 주변화되는 등 다중적인 결과를 초래했다. 이런 의미에서 '재균형' 전략의 중점은 자국의 소프트·하드 파워를 '민첩하게' 활용해 동아시아 지역·국가 간의 동맹체제, 동반자관계, 경제적 유대 등을 강화하도록 추진하는 것이다. 여기에서 '재균형'의 의미는 새로운 세력의 부상, 미국의 우세지역 및 영향력에 위협을 구성하는 행위국을 억제하는 것이다. 그 핵심 목표는 미국이 해당 지역에서 가지는 질서 주도자, 평화 유지자, 규칙 제정자, 번영 구축자라는 패권적 비교우위를 다시 수립하는 것이다. 재균형 전략이 제시된 이후, 미국이 동북아 지역에서 추진한 일련의 정책 제정과 구체적·단계적 조치는 모두 상술한 전략 취지와 원칙의 구현이며, 상술한 전략적 틀과 의미에서 이해해야 한다.

1. '재균형' 전략의 핵심 요소로서의 동북아정책

'재균형' 전략은 지리적으로 '인도 · 아시아 · 태평양' 지역 전체를 포괄하고 있지만, 그 초점은 지리적으로 근접하고 전략적 관계가 밀접한 동북아, 동남아 두 지역에 있다. 경제적 측면에서 보면, 동북아 국가의 시장은 상대적으로 발전 · 성숙되어 있으며(북한 제외), 지식 · 자본 · 기술이 집중되어 있다. 동북아 국가들은 투자 · 무역에서 높은 상호의존도를 형성하면서, 동남아 발전에 중요한 영향을 미쳤고 견인작용을 하였다. 이는 동아시아 지역 전체의 경제발전과 협력에 동력을 제공했다. 정치적인 측면에서 보면, 동북아 지역의 지정학적 갈등은 동남아 지역보다 훨씬 복잡하고 심각하다. 최근 고조되고 있는 중일 간의 갈등은 구체적인 역사문제와 영토분쟁을 넘어서 지정학적 대립을 보이고 있다. 또한 이러한 대립은 양국 간의 정치관계를 넘어 경제관계 분야로 확대되고 있으며, 양국 간뿐만 아니라 전체 지역으로 확대되고 있다. 냉전의 잔재로서의 한반도 문제는 역내 정치적 지형에서 고질적인 문제였다. 북한과 한국의 국력 격차가 확대되면서 북한은 최근 자국이 보유하고 있다고 발표한 (매우 불확실한) 핵능력에 더욱더 기대고 있다. 핵 확산의 어두운 그림자, 북한 · 한국 간의 해소되지 않는 적대감과 의심은 북한 정권 내부의 어떤 불확실성과 맞물려 한반도 문제의 위험성과 가변성이 단기간 내에 나타날 수 있도록 만들고 있다.

상술한 동북아 지역의 특징은 미국의 전체 '재균형' 전략의 핵심적인 부분을 이루고 있다. 우선 경제 규모와 정치적 영향력으로 말하자면, 동북아 지역은 명확하게 전체 동아시아 지역에서 중요한 위치를 차지하고 있다. 이에 따라 '패권유지'를 도모하고 주요 대국과의 관계를 조정 · 재구성하려는 '재균형' 정책은 동북아 지역에 초점을 맞출 수밖에 없다. 둘째, 동북아의 지정학적 갈등은 미국의 전략적 자원조정과 목표 관리가 동북아 지역으로의 편중을 필요로 한다. 중일 간의 지정학적 갈등과 한반도 핵문제는 내재적 복잡성, 심화된 리스크, 대국관계와의 연동성, 주변 지역에 대한 부정적 영향력의 파급효과 등을 내포하고 있다. 이런 성격은 최근 동북아 지역을 어렵게 만드는 2대 주요 '문제군'이다. 중일 갈등은 동북아 지정학적 지형의 균열이며, 역외 강권국가인 미국이 역내에서 지속적으로 강한 영향력을 행사할 수 있는 중요한 '중심점(anchor point)'이다. 중일 갈등 관리의 성공 여부는 '재균형' 전략의 성패를 직접적으로 결정한다. 중일 양국이 외교적 기량을 펼쳐 일련의 문제를 유리한 방향으로 이끌고 적절하게 관리해야만 동아시아 지역 내 강화되고 있는 미국의 존재감과 영향력에서 새로운 국면을 만들어낼 수 있다. 또한 '최전방 군사적 주둔(Military Presence)-동맹체제 강화'와 '지역 경제협력 참여-경제발전의 평화배당금' 사이에서 윈윈할 수 있다. 지정학적인 측면에서 보면, 북핵문제는 중일 간 갈등문제보다 전반적인 영향력이 다소 약하다. 하지만 전쟁으로의 가능성과 핵위기의 측면에서 보면, 북핵문제는 중일 갈등 문제보다 단기간 내 리스크가 훨씬 높다. 북한은 지속적으로 '핵무장화'의 길을 가고 있다. 이는 남북 대치 상황에서 북한의 굽힘 없는 자세 및 강경한 스타일과 결합되어 미국에 단기적으로 강한 압박을 주고 있다. 이러한 압박은 전 지구적 핵 비확산체제의 수호자로서 미국의 능력과 위신을 위협하고 있으며, 미국이 일본·한국 등과 같은 맹우지역에 약속한 안보의 신뢰성을 시험하고 있다. 셋째, 미국의 기존 동북아 동맹체제와 군사적 주둔은 전체 아태지역 전략구도에서 '주춧돌' 역할을 한다. 2015년, 미국은 '재균형' 전략의 틀에서 적극적으로 '인도·아시아·태평양지역'이라는 넓은 공간 속에서 계획을 수립하고 남중국해 이슈에 개입하며, 인도와의 안보협력을 확대하고 동남아에서의 동맹구도와 군사적 주둔을 적극 추진하고 있다. 또한 '열도선(Island Chain)'에 기반한 군사적 배치를 최적화하면서 상정된 지역의 전장 환경을 위한 '맞춤식' 작전 능력을 강화했다. 상술한 미국의 전략은 기본적으로 동북아 지역의 성숙한 동맹체제와 양질의 군사직 자산을 기반으로 한다. 구체적인 시행 프로세스에서는 정치적 측면에서 '동맹 조력'과 군사적 측면에서 '북한으로 남한을 보완하는' 형세가 뚜렷하다. 만약 동북아 지역의 동맹체제가 느슨해지거나 지역의 최전방 억제능력이 크게 약화된다면, 이는 전체 '재균형' 전략의 중요한 버팀목이 무너진다는 것을 의미하게 될 것이다.

2. 2015년 미국 동북아 정책의 다차원적 관찰

미국은 동북아 지역을 '재균형' 전략의 성패를 가르는 중요한 거점지역으로 삼고 있기 때문에 그동안 이 지역에 많은 에너지와 자원을 쏟아 부어왔다. 미국은 동북아 지역의 주요 지정학적 갈등을 '재균형' 전략과 결합시키면서, 거시적으로 '인도 · 아시아 · 태평양 지역'을 지향하고 있다. 미국의 동북아 정책의 거시적 목표는 두 가지로 개괄할 수 있다. 첫째, 기존의 일방적인 우세와 동맹체제를 유지 · 강화하는 전제에서 지역 형세의 상대적 안정과 핫 이슈에 대한 장악력을 유지한다. 이렇게 해야만 미국 · 동북아 간의 성숙된 동맹체제와 군사자원의 전략적 효율성이 발휘될 수 있으며, 동남아와 인도 · 아시아 · 태평양 지역 전체에 효율적으로 영향력을 끼칠 수 있다. 이를 통해 미국은 지정학적 전략구도를 자국에 유리한 방향으로 발전시킬 수 있다. 둘째, 동북아 지역에서의 지속적인 개입과 동맹관계의 장기적 발전을 위해 견고한 경제적 유대를 형성한다. 상술한 목표를 실현하기 위해 미국의 동북아 정책은 4가지 차원에서 전개되고 있다. 즉, ①군사배치 강화 ②미일 동맹 강화 ③북한 '도발'에 대한 한국과의 공동 대응 ④대중 관계의 발전이다.

1) 군사배치 강화

군사적 주둔은 미국이 동북아 지역에서 보유한 각종 권력자산 가운데 가장 기초적인 요소이다. 그러나 미군의 평가에 따르면, 미국이 동북아 지역에서 누렸던 군사적 비교우위는 많은 '문제'에 직면하고 있다. 지정학적인 잠재 경쟁국의 작전체계와 작전능력이 업그레이드되면서 미국의 기존 작전체계와 군사력 배치는 취약성을 드러내고 있다. 잠재 경쟁국이 지속적인 탐색으로 개발한 새로운 작전 양식과 공격 수단에 대해 미군은 어떤 부분에서 적응하지 못하고 있다. 시간이 흐르면서 미군의 일부 장비 기술 지표와 신뢰성은 현실에 맞지 않게 되었는데, 이는 전시상황에서 시야의 '사각지대'와 능력의 '취약성'을 초래할 것이다. 현재 지정학적 게임에서 지역 행위국 간의 경쟁과 충돌 양상은 끊임없이 변화하고 있다. 이에 대해 어떻게 적절하게 대응해나가고, 억제의사 전달과 리스크 방지 사이에서 균형을 유지할 것인지가 미국이 동북아 지역에서 직면하고 있는 과제가 될 것이다.

2015년, 미국은 상술한 '문제점'에 역점을 두고 동북아 지역에서 군사배치를 강화하는 일련의 조치를 시행했다. 이 중에는 관례적 혹은 임시적 조치도 있다. 예컨대 1월 16일, 위스콘신 주에 배치된 F-16 전투기 16대를 오키나와 가네다 기지에 임시로 배치했다. 7월 3일 괌에 배치된 '글로벌 호크(Global Hawk, RQ-4)' 4대를 일본의 미사와 기지에 임시로 배치했다. 8월 7일, 태평양 지역에서의 친숙훈련(Familiarization Training)을 위해 B-2 스텔스 폭격기 3대와 지상 근무 인력 225명을 미국 본토의 화이트만 공군기지에서 괌의 앤더슨 공군기지로 파견했다. 10월 2일, 항공모함 '로널드 레이건호'가 지난 5월 재정비를 위해 미국으로 귀국한 '조지 워싱턴호'를 대신하여 일본 요코스카 군항에 도착했다. 이 밖에 종전에 개시된 사업이 지속된 경우도 있다. 예컨대 한강 이북의 미군부대를 남쪽으로 이전하고 평택에 캠프 험프리를 건설했다. 또한 오키나와현 내 미군기지를 이전하고, 일부 인력과 장비가 괌·하와이·호주로 이동했다. 이와 같은 조정은 미군이 동북아에서의 군사적 비교우위를 유지하기 위한 통상적인 조치이다. 미국은 이를 통해 기존의 군사적 비교우위를 양적으로 유지하고 질적으로 보장하며, 사전 군사훈련을 실시하고자 했다. 또한 강화되고 있는 잠재 경쟁국의 원거리 공격 위협에서 적의 공격 난이도와 비용을 높여 자국의 위험과 약점을 분산시키고자 했다.

관례적인 배치·조정 이외에 실제로 미군의 양적·질적 향상을 구성하고 있는 것은 새로운 추세들이다. 이 점은 우선 새로운 작전 능력의 획득에서 나타난다. 미군은 동북아 미사일방어체제 구축에서 가장 큰 성과를 이루었다고 할 수 있다. 2015년 6월 6일, 일미 양국이 공동 개발한 해상 요격 미사일 'SM-3 Block 2A'가 미국 해군기지에서 시험발사에 성공했다. 공개된 자료에 따르면, 이와 같은 신형 '스탠더드 3' 미사일은 더욱 정밀한 추적기(Seeker)와 빠른 요격속도, 더욱 높고 먼 요격 사정거리를 갖추고 있어 미국 해상 미사일방어체제 핵심 요소의 중대한 성과라고 할 수 있다. 6월 18일, 미 해군은 '피츠제럴드'(Fitzgerald, DDG-62)호 구축함을 일본 요코스카 기지에 배치했다. '피츠제럴드' 구축함은 업그레이드된 '해군통합화력관제대공방어'(NIFC-CA)와 '통합대공미사일방어체제'(IAMD) 능력을 갖춘 '베이스라인(Baseline) 9'을 탑재하고 있다. 따라서 미국의 이와 같은 조치는 동북아 지역에서의 이지스함 보유량 증가뿐만 아니라 동북아 미사일방어체제 구축에 중요한 역할을 했다.[124]

또한 새로운 추세들은 미군의 작전 지도이념의 변화로 나타나고 있다. 미국은 지정학적으로 주요 잠재 경쟁국인 중국이 막대한 자금으로 국방 현대화 건설사업을 빠르게 추진하고 있다고 보고 있다. 이 점은 중미 양국의 작전 능력을 비교하는 저울이 미국에게 불리한 방향으로 기울게 만들고 있다. 미군은 여전히 압도적 실력을 보유하고 있지만 일부 기술 영역에서 중국군에 대한 비교우위가 급속도로 감소하고 있다. 미국 정부 측 보고서와 싱크탱크의 분석에 따르면 다음과 같다. 미국은 긴축예산으로 우크라이나 위기와 중동 정세 불안에 에너지를 소모해야 하는 상황이다. 이때 미군이 비교우위를 유지할 수 있는 방법은 기존의 규모를 유지하는 것이 아니라 미래전쟁의 성패와 관련된 첨단기술 영역에서 최대한 비교우위를 유지하고 발휘하는 것이다. 그 대표적인 것이 무인화 첨단 무기 연구개발, 스텔스 능력, 수중전력, 초원거리 공격능력이다. 2015년 미군은 첨단기술 영역에서 획기적인 성과를 거두었다. 초강력 스텔스 기능 탑재 '줌월트급' 구축함 취역, 차세대 원거리 스텔스 전투기 도입사업 확정, 개량형 '버지니아급' 잠수함 도입, 대잠 지속추적 무인정(ACTUV) 실전 배치이다. 이처럼 미군은 기술개발과 작전개념 변화를 통해 새로운 작전체계를 구축하고 경쟁국에 대한 비대칭적 우위를 유지하고자 노력하고 있다. 특히 이에 대한 가상의 적과 전장 환경 설정은 모두 동북아 지역과 높은 관련성이 있다.

· · · · · · · · · · · · · · · ·

124 Paul Kallender-Umezu, "Japan Likely To Bolster Naval Missile Defense", http://www.defensenews. com/story/defense/naval/ships/2015/07/11/japan-naval-fire-control-china-aegis/29886975/, July 11, 2015.

미국의 동북아 지역 최전방 군사배치와 억제 능력은 현재 질적으로 향상되고
있다.

2) 미일 동맹 강화

일본은 미국이 동아시아에서 군사주둔과 정치 영향력을 확보할 수 있는 중
요한 '중심점(anchor point)'이다. 최근 중국이 빠르게 부상하면서 중미 양국 간
부상국과 패권국 갈등이 점차 나타나고 있다. 이에 따라 중국에 대한 일본의 심
리적 부적응도 높아지고 있다. 특히 2010년 중국의 경제 규모가 일본을 추월한
이후 역사문제와 영토분쟁을 계기로 중일 갈등이 고조되고 있으며, 고착화와
지구화의 조짐이 있다. 이런 상황에서 미국과 일본은 중국을 경계하고 저지하
는 측면에서 공통이익이 확대되고 있다. 일본은 경제 규모, 독특한 지역정치의
영향력, 중요한 지정학적 전략 위치를 보유하고 있어 일본에 대한 미국의 전략
적 의존도가 더욱 높아지고 있다. 중국 이외에 북한의 핵무기 개발과 로켓 시험
발사 역시 미일 동맹을 강화하는 요소 중 하나이다. 북핵문제의 지속적인 악화
는 일본이 반 미사일 영역에서 미국의 지원을 요청하고 미일 양국의 반 미사일
협력을 촉진시키는 주요 동인이 되고 있다. 미국 정부 측이 말하고 있는 '재균
형' 전략에서 일본은 필수적인 역할을 하는 동맹국이다. 어떻게 미일 동맹을 확
고히 하고 강화하느냐의 문제는 미국 '재균형' 전략 추진에서 중요한 하위 과제
이다.

2015년 미일 안보협력 강화에서 가장 큰 성과는 새로운 버전의 「미일 방위협
력지침」의 확정과 이에 따른 미일 안보협력 적용범위 및 역할분담의 변화이다.
오바마 정부는 동아시아 지정학적 구도가 급변하고 있는 상황에서 일본에 대한
기존의 제한들을 해제하는 쪽으로 기울고 있다. 이로써 일본이 더욱 적극적인
역할을 담당하여 동아시아에서 미국의 지정학적 정치이익을 수호하고 지역전
략을 돕도록 하고 있다. 새로운 버전의 「미일 방위협력지침」은 이러한 의도를
실현하는 중요한 절차 중 하나이다. 새로운 버전의 「미일 방위협력지침」에서는
1997년 버전 「지침」의 '일본 주변사태' 개념을 '중요영향 사태'와 '존립위기 사
태'로 변경하여 종전의 지역제한 의미를 해제했다. 미일 협력의 범위 역시 대

폭 확대되었다. 일본은 '중요영향 사태'에서 미국의 탄약 · 유류 등 지원을 받으며, 집단자위권을 행사하는 '존립위기 사태'에서 미국과 함께 싸운다.[125] 이 밖에 미국은 여러 차례 일본을 합동군사훈련에 초청하는 형식으로 자위대가 해외로 나갈 수 있도록 적극 힘쓰고 있다. 2015년 일본 자위대는 7월 5일 미국 · 호주 · 일본의 '탤리즈먼 세이버(Talisman Sabre)', 8월 31일 미국 · 멕시코 · 일본 · 싱가포르의 '돈 블릿츠(Dawn Blitz)', 10월 14일 미국 · 일본 · 인도의 '말라바르(Malabar)' 등 여러 국가들과의 연합군사훈련에 참가했다. 이처럼 일본은 지역안보에서 보다 적극적인 역할을 담당하고 있다.

이 밖에 2015년 미일 양국은 군사기술협력 · 연합작전 · 정보연락 등 구체적인 영역에서의 협력을 강화했다. 여기에는 다음 5가지가 포함되어 있다. 첫째, 반미사일 협력에서의 획기적인 발전이다. 6월 6일, 12월 8일 미국 · 일본은 캘리포니아 주에서 공동 개발한 신형 '스탠더드 3'(SM-3 Block 2A) 시험발사에 성공했다. 9월 4일 록히드마틴사는 일본의 '아타고(愛宕)'급 구축함 2척을 '베이스라인 9'의 '해군통합화력관제대공방어(NIFC-CA)'로 업그레이드할 것이라고 발표했다. 둘째, 우주 및 인터넷 등 신군사 영역에서의 협력 추진이다. 2015년 2월 24일 미국 국무차관보 프랭크 로즈는 일본 방문기간 "중국이 개발한 위성공격(anti-satellite) 무기는 시급한 위협이다.", "중국의 이러한 행위는 우주안보를 위협하고 있다. …(이를 위해 국제사회는) 다자협상을 통해 우주공간의 규칙을 제정해야 한다.", "(여기에서) 미일 양국의 긴밀한 협력은 필수적이다."[126]라고 밝혔다. 4월 27일 미일 '2+2(미국의 국무 · 국방장관+일본의 외무 · 방위청장관)'회의에서 통과된 새로운 버전의 「미일 방위협력지침」에서는 미일 양국 간 우주 및 인터넷상의 정보공유를 명기했다. 셋째, 미국의 대일 무기 수출은 질적으로나 규모면에서 높은 비중을 유지하고 있다. 2015년, 미국 정부는 MV-22 오스프리(Osprey),

. . . .

125 "美日公布新防衛合作指針 , 極大地擴大日自衛隊活動範圍,"『國際在線』,
http://gb.cri.cn/42071/2015/04/28/5311s4944991.htm, 2015年 4月 28日.

126 "美國務卿稱中國反衛星系統是威脅加强美日合作,"『鳳凰軍事』,
http://news.ifeng.com/a/20150226/43222872_0.shtml, 2015年 2月26日.

E-2D '호크아이(Hawkeye)' 조기경보기, KC-46 공중급유기, RQ-4 '글로벌 호크(Global Hawk)' 무인정찰기 등 첨단군사장비 수출과 기존 수출 장비에 대한 후속 설비지원 및 소프트웨어 업그레이드 서비스 제공을 비준했다. 넷째, 미일 양국의 합동군사훈련의 목표가 더욱 뚜렷해졌다. 그 대표적인 사례가 8월 31일 일본은 미국이 주도하는 캘리포니아 주 펜들턴(Pendleton) 기지의 '돈 블릿츠' 다국가 합동군사훈련에 '서부방면보통과연대'를 파견했다. 이번 군사훈련은 섬 탈환 훈련이 중점 항목이었으며, 기존에 없었던 후방지원 내용을 포함시켜 더욱 실전에 가깝도록 했다. 다섯째, 군사협력의 제도화 정도가 높아졌다. 미일 연합작전훈련은 '상호연계, 상호통신, 상호운용'을 지향해 왔다. 미국과 일본은 전장에서 '데이터 링크'를 공유할 뿐만 아니라 연락의 편의성을 위해 양측의 군사지휘기관에서 상호 고급 참모인력을 파견한다. 2015년 9월 6일 일본 쇼자마시에 있는 미군 육군사령부에는 수십 명의 자위대 연락관이 근무하는 '미일 공동부'가 설립되었다. 일본 육상자위대와 미군 간 협력의 제도화 정도가 더욱 높아졌다.

2013년 3월, 일본이 정식으로 TPP에 가입했다. 이는 TPP가 미국의 '싱글 코어' 견인에서 미일의 '듀얼 코어 구동'으로 변화하고, TPP의 영향력이 실질적으로 동아시아 경제협력이라는 틀 속에 자리 잡게 만들었다. 또한 이는 중국의 발전 추세와 지역 영향력을 약화·저지하려는 아베 정권이 미국의 '재균형' 전략에 따라 경제적으로 대응한 것이며, 약화된 미일 양자 경제무역 유대기반을 강화하기 위한 것이다. 그동안 일본은 형식적으로 서방의 자유시장 경제원칙을 지켜왔지만, 국내 시장은 각종 유·무형의 제도, 이익과 관습의 규제로 내향적·폐쇄적 성격이 분명했다. 필수적으로 수입하는 에너지 자원 이외의 상품·서비스·자본에 대해서는 강한 배타성을 보였다. 미국·일본과 같은 선진국에게 TPP와 같은 높은 수준의 FTA는 자국의 산업 부문과 이익단체 간의 조정이 필요한 민감한 시안이다. 미일 TPP가 협상과정에서 몇 차례 유보된 것은 국가 간은 물론 국내에서도 복잡한 이익 다툼과 조율이 있었기 때문이다. 이러한 상황은 2015년 변화하게 되었다. 오바마 대통령은 임기 종료를 앞두고 '정치적 유산'을 남기려는 강한 의지를 보였고 정치적인 측면에서 TPP를 강하게 추진했다. 이에 따라 10월 5일 최종협상이 타결되었다. TPP는 그동안 협상과정의 비공개성과 아시아 최대 경제국인 중국을 의도적으로 배제하려는 경향 때문에 강한 정치적 · 전략적 성격을 보여왔다. 양자적 차원에서 보면, 미일 TPP 타결은 경제협력 강화라는 방식으로 양측의 정치 · 군사 동맹을 확고하게 만들었다. 지역 영향력 차원에서 보면, 이는 미일 양측이 경제 규모의 비교우위로써 규칙 제정의 기회를 선점하여 지역 경제의 형태를 재구성하는 전략적 협력이다. 미래에 발생할 위기를 사전에 준비하는 군사적 대비와 다르게 이번 미일 TPP 협상은 어려운 타협 과정에서 공동으로 이루어낸 전략적 의미의 선제공격이라고 할 수 있다. 미일 TPP 타결은 2015년 양국의 동맹관계와 전략적 협력 강화 과정에서 가장 큰 영향력을 가진 조치라고 할 수 있다.

3) 미한 협력 및 대북 억제 강화

오바마 집권 이후 북한문제는 계속 악화되었으며, 북한과 미국의 관계는 바닥으로 추락했다. 북핵문제는 미국에 있어 양날의 검이다. 즉 이는 핵을 보유하고 적대감을 가진 북한이 미국의 동맹국 안보 약속과 핵 비확산체제에 직접적으로 도전하는 것이다. 그러나 한반도문제라는 동북아 지정학적 구조의 지속적인 '병소(病巢)'는 한반도에서의 미군 주둔, 동맹 결속, 지역 안보담론 구축 및 안보의제 설정을 주도하는 강력한 '경로'이기도 하다. 미국 · 북한 양측이 핵문제 갈등을 조정할 수 없고 남북한 관계 개선이 실질적인 성과를 거두기 어려운 상황에서 미국은 2015년부터 현재까지 기본적으로 '전략적 인내'를 주요 특징으로 하는 대북정책을 유지해왔다. 이로써 미국은 한국과의 동맹을 강화해 양국 간의 군사협력 수준을 제고하고, 다른 한편으로는 북한 군비 건설과 위협 정도에 따라 대북 억제의 '타깃성'과 '선제성'을 더욱 강화했다.

미국과 북한의 관계에서 핵문제는 항상 가장 중요한 의사일정이었다. 오바마 정부가 최근 '전략적 인내'의 입장을 유지하고 북한이 비핵화에 대해 실질적 양보를 하지 않는 상황에서 미국은 북한에 대한 제재와 압력을 멈추지 않을 것이다. 그렇지 않으면 북한과 동맹국들에게 잘못된 신호를 보내 북한의 진일보된 '노발' 행위를 부추기고 동맹국으로서 미국의 위신을 떨어뜨릴 수 있기 때문이다. 이러한 입장으로 인해 미국과 북한은 2015년 초 싱가포르에서 '1.5'트랙 비공개회담을 가졌지만 결국 아무 소득 없이 끝났다. 북한이 제시한 '핵실험과 군사훈련 맞교환'은 미국이 고수하는 '완전한, 불가역적인, 검증 가능한' 높은 기준의 '실질적 핵 포기'와 상당한 차이가 있다. 미국은 북한의 완고한 핵 보유 의지에 대해 압력의 정도를 높였다. 1월 26일, 오바마 대통령은 유튜브(Youtube)와의 인터뷰에서 "북한은 세계에서 가장 고립되고 강한 제재를 받으며, 가장 연락이 안 되는 국가로서 세계 어느 국가도 따라할 수 없는 지경에 이르렀다. 이러한 정권은 결국 붕괴할 것이다. …(북한에 대해서는) 군사적인 해결보다는 인터넷이 더욱 효과가 있을 것이다."[127]라고 말했다. 오바마 집권 이후 이처럼 공개적으로 북한 정권에 대한 적대감과 '평화적 이행론(Peaceful Evolution)'에 대한 기대를 표명한 경우는 매우 드물다. 2월 17일, 미국의 적극적인 노력으로 UN인권이사회 북한인권조사위원회가 북한인권보고서를 발표했다. 이 보고서는 북한이 '광범위하게 체계적인 반인류죄'를 범했다고 비판하고 북한문제를 국제형사재판소에 제소해야 한다고 제안했다. 11월 18일, UN총회 제3위원회는 북한인권결의안을 통과시켰다. 북한 외무성은 이를 미국의 '인권 공세'라고 비판하고, '핵능력 무제한 강화'로써 미국의 전쟁위협을 저지하겠다고 밝혔다.

미국의 '전략적 인내' 정책의 또 다른 주춧돌은 한미동맹의 강화이다. 2015년 이후, 미국은 한반도 안보정세에서 3가지 변화를 보여주었다. 첫째, 북한이 5월 9일 잠수함발사 탄도미사일 실험이 성공했다고 발표했다. 이것이 사실이라면, 최근 북한의 지상 발사 미사일 개발성과에 기초한 핵 위협의 '은밀성'과 '기습성'은 한 단계 높아질 것이다. 둘째, 2014년 이후 북한은 끊임없이 비대칭 작전과 심리전 능력을 개발하고 있다. 전술차원에서 잠수함 침투, 무인기 정찰, 인터넷 공격, 국경 습격 · 교란, 원거리 사격 등 다양한 교란 및 억제 방법을 통해 점진적으로 한미동맹에 대한 심리적 우위를 확보한다. 이로써 협상 테이블에서의 이익을 얻도록 한다. 셋째, 2016년 1월과 2월, 북한은 수소폭탄 실험에 성공

127 "韓媒:奧巴馬稱朝鮮終將崩潰朝批'失敗者在牢騷'," 『參考消息網』, http://www.cankaoxiaoxi.com/world/20150126/640417.shtml, 2015年 1月 27日.

했다고 발표하고 곧이어 로켓을 발사했다. 수소폭탄 실험과 로켓 발사의 기술적 지표에 대해 서로 다른 견해가 있지만, 북한의 기술 축적 및 발전은 분명한 사실이다. 이에 대해 미국은 2015년부터 3가지 차원에서 억제력을 강화하고 있다. 즉 능력 강화, 타깃성 향상, 결단의 표현이다.

능력 측면의 강화는 주로 북한의 탄도미사일 위협을 겨냥한 것이다. 2015년 6월 2일 주한미군, 한미연합사령부 등은 2015년도 『Strategic Digest』에서 북한의 탄도미사일 위협을 탐지(Detect), 방어(Defend), 교란(Disrupt), 파괴(Destroy)의 '4D'전략으로 대응하겠다고 발표했다.[128] 이를 위해 미국은 중·장기적으로 미사일 요격이 가능한 이지스함을 한국에 배치할 계획을 가지고 있으며, 2015년에는 이미 한국 '사드' 배치를 위한 협상을 시작했다. 타깃성의 향상은 주로 최근 한미동맹 군사압박에 대한 북한의 대응책을 겨냥한 것이다. 이는 2015년에 있었던 몇 차례 한미합동군사훈련의 항목에서 잘 나타난다. 결단의 표현은 북한의 국지적 '도발'에 대해 강경한 태도를 취해 북한이 '회색지대'에서 '주변' 정책을 활용해 이익을 얻는 심리를 차단하는 것이다. 이로써 남북관계가 '도발-협박-고식(姑息)-재도발'의 악순환에 빠지는 것을 막는다. 2015년 8월, '지뢰'와 '포격' 사건으로 한반도 정세가 전쟁위기에 놓인 상황에서 한미 양측은 일반적인 조치로 전비태세와 대북 감시태세 워치콘을 상향 조정했다. 이 밖에 한미 양측은 미국의 강력한 지지로 1976년 이후로는 처음으로 공격적인 의미를 가진 〈한미 공동 국지도발 대비계획〉을 실제상황에 적용했다. 이로써 한반도 위기 고조에도 북한과 절대 타협하지 않겠다는 결심을 밝혔다.[129]

2016년 초, 북한이 제4차 핵실험과 로켓 시험발사를 추진하자 미국은 강하게 대응했다. 이와 같은 대응은 우선 군사적 측면에서 나타났다. 미국은 한반도에 유례 없는 대규모 지상부대를 추가 파견했다. 북한에 대응하기 위한 전략적 첨

· · · · · · · · · · · · · · · ·

128 "Strategic Digest 2015", USFK, http://www.usfk.mil/Portals/105/Documents/Strategic_Digest_2015_
Eng.pdf, June 2015.

129 "韓美時隔40年再次啓動聯合作戰體系以防範朝鮮," 『鳳凰網』,
http://news.ifeng.com/a/20150821/44484555_0.shtml, 2015年 8月 21日.

단무기를 배치하고, 한미합동군사훈련에서 '참수작전', '핵시설 공격' 등 '선제적' 요소를 강화했다. 또한 미국은 동북아 지역 미사일방어체제 구축을 실질적으로 진전시키기 위해 공식적으로 '사드'의 한국 배치 의도를 밝혔다. 그 다음으로 미국의 대응은 북핵문제로 중국을 더욱 압박하는 것으로 나타났다. 2016년 1월 6일, 북한의 수소폭탄 실험 성공 이후 미국 국무장관 케리는 워싱턴에서의 기자회견에서 "중국은 북한을 대하는 자기만의 특별한 방식이 있다. …그러나 …이러한 방식은 효과가 없었다. 우리는 예전의 대북정책을 지속할 수 없다."[130]고 밝혔다. 케리가 말한 미국의 기본 정책방향은 '전략적 인내'의 핵심 논리(북한이 실질적으로 핵을 포기하지 않으면 대화를 재개하지 않는다. 북핵문제 해결은 미국·북한 전체 교역 개시의 전제이다.)가 변하지 않았다는 전제에서 대북 군사억제를 대폭 강화하는 것이다. 또한 함께 국제사회에 유례 없는 강력한 대북 경제 제재를 실시하도록 하고 중국 역시 참여하도록 압박하는 것이다. 2016년 1월과 2월, 중미 외무장관 상호방문에서 북핵문제는 양국 협의의 핵심의제였으며, 미국 국무장관 케리는 중국이 북한에 대해 더욱 강경한 입장을 보여야 한다고 재차 촉구했다. 거듭된 협의와 조율 끝에 북핵문제에 대한 중미 양측의 입장이 좁혀졌다. 중국 측은 북한에 대해 더욱 강한 제재를 가하기로 했으며, UN 안보리에 제출할 결의초안에 대해 미국과 합의를 이루었다. 미국 측은 중국의 핵심 안보문제에 대한 호응으로 한국의 사드 배치에 대해 유보적인 태도를 취했다.

4) 대중 관계의 발전

중국의 부상은 동북아와 전체 아시아 태평양 지역의 지정학적 구도 변화의 핵심적인 동인이다. 미국의 전략전문가들은 중국의 발전 추세와 중국이 결국 어떠한 성숙한 대국으로서 국제사회에서 영향력을 나타내느냐 등의 이슈에 대해 많은 관심을 가지고 있다. 패권 유지는 줄곧 미국 글로벌 전략의 핵심이었다. 오바마는 일찍이 연두교서에서 미국이 2등으로 전락하는 것을 용납하지 않

---

130 John Kerry: Remarks before the Daily Press Briefing, http://www.state.gov/secretary/remarks/2016/01/251041.htm, Washington, DC, January 7, 2016.

을 것이라고 굳게 맹세했다. 그러나 중국은 안정적으로 경제발전과 현대화의 길로 나아가면서 넓은 영토, 거대한 경제 규모 및 인구총량으로 인해 지정학적 전략에서의 대외 영향력과 국제정치에서의 권력이 생길 수밖에 없다. 지역 대국에서 글로벌 대국으로 향하는 중국의 여정이 시작되었다. 상술한 논리에 따라 패권을 유지하고 있는 미국과 대국으로 성장하고 있는 중국 간에는 향후 어느 시점에서 전략적 의미의 '교행(交行)'이 일어날 것이다.

중미 관계는 동북아, 동아시아의 지리적 경계를 크게 뛰어넘어 전 지구적인 의미를 가진다. 그러나 보일 듯 말 듯한 패권국과 부상국 간의 구조적 갈등은 동아시아 지역 및 지정학적 의미에서 충돌과 경쟁이라는 직관적인 형태로 드러난다. 동북아 지역에서 중국과 미일동맹 간의 전략적 대립은 매우 분명하다. 처음은 안보 영역에서의 제로섬 게임으로 나타났지만, 지금은 경제 영역으로 확대되고 있다. 2015년 미국은 동북아에서 미사일방어체제를 구축하고 최전방 억제태세를 강화하며, 군사 배치구조를 최적화하고 일본이 자체적으로 '규제를 해제하도록' 도왔다. 이로써 미일 안보협력의 질적 도약을 이루는 일련의 조치가 마련되었는데, 그 전략적 목표가 바로 중국이었다. 미국은 권력유지에 있어 다른 국가의 참견을 조금도 용납하지 않는 패권국이다. 그러나 전략적으로 성숙되고 노련한 현실주의의 고수(高手)이기도 하다. 중국과의 구조적 갈등과 전략적 충돌은 미국의 모호한 장래 계획, 내부의 관심사안과 연관된 문제인 듯하다. 그러나 현재 중국이 멈출 수 없는 속도로 발전·부상하고 있는 상황에서 미국의 대(對)중국 정책의 현실적 기조는 "이길 수 없는 경쟁자는 친구이다"라는 실용주의적 철학이다. 이는 중국에 대한 미국의 양방향식 접근으로 나타난다. 즉 군사안보 측면에서 미국은 온갖 방법을 통해 중국을 저지하고 국제규범 제정 및 거버넌스 의사일정에서 중국을 항상 시기하고 경계한다. 이와 동시에 미국은 중국과 접촉하여 중국의 발전에서 현실적인 경제적 이익을 나누려 한다.

'접촉+억제'는 미국 대중정책의 현실적인 구성요소이다. 이 두 요소는 물이 불어나면 배도 올라가는 것처럼 동시에 이루어진다. '저지'는 미국 패권 유지의 전략적 기초이며, '접촉'은 현실주의 국가로서 미국의 실용적인 발상이다. '접촉'은 또한 독특한 기능을 한다. '접촉'은 고도의 차이성과 상호 보완성을 가진 중미 양국이 경제·사회·인문 등 여러 방면에서 상호 교류하려는 내재적 요구에 부응한 것이며, 국제사회에서 거버넌스 부족 및 공공재 공급 부족 등에 대한 필연적인 반응이다. 더욱 중요한 점은, '접촉'은 '억제'가 양국의 공동이익과 글로벌·지역 질서 및 안정에 주는 충격을 임시적으로 완화시키는 데 일정 정도 기여한다는 사실이다. 2015년, 중미 양국은 이러한 심도 있는 접촉을 가졌다. 5월 미국 국무장관 케리는 중국 방문 시 시진핑 주석의 미국 방문을 준비하는 동시에 AIIB에 대한 미국의 실리적인 입장 변화를 알렸다. 6월, 중국 군사위원회 부주석 판창룽(范長龍)은 미국 방문 시 중미 양국의 심도 있는 방위안보교류를 이루었으며, 양국 육군 간에는 '중미 육군교류 및 협력대화체제'가 구축되었다. 6월 말, 중미 제7차 전략·경제 대화와 제6차 인문 고위층 협의가 개시되었다. 9월, 중국 국가주석 시진핑이 미국을 방문해 중미 양국은 투자·무역, 인문교류, 기후변화, 글로벌 거버넌스 등 폭넓은 영역의 여러 사안에 대해 공감대를 형성하고 합의를 도출했다. 10월, 오바마 정부는 중국 위안화의 IMF SDR 통화 바스켓 편입에 대한 노력을 지지한다고 재천명했다. 이와 같은 긍정적인 상호작용은 성격·영역·층위 측면에서 양자 간이면서 글로벌적 차원이지만, 양국의 전통적 안보와 지정학적 측면의 갈등·충돌·파괴적 영향력을 일정 정도 억제·상쇄시킨다. 따라서 미국이 대(對)중국 관계에서 보여준 '접촉'과 '협력'은 갈등을 제어하고 차이를 관리하는 동북아 정책의 또 다른 내용이다.

3. 미국 동북아정책의 문제점과 추세

종합하면, 2015년 미국은 동아시아 정책, 즉 동아시아 지역에서의 군사 주둔 강화, 동맹체제 보완, 북한에 대한 각종 억제와 압박 행사, 중국에 대한 '접촉+억제' 등의 차원에서 상당한 성과를 거두었다. 이는 동아시아 지역에서 '패권 유지'라는 미국의 핵심 전략 목표를 강력하게 뒷받침해주고 있다. 그러나 '패권 유지'로 말하자면, 상술한 정책구성은 여전히 '문제점'을 가지고 있다. 이와 같은 '문제점'은 보다 큰 의미에서 보면 정책적 차원이 아니라 전략적 차원에서 나타난다. 즉 미국이 동북아에서의 '패권'을 어떻게 정의하며, 어떠한 비용과 리스크로 '패권'을 운영하고자 하는 것이다.

이러한 '문제점'은 우선 대(對)중국 관계에서 나타난다. 미국은 그동안 '접촉+억제'라는 '양방향식 접근'을 대중국 관계의 핵심으로 삼았다. 또한 균형과 질서를 추구하고 시기에 알맞게 대처해 '접촉'과 '억제'라는 이중적인 차원에서 노력했다. 이로써 대중국 정책의 유연성을 확보하고 대중국 정책과 동아시아 지역 전략 간의 상호 적용 및 결합을 추진하고자 했다.[131] 정책적 함의에서 보면, '접촉+억제'라는 정책구성은 미국이 중국의 발전에서 경제적 이익을 얻도록 하며, 미국 주도의 글로벌 및 지역 거버넌스 시스템에서 중국의 참여를 허용하고 유한(有限) 분권 형식으로 중국이 책임과 비용을 감당하도록 한다. 이로써 미국의 패권질서를 뒷받침하도록 하는 것이다. 다른 한편으로 미국은 중국이 경제총량 확대와 함께 권리에 관한 표현 및 주장 측면에서 자제력을 유지하고, 국가안보 측면에서 현재 어느 정도 취약하다는 점을 수용하도록 요구한다. 이는 대국으로 성장하고 있는 중국이 발전방향과 경로를 안내받는 지역 강국, 국제 영향력이 제약·상쇄된 지역 강국, 국가역량 구조와 이익 보호수단이 다중적으로 제한되거나 거세된 지역 강국에 머무르길 요구하는 것이다. 민족부흥을 목표로 삼고 더욱 분발하려는 태도를 가지며, 정책 측면에서 국가주권·안보·발전이익 수호를 강조하는 중국과 미국의 의도 사이에는 이처럼 큰 전략적 간극이 존재한다.

상술한 중미 간 갈등의 성격은 부상국과 패권국의 갈등으로 규정할 수 있다. 갈등의 핵심은 현재 슈퍼 강대국인 미국이 중국의 부상에 대해 견제하고 시기하는 것이다. 미국은 중국이 대국으로 성장하면서 대외 안보 및 발전공간이 필요하다는 사실을 인정하지 않는다. 또한 미국은 중국이 그동안 요구했던 주권과 권익을 고려하지 않고 중국의 핵심 이익과 관심 사안에 대해 수시로 도전한다. 이러한 전략적 차원의 갈등은 정책적으로 공동이익을 개발하고 상호작용

. . . .

131 周方銀, "韜光養晦與兩面下注——中國崛起過程中的中美戰略互動," 『當代亞太』, 2011年 第5期, p.1—27.

하는 과정에서 개선되고 완화될 수 있지만 근본적으로는 해결하기는 어렵다. 2015년부터 미국은 동북아 지역 군사 배치 · 조정 측면에서 중국에 대한 '개입 차단', '지역 배제' 능력을 목표로 확정했다. 미국의 의도는 중국에 대한 전반적인 절대우위를 유지하고 중국의 대외 역량 투사능력을 제1열도선으로 한정시키는 것이다. 일련의 미일동맹 강화조치는 중국을 전략상의 표적으로 삼기 위한 것이다. 2015년, 미국은 댜오위다오(釣魚島) 문제에서 일본의 입장을 거듭 지지했다. 일본의 군사적 규제를 완화하고 중국에 대한 일본의 입체적인 공중 · 해상 근접정찰이 대폭 강화되도록 도왔다. 또한 일본이 남중국해 분쟁에 개입하도록 힘썼다. 이러한 의미에서 '미일동맹' 강화는 미국의 동북아정책의 영향으로 인해 중미 관계의 '문제군'과 '부정적 에너지'가 되었다.

서로의 관계가 숙명적으로 전쟁과 파괴라는 심연으로 추락하는 것을 방지하기 위해, 대국은 상호간의 차이와 이견을 고려한 공존의 길을 연구할 의무가 있다. 또한 대국은 기존의 체제구도에서 상호간 전략적 차원의 안정적 관계를 계획하고 유지할 의무가 있다. 역사적으로 보면, 이익이 엇갈리고 목표가 충돌하는 상황에서 대국 간 전략적 관계의 안정성은 몇 가지 조건이 전제되어야 한다. 즉 대국 간 갈등의 초점이 핵심 이익에서 부차적 이익 · 주변적 이익으로 전환되어야 한다. 또한 갈등의 민감성 정도와 긴박성이 단기 과열에서 장기 중열 · 미열의 정도로 전환되어야 한다. 유감스러운 것은, 상술한 미국의 동북아 정책은 결과적인 측면에서 중국이 고도로 민감한 주변 지역에 맞추어져 있으며 양국 간의 지정학적 충돌을 가져왔다는 사실이다. 또한 문제적인 측면에서 중국이 매우 중시하는 영토주권 등 핵심 이익에 집중되어 있다. 정도 및 성격의 측면에서는 중국에 강하고 긴박한 전략적 압박을 가한다. 이 때문에 중국은 간혹 정책 충돌의 형태로 강력하게 대응할 수밖에 없다. 이러한 의미에서 보면, 미국은 비록 자원과 에너지를 '재균형'에 쏟고 있고 정책의 내용 및 절차 설정에 대해 고심하고 있지만, 결과적으로는 중미관계 갈등의 고착화 · 핵심화 · 첨예화를 초래하고 있다. 이는 오히려 국제정세 · 질서의 불안과 불균형이라는 리스크를 심화시키고 있다.

이와 같은 '문제점'은 북핵 및 한반도 문제의 대응에서도 표출된다. 오바마 정부가 7년간 집권하면서 대북정책은 '확장 억제'와 '전략적 인내'라는 기본 틀을 유지할 수 있었다.[132] '확장 억제'는 '군사적 압박 강화'를 목적으로 하며, 북한에 대한 전방위적 억제 능력을 강화하는 것이다. 이에 비해 '전략적 인내'의 내용은 복잡하다. 그 중점은 정치적으로는 지역 맹우와 입장을 조율하고 진도를 맞추는 것이다. 또한 동북아 지역의 이익상관자 또는 전체 국제사회의 협조 · 이해를 얻어 북한의 핵보유에 대해 제약을 가할 수 있는 지역여론을 조성하고 집단행동이 가능하도록 하는 것이다. 이에 따라 '전략적 인내'는 '정치적 압박 강화'의 의미를 가진다.

한미 양국의 대북 '확장 억제' 강화는 3가지 효능이 있다. 즉 ①북한이 '레드라인'을 넘는 군사적 모험을 효율적으로 막을 수 있다. ②북한이 '레드라인'에 인접한 '회색지대'에서 공격적 자세를 취하도록 만들며, 한미 양국의 전략적 압박에 맞서 반격태세를 유지하도록 만든다. ③북한이 더욱 확고하게 핵무장화하도록 촉진시킨다. ②과 ③은 억제의 틀 안에서 해결할 수 없으며, 그것이 지역 안보질서에 미치는 부정적인 영향은 오직 이익상관자 간의 심도 있는 정책 조율로써 제거할 수 있다. 군사억제는 정치적 대화를 개시하기 전 안보 보장의 토대를 마련하기 위한 것이다. 군사억제가 형성한 외부 압력은 정치적 대화 프로세스 시작을 위해 어떤 조건을 조성해 준다. 그리고 정치적 프로세스는 단기간 내 공감대 형성, 입장 조율, 군사억제가 초래한 적대감 및 시기심 해소로써 각 측을 협상 테이블로 끌어내야 하며, 중 · 장기간 내 제도화된 각종 상벌 시스템과 집단규약으로써 군사억제의 압박을 '빅딜(big deal)' 성사의 동력으로 전환시켜야 한다. 이러한 의미에서 보면, 미국의 대북 '군사적 압박 강화'는 여러 차례 북한의 격렬한 반응을 불러일으켰으며, 최근 한반도 정세를 급격하게 악화시켰다. 그러나 미국이 '전략적 인내'의 실천 과정에서 보여준 정치적 태도의 강경화, 한미일 공조라는 '소다자주의' 방식의 선호, 문제 해결과 갈등 고착화 · 이중정책 변칙활용 사이에서의 배회, 수시로 드러내는 대북정권 '붕괴'에 대한 기

....

132 許寧,黃鳳志, "戰略忍耐的困境——奧巴馬政府對朝政策剖析," 『東北亞論壇』 2014年 第3期, p.110-119.

회주의식의 기대는 단순히 적대감만 농후한 '정치적 압박 강화'를 만들어냈다. 그 결과 '군사압박'과 더불어 남북 갈등이 격화되고 북핵문제가 장기화되며 대치국면이 고착화되었다. 이는 체계화된 지역안보 방파제 구축은 물론 '외부 압력'을 '대화 동력'으로 전환시키는 유효한 보장 시스템 및 상벌 시스템 구축에도 전혀 도움이 안 된다. 어떤 미국 학자는 심지어 오바마 정부의 한반도 정책을 '악의적 무시(malign neglect)'로 표현한다.[133] 2016년 초, 북한이 서슴없이 핵실험과 로켓 발사를 단행해 북핵문제가 급속도로 악화되었다. 이러한 상황에서 중미 양국은 비록 실질적으로 심도 있는 상호협력을 보여주었지만, 그 효과와 지속가능성은 지켜보아야 한다.

성공적인 확장 억제는 침략을 저지하는 동시에 피보호자의 안전을 보장해준다. 억제(deter)와 보장(assure)에는 순방향의 인과관계가 존재한다. 그러나 현실에서 나타난 '넘치는 억제와 부족한 보장'은 한미동맹과 북한 간의 대치정국에서 정상적인 상태가 되었다. 원인적인 측면을 살펴보면, 이러한 국면은 오바마 정부의 대북 '전략적 인내' 정책이 내포한 갈등 고착화, 대립 강화, 그리고 북핵문제를 '재균형' 전략구도에 이용하려는 기회주의적 경향에 기인한다. 이러한 상황은 한미동맹 내부에서 2가지 효과를 만들었다. 첫째, 한국의 국방예산 부담이 증가했다. '보장이 부족한' 상황에서 한미 정책대응의 핵심 논리는 더욱 많은 투입으로 더욱 강한 억제를 실현해 보장 측면에서의 부족함을 보완하는 것이다. 주한 미군 비용의 지속적인 증가, 미사일방어체제 · 킬 체인(Kill-chain) 시스템, 신형 이지스함, 제5세대 전투기 등 고가의 무기 구입 및 개발사업은 막대한 예산 부담을 초래했다. 또한 한국의 국방예산 규모가 해마다 증가하도록 만들었다. 이는 현재 비틀거리며 전진하고 있는 한국 경제에 큰 부담을 주고 있다. 더욱 중요한 것은, 북한이 상대적으로 저렴한 비용, 민첩한 수단, 공격적 · 전략적 태도로써 한국에 군사억제의 태세를 갖추는 것에 비해 한국은 2-3배,

133 Evans J.R.Revere: Facing the Facts : Towards a New US North Korea Policy [EB/OL'] .The Brookings Institution , centre for northeast Asian policy studies. October 13, 2013, p.10. http : //www. brookings.edu/~/media/research/files/papers/2013/10/16 20north 20korea 20denuclearization 20revere/16 20north 20korea 20denucleariza.tion20revere20paper.pdf , 2013-12-12.

심지어 5-10배의 대가를 치르면서 북한의 구체적인 위협을 견제한다는 점이다. 이는 재정적인 측면에서 필연적으로 불공평한 경기를 치르도록 만든다. 둘째, '보장'의 결핍으로 인해 대북정책에서 양국의 합의가 흔들리고 동맹 자체의 안정성에 위기가 올 수 있다. 대의제 정치체제에서 모든 예산의 추가편성은 정치적으로 타당한 이유와 가시적인 효과가 뒷받침돼야 한다. 만약 거액의 군비가 북핵문제를 진전시키지 못하고 북한의 다양한 현실적 위협을 제거하지 못한다면, 예측하기 어려운 정치적 결과를 초래하게 될 것이다. 좁게 본다면, 이는 한미동맹에서 미국의 신뢰도 하락을 의미한다(미국은 전쟁 시 한국을 지원하겠다고 약속했지만, 한국 외부의 주된 안보위협을 제거해줄 수 없다). 또한 넓게 본다면, 한미동맹의 유대관계가 느슨해져 외교 및 안보전략 차원에서 한국의 자주성이 제고될 것이다(동맹은 국가이익을 위한 것이다. 만약 동맹관계가 참여국의 선택을 제한하고 예상했던 안보상의 도움을 주지 못한다면, 참여국의 동맹 의존도는 하락하게 마련이다).

2016년은 오바마 정부 집권의 마지막 해이다. 미국 정치의 일반적인 규칙에서 보면, 오바마는 대통령 권력이 빠르게 약화되고 새로운 의사일정에 대한 추진 능력이 현저하게 저하된 상황에서 (역사에 이름을 남기기 위해) 그동안 거둔 성과를 유지하고 보완하는 데 많은 에너지를 쏟을 것이다. 또한 시정기조에서 더욱더 신중하고 안정적인 면을 강조할 것이다(후세가 비판할 만한 명확한 오류를 범하지 않도록 노력할 것이다). 오바마 정부의 동북아 정책은 '재균형' 전략의 전반적인 방향에 따라 '패권유지'를 중심으로 동맹체제, 군사 배치, 경제적 유대 강화 등의 측면에서 기존의 정책과 계획을 지속적으로 추진할 것이다. 미국의 동북아 정책에서 말하자면, 중국의 실력부상과 권익 수호의지 강화, 북한 핵능력 제고는 동북아 지역에서 미국의 패권지위와 질서에 대한 강한 도전이며, 미국의 정치적 계획에서 반드시 주목해야 하는 핵심적인 변수이다. 중국은 안정적으로 중국굴기의 길로 나가고 있다. 중국의 국력은 안정적으로 향상되고 있으며, 외교 스타일도 점차 성숙되고 실무적으로 변화하고 있다. 또한 글로벌 지정·지경학적 구도와 추세를 중시하는 대전략의 추진능력을 보여주고 있다. 중미 관계는 과거 냉전시기 전략적 위협과 전 세계 지정학적 경쟁을 특징으로 하는 미소 관계의 복사판이 아니다. 중미 관계는 더욱더 거대한 영역에서 종합적·지속적인 경합을 펼치도록 예정되어 있다. 어떻게 협력 가운데 발전기회를 추구하고 어떻게 경쟁 가운데 패하지 않는 위치를 차지하며, 어떻게 무질서한 경쟁의 부정적 효과를 관리하고 적대적·파괴적 중미 관계가 되지 않도록 하느냐는 중미 양국이 진지하게 고민해야 하는 핵심 과제이다. 미국의 동북아 정책은 중미 관계에서 양국의 이익이 크게 엇갈리고 대항적이며 경쟁이 치열한 부분만을 반영한 것이다. 현재 '재균형'의 명분 아래 실시되는 각종 정책은 모두 미국이 양국과의 경쟁에서 유리한 입지를 차지하기 위한 조치이다. 향후 미국의 동북아 정책은 '우세 추구'와 '안정 유지'를 두루 고려하기 위해 소폭 조정될 것이다. 즉 역량에 있어 중국에 대한 비교우위와 압력을 행사할 수 있는 형세를 유지할 것이다. 또한 중국과 일종의 경쟁행위규칙과 관리체제를 형성하고, 서로 다른 이익과 의사일정 간의 연계전략을 구축할 것이다. 북핵문제로 말하자면, 북한 핵무기 개발 가속화에 따라 미국이 약 8년간 유지한 '전략적 인내' 플러스 '확장억제' 정책의 효과가 점차 낮아지고 있다. 하지만 곧 '레임덕' 단계에 진입할 오바마 정부는 자국 역량의 상대적 약화, 우크라이나·중동 등 이슈 지역의 전략적 제약을 고려하여 새롭게 강력한 정책을 내세우기 어려울 것이다. 향후 1년간 중미 양국의 유일한 선택은 아마도 기존의 제재 틀 안에서 전체적인 '양'적 확대와 국부적인 '질'적 향상이 될 것이다.

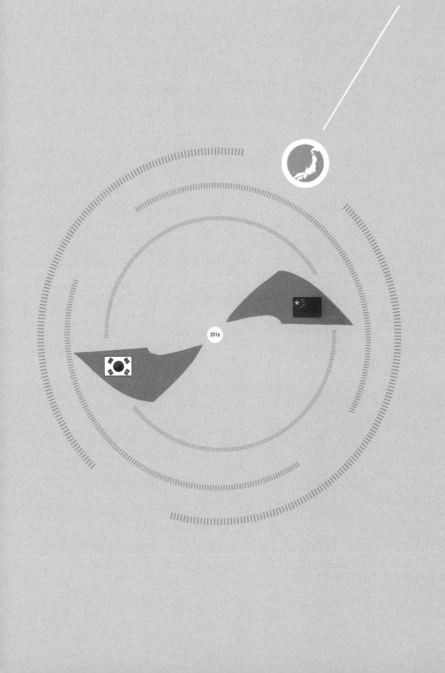

동북아와 **일본**

동북아와 일본: 미일동맹을 통한 대중 억지

서승원(고려대학교)

1. 들어가는 말

2015년 중반 아베 신조 정권은 국내 대규모 반대 여론 및 운동에도 불구하고
안전보장관련법안(이하 안보법안)을 성립시켰다. 기존의 헌법 9조 해석을 변경하
여 집단적 자위권 행사를 가능케 하고 자위대의 해외활동 범위를 확대하는 내
용이었다. 동 법안은 2012년 12월 정권 출범 이후 정력적으로 추진해온 안보정
책 전환의 대미를 장식하는 것이기도 했다.[134] 이로써 전수방위 원칙은 사실상
폐기되었으며 평화국가 정체성을 상징하는 헌법 9조 규범도 거의 무력화되었
다. 특히 적극적 평화주의는 70년 만에 대국 간 정치에 복귀하겠다는 아베 정권
의 의지 표명이라 할 수 있다(서승원 2015a). 동아시아 안보질서에 있어서 군사력
을 행사하게 된 일본은 더 이상 변수(變數)가 아닌 상수(常數)이다.

2015년 아베 정권의 대외관계는 안전보장과 과거사 문제에 집중되었다. 이
들 영역에서 공히 적극적, 공세적 대응이 두드러졌다. 먼저 4월 말 미국과 신방
위협력지침(신가이드라인) 책정에 합의한 데 이어 곧바로 아베 수상의 미국 공식

. . . .

134 안보정책 전환은 크게 세 개의 축, 즉 (1)요시다 독트린을 대체하는 새로운 외교적 교리로서의 '적극
적 평화주의', (2)국가안전보장회의(NSC) 설치, 국가안전보장전략 책정, 신 방위계획대강 책정, 방위
비 증액 등 내적 균형 강화, 그리고 (3)미일동맹, 3국 간 안보협력, 동남아 국가들과의 안보협력 강화
등 외적 균형 강화로 이루어진다. 자세히는 Nakanisi(2015), Sakaki(2015) 등을 참조.

방문이 이루어졌다. 여름에는 바다(海)와 과거사 문제를 둘러싼 중국, 한국과의 관계가 열기를 더해갔다. 중국과는 동중국해 영유권 문제에 대한 강경 입장에 더하여 남중국해 문제에서도 적극적인 대중 견제 양상이 나타났다. 8월의 전후 70주년 아베담화는 미국에는 만족을, 한국과 중국에는 불만족을 주었다. 여름의 여운이 가시지 않은 가운데 11월 초에는 3년 반 만에 한중일 정상회담(서울)이 개최되었다. 갈등과 대립이 남겨진 가운데 3국 간 협력체제 복원에 합의한 것은 2보 후퇴 속의 1보 전진이었다.

본고에서는 우선 2015년 일본의 동북아 주요국과의 관계를 개괄한다. 미일관계는 신가이드라인 책정을 비롯한 동맹의 일체화에 박차가 가해졌고 과거사 문제에 대한 미국의 적극 개입 양상이 보였다. 중일관계는 과거사 문제에 대한 갈등이 지속되는 가운데 동중국해를 둘러싼 갈등이 남중국해로 확대되기 시작했다. 한일관계는 1년 내내 일본군위안부 문제가 화두였으며 연말에 양국의 극적인 합의안이 도출되었다. 러일관계는 북방영토, 평화조약, 정상 간 상호방문 등에 관련된 특기할 만한 변화는 없었다. 북일관계의 경우도 일본인납치문제를 둘러싼 외교당국자협의(9.29.)를 제외하고는 별다른 진전은 없었다. 본고에서 러일관계, 북일관계는 지면 관계상 생략한다. 다음으로 쟁점 분석에서는 일본의 집단적 자위권과 중국의 관계를 다룬다. 아베 정권이 자위권 행사 근거로 제시한 '미일동맹 강화에 의한 억지력 향상'이란 논리와 정책을 심도 있게 평가 분석하고자 한다.

2. 2015년의 동북아와 일본

미일관계: 론-야스 관계의 부활?

아베 수상의 2015년 4월 말 방미는 1983년 나카소네 야스히로(中曾根康弘) 수상의 방미를 연상시키는 것이었다(Tanaka 2015). 당시 나카소네는 로널드 레이건(Ronald Reagan) 대통령에게 일본이 소련의 위협에 대항하는 태평양의 불침항모(不沈航母)가 되겠다고 공언하면서 미일동맹 강화에 적극 나선 바 있다. 당시의 긴밀한 관계는 두 정상의 이름을 따 '론(Ron)-야스(Yasu)' 관계로 일컬어졌다. 금번 방미는 9년 만의 수상 공식방문이었으며 그에 더하여 일본 수상으로는 최초로 미 연방의회 상하양원 합동회의 연설이 성사되었다.

부연하면 우선 미일 양국은 역사적 화해를 대대적으로 천명했다. 미일공동비전성명은 "제2차 세계대전 종전에서 70년을 맞이하는 올해 우리 양국의 관계는 이전의 적국이 부동(不動)의 동맹국이 되어 아시아 및 세계에서 공통된 이익과 보편적 가치를 촉진하기 위해 협동하고 있다는 의미에서 화해의 힘을 보여준 모범사례"임을 강조했다(日米共同ビジョン聲明 2015.4.28.). 아베 수상의 미 의회 연설(4.30.)은 미일동맹에 대한 절대적 지지와 기대를 보여주는 것이었다. 주요 부분을 발췌하면 다음과 같다.

1957년 6월 본인의 조부 기시 노부스케(岸信介)는 '일본이 세계의 자유주의 국가들과 제휴하고 있는 것도 민주주의 원칙과 이상을 확신하기 때문'이라는 말로 연설을 시작했다; 조금 전 본인은 제2차 세계대전 기념묘지를 방문했다. 본인은 깊은 회오(悔悟, deep repentance)를 가슴에 안고 잠시 그 자리에 서서 묵도를 올렸다; 지난 전쟁에 대한 통절한 반성의 마음은 역대 수상과 다를 바 없다; 우리는 아시아 태평양 지역의 평화와 안전을 위해 미국의 재균형을 지지한다. 철두철미하게 지지한다는 점을 여기서 분명히 말한다; 안보법제 정비는 전후 최초의 대개혁이다. 이번 여름까지 성취할 것이다; 세계 제1, 제2의 민주주의 대국을 연결하는 동맹에 대해 앞으로 새로운 이유를 찾을 필요는 전혀 없다. 그것은 항상 법의 지배, 인권, 그리고 자유를 존중하는, 가치관을 공유하는 유대이다(安倍 2015.4.29.).

양국 정상은 정상회담 직전에 합의한 신방위협력지침(가이드라인) 개정에 대해서도 확인했다.[135] 신가이드라인 관련 미일안전보장협의위원회 공동발표는 "각

. . . .

135 동 지침은 1978년 11월 제정된 이래 1997년에 개정된 바 있으며 이는 각각 소련 위협, 한반도 핵위기

료는 또한 센카쿠 제도가 일본의 시정권 하에 있는 영역이며, 따라서 미일안전보장조약 제5조 하의 공약 범위에 포함된다는 점, 그리고 동 제도에 대한 일본의 시정을 훼손하고자 하는 그 어떠한 일방적 행동에 대해서도 반대한다는 점을 재확인했다"고 명기했다(日米安全保障協議委員會共同發表 2015.4.27.). 동 개정 내용은 ①기존의 평시협력, 일본에 대한 무력공격 대처, 주변사태 대처에 더하여 제3국에 대한 무력공격 대처 및 지역 글로벌 평화 및 안전 협력 추가, ②평시에 동맹조정 메커니즘을 설치하여 작전 조정 및 공동 작전계획 책정을 강화, ③군사장비 분야의 기술협력 및 정보협력 등 강화, 공동 작전 계획 수행은 물론 지역적 범위의 전 세계로의 확대, 그리고 협력 분야 해양, 사이버, 우주차원으로의 확장 등으로 이로써 미군과 자위대는 한층 더 일체화되게 되었다(박영준 2015, 25-6).

경제 분야에서도 미국의 요청에 적극 부응하려는 아베 정권의 자세가 두드러졌다. 환태평양경제동반자협정(TPP)의 경우 일본 농업시장 개방과 자동차 분야에서 합의에 도달하지는 못했지만 역내 경제질서의 규칙 규범 형성 측면에서 매우 중요하다는 점에 의견의 일치를 보았다. 참고로 아베 수상은 미 의회 연설에서 일본 농업은 변해야 하며 농업협동조합의 틀을 근본적으로 개혁할 것, 그리고 괌 기지 정비를 위해 자금협력(28억 달러 규모)을 실시할 것을 약속했다. 한편, 미국, 일본 등 12개국이 참가한 TPP 협상은 10월 초 미 애틀랜타 각료회의를 통해 대체적인 합의에 도달했다. 일본 정부는 이를 바탕으로 일본-EU 경제연계협정(EPA), 역내포괄적경제동반자협정(RCEP), 한중일FTA 교섭 등을 가속화할 방침을 표명했다(TPP總合對策本部 2015.11.25.).

긴밀한 미일관계는 여름 이후 과거사 및 남중국해 문제에 대한 이인삼각(二人三脚) 행보로 이어졌다. 우선 아베 정권에게 일본군위안부 문제 등 과거사 문제에서의 전향적 대응을 요구해온 버락 오바마(Barack Obama) 정권은 종전 70주년 '내각총리대신담화'(이른바 '아베담화'. 8.14.)에 대해 전폭적인 지지를 표명했다. 미

. . . .

및 대만해협 위기가 배경이었다.

백악관 네드 프라이스(Ned Price) 국가안전보장위원회 대변인은 아베 수상이 지난 전쟁이 초래한 피해에 대해 깊은 애도를 표명한 것을 환영하며 역대 정권의 담화를 계승한다는 점에 찬사를 보낸다고 언급했다(The Japan Times, 2015.8.15.). 오바마 정권은 그에 앞선 '원폭의 날' 기념행사(히로시마, 나가사키)에 캐롤라인 케네디(Caroline Kennedy) 주일 미국 대사와 로즈 가트묄러(Rose Gottemoeller) 국무부 차관을 고위직 인사로는 최초로 참석시켰다. 12월 말 한일 양국의 일본군위안부 문제 합의의 이면에 미 백악관과 국무부가 많은 공을 들였다는 지적도 적지 않다. 아시아 태평양 재균형 전략의 핵심축인 한미일 안보협력 강화를 고려한 것이었다.

다음으로 주목할 만한 변화는 중국의 남중국해 인공섬 건설 문제에 대한 미일 대중 견제 공조였다. 중국은 남중국해 영유권 침범을 용납하지 않겠다는 입장을, 미국은 인공섬 건설을 패권확장 행위로 규정하며 해군 함정 파견으로 맞서는 상황이었다. 아베 정권은 항행의 자유와 해양규범을 위협하는 행동이라며 중국을 비판함과 동시에 미일 간 역내 해양협력 대화 긴밀화를 꾀했다. 한편 자위대 통합막료장 가와노 가쓰토시(河野克俊)는 "만약 중국이 계속하여 역내 해양 이익에 도전하는 행동을 보인다면 자위대의 남중국해 감시 정찰 활동까지 고려할 수 있다"고 언급했다(Wall Street Journal, 2015.6.25.). 아베 정권은 미 해군이 10월 말 실시한 '항행의 자유' 작전에 대해서도 '국제법에 준한 행동'으로 옹호했다.

중일관계: 반목 대립의 공간적 확대

2015년의 중일관계는 미일동맹, 과거사, 동중국해 남중국해 문제 등을 배경으로 갈등과 긴장이 계속되었다.[136] 우선, 중국은 미일동맹 강화와 일본 안보법안이 대중 견제를 목적으로 하는 것이라며 부정적 입장을 피력했다. "미일 양국

. . . .

136 봄에는 일본 여당대표단(자민당, 공명당) 방중(3월), 중국인민대표자대회 대표단 방일(4월), 일중우호의원연맹 대표단 방중, 전국여행업협회 관계자 3,000명 방중(5월) 등 대화를 모색하는 기운이 엿보이기도 했다.

은 그들의 동맹에 의해 제3국의 이익이 희생되거나 아시아 태평양의 평화와 안정이 손상되지 않는다는 점을 보장할 수 있도록 책임을 져야 할 것"(4월 말 미일 신가이드라인 및 정상회담 관련 외교부 논평)이며, "전후 일본의 전례가 없는 움직임으로 일본의 군사 안보정책에 중대한 변화로 이어질 것이다. 일본이 배타적 안보를 지향하는 정책을 포기하거나 평화적 발전의 길을 바꾸려는 것에 이의를 제기하는 것은 전적으로 정당한 일이다. 우리는 일본이 과거 역사의 교훈을 진지하게 받아들이고 평화적 발전의 길을 지키며 아시아 주변국의 주된 안보적 우려를 존중하고 중국의 주권과 안보적 이해를 위험하게 하거나 역내 평화와 안정을 저해하는 일을 삼가도록 엄정하게 촉구한다"(일본 안보법안 관련 외교부 논평. 6.16.)는 내용이었다.

과거사 문제는 아베담화(8.14.)와 중국 항일전쟁 및 반파시스트전쟁 승리기념식(9.3.)을 축으로 전개되었다. 후자의 경우 중국 측은 7월 중순 시진핑 주석이 아베 수상을 기념식전에 초청했다고 발표했지만 일본 측은 8월 말 국회 일정을 이유로 불참을 발표했다. 한편, 무라야마담화와 고이즈미담화의 부정에 반대하는 국내외의 압력 속에서 발표된 아베담화는 중국에 대한 '침략전쟁'임을 인정하는 내용을 담았다. 이에 대해 중국 외교부 대변인은 일본 측이 군국주의 침략전쟁과 전쟁책임의 성격을 분명히 표현하고 전쟁 희생자들에게 진정성 있는 사과를 하며 주요 원칙에 애매한 입장을 취하는 대신 과거의 군국주의 침략과 분명한 결별을 꾀했어야 했다는 논평을 내놓았다(Global Times, 2015.8.17.). 동 담화의 중국 관련 부분은 아래와 같다.[137]

만주사변, 그리고 국제연맹 탈퇴, 일본은 점차 국제사회가 엄청난 희생 위에 구축하려 했던 새로운 국제질서에 대한 도전자가 되어 갔다; 중국, 동남아

---

137 아베담화를 위해 설치된 '20세기를 돌아보고 21세기의 세계질서와 일본의 역할을 구상하기 위한 유식자 간담회'(21세기 구상 간담회) 구성원 중에는 중국 침략을 인정하지 않는 인사도 있었다. 동 간담회의 니시무라 다이조[西室泰三] 좌장에 따르면 불필요한 사죄 보다는 미래에 초점을 맞춰야 한다는 것이 구성원들의 일반적인 견해였다고 한다(讀賣新聞 2015.6.7.; 21世紀構想懇談會 2015.8.6.).

시아, 태평양의 여러 섬 등 전쟁터가 된 지역에서는 전투뿐만 아니라 식량난 등으로 인해 수많은 무고한 사람들이 고통을 겪고 희생되었다; 사변, 침략, 전쟁. 어떠한 무력의 위협과 행사도 국제분쟁을 해결하는 수단으로 두 번 다시 사용해서는 안 된다; 일본은 지난 대전에서의 행동에 대해 거듭 통절한 반성과 진심 어린 사죄의 마을을 표명해 왔다; 전쟁의 온갖 고통을 겪은 중국인 여러분과 일본군에 의해 견디기 어려운 고통을 입은 포로 출신 여러분이 그토록 관용을 베풀기 위해서는 얼마만큼 마음의 갈등이 있었고, 얼마만큼 노력이 필요했을 것인가"(아베 2015).

바다를 둘러싼 양측의 대결적 자세는 동중국해에서 남중국해로 확대되었다. 1~3월 중일 양국 사이에 동중국해 해양위기관리 메커니즘, 해상 공중의 예측 불가능한 사태에 대비한 연락 메커니즘 등에 관한 협의가 행해졌으나 별도의 합의에 도달하지는 못했다. 일본의 댜오위댜오/센카쿠 열도 방위태세는 한층 강화되었다. '주변 해역·공역의 안전 확보' 및 '도서부 공격에 대한 대응'을 위해 2016년 방위예산 증액(약 5조 911억 엔)과 함께 요나구니시마(与那國島)와 미야코섬(宮古島) 등에 연안감시대, 경비부대, 지대함/지대공 미사일 부대 배치가 추진되었다. 7월에는 일본 측이 중국의 가스전 시굴시설 사진(자위대 활동 감시를 위한 레이더 헬리콥터 설비 주장)을 공개하면서 중국 측과 설전이 오갔다.[138] 한편, 아베 정권이 남중국해 문제에 적극 개입하면서 대결 공간이 보다 확대되었다. 8월 초 ARF에서 기시다 후미오(岸田文雄) 외상이 "일본의 우선순위는 법의 지배와 항행의 자유에 있다"며 견제하자, 왕이(王毅) 외교부장은 "중국은 긴장과 갈등을 조성, 과장하려는 비건설적 언행에 반대한다. 중국은 항상 관계국들이 항행의 자

· · · · · · · · · · · · · · · ·

138 2014년 6월 18일 양국은 공동보도문 '동중국해에서의 중일 간 협력에 대하여'를 발표했다: ①7개 좌표 내의 해역을 공동개발구역으로 설정한다(좌표는 생략, 필자); ②쌍방은 공동탐사를 거쳐 호혜원칙에 따라 위 구역 가운데 쌍방이 일치하여 동의한 지점을 선택하여 공동개발을 행한다. 구체적인 사항에 대해서는 쌍방이 협의를 통해 확정한다; ③쌍방은 위 개발 실시에 필요한 양국 간 합의를 각각 국내적 절차를 통해 조기에 체결할 수 있도록 노력한다; ④쌍방은 동중국해의 그 밖의 해역에서의 공동개발을 가능한 한 조기에 실현하기 위해 계속하여 협의를 진행한다(日中共同プレス發表 2014.6.18.).

유를 누릴 수 있도록 유지해 왔다. 지금까지 남중국해에서 항행의 자유가 침해된 사례가 한 건도 없다"고 반박했다(Wang 2015.8.6.).

한편, 중일 정상회담이 재개된 점은 그나마 평가할 만했다. 아시아·아프리카 정상회담(인도네시아 반둥. 4.22.)을 계기로 2년 반 만에 성사된 정상회담(시진핑-아베)은 서로의 입장을 되풀이하는 자리였다. 한중일 정상회담(서울)을 계기로 한 정상회담(11.1.)에서는 리커창 총리가 "이제야 한중일, 중일 정상이 만나게 된 원인을 묻는다면 일본 측이 그 원인을 잘 알 것"이라고 발언하자 아베 수상이 "특정 과거에만 초점을 맞추는 것은 생산적이지 않"으며 센카쿠 열도 남중국해 문제에 대한 우려를 표명하며 응수했다(조선일보 2015.11.1.). 곧이어 11월 중순에 열린 G-20 정상회의와 APEC 정상회의에서는 남중국해 문제를 둘러싼 미일과 중국 사이의 신경전이 전개되었다.

한편, 11월 초 양제츠(楊潔篪) 국무위원과 야치 쇼타로(谷內正太郎) 국가안보국장은 관계개선을 위한 4항목에 합의했다: ①쌍방은 4개 정치문서의 원칙과 정신을 견지하며 전략적 호혜관계를 계속 발전시켜 나가기로 확인했다; ②쌍방은 "역사를 직시하고 미래를 지향한다"는 정신에 따라 정치적 난관을 극복하는 데 몇 가지 의견 일치를 보았다; ③쌍방은 동중국해의 댜오위다오/센카쿠 열도 및 주변 해역을 둘러싸고 최근 수년간 발생한 긴장에 대해 서로 다른 입장을 가지고 있다는 점을 인정하며 대화와 협의를 통해 사태 악화를 방지하고 만일의 사태를 대비하기 위한 위기관리 메커니즘을 구축하기로 합의했다; ④쌍방은 다양한 다자 간, 양자 간 채널을 통해 정치적, 외교적, 안보적 대화를 점진적으로 재개해 나가며 정치적 상호신뢰를 구축하기 위해 노력하기로 합의했다(Zhang, 2015.11.7.).**139**

한일관계: 일본군위안부 문제 합의

2015년은 해방/종전 70주년, 한일 국교정상화 50주년이 되는 해이다. 그러나

· · · · · · · · · · · · · · ·

139 「마이니치신문」(2015.7.23.) 보도에 따르면 양제츠는 아베 방중의 조건으로 ①4개 정치문서 존중, ② 무라야마담화 존중, ③아베 수상의 야스쿠니신사 참배 중지를 제시했다고 한다.

과거사 문제, 특히 일본군위안부 문제가 거의 한 해를 장식했다. 우선 연례행사처럼 독도 문제가 불거졌다. 일본 「방위백서(2014년판)」 한글번역본에 독도가 일본 고유 영토로 표기된 점, 2월 22일 '다케시마의 날' 행사에 차관급 인사가 참가한 점에 대한 한국의 비판이 뒤따랐다. 3월에는 일본 외무성 홈페이지상에서 한국 관련 문구가 '자유, 민주주의, 시장경제 등 보편적 가치를 공유한 가장 중요한 이웃 국가'에서 '가장 중요한 이웃 국가'로 변경되었다. 가토 다츠야(加藤達也) 산케이신문 서울지국장이 박근혜 대통령 명예훼손 혐의로 기소된 것이 그 배경으로 지적되었다.

5~7월에는 유네스코(UNESCO) 세계문화유산 등재를 둘러싼 정부 간 교섭이 진행되었다. 일본의 '메이지 산업혁명 유산' 등재 신청에 대해 한국 측이 이의를 제기했기 때문이다. 동 유산 23곳 가운데 군함도를 비롯한 7곳이 한국인 강제징용과 관계되어 있었다. 교섭에서는 일본 측이 "1940년대 일부 시설에서 수많은 한국인과 여타 국민이 의사에 반해 동원되어 가혹한 조건 하에서 노역을 당했다. 정보센터 설립 등 피해자들을 기리기 위한 적절한 조치를 해석에 포함시킬 생각"이라고 표명함으로써 일단락되었다(경인일보 2015.7.5.). 7월 중하순에는 미쓰비시머티리얼(전신은 미쓰비시동광산)이 일본 기업으로는 최초로 미국인 전쟁포로와 중국인 강제노역 피해자들에게 사과·보상한 것이 문제가 되었다. 한국인 피해자를 제외했다는 비판에 대해 미쓰비시 측은 "한국이 주장하는 징용공(徵用工) 문제는 (동원령에 따른 합법적인 것으로: 필자 주) 전쟁포로 문제와는 상당히 성질이 다르다"고 표명했다(서울신문 2015.7.28.).

여름 한국이 촉각을 곤두세운 것은 아베담화였다. 3월 아베 수상은 일본군위안부를 강제 동원이 아닌 인신매매(human trafficking)의 희생자로 표현한 바 있었다(The Washington Post, 2015.3.26.). 4월 말 아베 수상의 방미 중에도 위안부에 관한 사과는 없었다.[140] 8월의 아베담화는 식민지 지배 및 위안부 문제 등과 관

· · · · · · · · · · · · · · ·

[140] 2015년 상반기 아베 수상의 진정성 있는 사과를 촉구하는 국제사회의 움직임이 활발히 전개되었다. 5월에는 각국 학자 200명이 '일본 역사학자들을 지지하는 공개서한'을 수상관저에 전달했고, 6월에는 역사학자 281명이 일본 정부가 한국인 피해자들을 위한 보상 프로젝트를 마련해야 한다는 성명을 발표했다.

련한 양국 사이의 인식이 여전히 큰 간극을 갖고 있음을 드러냈다. 이에 대해 박근혜 대통령은 8·15 광복절기념사에서 "아쉬운 부분이 적지 않으나 역대 내각의 입장이 흔들리지 않을 것이라고 분명히 밝힌 점을 주목한다"며 비교적 자제된 입장을 표명했다(연합뉴스 2015.8.15.). 동 담화의 한국 관련 부분을 발췌하면 아래와 같다.

러일전쟁은 식민지 지배 아래에 있던 아시아와 아프리카인들에게 용기를 주었다; 전쟁터의 뒤안길에서는 명예와 존엄이 크게 손상된 여성들이 있었던 점도 잊어서는 안 된다; 한국, 중국 등 아시아인들이 걸어온 고난의 역사를 가슴에 새기며 전후 일관되게 그 평화와 번영을 위해 힘을 다해 왔다; 우리는 20세기 전시 하에 수많은 여성들의 존엄과 명예가 손상된 과거를 우리 가슴에 계속 새기겠다(아베 2015).

한편, 11월 1일 서울에서 3년 반 만에 한중일 정상회담(박근혜 대통령, 리커창 중국 총리, 아베 일본 수상)이 개최되었다. 3국 정상은 "3국 협력체제가 완전히 복원되었다"고 선언하고 3국 정상회담 정례화에 합의했다. 또한 56개 사항에 달하는 '동북아 평화협력을 위한 공동선언'도 채택했다. 눈에 띄는 점은 정체상태의 3국 간 FTA 교섭 가속화에 합의하고 역내포괄적경제동반자협정(RECP) 체결을 위해 노력하겠다고 한 부분이었다. 그에 비해 과거사 문제에 있어서는 공동선언이 "역사를 직시하고 미래를 지향한다"는 문구를 담았음에도 불구하고 한중 양국과 일본 사이에 여전히 적지 않은 균열이 존재함을 드러냈다. 「신화통신」은 "한중일 정상회담 재개는 일본과 이웃 두 나라 관계의 '데탕트' 신호다. 한반도 비핵화를 위한 6자회담 활성화에 도움이 될 것"이라고 논평했다. 「아사히신문」은 "역대 내각의 입장은 확고하다. 특정한 과거에만 초점을 맞추는 자세는 생산적이지 않다. 한중일 협력의 긍정적인 역사를 더 만들어나가야 한다"는 아베 수상의 발언에 대해 한중 두 정상은 아무런 응수도 하지 않았다고 전했다.

일본군위안부 문제는 박근혜 정권과 아베 정권이 출범한 이래 최대의 외교적 현안이었다. 한국 측은 위안부 문제 해결을 정상회담의 전제조건으로 내걸었고 일본 측은 조건 없는 대화 재개 주장으로 맞서왔다. 연초부터 10여 차례 이상에 걸쳐 양국 국장급 회의가 개최되었다. 박근혜 정권의 미국, 유엔 등 국제사회를 경유한 대일 압박도 적극적으로 전개되었다. 연말에 들어서면서 극적인 진전이 이루어졌다. 한일 정상회담(11.2.)에서 두 정상이 "올해가 한일 국교 정상화 50주년이라는 점을 염두에 두고 가능한 한 조기에 위안부 피해자 문제를 타결하기 위한 협의를 가속화하도록 (관계 당국에) 지시했다"고 발표한 것이다(연합뉴스 2015.11.2.). 이를 계기로 3차례의 국장급 협의를 거쳐 12월 28일 양국 외무장관(윤병세-기시다 후미오)은 위안부 문제 합의 타결을 선언했다. 주요 합의 내용은 아래와 같다(외교부 2015.12.28.).

1. 일본 측 표명사항

한일 간 위안부 문제에 대해서는 지금까지 양국 국장급 협의 등을 통해 집중적으로 협의해 왔음. 그 결과에 기초하여 일본 정부로서 이하를 표명함.

① 위안부 문제는 당시 군의 관여 하에 다수의 여성의 명예와 존엄에 깊은 상처를 입힌 문제로서, 이러한 관점에서 일본 정부는 책임을 통감함. 아베 내각총리대신은, 일본국 내각총리대신으로서 다시 한 번 위안부로서 많은 고통을 겪고 심신에 걸쳐 치유하기 어려운 상처를 입은 모든 분들에 대한 마음으로부터 사죄와 반성의 마음을 표명함.

② 일본 정부는 지금까지도 본 문제에 진지하게 임해 왔으며, 그러한 경험에 기초하여 이번에 일본 정부의 예산에 의해 모든 前 위안부들의 마음의 상처를 치유하는 조치를 강구함. 구체적으로는, 한국 정부가 前 위안부분들의 지원을 목적으로 하는 재단을 설립하고, 이에 일본 정부 예산으로 자금을 일괄 거출하고, 한일 양국 정부가 협력하여 모든 前 위안부분들의 명예와 존엄의 회복 및 마음의 상처 치유를 위한 사업을 행하기로 함.

③ 일본 정부는 상기를 표명함과 함께, 상기 ②의 조치를 착실히 실시한다는

것을 전제로, 이번 발표를 통해 동 문제가 최종적 및 불가역적으로 해결될 것임을 확인함. 또한, 일본 정부는 한국 정부와 함께 향후 유엔 등 국제사회에서 동 문제에 대해 상호 비난 비판하는 것을 자제함.

2. 한국 측 표명사항

한일 간 일본군위안부 피해자 문제에 대해서는 지금까지 양국 국장급 협의 등을 통해 집중적으로 협의를 해 왔음. 그 결과에 기초하여 한국 정부로서 이하를 표명함.

① 한국 정부는 일본 정부의 표명과 이번 발표에 이르기까지의 조치를 평가하고, 일본 정부가 상기 1.②에서 표명한 조치를 착실히 실시한다는 것을 전제로 이번 발표를 통해 일본 정부와 함께 이 문제가 최종적 및 불가역적으로 해결될 것임을 확인함. 한국 정부는 일본 정부가 실시하는 조치에 협력함.

② 한국 정부는 일본 정부가 주한일본대사관 앞의 소녀상에 대해 공관의 안녕 위엄의 유지라는 관점에서 우려하고 있는 점을 인지하고, 한국 정부로서도 가능한 대응방향에 대해 관련단체와의 협의 등을 통해 적절히 해결되도록 노력함.

③ 한국 정부는 이번에 일본 정부가 표명한 조치가 착실히 실시된다는 것을 전제로 일본 정부와 함께 향후 유엔 등 국제사회에서 동 문제에 대해 상호 비난 비판을 자제함.

3. 쟁점 분석: 아베 정권의 집단적 자위권 행사와 동북아[141]

집단적 자위권 행사, 그리고 대중 억지

2015년 일본의 안전보장정책에서 가장 중대한 변화는 아베 정권이 기존의 헌법해석을 변경하여 집단적 자위권 행사를 제한적으로 허용한 일이라고 할 수 있다. 기존의 헌법 9조 해석은 일본은 국제법에 따라 집단적 자위권을 보유하지만 집단적 자위권은 '자위를 위한 필요 최소한의 실력행사'를 넘어서기 때문에 행사는 금지되어 있다는 것이었다. 여기서 집단적 자위권이란 자국이 직접 공격을 받지 않은 경우에도 자국과 밀접한 관계에 있는 타국에 대한 무력공격을 자국에 대한 침략으로 간주하여 군사력으로 저지하는 권리를 말한다.

아베 정권의 집단적 자위권 행사를 위한 행보는 제1차 아베 정권(2006.9-2007.9) 당시 '안전보장의 법적 기반 재구축에 관한 간담회'(이하 안보간담회)를 설치한 것에서 비롯된다. 이후 제2차 아베 정권 출범 직후인 2013년 2월 재차 안보간담회가 설치되었으며 동 안보간담회는 2014년 5월 최종보고서를 제출했다. 그로부터 2개월 후인 7월 아베 정권은 '국가의 존립을 유지하고 국민을 지키기 위한 빈틈없는 안전보장법제 정비에 관하여'라는 제목의 각료회의 결정을 내렸다. 그 대미를 장식한 것은 2015년 7월 국회 중의원에서의 11개 안보법안 강행 체결, 그리고 9월 국회 참의원에서의 동 법안 의결이었다.[142]

참고로 연립여당 내 협의, 일본 국민 및 시민단체의 안보법안 반대운동, 국회심의를 거치면서 집단적 자위권 행사가 '제한적으로' 허용된 점은 유념할

. . . .

141 이 절은 대부분 서승원(2015b)에 의거하고 있다.

142 11개 안보법안 및 개요는 다음과 같다: ①자위대법(미군 등 무기보호[평시 미 함정 보호], 미군에 대한 탄약 지원, 재외 일본인 구출[임무 수행 시 무기 사용 가능]), ②유엔평화유지활동(PKO)협력법(긴급 경호 및 안전확보 업무, 유엔이 통괄하지 않는 활동 참가), ③주변사태법(일본 주변에 제한되지 않는 외국군 후방지원), ④선박검사법(중요영향사태 시 선박 검사활동), ⑤무력공격사태대처법(존립위기사태 시 자위대가 방위출동하여 집단적 자위권 행사), ⑥미군행동관련조치법(무력공격사태 시 미군 이외도 지원, 존립위기사태 시 외국군 지원), ⑦특정공공시설이용법(자치단체가 관리하는 공항 등을 미군 이외도 이용), ⑧해상수송규제법(존립위기사태 시 자위대가 정선검사), ⑨포로취급법(인도적 포로 취급을 존립위기사태 시도 적용), ⑩국가안전보장회의(NSC)설치법(존립위기사태, 중요영향사태 등도 심의), 그리고 ⑪국제평화지원법(자위대 해외파견 상시 가능, 해외 타국군 후방지원).

만하다. 예를 들어 '자위조치로서의 무력행사 신 3요건'은 ①일본에 대한 무력공격이 발생한 경우, 또는 일본과 긴밀한 관계에 있는 타국에 대한 무력공격이 발생하여 그로 인해 일본의 존립이 위험에 처해 국민의 생명, 자유 및 행복추구의 권리가 근저에서 뒤집힐 수 있는 명백한 위험이 있는 경우, ②이를 배제하여 일본의 존립을 유지하고 국민을 지키기 위해 그 밖의 적당한 수단이 없는 경우, ③필요최소한의 실력행사에 그쳐야 한다고 규정했다. 미군 및 타국군대와의 연계, 자위대 무기사용조건 완화, 그리고 자위대 해외파병에 있어서 예외 없는 국회 사전승인을 의무화했다. 부연하면 자위대 해외파병 시 국회에 의한 제약도 비교적 엄격하게 설정되었다. 자위대 파병 전 국회승인, 180일마다 국회에 활동 보고, 국회의 자위대 철수 결의 시 즉각적인 활동 중단이 그것이다.

아베 정권은 '미일동맹 강화에 의한 억지력 향상'을 집단적 자위권 행사가 필요한 근거로 삼았다. 억지의 주된 대상이 중국임은 말할 나위 없다. 2013년 12월에 발표한 국가안전보장전략에서도 중국은 힘을 통해 현상변경을 추구하는 국가로 규정한 상태였다(國家安全保障會議 2013). 억지(deterrence)란 자국을 공격하려는 상대국에 대해 치명적인 손해를 가할 것이라고 위협하거나 상대국이 공격을 통해 얻는 이익보다 보복으로 입는 손해가 더 크다는 것을 깨닫게 함으로써 공격을 하지 못하게 하는 전략을 말한다. 일본이 집단적 자위권 행사를 비롯한 적극적인 동맹협력 확대 노력을 통해 미국의 동맹공약 이행을 확실히 하고 이를 통해 강화된 미일동맹을 근간으로 중국을 억지하겠다는 논리다.

이 논리는 일단 '방기의 공포'라는 요인으로 설명하는 것이 가능하다. 1978년 최초의 '미일 방위협력의 위한 지침'(가이드라인)을 책정한 이래 1997년 및 2015년 4월의 가이드라인 개정은 공히 소련 위협, 북한 대량살상무기(WMD) 개발, 중국의 부상 등 동아시아 안보환경이 불안정해지는 가운데 미국의 안보공약을 유지시키고자 하는 의도에 따른 것이었음은 부정하기 힘들다(信田 2004; 栗田 2015). 미일동맹 강화는 일본이 미국의 전쟁에 본의 아니게 연루될 위험성도 증대시키지만 아베 정권은 이러한 방기의 공포를 해소하기 위해 굳이 연루의 공포를 감수하겠다는 자세를 보였다. 특히 중국의 해양활동, 특히 댜오위다오/

센카쿠 열도 영유권 및 가스전 개발 문제를 매개로 시진핑 정권의 대일 압박이 거세지면서 미국의 동맹공약을 절감하게 되었다. 아베 수상이 신가이드라인 책정을 예정보다 앞당길 것, 신가이드라인 책정에서 도서부 방어 방안을 포함시킬 것, 미일안전보장협의위원회(2+2회담) 공동문서에 중국문제를 명시할 것을 요청한 것도 그 때문이었다(Asahi Shimbun, 1 October 2013; 讀賣新聞 2013.10.4.).[143]

그러나 방기의 공포라는 요인만으로 아베 정권의 대중 억지 자세를 설명하는 것은 다소 무리가 따른다. 아베 정권이 그간 정력적으로 추진해 온 안전보장체제 전환은 거의 모든 것이 중국을 직간접적으로 염두에 둔 것이라 해도 과언이 아니다. 우선 아베 정권이 요시다 독트린을 대체할 새로운 외교적 교리로 내세운 '적극적 평화주의'는 일본이 미국과 더불어 아시아 민주주의권(圈)=부전공동체의 평화와 안정, 그리고 번영에 중핵적 국가 역할을 담당할 것이라고 강조하고 있다(日本國際フォラム政策委員會 2009). 다음으로 국내 방위태세 정비에 있어서도 국가안전보장회의 내에 중국·북한반(班) 설치, 신방위계획대강 및 중기방위력정비계획의 자국 도서부 공격에 대한 종합적, 적극적 탈환의지 반영 등 중국의 그림자가 짙게 드리워져 있다. 게다가 미일동맹 이외에 3국 간 안보협력(한미일, 미일호, 미일인), 동남아 국가들과의 안보협력, '민주주의 안전보장 다이아몬드 구상' 등은 아베 정권이 단순한 자국 방어를 넘어서 중국 견제에 적극 나서는 모습을 보여준다.[144]

· · · · · · · · · · · · · · · ·

143 미일안전보장협의위원회 공동선언은 "핵 및 통상전력을 포함한 모든 종류의 미국 군사력에 의한, 일본 방어에 대한 미국의 흔들림 없는 공약이 이번 개정의 중심에 있다. (중략) 센카쿠 열도가 일본의 시정권이 미치는 영역이며, 따라서 미일안보조약 제5항 아래의 공약 범위에 포함된다는 점, 그리고 동 섬에 대한 일본의 시정권을 저해하려 하는 그 어떠한 일방적인 행동에도 반대한다는 점을 재확인했다"고 언급했다(日米安全保障協議委員會 2015.4.27.).

144 민주주의 국가인 일본, 호주, 인도, 미국 하와이를 잇는 다이아몬드를 형성하여 인도양에서 서태평양에 이르는 해양의 질서를 유지하자는 것이 위 다이아몬드 구상이다. 아베 수상은 중국이 이 지역의 평화와 안정, 그리고 항행의 자유를 침범하면서 남중국해를 자신의 내해, 이른바 '베이징의 호수'로 만들고 있다고 비판한다(Abe 2012). 참고로 아베 정권은 제1차 정권 당시 이와 유사한 '자유와 번영의 호' 구상을 천명한 바 있다.

대중 억지와 NO.2로서의 전략 게임

이상은 두 가지 의문을 갖게 한다. 하나는 아베 정권이 추진하는 대중 억지 시도를 어떻게 볼 것인가, 다른 하나는 아베 정권이 자국 방위에 머무르지 않고 미중 간 전략 게임에 적극 가담하는 이유는 무엇인가? 우선 앞의 의문에 대해서는 세 가지 측면에서 지적할 수 있다. 첫째, 미 오바마 정권이 2015년 가이드라인을 통해 댜오위댜오/센카쿠 열도가 미일안보의 대상임을 분명히 함으로써 동맹의 신뢰성 및 실효성은 한층 제고되었다. 물론 일본 국내에 중일 간에 무력 충돌이 발생할 경우 과연 미국이 중국과의 전쟁을 각오할 것인지를 우려하는 목소리가 있는 것도 사실이지만 '일본의 방위에 대한 미국의 흔들리지 않는 공약'(日米安全保障協議委員會 2015.4.27.)을 약속한 만큼 그러한 우려는 상당 부분 불식된 것으로 보인다.

단, 역설적으로 미일 대 중국 사이에 중장기적으로 '안보 딜레마'가 초래될 가능성은 적지 않다.[145] 이미 상대국이 현상 유지가 아닌 현상 변경 의도를 갖고 있다는 불신이 존재하고, 그러한 불신이 추동하는 추상적 형태의 안보 딜레마, 또한 중국어선 충돌사건이 일어난 2010년 이후에는 동중국해를 둘러싼 이해관계의 충돌이 추동하는 사실상의 안보 딜레마가 갈수록 두드러지고 있다는 지적도 나오는 실정이다(Liff and Ikenberry 2014, 73). 덧붙여 소규모 군사도발이나 현상 변경 행동으로 인해 '안정-불안정 패러독스'가 발생할 개연성도 존재한다. 미국과 중국 사이에 핵 억지가 성립하는 가운데 예를 들면 준군사조직에 의한 영해침범이나 단발적이고 피해가 제한적인 군사공격 등이 발생할 수도 있다(栗田 2015, 21).

둘째, 대중 억지의 성패를 좌우하는 것은 궁극적으로 중국의 인식과 행동에 달려 있다. 중국의 입장에서 미일 군사동맹 강화 이상으로 미일동맹 그 자체

. . . .

145 안보 딜레마란 방어적이거나 현상 유지의 의도를 가진 두 국가가 비용이 많이 들고 불안정을 야기하는 경쟁이나 군사력 증대를 회피하고자 하지만 상대방의 진정한 의도에 대한 불확실성으로 인해 결국 잠재적으로 재앙을 초래할 만한 군사력 증대의 악순환에 빠지는 상황을 말한다(Christensen 1999, 49-50).

가 위협이다.[146] 1970년대 말 이래 미일동맹은 중국의 개혁 · 개방 노선을 측면에서 지원한 관대한 제도였으며, 동시에 일본의 군국주의화를 억제하는 병마개 역할을 해왔다는 것이 중국 측의 일반적인 평가였다(Christensen 2006; 서승원 2012). 그러나 미일동맹은 1990년대 중반 미일동맹 재정의 이후 중국에 대해 점차 비우호적, 배타적으로 변모해 왔다. 특히, 2005년 외교 국방장관(2+2) 회담에서 미일 양국은 중국을 전략적 경쟁자로 규정함과 동시에 대만을 공통 전략목표로 포함시키기에 이르렀다. 중국 측에는 현재 미일동맹이 병마개가 아니라 중국의 부상을 가로막고 대만과의 통일을 방해하며 일본의 군사대국화를 적극 조장하고 있다는 견해가 주류를 차지한다(Wu 2005/2006).[147] 중국 측이 미일동맹을 수용하게 하거나, 아니면 적어도 미일동맹이 중국에 '열린'(inclusive) 제도로 되돌아갈 필요가 있다.

셋째, 아베 정권은 그 어느 나라에 비해 중국 포위망 형성에 적극적이다. 미일동맹의 반중적 성격을 강조함으로써 '미일 대 중' 구도를 공고히 하고자 하며(손열 2015, 61), '민주주의 안전보장 다이아몬드' 구상을 통해 일종의 지정학적 방어선까지 구축하려 한다. 2015년 8월 '전후 70주년 담화'(이른바 아베 담화)에서는 110년 전 일본이 대륙세력과 해양세력이 충돌하는 가운데 영일동맹을 맺어 러시아의 남하를 저지했다는 역사적 유추를 선보이기도 했다(아베 2015). 여기서 과거의 영일동맹과 러시아가 상징하는 것이 현재의 미일동맹과 중국임은 분명하다. 아베 정권의 이 같은 행보가 야기하는 가장 큰 문제점은 역내 지정학적

. . . .

146 미일동맹에 대한 중국 내의 견해로는 대체로 세 부류가 있다. 첫째는 일본이 미일동맹을 가장하여 중국 공포, 자주방위, 군국주의 성향 등과 같은 자신의 궁극적인 동기를 감추고 있다는 견해, 둘째는 미국이 중국을 봉쇄할 목적으로 일본의 군사적 보통국가화에 방관적인 자세를 취하거나 일본이 중국에 대결적인 자세를 취하도록 조장하고 있다는 견해, 그리고 마지막으로 소수이긴 하나 미국이 중일 양국 모두 서로에게 사로잡히도록 이중의 봉쇄전략을 수행하고 있다는 견해도 있다(Glaser and Farrar 2015).

147 2014년 5월 '아시아교류 및 신뢰구축회의'(CICA)에서 시진핑 주석은 제3자를 대상으로 한 군사동맹은 지역의 공통안보에 도움이 되지 않는다, 냉전 시대와 제로섬 게임에 근거한 낡은 사고방식을 지양해야 한다, 아시아의 안보문제는 아시아인들 스스로에 의해 해결되어야 한다고 지적했다(Xi 2014.5.21.).

단층의 출현을 조장한다는 점이다.[148]

다음으로 두 번째 의문에 답할 차례다. 즉, 아베 정권이 미중 간 전략 게임에 적극 가담하는 이유는 무엇인가? 첫째, 거시적으로 볼 때 기존의 동아시아 정치 안보질서, 즉 샌프란시스코체제를 고수(固守)하고자 하는 일본의 자세가 두드러 진다.[149] 이는 자국의 처한 역내 안보환경, 그리고 여타 국익을 고려할 때 사활 적으로 중요하다고 판단하고 있기 때문이다. 우선 아베 정권은 출범 직후 미국 중시를 천명했다. 전임 민주당 정권 시기에 악화된 미일동맹을 복위시키는 것 이 시급한 과제였다. 단, 아베 정권은 단순한 동맹 복원에 그치지 않았다. 아시 아·태평양에서 제2인자로서의 입지를 확고히 하면서 미국이 주도하는 질서를 적극 수호하고자 하는 의지를 천명했다. 2013년 2월 22일 미 전략문제연구소 (CSIS)에서 행한 아베 수상의 연설('일본은 돌아왔다'[Japan is Back])이 이를 단적으로 보여준다.[150] 이 연설은 전년 8월 '제3차 아미티지 보고서'를 통해 미국 측이 제 기한 의문에 대한 답변이기도 했다(Armitage and Nye 2012). 당연히 아베 정권은 미 오바마 정권의 '재균형 전략'에 대해 전 민주당 정권과 비해 한층 더 공격적 으로 임하고 있다. 신미일가이드라인을 비롯한 미일동맹 강화에 더하여 3각 안 보협력(한미일, 미일인, 미일호 등) 및 동남아 국가들과의 군사협력 등 새로운 중간적 허브 역할까지 자청하고 있다. 샌프란시스코체제 유지는 주변국과의 영유권 문 제나 과거사 문제를 고려할 경우에도 불가결하다.[151]

둘째, 미일동맹을 통한 대중정책 기조는 미중일 3각 관계에 대한 일본 측의 우려를 반영한다. 샌프란시스코체제는 중국을 원천적으로 배제한 틀이라는 결

· · · · · · · · · · · · · · · ·

148 최근 중일 양국 사이의 타자 악마화(demonization) 경향에 대해서는 Moon and Suh(2015) 참조.

149 샌프란시스코체제란 미국을 중심으로 한 차륜형(hub-and-spokes) 동맹 시스템과 그 위에 성립된 양자 간 수교의 틀을 말한다.

150 동 연설에서 아베 수상은 "일본은 지금도 그리고 앞으로도 2류 국가가 되지는 않을 것이다. (중략) 룰 을 증진시키는 존재이자 공공재의 수호자, 그리고 미국을 비롯한 민주주의 국가들에게 힘을 발휘할 수 있는 동맹상대국이며 동료이다. 이것이 바로 일본이 해야 하는 역할"이라고 역설했다(安倍 2012).

151 예를 들어 댜오위다오/센카쿠 열도의 영유권 주장의 근거로 중국 측은 카이로선언과 포츠담선언을 드는 데 비해 일본 측은 샌프란시스코강화조약을 든다. 참고로 동 강화조약 당시 한일 간의 독도문제 는 애매한 형태로 남겨졌다. 또한 샌프란시스코체제가 일본과 주변국 사이의 과거사 문제를 둘러싼 불협화음의 화근(禍根)을 배태한 것은 주지의 사실이다.

함을 내재한다. 이 체제 안에서 일본 역대정권이 선택할 수 있는 운신의 폭은 미일동맹을 유지하면서 중국과 어느 정도 가까워지는 것이 바람직한가의 문제에 대한 각자의 해석에 따라 정해졌다. 대중 관여정책의 유지를 선호하는 자민당 보수본류는 탈냉전기에도 긴밀한 중일관계는 미일관계와 공존할 수 있을 것으로 생각했다. 민주당 하토야마 정권은 한발 더 나아가 과도한 대미 의존을 줄이면서 한중일 3국을 중심으로 한 동아시아공동체 구축을 지향했다.[152] 이에 반해 보수우파는 보수본류의 관여정책이 중국의 부상과 대외적 자기 주장을 도와준 셈이라고 비판했다. 견고한 미일동맹을 담보하지 않은 중국 접근은 역사문제의 외교 카드화를 조장하며, 무엇보다도 미중 양국의 '일본 배제'(Japan passing) 위험성을 초래할 가능성이 크다.[153] 일본이 미국의 중일 이간책(離間策)과 중국의 미일 이간책의 가능성을 전제하면서 미중접근에 대한 공포의 회피, 즉 미중 이간 내지 경쟁을 유도하는 방식이라고도 할 수 있다. 무력충돌을 야기할 만한 높은 수준의 긴장이 아닌 한, 적절한 수준의 미중 간 긴장은 도쿄의 이익에 반하지 않는다.[154]

셋째, 역사수정주의는 아베 정권이 미중 간 전략경쟁에 가담한 또 하나의 이유를 제공해준다. 길버트 로즈만(Rozman 2014, 1-2)은 아베 정권이 대중정책에서는 미일동맹 및 3국 간 안보협력을 중시하는 안보 현실주의 노선을, 한편 대한국정책에서는 공세적 여론전에 의거한 역사수정주의 노선을 취하고 있다고

· · · · · · · · · · · · · · · ·

152 당시 민주당 지도부 내에서는 미중일 정삼각형론을 주장하는 오자와 이치로(小澤一郎) 그룹과 미중일 관계는 대등하지 않으며 어디까지나 미일동맹이 기축이라고 주장하는 하토야마 수상, 오카다 가츠야(岡田克也) 외상 등이 대립하고 있었다(서승원 2014, 199). 참고로 오자와가 1990년대 초에 제시한 '보통국가론'은 유엔평화유지 활동을 강조하면서 나카소네의 안보역할확대론과 시민평화대국론의 접점을 찾아주는 역할을 했는데 이 또한 미중일 3국 간 균형외교를 지향한 것이었다(남창희 2014).

153 일본 측의 '일본 배제'에 대한 우려는 몇 가지 당혹스런 경험의 소산이기도 하다. 예를 들어 미국은 냉전 초기 소련과 중국을 이간시킬 목적으로 중국판 티토주의 구상, 즉 서태평양 지역의 미중 공동경영 구상을 제시한 적이 있다. 1972년 닉슨(Richard Nixon) 대통령의 중국 방문 당시 미국 측은 동맹국 일본에는 철저히 방문 사실을 철저히 함구한 일도 있다. 1994년 클린턴(Bill Clinton) 대통령은 중국 방문 길에 도쿄를 경유하지 않고 귀국하기도 했다.

154 미국의 입장도 이와 유사한데 크리스텐센(Christensen 2006, 124)은 적절한 정도의 중일 간 긴장이 미국의 군사적 존재감을 부각시키고 미국의 동아시아 동맹관계에 건설적으로 작용한다고 지적한다.

지적한다. 흥미로운 견해이나 안보 현실주의와 역사수정주의의 조합을 정확히 파악하기 위해서는 한국과의 관계까지 들여다볼 필요가 있다. 사실 아베 정권은 집권 초기 "북한의 핵 미사일 문제 등을 고려할 때 한국은 지정학적으로 극히 중요하며, 한미일 안보협력을 동아시아의 평화와 안정을 위한 핵심적 틀"로 규정한 바 있다(國家安全保障會議 2013, 20). 그러나 한미일 안보협력은 박근혜 정권이 일본군위안부 문제 해결을 정상회담의 전제조건으로 내걸고, 국제무대에서도 대일 압박 공세를 펼치면서 답보 상태를 면치 못했다. 더구나 한중 간에는 대일 과거사 연대까지 형성되고 있었다. 그에 대한 아베 정권의 돌파 방안은 한국 고립 또는 방치(放置)였다(Rozman 2014; 阿比留 2015, 62).[155] 미국에 대해서는 한국의 중국편승론을 거론하면서 박근혜 정권의 과거사 문제에 대한 집착이 한미일 안보협력을 저해하는 주된 요인이라는 점을 강조했다. 2015년 2월 미 국무성 차관보 웬디 셔먼(Wendy Sherman) 발언은 그 같은 문맥에서 나온 것이었다.[156] 그로 인해 '미일 대 한중' 구도, 즉 안전보장을 중시하는 미일동맹과 과거사 문제를 매개로 형성된 한중연대가 서로 대립하는 듯한 양상이 출현했다. 또한 대일 한중연대의 와해를 의도한 듯한 움직임도 관찰되었다. 아베담화(2015.8.14.)는 중국에 대한 침략을 분명하게 인정한 데 반해 한국의 식민지 지배와 일본군위안부 문제는 두루뭉술하게 표현했다.[157]

. . . .

[155] 한국 방치란 박근혜 정권의 일본군위안부 문제 해결 요구에 대해 비타협적 자세를 취하면서 대미 외교 강화, 대중 외교 개선으로 한국을 고립시키고 이를 통해 전향적 자세를 끌어내는 방식을 말한다.

[156] 셔먼 차관보는 2월 27일 카네기국제연구소에서 행한 발언에서 "물론 민족주의 감정이 여전히 이용될 수 있으며, 정치지도자들이 과거의 적을 비난함으로써 값싼 박수를 얻는 것은 어렵지 않다. 그러나 그러한 도발은 진보가 아닌 마비를 초래할 뿐이다"고 언급했다(Sherman 2015).

[157] 모리스-스즈키(Morris-Suzuki 2015)는 아베담화가 침략자와 희생자 사이의 경계를 무너뜨림으로써 무라야마담화 및 고이즈미담화로부터 크게 후퇴했다고 비판한다.

4. 맺는 말

이토 겐이치(伊藤憲一 2010, 67)는 "중국 요인과 미국 요인은 제2차 세계대전 이전에도 그러했지만, 패전 이후 그리고 현재에 있어서도 동전의 양면을 이루는 2차 방정식이며 한꺼번에 풀지 않으면 안 되는 문제"라고 지적한다. 한편, 다나카 가쿠에이(田中角榮) 전 수상은 회고록에서 "중일문제는 외교문제라기보다는 국내문제다. 메이지(明治) 100년의 역사를 돌이켜보면 그 어떠한 내각에 있어서도 최대의 난문(難問)이었다. 중일문제가 진정되면 국내 불협화음 가운데 3분의 2는 없어질 것"이라는 말을 남겼다(早坂 1987, 220-221). 중일관계는 미중일 관계이기도 하며 일본의 내정과 깊숙이 연결되어 있다는 의미다. 아베 정권은 '미일동맹을 통해 중국에 대응한다'는 고이즈미 준이치로(小泉純一郎) 정권의 정책기조를 군사 · 안보적으로 한층 더 강화한 버전, 즉 '미일동맹을 통한 대중 억지'를 표방했다.[158] 이러한 '미일 대 중국' 구도는 대외정책 분야에서의 '전후체제 탈각', 즉 요시다 독트린 폐기에도 도움이 될 것으로 판단한 듯하다.

미일동맹이 앞으로도 역내의 공공재로 남기 위해서는 열린(inclusive) 제도를 지향해야 한다(Tanaka 2015). 그러나 최근의 전개를 보면 강화된 미일동맹은 전에 비해 배타적이며 중국의 순응을 이끌어내기보다는 서로 견제하는 갈등관계와 안보 딜레마를 야기할 가능성이 크다(조세영 2015, 65). 또한 미국 주도의 양자주의적 군사 안보협력이 다자 간 안보대화나 신뢰구축 노력을 훼손하고 있는 것도 사실이다. 이런 상황을 고려할 때 한미일 안보협력의 틀에 북한임무에 더하여 중국임무까지 부여하자는 견해는 납득하기 힘들다. 단기적으로 강대국 간 지정학적 경쟁을 완화시킬 수 있는 방안을 강구하고, 중장기적으로는 4자회담, 6자회담 등 다자주의 활성화를 통해 샌프란시스코체제의 결함을 극복해 나가면서 평화체제 구축을 지향하는 것이 바람직할 것이다.

· · · · · · · · · · · · · · ·

158 1950-60년대 좌파세력의 중일제휴론, 호소카와 모리히로(細川護熙)의 '미일동맹 무용론', 하토야마 유키오(鳩山由紀夫)의 동아시아 공동체론이나 오자와 이치로(小澤一郎)의 미중일 정삼각형론 등과 대조가 된다.

그에 비해 한중일 3국 간 관계의 발전은 미중일 간 긴장과 대립을 완화시키는 데 있어 충분조건은 아니더라도 필요조건이 될 수는 있다. 그러기 위해서는 무엇보다 3국 간 관계 안의 '한중 대(vs.) 일본'이란 대결적 구도를 '한중 그리고 (and) 일본' 등과 같이 문제해결을 지향하는 구도로 변화시켜 나가야 한다. 그동안 일본의 역사수정주의 노선과 영유권 문제에 대한 비타협적 자세는 한중관계의 긴밀화는 물론 양국의 대일 과거사 연대의 형성에 일조했다. 중국의 대일 공세는 일본의 미국 경사를 가속화시키고 한미일 안보협력을 중시하게 했다. 경제적 상호의존과 북한문제를 고려한 한국은 과거사 문제에 관련된 대일 반감을 가지면서 한중관계 심화에 박차를 가했다(박철희 2015). 한중 양국으로부터 외교적으로 고립된 일본은 '미일 대 한중' 구도를 과장함으로써 한국을 압박하여 '한미일 대 중국' 구도의 형성을 원한다. 이와 동시에 과거사, 영유권, 안보, 경제 등 제반 이슈를 서로 연계시키는 방식 또한 지양할 필요가 있다.

동아시아 지정학 환경과 일본 안보전략 변화

바덴쥔(巴殿君 / 길림대학교)

1. 동아시아의 지정학적 딜레마

현재 새로운 국제 질서가 형성되고 있다. 글로벌화는 점점 심화되고 있고 이
것이 가져오는 위험, 예컨대 대규모 살상무기의 확산, 국제 테러리즘, 에너지 안
보, 질병 유행 등이 점증하고 있다. 글로벌 파워도 대서양에서 태평양으로 이동
하고 있다. 동아시아의 발전은 21세기 중요한 지정학적 구조 변동의 중요한 사
건 가운데 하나이다. 세계 구조의 불안이 동아시아 지정학적 환경을 변화시켰
다. 동아시아 전략 환경은 세 가지 지정학적 딜레마에 직면하고 있다. 즉 '강대
국 딜레마' 중의 '전략 경쟁', '이웃 국가 딜레마' 중의 '전략 의구심', '동맹 딜레
마' 중의 '전략적 선택의 결함(戰略選擇缺失)' 등의 문제이다.

1) '강대국 딜레마'

동아시아에는 세계 주요 강대국이 집중되어 있다. 중국, 러시아, 일본 등 주
요 강대국이 거의 동시에 집단적으로 부상하고 있고 미국의 전략이 동쪽으로
이동하고 있으며, 강대국 경쟁 상태가 동아시아 안보가 직면하는 거대한 시험
이 되고 있다. 먼저, 강대국의 경쟁 범위가 한층 광범해지고 있다. 안보 영역의
경쟁뿐만 아니라 정치, 경제, 이데올로기 등 전방위적인 경쟁을 포함하고 있으
며 이는 역사상 어떠한 패권 국가와 도전 국가 간의 경쟁에 비해서 훨씬 광범위

하다. 다음으로, 한반도를 둘러싸고 강대국의 경쟁이 전대미문의 복잡성을 띠고 있다. 글로벌 시대, 각국 간 상호 의존이 지금처럼 긴밀한 적이 없다. 국가와 국가 간의 상호 의존은 역사적으로 어떠한 시기를 초월하고 있으며 핵무기의 개발과 보유는 상호 적대적 충돌의 대가가 '상호 파괴'를 초래하고 있다. 강대국 간의 경쟁은 상호 의존성을 제약할 뿐만 아니라 핵무시 시대 '상호 파괴'의 후과를 감당할 수 없게 한다. 긴장되고 다변적인 국제체제에서 깊이 있고 전면적인 상호 의존과 엄중한 후과는 강대국이 북한 문제를 처리하는 데서 반드시 신중한 대응과 지역의 전략적 균형을 신중하게 유지하는 것을 결정한다. 재차 중국과 미국의 경쟁이 한층 변화무쌍해지고 있다. 중국의 국력 상승은 중국을 훨씬 더 안보적으로 변화시켰으며 게다가 더욱 나쁜 것은 바로 미국이 안보의 중심을 동아시아로 돌리는 전략적 반응을 불러왔다는 것이다. 미국의 동아시아와 남아시아에서의 군사외교활동 강화와 일련의 전략적 안배는 이미 충분하며 향후 상당한 일정 기간 내에 중국의 외교적 기교를 엄중히 시험하고 있다. 전체적으로 중국과 미국의 경쟁은 이미 소련과 미국의 이데올로기 형태의 대결 유형에 속하지 않으며, 또한 강대국 권력의 교체 중 대외 영토 확장의 '권력 충돌'의 필연적인 귀착점도 아니다. 중미관계의 다변성은 현재 부단히 변화하는 국제체제에 달려 있다. 중국은 이미 전후 질서의 수익자이며 또한 국제체제를 변화시키는 참여자이기도 하다. 이러한 국제체제에서 중미 협력의 수량과 질량은 모두 역사적으로 도전 국가와 경쟁 국가 간에 발생하지 않았던 역사적인 현상이다. 중국은 미국이 국제 사무에서 발휘하고 있는 핵심적인 역할의 현실을 받아들이고 있다. 중국의 글로벌 외교정책은 '동맹'이라는 세력 균형 수단을 폐기했으며 또한 '내정 간섭'이라는 패권적 행동도 없다. 중국이 비역사적인 전통 유형의 대외 확장주의자가 아니기 때문에 그리고 세계 패권을 주도하는 강대국의 지위를 추구하지도 않기 때문에 그 전략적 목적은 '민족 부흥'이라는 역사의 리모델링을 체현하는 것으로 나타난다. 이것이 중미관계의 발전이 갖고 있는 모종의 안정적이고 지속 가능한 발전의 특징을 보장한다.

2) '이웃 국가 딜레마'

이웃 국가는 어느 정도까지 발전할 것인가? 그리고 경제적으로 어떠한 영향을 미칠 것인가? 안보정책은 어떠할 것인가? 미래의 발전 동향과 영향은? 이것은 모두 어떠한 이웃 국가도 관심을 갖는 문제이다. 20세기 1990년대 초 냉전 종식에 따라 중국과 한국이 수교하고, 일본과 북한, 한국과 북한 관계가 국교 정상화 건립을 모색하는 시기에 놓였다. 정치환경의 개선은 지역 내 이웃 국가 간의 협력에 동력을 제공했다. 먼저, 이웃 국가 간의 상호 경제무역 관계가 부단히 강화되었으며 인적 교류가 점점 활발해졌다. 지역 내 각국은 지리적인 상호 근접성을 이용하여 자원의 상호 보완 등 천연의 장점을 통한 협력을 추진했다. 현재, 중국과 일본, 한국의 경제 상호 의존은 전례 없이 긴밀해지고 있고, 산업 사슬의 상호 보완도 두드러지고 있다 예컨대, 일본은 설비를 생산하고 한국은 부품을 제조하고 중국은 조립하고 있다. 상호 협력은 각자의 장점을 발휘하고 있으며 중국과 러시아, 북한의 경제협력도 부단히 강화되고 있다. 물류 개발과 해항(海港) 건설, 경제 무역액 수준도 끊임없이 증가하고 있다. 지역 내 이웃 국가 간계의 상호 협조의 특징은 이 지역 경제 협력에 거대한 경제적인 에너지를 제공하고 있다. 향후 20년 이 지역에서 경제 요소의 자유로운 유동은 훨씬 강화되고 긴밀해져 글로벌 경쟁에서 유리한 위치를 점할 것으로 예상된다. 다른 한편, 한반도와 그 주변 국가의 정치경제 모델도 다양해질 것이다. 자본주의, 사회주의 제도, 시장경제, 계획경제 모델, '군주 입헌, 선군 정치' 정치체제 등 국가가 동시에 공존하고 종족, 언어, 문화, 경제 발전 등 차이도 거대해질 것이다. 제2차 세계대전의 유산인 국가 분열, 영토 분쟁, 역사 평가 등 문제가 야기하는 모순과 충돌 사건도 빈발할 것이고 각국 이익 추구도 다르게 나타날 것이다. 특히 북한의 제4차 핵실험은 지역 내 안보 환경의 진일보한 악화를 야기했다. 동시에 거대한 민족주의 분쟁과 지속적인 정치적 상이함이 여러 이웃 국가 간의 이익의 조화를 어렵게 하고 있다. 경제관계의 강화와 안보, 정치관계의 악화가 지역 내 '이웃 국가 딜레마'의 주요 특징이라고 말할 수 있다. 이웃 국가 간의 '전략적 의구심'을 어떻게 해결할 것인가, 이웃 국가 간의 '안보 딜레마' 문제를 어떻게 해결할 것인가가 향후 지역의 발전과 협력에서 무시할 수 없는 장애가 될 것이다.

3) '동맹 딜레마'

　현실주의 이론에서 국제체제는 자조 체제(自助體系)이다. 이러한 체제에서 각국은 공식, 비공식 '동맹' 안배를 통해서 협력을 진행하고 안보를 증진시키고 위험을 만들어내는 행위체를 방어할 수 있다. 이러한 '동맹'의 협력과 안배는 상대 간의 힘(power) 관계로 결정된다. 실력 차이가 클수록 동맹 가능성이 있으며 일단 동맹을 맺게 되면 '동맹 딜레마'가 출현하게 된다. 동맹은 피차간에 동맹을 파기할 것인가 혹은 지속할 것인가라는 상호 우려를 갖게 한다. '동맹 딜레마'는 두 방면에서 나타난다. 먼저, 동맹 내부 '국가관계 모델'에서 보면, 여러 소국들은 본국 이익을 최대화하는 목표를 실현하기 위해서 강대국과 동맹을 맺고 자신을 위해서 보험을 들게 된다. 그러나 대외전략 실시 측면에서, 오히려 강대국에 좌지우지되는 모순에 놓이게 되고 훨씬 많이 '주동적인 공세(主動出擊)'로 나타나며 '위험'은 강대국과 공동으로 부담한다. 다른 측면에서, 동맹 내부 '국제관계 모델'에서 보면, 냉전 이후 중국의 동맹을 맺지 않는 정책과 미국, 일본, 한국의 동맹체제는 '권력의 균형 잃음(權力失衡)' 국면이 존재한다. 중국의 30년 대외정책은 중점을 전략동맹을 건립하는 것에 두지 않았다. 이와 반대로 중점을 미국과의 안정된 관계를 유지하고 평화적으로 외부환경을 이용하여 국내 경제발전을 촉진하는 것에 두었다. 서방 국가는 줄곧 동맹을 통해서 소위 '북한 위협'과 '중국 위협'에 대처해 왔다. 일본, 미국, 한국의 군사동맹의 전략적 실시에 대응하며 중국이 동맹을 맺지 않는다는 정책을 주장하는 것은 사실상 중국 자신의 안보와 이익을 약화시켰다. 중국은 관련 국가와의 '전략적 선택의 결함'의 문제를 어떻게 해결할 것인가를 사고해야 하고 또한 자신에만 기대는 발전이 '확고한 진리는 아니다(不是硬道理)'라는 문제를 인식해야 한다.

2. 일본 안보전략의 전환

2011년 이후 세계 정세는 이미 중대한 변화를 보이고 있다. 중국은 신흥 경제체로서 경제 총량에서 이미 일본을 초월했으며 세계 제2의 경제대국이 되었다. 동시에 글로벌화는 글로벌 경제가 상호 의존하는 경제 일체화를 초래했다. 특히 세계 최대 그리고 제2의 경제체로서 미국과 중국 양 국가는 이미 상호 호혜적인 경제관계를 구축했다. 미국의 대중 수출, 중국의 대미 투자의 경제구조가 미국과 중국 경제협력의 주요 형태를 구축했다. 2012년 중국과 미국의 무역 총액은 이미 4,845억 달러에 달한다. 이는 일본과 미국의 무역 총액 1,726억 달러의 세 배에 달한다. 중국은 미국 국채 최대 보유 국가로 1조 3천억 달러의 국채를 보유하고 있다. 2012년 자민당 아베의 두 번째 집권 이후 세계 정치, 경제와 안보 틀의 변화에 직면하여 아베는 아베의 특색이 들어간 '아베 경제학'을 내놓았으며 2012년 말부터 '아베 경제학'이라는 이름의 정책으로 공식 시행되기 시작했다. 아베는 화폐정책의 완화, 공공지출의 증대, 구조 개혁 추진 등 세 가지 정책을 제시했다. 강대한 경제 압력 하에서 아베는 엔화의 평가 절하를 통해서 수출 증대를 떠받치고 있다. 그러나 현 시점에서 보면, 몇 년간 실시된 '아베 경제학'이 효과는 분명하게 나타나지 않고 있다. 엔화의 평가 절하는 수출 증대 촉진으로 연결되지 않고 있으며 금융정책 또한 구조개혁에 도움이 되지 않고 있으며 경제정책도 실물 경제 개선에 도움이 되지 않고 있다. 오히려 빈부 격차가 확대되고 일본의 경제 환경이 점점 악화되고 있다.

1) 아베의 국가안보전략 전환 추동

이러한 경제 딜레마에 직면해서 '아베 경제학'은 점차 '아베 정치학'과 '안보학'으로 변화하고 있다. 아베의 국가 군사에 대한 통제가 경제 산출에 대한 통제보다 많아지는 것으로 나타나고 있다. 집단적 자위권 해금, 무기 수출 3원칙 기준 완화, 국가안보전략의 국방의식 강화, 군사비 증가 등을 통해서 나타나고 있다. 2015년 7월 아베는 '신안보법'을 제정하고 '집단적 자위권'을 해금하고 해외 전쟁 참여를 위해서 녹색 등을 켰다. 이는 일본이 가는 길에 대해 질적인 영향을 만들어냈고 군국주의 부활 추세를 다시 만들어냈다. 아베의 군사 정책은 이미 부정적인 영향을 가져왔다. 하나는 중일관계, 한일관계 등 인근 국가 관계가 계속 악화되고 있다. 둘째는 지역 관계 악화가 장차 세계 경제에 파동을 미친다는 것이다. 세 번째는 일본과 미국 관계에도 장기적으로는 부정적인 영향을 미칠 수 있다는 점이다.

최근 일본의 국방비는 부단히 상승했다. 2013년에는 2012년에 비해서 400억 엔 증가해서 4조 7,538억 엔에 이르렀다. 증가폭이 0.8%이다. 이것은 2003년 이래 처음으로 증가한 것이다. 방위성이 제출한 2014년도 예산은 2013년도에 비해서 2.9% 증가했다. 총액 규모 4조 8,928억 엔이다.[159] 이 외에 일본 정부는 자위대원의 인원, 장비, 예산을 확충하는 방위 계획 대강(防衛計劃大綱)을 수정하려고 한다. 이를 위해 '동태방위력(動態防衛力)' 개념을 제시했다. 즉 자위대 부대의 기동 운용 능력을 제고하고, 긴급성과 기동성을 강화하고, 해상과 항공 자위대의 테러 습격과 도서 침략 대항 능력을 강화하고, 역량 배치를 북해도에서 서남 도서로 이동하고자 한다.[160] 2015년 8월 일본은 2016년도 방위 예산을 공포했다. 5조 엔에 달하는 규모로 역사적으로 가장 많은 액수이다. 일본이 빠르게 군사강대국화 목표로 나아가고 있다.

아베는 전후 일본 수상들과 다른 노선을 걷고 있다. 모든 힘을 안보와 정치에 놓고 있으며 그 중점은 '애국심 배양', 국가안보전략의 국방의식 강화, 군사비 증가, 교과서 수정, 야스쿠니 신사 참배, 무기 수출 3원칙 파기 등을 통해서 '헌법 수정과 군대 강화(修憲强軍)'이며 우선적으로 경제발전에 진력하지 않고 있다. 2013년 12월 6일 일본 국회는 〈특정비밀보호법안〉을 강행 통과시켰다. 일반 대중과 신문기자가 정부가 정의한 7가지 국가 기밀 문건에 접촉하는 것을 금지하고 있는데 이는 국제 관계 위반으로 아베 정부가 역사의 진상을 감추려는 시대에 역행하는 조치이다. 이는 '정부 해석'을 이용하여 '법률 지배'의 민주 원칙을 대체하는 것이다. 이는 또한 민주국가의 정상적인 상태를 엄중히 위

. . . .

159 "日本安保政策的重大轉機", 『日本經濟新聞』, 2013年 11月 19日.
160 "日本將擴充防衛費並修改防衛計劃大綱", 『讀賣新聞』, 2013年 1月 8日.

배한 것이다. 실제 추진하려는 것은 '민생주의(民生主義)'를 '복고적 국가주의(複古的國家主義)'로 밀어 올리려는 '전전 사상'의 노선이다. 이는 일본 평화주의의 질적인 변화를 야기한다.

아베의 '적극적 평화주의'와 헌법적 평화주의는 겉으로는 같지만 속은 완전히 정반대이다. 사실 평화주의의 포장이고 포퓰리즘의 추동장치로 일본 국민의 집단 정서에 영향을 미쳤다. 일본 극우세력이 준동하기 시작했고 극우 경향, 고립주의의 상승으로 이미 정계, 대중문화계 특히 청년 계층에 무시할 수 없는 영향을 끼치기 시작했다. 역사 수정주의, 혐중 혐한 정서는 이미 일본 국민 가운데 큰 시장을 형성하고 있으며 정부 엘리트 중에서도 넘쳐나고 있다. 일본은 포퓰리즘을 동력으로 일중관계와 일한관계 악화를 야기하고 있으며 일본과 동아시아 양국이 상당 기간 역사적인 원한을 초월하여 어렵게 만들어 낸 새로운 협력 모델을 어렵게 만들고 있다. 일단 역사와 영토 문제가 격화되면 3자 협력의 노력은 파괴된다. 동시에 미국와 일본, 한국의 미래 협력의 기대감도 약화될 수 있으며 미국의 글로벌 전략의 투사도 장애를 받을 수 있다. 아베의 '전후 체제 탈피'의 역사수정주의는 '이율배반'의 특징을 가지고 있다. 즉, 국가는 우호적인 것을 원한다. 그러나 언제나 그런 상태일 수는 없다.[161] 일본의 전후 국제질서에 대한 도전도 반미 정서를 배태하고 있다. 일본 우경 보수주의는 견실한 토양을 가지고 있고 자주 군비론의 목소리도 점점 강해지고 있다. 일본의 국방 사무 궤적도 변화를 보일 것이고 국방 정책도 평화주의에서 공격성의 군사적인 모습으로 변화할 것이다. 미국의 대일본 불신감 또한 '위험 수위'에 진입할 것이다. 미국에서 일본 우경화를 지적하는 보도도 증가하고 있다.[162]

2) '집단자위권' 제한 해제의 추진

2014년 7월 1일, 아베 내각은 임시 내각 회의에서 헌법 해석을 수정하는 형

---

161 "安倍政府和日美關系──不要忘記歷史的原點", 『每日新聞』, 2014年 3月 3日.

162 "美國有識之士對參拜問題的分析", 『朝日新聞』, 2014年 2月 27日.

식으로 "자신이 공격을 받지 않더라도 일본도 타국의 공격과 무력 행사에 대응하여 저지할 수 있도록" 하는 '제한적 의미의 집단적 자위권 해금'의 결의안을 명확하게 제출하여 국제사회의 고도의 경계심을 유발했다. 이는 일본이 근 70년 동안 유지해 온 평화주의 정책에 대한 역사적인 조정을 의미한다. 집단적 자위권 해금을 수단으로 '군사강대국'과 '정치강대국'의 길로 매진하는 것이 아베 정부가 이미 정한 방침과 노선이라고 말할 수 있다.

(1) 아베의 집단자위권 제한 해제 동인

아베 제2기 내각은 집단적 자위권의 제한 해제가 '가장 현실적인 길'임을 수차례 언급했다. 일본이 무력 공격을 받았을 때 혹은 일본과 관계가 밀접한 국가가 무력 공격을 받았을 때 일본의 존망을 위협받을 때, 근본적으로 일본 국민에 대한 생명, 자유와 행복 추구의 권리가 명확하게 위험한 상황에 있는 경우 국가와 국민을 보호하기 위해서 '필요한 최소한도'의 무력을 행사할 수 있음을 강조했다. 이는 일본의 전후 방어 위주 안보 정책에 중대한 변화가 발생하는 것을 의미하며 그것은 네 가지 방면에서 나타날 것이다.

첫째, 전후 체제에서 탈피하여 '보통 국가' 목표를 실현한다. 아베는 자민당의 창당 이념이 '하나는 전후 부흥을 완성하는 것이고, 두 번째는 전후체제를 종식시키고 자주적으로 헌법을 제정하는 것'이라고 지적하고 있다. 일본이 직면하고 있는 많은 문제, 예컨대 납치문제, 영토문제, 일본과 미국 관계 등에서 "근원은 오직 하나--'전후 체제 탈피'가 일본이 직면하고 있는 가장 큰 과제"라고 인식하고 있다. 일본 평화 헌법을 수정하고 집단적 자위권 관련 제한 해제을 변경하고 장차 자위대를 국방군으로 승격시키고 자주적이고 독립적인 정치, 외교와 안보체계를 건립하고 최종적으로 소위 말하는 '보통 국가'의 정치, 군사강대국 목표를 실현하는 것이 가장 좋은 방법이라고 주장한다.

둘째, 미국과 동등한 자격으로 일본이 다시는 미국에 종속되지 않기를 바란다. 일본의 안보정책은 친미적인 민족주의 위에서 건립된 것이다. 한편으로는 미국의 아시아 회귀라는 지연전략의 목표에 영합하여 일본의 냉전 후의 '재생(重生)'을 얻어내는 것이다. 다른 한편으로는 명확한 '미국과 상호 방위(協防美

國)'를 통해서 대등한 양국 관계를 실현하는 것이다. 동맹 파트너십 관계 강화를 전제조건으로 일미동맹의 기관차를 빌미 삼아 전전 군국주의 사상으로 돌아가려고 한다.

셋째, 중국을 전략적 목표로 삼아 중국의 부상을 저지한다. 미국은 중국 부상의 문제 처리에서 한편으론 '저지-유인'전략을 채택하고, 중국을 흡수, 차용하여 패권체제를 유지한다. 아베는 미국의 영향력이 상대적으로 하강하는 상황에서 세력 균형, 저지 등 힘에 기반을 둔 정치 수단으로 '가치관 외교, 민주 동맹' 등 냉전적 이데올로기 정치 논리를 차용하여 포위하여 중국을 저지하자고 주장한다. 현 상태 파괴를 통해서 국제 구조를 바꾸고 중국의 부상을 저지하려고 기도하고 있다.

(2) 아베의 집단자위권 제한 해제 영향

아베가 일본의 집단적 자위권 제한 해제를 가속화하면서 동아시아 지역의 긴장 국면이 격화되고 고도의 위험성이 가중되고 있다. 그 위해성은 아래 몇 가지 방면에서 나타나고 있다

첫째, 이웃 국가 간 잠재적인 충돌이 진일보 증대하고 있다. 아베의 집단적 자위권 제한 해제로 무력 행사의 '적용 범위'가 점차 확대되고 있다. '동맹국'의 공격에 대응한다는 이유로 '관계가 밀접한' 국가를 확대하고 있다. 바꿔 말하면, 일본은 주동적으로 손을 내밀어 베트남, 필리핀 등 관련 비'동맹'국가의 '관계가 밀접한' 제3국 국가를 도와서 적극적으로 중국에 대항할 수 있다. 이는 중일관계의 미래 충돌의 씨앗을 묻어놓는 것과 같다.

둘째, 중미관계에 부정적인 영향을 만들어낸다. 미국은 일본의 안보전략, 방위체제, 방위구조, 방위비, 군수판매 등 많은 분야에서 질적인 변화를 가져오는 일본의 집단적 자위권 제한 해제를 공개적으로 지지하고 있다. 일미동맹이 중국을 제약하여 균형을 이루려는 목표와 중국과 미국이 신형 전략 협력 관계를 구축하는 것과 충돌을 일으킬 수 있다. 이는 중미 신형강대국관계가 직면하는 '시련'이기도 하다. 일단 집단적 자위권 제한 해제는 일본도 장차 '창'을 갖게 되는 역할이다. 미국의 '병마개(瓶蓋)'는 일본 군국주의의 마귀를 막아내지 못할

뿐 아니라 미국을 중국과 일본 간의 대항 속으로 끌고 들어갈 수도 있다.

셋째, 지역 안보 정세를 악화시킨다. 일본이 미래에 가장 관건인 문제는 북한, 한국, 중국의 이웃 국가 관계이다. 역사와 영토 분쟁의 영향으로 일본과 중국, 한국, 북한 등 이웃 국가의 관계는 지속적으로 악화되었다. 아베의 집단적 자위권 제한 해제와 극단적인 민족주의 경향은 군사강대국화의 길을 재촉할 수 있으며, 지역 내 군사적 충돌을 유발할 수 있고, 지역 안보 정세의 악화뿐만 아니라 지역과 세계 경제에도 부정적인 영향을 만들어낼 수 있다.

(3) 아베의 집단자위권 제한 해제 수단

아베는 미일 안보협력과 집단적 자위권 제한 해제를 적극적으로 추진하고 있다. 집단적 자위권 제한 해제는 미국 등 일본과 긴밀한 관계를 맺고 있는 국가가 공격을 받을 때 일본이 본국에 대한 공격으로 간주하여 반격하는 것을 의미한다. 문제는 오직 미국이라는 유일한 동맹 친구에게만 보호 조치를 할 것인지, 아니면 일본과 긴밀한 관계를 맺고 있는 기타 동맹 친구들에게도 무력 지원을 할 것인지, 동맹 친구가 '먼저 구원을 요청'하는 상황 하에서 무력 공격을 할 것인지, 아니면 '도움 요청이 없는' 전제 하에서 행동을 취할 것인지이다. 일미 안보조약 제5조는 일본국이 통치하는 영역 하에서 만약 어떠한 일방이 무력 공격을 받으면 공동의 위험으로 간주하여 행동하도록 규정하고 있다. 이는 집단적 자위권 제한 해제가 일본 안보정책의 근본적인 조정을 의미한다고 말할 수 있다. 일단 제한 해제가 되면 위험한 도박이 될 수 있다. 그래서 일본 역대 정부는 헌법 제9조 '자위가 필요한 최소한도'의 윤허 범위를 초월하여 그 권력을 사용하는 것을 금지하고 있다.

집단적 자위권 제한 해제는 헌법 수정을 필요로 한다. 2013년 7월 일본 참의원 선거 이후, 자민당은 일당 독재의 지위를 공고히 하고, 헌법을 수정할 수 있는 의석수를 모았으며 헌법 수정을 위한 시기를 만들어냈다. 현재 자민당, 일본 유신회와 민나노당(みんなの黨) 등 헌법 수정을 지지하는 세력이 참의원 전체 의석 가운데 144석을 획득했다. 여기에 '헌법 조문 첨가'를 주장하는 공명당을 합할 경우 헌법 수정에 필요한 2/3석(162석) 문턱에 도달하게 된다. 중의원에서 헌

법 수정을 지지하는 세력은 이미 전체 의석의 3/4를 점하고 있다.[163]

아베 정부는 장차 '적극적 평화주의'와 '집단적 자위권 제한 해제'의 엄호 아래 대내적으로는 일본 국내 방위산업 발전을 추진하고 대외적으로는 적극적으로 군사협력을 전개할 것이다. 일본 방위성은 이미 전투기와 함선 등을 개발하고 생산하는 새로운 전략을 정했다. 그 가운데 무인기 개발은 전략적으로 중요한 중점(重點)이 되었다. 집단적 자위권 제한 해제와 관련 법안은 아마도 일본 국내 방위 산업 발전을 진일보하게 촉진할 것이다. 동시에 일본은 관련 산업의 국제협력을 한층 강화할 것이다. 유럽, 나토와의 방위 교류와 기술 협력 등을 전개할 것이고 연합 훈련을 계속 강화할 것이다.

아베 정부는 집단적 자위권 관련 법안을 순서에 따라 심의해서 내놓을 것이다. 일본 정부는 이미 전문적인 법률 연구팀을 설치해서 집단적 자위권 관련 법률의 수정과 보완 작업을 빠르게 진행하고 있다. 2015년 계속해서 '자위대법(自衛隊法)', '주변사태법(周邊事態法)', '무력공격사대대응법(應對武力攻擊事態法)' 등 법안을 통과시켰으며 정부의 법률 수정 수단을 통해서 자위대의 무력 행사 범위를 확대하여 동해, 남중국해, 타이완과 한반도 지역을 포괄했다.

자민당 아베의 제2집권 이후 일본 국내에서 아베는 계속 '중국 위협론'을 과장하고 중국에 대한 전략적 공세를 강화하고 있다. 예컨대 큐수 지역에 신형 지대함 미사일을 배치해서 서남 방어를 강화하고 있으며, 초계기의 정보 전송 시스템을 건립했으며 동시에 외교 차원에서 대중국 포위망을 확대하고 있다. 일본과 러시아 관계를 개선하려 하고 있고, 경제 방면에서 동남아 국가를 끌어들이고 있고, 남중국해 문제를 빌미로 중국과 동남아 관계를 도발하고 있다. 국제적으로 여론 선전을 확대하여 중국 위협론을 과장함과 동시에 '적극적 평화주의'를 추진하고 있고 유럽연합을 끌어들여 중국을 저지하려 하고 있다. 일본은 또한 주동적으로 손을 내밀어 중국과 영토분쟁을 겪고 있는 베트남, 필리핀 등 관련 비'동맹'국가의 '관계가 밀접한' 제3국가들을 지원하여 적극적으로 중국

....

163 "首相應當盡快公布解決重大問題的時間表", 『産經新聞』, 2013年 7月 23日.

에 대항하고 있다. 이는 중일관계에 미래 충돌의 씨앗을 묻어두는 것이다. 일본과 중국 간 잠재적인 충돌이 진일보 증대했다고 말할 수 있다.

집단적 자위권 제한 해제, 적 기지 공격 능력 구축은 동남아 지역 안보 환경이 계속 해결되지 않는 '안보 딜레마'를 야기하는 위험성이 존재한다. 집단적 자위권 제한 해제 측면에서 일본은 두 가지 신호를 내보내고 있다. 하나는, 일본이 안보정책 측면에서 점점 강경해지고 있다는 점이다. 또한 유엔 평화헌장에 위배되는 위험한 경향을 가지고 있다는 점이다. 이는 주변국들에게 일본이 군국주의의 길로 돌아가려는 것은 아닌지 보편적인 의구심을 갖게 한다. 다른 한편, 일본은 독립적인 적 공격 능력을 구축하려고 도모하고 있다. 부단히 일본 단독 무력 행사 능력을 확대하려고 한다. 미일동맹 지위 대칭성, 무력 공동 행사의 필요성, 집단적 자위권 행사 범위 적용성에서 점점 더 멀리 나아가려고 시도하고 있다.

제4차 북한 핵위기 이후 일본은 국제적으로 여론 선전을 확대하고 북한 위협론을 과장함과 동시에 '적극적 평화주의'를 추진하고 있으며 북핵 위기를 빌미로 일본 안보정책의 전환을 재촉하고 있다.

(3) 제4차 북한 핵실험 이후 일본 안보전략

김정은의 도발은 일본 안보전략 변화에 힘을 보탰다. 줄곧 미국의 안보전략은 일본, 한국의 안전 보장을 미국 일본 한국 동맹의 틀 내로 집어넣어 미국의 동아시아 패권을 수호하는 것이다. 냉전 시기 미국, 일본, 한국의 삼자 관계는 많은 부분 '미일+미한'의 특징이 체현되어 나타났고 일본과 한국 간의 군사 협력은 계속 부족했다. 미일 동맹은 소위 말하는 '한국 조항'을 통해서 한국의 안전보장을 미일 동맹의 틀 내로 집어넣었다. 북한 핵 위기 이후 미국은 계속 안보 정책과 프로세스 메커니즘 조정을 통해서 일본과 한국 간의 군사 협력 강화를 시도하고 있다. 이번 '제4차 핵실험' 위기는 미국이 삼자 안보협력을 위한 보기 드문 계기를 제공했으며 아베 정부가 안보정책의 전환을 추진하는 데도 도움을 제공했다. 미국이 지역 내 군사력의 존재 그리고 미사일 방어체계의 배치를 확대할 수 있게 했고, 주도적으로 삼자 '동맹' 메커니즘이 매끄럽게 완성되게 했으며 일본과 한국의 삼자 안보전략 협력에서 주동성을 증강하도록 했다.

미국과 일본은 '제4차 핵실험'을 이용하여 한국의 '안보 선택'을 강제하고 대중국 포위를 강화했다. 이번 북한의 핵실험 이후 미국과 일본의 대중국 저지와 포위는 어떠한 중지된 흔적도 없었다. 미국과 일본이 '제4차 핵실험'을 이용하여 한국을 압박하여 남중국해 문제에서 미국, 일본과 일치된 입장을 유지하도록 했고 '북한 위협'을 '중국 위협'으로 바꾸려는 시도를 기도했다. 줄곧 '북한 위협'은 동맹이 협력하는 공동의 전략적 목표가 되었다. 이러한 틀 아래에서 미국, 일본, 한국의 안보 협력은 실질적인 변화가 있었다. 미국은 '아시아 재균형' 전략의 전략 목표 실시를 통해서 한국과 일본이 관계를 개선하고 안보협력을 더욱 강화하고 중국에 대항하여 손을 잡기를 희망하고 있다. 비록 한국의 전략 목표 그리고 관련 이익이 미일과 온도차가 존재한다고 하지만 북한 핵 위협과 미국의 강대한 압력에 맞서 한국은 아마도 사드의 한국 배치 태도 그리고 남중국해 문제에서의 중립적인 입장을 바꿀 수도 있다.

일본은 '작은 나토' 틀을 빌려서 군사 부상의 절차를 가속화하고 있다. 또한 일본은 북핵 위기를 빌미로 적극적으로 국가 정상화의 절차를 추진하고 있다. 아베는 '적극적 평화주의' 간판을 달고 한편으로는 집단적 자위권 제한 해제, 헌법 수정, 군사력 강화, TPP 가입을 추진하고 있고 주동적으로 일미 동맹을 강화하여 중국의 부상에 대응하고 있다. 다른 한편으로는 미국, 일본, 한국 동맹 협력 틀 아래서 '일본판' 동아시아 전략 틀을 구축하고 있다. 일본은 단독, 쌍방, 삼각, 다변 층차에서 대중국 전면적인 저지와 포위 전략을 진행하고 있다. 또한 주동적으로 전략 공간을 확장하여 '미국, 일본, 인도, 호주'가 참가하는 '대삼각 (大三角)'과 '미국, 일본, 한국'이 참여하는 '소삼각(小三角)' 안보 관계를 만들어가고 있다. 일본은 북한 핵 위기를 틈타 군사, 외교, 경제 영역에서 부단히 확장적 조치를 취하고 있고 미국, 한국과 일련의 군사 교류, 군사 훈련 그리고 관련 군사 협정의 조인을 강화하고 있으며, 한국과의 군사 접촉을 늘려가고 있고, 일본의 전략적 가치와 그 담론권을 높이고 있으며 이 지역에서의 군사적 존재감을 증강하고 있고 '작은 나토' 틀 아래에서 한반도 문제에 개입하고 있고, 군사적 부상의 전략적 공간을 만들어가고 있다.

미국, 일본, 한국의 삼자관계 안보 틀의 설계와 안배는 장차 21세기 동아시아 국제체제 구조에 영향을 미치는 중요한 변수가 될 것이다. 제4차 북한의 핵실험 이후 삼자 안보 협력은 한층 강화될 것이고 미국과 일본, 한국의 삼자 안보 협력은 '작은 나토' 추세로 나타날 것이다.

3. 중일관계가 직면한 문제

1) 영토주권 '충돌'

최근 중일 간 긴장관계를 직접 야기하는 원인은 조어도(釣魚島, 일본명 센카쿠 열도) 영토 분쟁이다. 현재까지 조어도 주권 분쟁이 완화되는 추세이기는 하지만, 이 영토 문제는 현단계에서는 근본적인 개선을 이뤄낼 수 없고, 장기적으로 보면, 여전히 양국 관계 발전에 영향을 미칠 것이다.[164] 이는 아마도 중일무역에 영향을 줄 뿐만 아니라 상호적인 정치관계에도 진일보한 폐해를 초래할 것이다. 심지어 군사적인 충돌이 날 수도 있다. 조어도 영토 주권 문제는 단기간에는 해결할 수 없는 문제이며 앞으로 중일관계를 정체시키는 잠재적인 핫 이슈가 될 것이다. 중일 경제관계가 어떻게 상호 의존할 것인가, 그리고 정치안보 차원에서의 변수가 모든 쌍무관계를 매우 위험한 경지로 떨어지게 할 것인가 하는 문제이다.[165] 조어도 영토 주권 분쟁 측면에서 향후 중일관계는 두 가지 난관에 직면할 것이다. 하나는 일본 우익 정치인이 다시 문제를 일으키는 것을 배제하지 못하면 긴장관계의 악성 순환이 만들어질 것이다. 최근 '일본회의(日本會議)', '사쿠라 채널(櫻花頻道)', '재특회(在特會-재일 특권 불허 시민 협회)' 등 일본 우익 조직의 증오 언술이 국제 사회의 우려를 자아내고 있다. 이러한 조직은 영토 문제 갈등을 이용하여 우익 민족주의를 선동하고 있으며 일본 평화헌법의 수정을 추진하고 있다. 중국의 부상에 직면하여 일본 정계는 복잡하고 초조한 감정

164 邁克爾.奧斯林, "海上邊界", 『外交政策』, 2012年 12月 18日.

165 古森義久, "强化日美同盟對穩定日中關系有益", 『産經新聞』, 2012年 12月 29日.

을 표출하고 있다. 일본 우익 정치인들은 바로 중일 영토문제를 이용하여 조어도 주권 분쟁을 도발하여 일본이 군사강대국으로 나아가는 의도를 드러내고 있다. 이 외에 현재 아베의 대중국정책은 낙관적이지 않다. 조어도 문제에서 한편으로는 아베는 부단히 문제를 높여가고 있고 일본 국방 안보 능력을 강화하고 있다. 집단적 자위권 제한 해제는 대중국 군사 대항의 준비를 시작한 것이다. 다른 한편으로는 미일 동맹을 강화하여 미국을 옥죄어 동맹의 친구로서 책임을 다하는 손길을 내밀게 하여 미국을 대중국 전쟁에 끌어들이고 있다. 2015년 7월 15일 아베 정부는 '신안보법제'를 강행 통과시켜 국내 민중의 강렬한 항의를 받았고 내각 지지율도 급격히 하락했다. 이후 아베 정부는 일본 주변 안보환경의 변화를 반영하는 '중국패'를 내놓고 국면을 전환하여 법안에 대한 비판을 바꿔나가려고 희망하고 있다.[166] 조어도와 동해 영토 분쟁을 진일보 격화시키는 것을 배제하지 않음으로써 국민의 시선을 돌리려는 목적을 추구하는 것으로 보인다. 따라서 중일 영토분쟁의 처음과 끝은 중일관계 마찰의 근본 원인이 될 것이라고 말할 수 있다.

2) 역사 인식 '충돌'

역사관의 차이는 중일관계를 긴장으로 향하게 하는 다른 중요한 원인이며 또한 향후 중일관계 미래 발전에 영향을 미치는 중요한 변수이다. 줄곧 양국은 '전쟁 반성' 방면에서 거대한 차이를 노출했다. 일본은 전쟁 책임 문제는 이미 해결되었기 때문에 끊임없는 사과는 필요하지 않다는 입장이다. 이번 '아베 담화'에서도 아래와 같은 네 가지 방면을 거론하면서 전쟁 책임을 약화시키는 경향을 보였다. 첫째, '침략 배경론'을 제기했다. 일본의 침략은 단지 유럽과 미국 제국주의 열강의 확장 정책에 대한 모방일 뿐이며 당시의 '보편적'인 특징이라고 인식하고 있다. 둘째, '침략 피동론'을 제기했다. 일본이 시작한 전쟁은 유럽과 미국 제국주의에 대응한 피동적인 반응이라는 설명이다. 가장 초기 발발했

....

166 古森義久, "强化日美同盟對穩定日中關系有益", 『産經新聞』, 2012年 12月 29日.

던 제국주의 확장 그리고 잔혹한 절멸적인(滅絶) 종족주의 전쟁과 비교해서 일본의 침략 행위는 피동적인 반응이라는 것이다. 또한 '자구적이며 자위적인' 특수성이 있었다는 것이다. 셋째, '전쟁 피해론'을 제기했다. 객관적으로 말하면 '아베 담화'는 이 전쟁에 대해서 반성이 없다는 것이 아니다. 다만 반성의 중점, 많은 부분은 이 전쟁이 어떻게 일본을 전쟁의 심연으로 끌어들였고 일본의 300여만 명의 국민이 사망에 이르게 되었느냐이다. 이러한 반성에는 매우 깊고 두터운 '피해자 의식'이 깔려 있다. 넷째, '사죄 종결론'을 제기했다. 전후에 성장한 일본 국민은 다시는 일본 침략 역사의 부담을 짊어져서는 안 된다는 인식이다. 일본은 이미 충분히 반성했다는 것이다. 일본이 전후 중국 등 여러 국가를 포함하여 국제사회에 거대한 공헌을 했다는 것을 강조하고 있다.

'아베 담화'는 전쟁 책임을 역사에 돌리고 있다. 이는 역사에 반하는 동시에 미래로 나아가자는 것을 강조하는 것이다. 오히려 의심을 부풀려서 중국에 대해서 제재를 진행하고 있다. 이는 마치 왼손으로 악수를 청하면서 오른손으로는 주먹을 휘두르는 것과 같다.[167] 중국과 국제사회의 각도에서 보면, '침략전쟁의 반성'에 대해서 그리 심각하게 생각하지 않을 뿐만 아니라 심지어 그것을 부인하고 있고 오히려 침략 전쟁을 미화하고 있다. '아베 담화'는 중일 쌍무관계 획정의 방향을 제시하고 있다. 비록 중일 쌍무관계의 완화 과정이 다시는 궤도를 벗어나지는 않더라도 일본이 이웃 국가들에게 신뢰는 얻는 엉망이지만 시작을 알리는 것을 의미한다.[168] '아베 담화'와 같은 부정확한 역사관이 일단 계승되어지면 미래 중일관계 발전에 영향을 주는 주요 장애가 될 것이라고 말할 수 있다.

3) 이데올로기 '충돌'

21세기 들어서, 중국의 신속한 부상에 대해서 일본판 '중국 위협론', '중국 붕괴론'이 끊임없이 귓가에 맴돌고 있다. 일본의 '국가주의'는 팽창을 시작했

167 山室信一, "安倍談話反映了以日本爲中心的亞洲觀",『朝日新聞』, 2015年 8月 15日.

168 馬丁.克林, "帶有怪味的戰爭紀念",『商報』, 2015年 8月 15日.

고, 바로 '국가주의의 복권'이 이루어지고 있다.[169] 여러 일본 정치가들은 "중국이 통치하는 세계에서 생존은 불안할 것이다"는 말로 중국이 민주주의 체제 국가로 되지 않을 것이라고 생각하고 있다.[170] 이에 대해서 일본 보수 정치가는 '성전(聖戰)'이라는 이데올로기를 발동하고 문화전쟁을 다시 일으키고 있다.[171] 2012년 12월 28일 아베는 일본 「요미우리 신문」의 취재를 받을 당시 '가치 외교(價値觀外交)'를 계속 추진할 것임을 분명히 말했다. 또한 민주주의와 기본 인권을 강화하고 존중하는 국가연합(國家聯合)이 공동으로 공산당 통치의 중국에 대응해야 하고 민주 동맹의 포위망을 구축해야 한다고 말했다.[172] 아베 정부가 강조하는 가치 외교는 소위 말하는 '가치 동맹(價値觀同盟)', '마름모 전략(菱形戰略)', '지구본을 조감하는 외교(俯瞰地球儀外交)'와 '적극적 평화주의' 등 전략 구상을 말한다. 또한 이 지역의 '민주 역량'을 통해서 중국이 국제질서를 준수하도록 '의제'를 설정하고 '민주 영향력을 통한 균형'과 '방어 역량을 통한 균형'이라는 두 전략을 발휘하여 더욱 중국 행위를 제약하는 역할에 이르고자 하는 것이다.

이와 동시에 아베는 '전후 체제 탈피'를 시도하고 있고 공개적으로 수정주의 역사관을 제시하고, 공개적으로 언론을 누르고, '비밀법(保密法)'을 제정하고, 교과서를 수정하고, 야스쿠니 신사를 참배하고, 평화헌법을 훼손하는 등 일본 평화 민주 사회에 엄중한 위협을 형성하고 있다. 일본 국내 민주 세력의 강렬한 반대를 야기하고, 이러한 국내 투쟁은 불가피하게 국제사회로 흘러가고, 일본 우익 정치가들이 발동한 '성전' 이데올로기는 국제적 역사 인식의 반일 연맹을 강화시켜 일본 민주 가치를 약화시키고 일본을 자유민주 국가와 대립하는 한 면으로 만들 것이다.[173] 전후 일본 평화민주주의를 지탱하는 양대 지주인 일본

· · · · · · · · · · · · · · · ·

169 先崎彰容, "同混亂的東亞對峙的日本國家主義的複權", 『正論』, 2014年 4月號.

170 "構築百年和平", 『東京新聞』, 2015年 7月 19日.

171 傑夫.金斯頓, "安倍文化戰爭讓日本搬起石頭砸了自己的脚", 『日本時報』, 2014年 2月 22日.

172 "面向未來之路仍然坎坷", 『每日新聞』, 2013年 1月 5日.

173 상게서

국 평화헌법과 '방어 위주' 안보 체제는 파괴를 맞게 되었다. 일본 정부는 민중의 반대를 무시하고 전후 체제로의 이탈을 통해서 역사적 사실을 뒤집고 중국의 부상 등 안보 환경의 변화에 대응하는 것으로 중일관계에 중대한 영향을 만들어내고 있다.[174]

4) 안보전략의 '충돌'

21세기 들어서 중국과 미국의 전략 경쟁은 한층 격렬해지고 있다. 미국의 대중국 전략 사고는 '억제+접촉'에서 억제로 전환되고 있다.[175] 중국 부상의 '위협'에 직면해서, 일미동맹체제 강화 전제 하에서 일본은 경제적으로 '회복'하는 것뿐만 아니라 그 자신이 중요한 국제적 역량이 되고자 한다. 또한 정치안보 측면에서도 글로벌한 역할을 발휘하고자 한다. 일본의 중국과의 경쟁과 대항이 현재 전 지구 차원에서 전개되고 있다.[176] 2015년 4월 29일 미국과 일본은 '2+2' 미일 안보협의위원회를 개최하여 '미일 신방위 지침'을 수정하여 미군과 일본 자위대의 전략 목표, 전략 계획, 전략 공간과 전략 수단의 완전한 도킹을 실현했다. 신지침은 동해에서 남중국해, 아시아에서 전 지구, 우주 공간에서 인터넷에 이르기까지 전방위적으로 중국을 포위하는 '대전략'을 포함시켰으며 일미 동맹 역사의 '새로운 한 페이지'를 펼쳤다.[177] 일본의 안보 정책은 이미 '정지된 억제력에서 동태적인 억제력 방향으로 전환'되었으며 '방어 위주'라는 안보의 문턱을 뛰어 넘어버렸다. 이러한 안보 전략 방향의 변화는 일본의 군사적 부상의 속박을 풀어버리는 중이다.

중일 안보관계의 '충돌 효과'는 이미 '밖으로 진출'하여 동남아시아 지역, 심지어 훨씬 먼 지역으로까지 진입했다. 일본은 중국과 영토 분쟁을 겪고 있는 국가 예컨대 필리핀, 베트남, 인도 등 국가들과의 관계를 강화하고 있다. 중국과

174 "你該知道的集體自衛權", 『日本經濟新聞』, 2014年 4月 18日.
175 斯蒂芬.哈納, "在安倍領導下, 日本與美國合作遏制中國", 『福布斯』, 2015年 4月 29日.
176 尼克.比斯利, "中國, 要小心了: 强大的美日聯盟正走向全球", 『國家利益』, 2015年 5月 1日.
177 阪元一哉, "日美新指針强化同盟的紐帶", 『産經新聞』, 2015年 5月 5日.

일본의 안보관계는 지금 도서 분쟁으로부터 점차 해상 경쟁으로 변화하고 있다. 2015년 7월 21일 일본이 공포한 최신판 방위 백서는 공개적으로 남중국해와 동해 문제에서 중국에 도발하고 있으며 중국이 '국제사회─우선 미국의 우려의 근원'이라고 인식하고 있다.[178] 공개적으로 남중국해 영해 분쟁에 개입하고 있는 것이다. 일본의 최근 동해와 남중국해에서의 강경한 입장은 이미 명확한 신호를 나타냈다. 즉 일본이 지금 훨씬 마음에 두고 있는 것은 대중국 관계개선이 아니라 대중국 충돌 전략을 다해서 추진하려고 준비하고 있다는 점이다. 미국과 그리고 남중국해 지역에서 기타 국가들과 전략적 협력을 심화하여 중국을 견제하려는 것이다.[179] 중일 쌍무관계는 점점 복잡해지고 다층화 방향으로 발전하고 있다. 아마도 21세기 사람들을 놀라게 하는 강대국 간 대항 관계 가운데 하나가 될 것이다.

4. 일본의 안보전략 변화 추세

아베 정권은 참의원과 중의원 양원에서 다수 의석을 차지한 이후, 아마도 고이즈미 정권 이후 가장 오래 집권하는 정권이 될 것이다. 파벌 제도의 약화는 수상의 독단에 반대하는 감독 메커니즘의 와해를 야기해서 아베의 '무모한 정치'를 만들어냈다. 일본의 소선거구제와 비례대표 제도는 권력 독점 정치를 조장하여 '정부가 높고 당이 낮은, 수상이 독보적인 패권을 장악하는' 국면을 이미 만들어냈다. 일본 안보정책 변화도 아마도 아래 추세와 다른 변수로 존재할 것이다.

1) 국가 안보체제와 법률 개혁 추진

수상의 정책 결정권의 완성과 통일 지휘권의 개선, '헌법 수정과 군의 강화'

. . . .

178 讓.米歇爾.格拉特, "日本批判中國的海上野心", 《世界報》, 2015年 7月 21日.

179 保羅.卡倫德─梅津, "東京將在永暑礁問題上挑戰中國", 『防務政策』, 2015年 7月 20日.

는 아베 정권의 앞으로의 중요한 방향이다. 20세기 1980년대 나카소네 야스히로(中曾根康弘)는 행정개혁을 시작하고 수상의 권력을 강화했다. 90년대 중반 하시모토 류타로(橋本龍太郎)와 21세기 고이즈미는 후속 개혁을 추진했다. 목표는 위기관리 능력과 수상 영도의 내무성(內務省) 권한을 강화하는 것이다. 이는 결과적으로 대장성(大藏省)의 권력을 약화시켰다. 아베가 추진한 것은 국가 안보 영역의 중대 개혁이다. 일본 방위 정책의 모든 제약을 취소하고 그 목적은 일본 방위성(防衛省) 권력을 증강시키는 것이다. 대중국 정책을 추진하는 과정에서 '민주체제 소프트 파워 균형'을 '방위 역량 하드 파워 균형' 방면으로 변화시키려는 의도이다.

2) 일본 안보전략의 '외부적 효과(外溢效應)'

일미 동맹 협력을 강화하는 것이다. 최강 국가와의 동맹 체결, 자신의 이익과 생존 공간의 확보는 일본 안보전략의 큰 특징 가운데 하나이다. 일본은 일미 동맹을 이용하여 중국의 부상을 지연시키려고 할 것이다. 중국과 전통적으로 경쟁하고 있는 필리핀, 베트남, 인도 등 국가와 관계를 끊임없이 강화하여 '동남아', '남아시아' 전략 지점을 공고히 하려는 것이다. 미래 일본 안보전략 목표는 아시아 이외 '외부로' 진출하는 것이다. 이러한 '진출 효과'는 도서 분쟁에서 점차 해상 경쟁으로 변화하고 있다. 해안 방어-근해 방어-원해 행동과 일본의 해양 강대국 전략이 직접적인 충돌을 만들어내고, 동해와 남중국해 경쟁이 점점 격렬해질 것이다. 일본과 중국, 한국과의 쌍무 관계는 점점 복잡해지고 다층화의 방향으로 나아갈 것이다. 아마도 21세기 사람들을 우려스럽게 하는 강대국 대항 관계 가운데 하나가 될 것이다. 비록 경제적 상호 의존이 전쟁의 발발을 억제하겠지만 전략 대항의 우발성과 위험성에 기초해서 일본과 이웃 국가 쌍방의 좋지 않은 '진출효과'는 새로운 균열을 만들어낼 것이다.

3) 일본의 '남하 정책' 강화

일본의 '남하 정책' 강화는 미국의 '아시아 재균형' 전략과 연합하는 것을 말하는 것으로 일본이 적극적이며 주동적으로 국가 전략을 조정하는 것을 말하는 것이 아니라 동아시아 지역 강대국이 되고자 하는 것이다. 아베는 동아시아에서 '대립극(對立極)'과의 역할을 충분히 담당하겠다는 점을 강렬하게 표시했다. 나날이 강대해지는 중국에 대해서 일본은 계속해서 '안전보장 혁명'을 추진해 나갈 것이다. 한편으로는 자신의 경제와 군사 능력의 제고를 통해서, 국가 안보 체제와 안보 법률의 평화 헌법 제약을 돌파해서 중국에 맞서려고 할 것이다. 아베는 '국가안전보장전략(國家安全保障戰略)', '방위계획대강(防衛計劃大綱)'과 '중기 방위정비계획(中期防衛整備計劃)' 등을 통해서 서남 제도 최전선의 방위력을 강화할 것이다. 다른 한편으로는 일미 동맹을 심화하고 오스트레일리아, 동남아 그리고 인도와 협력을 심화할 것이다.

4) 세계 범위 내의 전략적 차원을 확대

통상적으로 일개 국가가 부상에 직면해서 부상하는 강국과 동맹 맺기, 군사력을 제고하여 내적 균형 찾기, 위협을 받는 국가와 국가 연맹을 결성하는 것 등 세 가지 선택과 마주하게 된다. 아베는 후자 두 가지에 발걸음을 빨리하고 있다. 제시한 '가치 동맹', '마름모 전략'과 '지구본 전략' 등의 전략 구상은 해양 국가와의 협력을 강화하고, 대륙 국가의 부상을 억제하는 것이다. 방위 정책의 변화와 방위 능력의 제고를 통해서 아태지역 내에서 영도 능력을 강화하고 세계 범위 내의 전략적 차원을 확대하는 것이다. 특히 동해, 남중국 해 등 지역에서 일본은 '일본과 관계가 밀접한 국가'와의 협력을 통해서 지역 안보 사무 개입력을 높여나갈 것이다. '해양 군사동맹 협력' 등 수단을 빌려 현 상태 타파를 통해서 국제 구조를 바꾸고 일본의 부상을 위해서 군사 포위망을 찾아 나서려고 할 것이다.

5. 결론

아베의 '안보전략 전환'은 '나쁜 정책이고 좋게 포장된 것'이다. 국제적인 여론의 평판을 얻어내기 위해서 여론 선전 효과를 노리고 있다. 일본은 '양쪽에

베팅'하고 있다. 하나는 일미 동맹을 강화하고 TPP에 가입하는 것이고 다른 하나는 동아시아에서 끊임없이 커가는 '지역주의'를 마주하는 것이다. 특히 최근 중국과 아세안의 빠른 협력은 '일본판' 동아시아 전략 프레임을 구축하게 했다. 일본은 단독으로, 상무적으로 지역 차원에서 일본의 안보전략 전환을 관철해가고 있다.

아베가 전력을 다해서 '전후 체제 탈출', '집단적 자위권 제한 해제', '민주 가치 동맹' 등 조치를 추진하고 있기 때문에 미래에 아베 집권 하의 안보 정책에 대해 경계심을 가질 필요가 있다고 말할 수 있다. 현재 동아시아 지역에서 비록 비교적 강력한 경제 협력 유대가 있지만 다른 한편으로는 여전히 일련의 '가연성이 비교적 높은 정치 과제'를 마주하고 있다.[180]

동아시아 경제성장의 큰 배경은 여전히 현 동아시아 지역 평화 발전의 국제 환경이고 작은 동력은 정치 화해가 가져올 수 있는 경제 이익의 증가에 기인하고 있다. 그러나 만약 동아시아 각국의 핵심 문제에서의 적대적인 입장이 장기간 존재한다면 반드시 동아시아 지역 발전의 '정냉경냉(政冷經冷)'의 국면을 초래할 것이다. 지리적인 측면에서 말하면, 동아시아는 '지연정치 변화의 판 지역'에 처해 있고, 이는 동아시아 각국이 기회를 잡아 새로운 지역정치 구도의 구축에 참여해야 한다는 것을 의미한다. 도전과 기회는 동시에 존재한다. 우호 협력은 쌍무 관계를 구축하는 출발점이다. 전략적 의구심과 전략적 상호 손해를 줄이고, 동아시아 각국 관계의 전략적 호혜를 추동하는 것은 동아시아 미래 발전이 나아가야 할 정확한 방향이다. 갈등은 간단하게 해소될 수 없다는 전제 아래 반드시 새로운 균열의 출현을 피해야 한다. 이것이 바로 각국이 평화 발전의 길을 따라서 같은 방향으로 가야 한다는 것이다.

．．．．．．．．．．．．．．．．．

180 古森義久, "強化日美同盟對穩定日中關系有益",『産經新聞』, 2012年 12月 29日.

부록

부록 정리
양철(성균중국연구소)
류샤오양(劉笑陽/국제전략연구소)

부록 1 한중 수교 24년 주요 일자(1992-2015)

1992년

- 8. 24. : 한 · 중 수교 공동성명(대사급 외교관계)에 서명(중국 베이징)
  ※ 한국: 이상옥 외교부 장관, 중국: 첸치천(錢其琛) 외교부장
- 8. 27. : 주한중국대사관 개관
- 8. 28. : 주중한국대사관 개관(1991. 1. 30. 대표부 설립 후 대사관으로 승격)
- 9. 27. : 노태우 대통령 중국 방문(한국 국가원수 최초), 한 · 중 공동선언 발표

1993년

- 7. 14. : 주중상하이(上海)총영사관 개관
- 9. 6. : 주한부산총영사관 개관
- 11.19. : 김영삼 대통령 – 장쩌민(江澤民) 주석 정상회담
  ※ 제1차 APEC 정상회담(미국 시애틀)
- 12.30. : 주중한국대사관 무관부 개설

1994년

- 3. 26. : 김영삼 대통령 방중(장쩌민 주석과 정상회담)
- 3. 28. : 한 · 중 정부문화협력협정에 서명
- 4. 1. : 주한중국대사관 무관부 개설
- 9. 12. : 주중칭다오(靑島)영사관 개관
- 11.14. : 김영삼 대통령 – 장쩌민 주석 정상회담
  ※ 제2차 APEC 정상회담(인도네시아 자카르타)

1995년

- 11.13. : 장쩌민 주석 방한(김영삼 대통령과 정상회담)
- 12. 3. : 두만강유역개발계획(TRADP) 5개국위원회 협정에 서명
  ※ 참가국: 한국, 중국, 북한, 러시아, 몽고(미국 뉴욕)

1996년

- 11.24. : 김영삼 대통령 – 장쩌민 주석 정상회담
  ※ 제4차 APEC 정상회담(필리핀 마닐라)

1997년

- 11.24. : 김영삼 대통령 – 장쩌민 주석 정상회담
  ※ 제5차 APEC 정상회담(캐나다 밴쿠버)
- 12. 9. : 제1차 4자회담 개최
  ※ 참가국: 한국, 중국, 미국, 북한(스위스 제네바)

1998년

- 3. 15. : 제2차 4자회담 개최(스위스 제네바)
- 4. 26. : 후진타오(胡錦濤) 부주석 방한
- 5. 5. : 중국, 한국을 해외여행 자유구역으로 선포
- 10.21. : 제3차 4자회담 개최(스위스 제네바)
  ※ 한반도 평화체제구축과 긴장완화 논의를 위한 분과위원회(2개) 구성에 합의
- 11.11. : 김대중 대통령 방중, "한 · 중 협력 동반자관계" 선언

1999년

- 4. 24. : 제4차 4자회담 개최(스위스 제네바)
- 7. 8. : 주중선양(沈陽)영사관 개관
- 9. 11. : 김대중 대통령 – 장쩌민 주석 정상회담
  ※ 제7차 APEC 정상회담(뉴질랜드 오클랜드)

2000년

- 8. 3. : 한 · 중 어업협정 합의(2001. 6. 30부로 발효)
- 9. 6. : 김대중 대통령 – 장쩌민 주석 정상회담
  ※ UN 새천년 정상회담(Millennium Summit)(미국 뉴욕)
- 10.18. : 한 · 중 범죄인 인도조약 체결

2001년

- 8. 31. : 주중광저우(廣州)총영사관 개관

- 10.19. : 김대중 대통령 – 장쩌민 주석 정상회담

  ※ 제9차 APEC 정상회담(중국 상하이)

🔷 2002년

- 3. 27. : 한 · 중 수교 10주년 기념 "한 · 중 민간교류의 해" 행사 개최(중국 베이징)
- 10.20. : 김대중 대통령 – 장쩌민 주석 정상회담

  ※ 제10차 APEC 정상회담(멕시코 로스까보스)

🔷 2003년

- 7. 7. : 노무현 대통령 방중

  ※ "한 · 중 공동성명" 발표 후 "전면적 협력 동반자 관계" 선언
- 8. 27. : 북핵 문제 해결을 위한 제1차 6자회담 개최

  ※ 참가국: 한국, 중국, 미국, 북한, 러시아, 일본(중국 베이징)
- 10.19. : 노무현 대통령 – 후진타오 주석 정상회담

  ※ 제11차 APEC 정상회담(태국 방콕)

🔷 2004년

- 2. 15. : 제2차 6자회담 개최(중국 베이징)
- 6. 23. : 제3차 6자회담 개최(중국 베이징)
- 11.19. : 노무현 대통령 – 후진타오 주석 정상회담

  ※ 제12차 APEC 정상회담(칠레 산티아고)

🔷 2005년

- 9. 19. : 제4차 6자회담 개최(중국 베이징)

  ※ "제4차 6자회담 공동성명 발표
- 11.16. : 후진타오 주석 방한

  ※ "한 · 중 공동성명" 발표

  ※ 노무현 대통령, 중국의 완전한 시장경제 지위 인정, 북핵 문제 평화적 해결 의지 재천명

  ※ 후진타오 주석, 제13차 APEC 정상회담 참가(한국 부산)

🔷 2006년

- 2. 13. : 제5차 6자회담 개최(중국 베이징)
- 9. 21. : "감지중국 · 한국행(感知中國 · 韓國行)" 문화행사 개최(한국 서울)

※ 중국이 한국에서 개최한 최대 규모의 대외문화교류 행사

※ 주최: 한국 국정홍보처, 중국 국무원 신문판공실

- 11.20. : 2007년부터 FTA 체결을 위한 산 · 학 · 연 연구 추진 계획 발표

🔷 2007년

- 3. 19. : 제6차 6자회담 개최(중국 베이징)
- 8. 22. : "Dynamic Korea(動感韓國)"행사 개최(중국 베이징)

※ 한 · 중 수교 15주년 기념 "한 · 중 교류의 해"행사의 일환

🔷 2008년

- 5. 27. : 이명박 대통령 방중

※ "한 · 중 공동성명" 발표 후 "전략적 협력 동반자 관계" 선언

- 8. 25. : 후진타오 주석 방한
- 10.24. : 이명박 대통령 방중, 이명박 대통령 – 후진타오 주석 정상회담

※ 제7차 ASEM 정상회담(중국 베이징)

- 11.15. : 이명박 대통령 – 후진타오 주석 정상회합

※ G20 금융시장과 세계경제 정상회담(미국 워싱턴 D.C.)

- 11.22. : 이명박 대통령 – 후진타오 주석 정상회합

※ 제16차 APEC 비공식정상회담(페루 리마)

🔷 2009년

- 4. 3. : 이명박 대통령 – 후진타오 주석 정상회담

※ 제2차 G20 정상회담(영국 런던)

- 6. 18. : 주한광주총영사관 개관(영사사무소에서 승격)
- 9. 23. : 이명박 대통령 – 후진타오 주석 정상회합

※ 제3차 G20 정상회담(미국 피츠버그)

- 10.10. : 이명박 대통령 방중

※ 제2차 한 · 중 · 일 정상회담 참석(중국 베이징)

- 12.16. : 시진핑(習近平) 부주석 방한

🔷 2010년

- 4. 30. : 이명박 대통령 방중

※ 2010 상하이 엑스포 개막식 참석 후 후진타오 주석과 회합

- 7. 26. : 한국 법무부, "중국 여행객 비자제도 개선 방안" 공포
- 11.11. : 후진타오 주석 방한
  ※ 제5차 G20 정상회담 참석(한국 서울)

🌐 2011년

- 3. 26. : 안중근 의사 서거 101주년 기념행사 개최(중국 뤼순)
- 4. 26. : 우다웨이(武大偉) 특사 방한(6자 회담 재개 및 협력 방안 논의)
- 5. 30. : 아시아지역 공자학원대회 개최(한국 대구)
- 7. 27. : 제1차 한 · 중 국방전략대화 개최(한국 서울)
- 12.22. : 한중문화산업발전센터 설립(베이징 798예술구)
  ※ 한국 국가브랜드위원회, 중국국가발전개혁위원회 후원

🌐 2012년

- 1. 9. : 이명박 대통령 방중
- 3. 26. : 후진타오 주석 방한
  ※ 2012 서울 핵안보정상회담 참가(한국 서울)
- 5. 13. : 이명박 대통령 방중
  ※ 제5차 한 · 중 · 일 정상회담 참석(중국 베이징)
- 7. 31. : 제2차 한 · 중 국방전략대화 개최(중국 베이징)

🌐 2013년

- 6. 27. : 박근혜 대통령 방중
  ※ "한 · 중 미래비전 공동성명" 발표
  ※ "전략적 협력 동반자 관계의 내실화" 선언
- 10. 7. : 박근혜 대통령 – 후진타오 주석 정상회담
  ※ 제21차 APEC 정상회담(인도네시아 발리)
- 11.28. : 제3차 한 · 중 국방전략대화 개최(한국 서울)
- 12. 6. : 제1차 한 · 중 ICT 협력 전략대화 개최(한국 서울)
- 12. 6. : 제1차 한 · 중 국책연구기관 합동 전략대화 개최(한국 서울)

🌐 2014년

- 3. 24. : 박근혜 대통령 – 후진타오 주석 정상회담
  ※ 2014 헤이그 핵안보정상회담(네덜란드 헤이그)

- 7. 3. : 시진핑 주석 방한
  ※ "한 · 중 공동성명" 및 부속서 발표
- 7. 22. : 제4차 한 · 중 국방전략대화 개최(중국 베이징)
- 10.28. : 제2차 한 · 중 ICT 협력 전략대화 개최(한국 서울)
- 11.10. : 한 · 중 FTA 체결
- 11.11. : 박근혜 대통령 방중
  ※ 제22차 APEC 정상회담(중국 베이징)
- 12.17. : 제2차 한 · 중 국책연구기관 합동 전략대화 개최(중국 베이징)

◉ 2015년

- 1. 5. 제2차 한 · 중 외교안보대화(2+2)(한국 서울)
- 3.15-18. 류젠차오(劉建超) 중국 외교부 부장조리 방한(서울/제주)
- 3.21. 제7차 한 · 일 · 중 외교장관회의 개최(서울)
- 4.23. 제2차 한 · 중 개발협력정책대화 개최(베이징)
- 5. 4. 제20차 한 · 중 정책기획협의회 개최(제주도)
- 5. 6. 한 · 중 6자회담 수석대표 협의회 개최(중국 베이징)
- 5.28/7.23/11.24 한 · 중 6자회담 수석대표 협의회 개최(한국 서울/중국 베이징)
- 8. 5. 한 · 중 외교장관회담 개최(ASEAN 외교장관회의, 쿠알라룸푸르)
- 9. 1. 한 · 중 정상회담 계기 한 · 중 6자회담 수석대표 협의회 개최(중국 베이징)
- 9.2-4. 박근혜 대통령 중국 방문(베이징/상하이)
  ※ 항일전쟁 및 세계 반파시스트 전쟁 승전 70주년(전승절) 기념행사 참석
- 11. 1. 제6차 한 · 일 · 중 정상회의 개최(서울)
  ※ 리커창 총리 방한
- 11.19. 제3차 한중공공외교포럼 개최(서울)
- 11.26. 제8차 한 · 중 어업문제 협력회의 개최(중국 칭다오)
- 11.30. 제6차 한 · 중 대테러협의회 개최(중국 광저우)

부록 2 한중관계 주요 통계

Ⅰ. 정치 · 외교

한중 의원외교 현황(1992–2015)

년도	방한 중국 인사	방중 한국 인사
1993	田紀云 상무제1부위원장 등	정석모 자민련 부총재 등 6명
1994	의원친선협회	민주당 김한규 등 5명
1995	喬石 전인대 상무위원장 등 周覺 외사위원회 부주임 등	
1996	蘇秋成 전인대 상무위 판공청 부비서장 등 黃毅誠 전인대 재경위 부위원장 등	김현욱 자민련 안보특위 위원장 등 4명
1998		신상우 국회부의장 등 6명
1999	郭振乾 재정경제위원회 부주임 등 王兆國 정협 부주석 등	
2000	趙南起 정협 부주석 등	한나라당 정병국 등 4명
2001	李鵬 전인대 상무위원장 등 馬萬祺 정협 부주석 등 曾建徽 전인대 외사위주임 등	
2002	胡光寶 전인대 법률위 부주임 등 任正隆 전인대 농업위원 등	이만섭 국회의장 등 4명 민주당 함승희 등 6명
2003	吳邦國 전인대 상무위원장 등	열린우리당 임채정 등 7명 김운용 대한체육회장 등 4명
2004	賈慶林 정협 주석 등	APPF 제12차 총회 참가단 (열린우리당 김부겸 등 4명) 고구려사 왜곡실태조사단 (황우여 등 8명) 난저우국제심포지움 참가단 (열린우리당 이강래 등 7명)
2005		국회의장 주요국 순방 사전협의단 (열린우리당 윤호중) 주변경쟁국 경제특구시찰단 (열린우리당 문석호 등 7명) 한중외교협의회 3차 합동회의단 (한나라당 김덕룡 등 7명)
2006	劉劍鋒 정협 외사위원회 주임 등 烏雲其木格 전인대 상무위 부위원장 등	김원기 국회의장 등 9명 한중 해양의원포럼 참가단 (열린우리당 제종길 등 10명)

년도	방한 중국 인사	방중 한국 인사
2007	祝銘山 내무사법위원회 부주임 등	임채정 국회의장 등 4명 한중의원외교협의회 (한나라당 김덕룡 등 4명) 중국공산당초청 여성의원대표단 (열린우리당 김명자 등 11명) 한중 의회간 정기교류체제 협의단 (열린우리당 이용희 등 6명)
2008	曹衛洲 중한우호소조회장 등 趙中權 전인대 상무위 인사국장 등	베이징올림픽 개막식 참관대표단 (한나라당 안상수 등 6명)
2009	趙啓正 정협외사위원회 위원장 등	김형오 국회의장 등 6명 한반도 평화통일을 위한 특별 위원회 설치 지지유치단 천진방문 대표단 (한나라당 이주영 등 8명) 한중의회 정기교류체제 4차 합동회의단 (한나라당 이윤성 등 7명)
2010		광저우 아시안게임선수단 격려방문단 (박희태 국회의장 등 4명) 국회운영위원회 방문단 (한나라당 김무성 등 8명) 한중의원외교협의회 방문단 (한나라당 김무성 등 11명)
2011		한중의회 정기교류체제 대표단 (한나라당 정의화 등 8명)
2012	陳至立 전인대 상무위원회 부위원장 등 孫懷山 정협 상무 부비서장 등	중국진출 현지기업 및 고속철도 시찰단 (새누리당 김성태 등 4명)
2013		한중의원외교협의회 청년의원 대표단 (새누리당 정몽준 등 10명) 강창희 국회의장 등 5명 한중의원 바둑교류전 대표단 (새누리당 원유철 등 10명) 한중의회 정기교류체제 8차 합동회의단 (이병석 국회부의장 등 8명)
2014	嚴雋琪 민주촉진회 중앙위원회 주석 등 古小玉 전인대 상무위 판공청 인사국장 등	한중에너지협력연구모임 대표단 (민주당 강기정 등 10명) 국회대표단 (새누리당 정몽준 등 42명) 한중의회 정기교류체제 대표단 (정갑윤 국회부의장 등 12명)
2015	李克强 총리 등 張德江 전인대 상무위원장 등 張寶文 전인대 상무부위원장 등 唐家璇 前국무위원	한중 의회정기교류체제 대표단 (새누리당 정갑윤 등11명)

출처: 대한민국 국회 국제국

II. 국방 · 안보

🛡 한중 연도별 국방비 내역(1992~2015)

년 도	한국			중국		
	국방비 (억 원)	GDP대비 (%)	증감율 (%)	국방비 (억 위안)	GDP대비 (%)	증감율 (%)
1992	84,100	3.08	12.5	377.86	1.40	14.4
1993	92,154	2.97	9.6	425.80	1.21	12.7
1994	100,753	2.75	9.3	550.71	1.14	29.3
1995	110,743	2.58	9.9	636.72	1.05	15.6
1996	122,434	2.54	10.6	720.06	1.01	13.1
1997	137,865	2.60	12.6	812.57	1.03	12.8
1998	138,000	2.63	0.1	934.70	1.11	15.0
1999	137,490	2.38	-0.4	1,076.40	1.20	15.2
2000	144,774	2.28	5.3	1,207.54	1.22	12.2
2001	153,884	2.24	6.3	1,442.04	1.32	19.4
2002	163,640	2.15	6.3	1,707.78	1.42	18.4
2003	175,148	2.16	7.0	1,907.87	1.40	11.7
2004	189,412	2.16	8.1	2,200.01	1.38	15.3
2005	211,026	2.29	11.4	2,474.96	1.35	12.5
2006	225,129	2.33	6.7	2,979.38	1.38	20.4
2007	244,972	2.35	8.8	3,509.21	1.34	19.3
2008	266,490	2.41	8.8	4,182.04	1.33	17.6
2009	289,803	2.52	8.7	4,825.01	1.45	18.5
2010	295,627	2.34	2.0	5,321.15	1.30	7.5
2011	314,031	2.36	6.2	6,026.70	1.23	12.7
2012	329,576	2.39	5.0	6,702.74	1.25	11.2
2013	344,970	2.42	4.7	7,201.68	1.26	10.7
2014	357,056	2.38	3.5	8,082.30	1.50	12.2
2015	374,560	2.35	4.9	8,868.98	1.25	10.1

출처: 연도별 국방백서 및 한국 · 중국 정부 공식 발표 자료를 취합

※ 주. 중국의 연도별 국방비: 2008년까지의 자료는 『2009년 통계연감』, 2009년부터 자료는 재정부에서 발표하는 각 연도
별 『중앙과 지방예산 집행 현황과 중앙과 지방예산 초안에 관한 보고』와 전국인대 공표 자료를 참조

III. 경제

🔵 한중 연도별 수출입 통계(1992-2015)

(단위: 백만 달러, %)

년 도	수 출		수 입		수 지
	금 액	증감율	금 액	증감율	
1992	2,654	164.7	3,725	8.3	-1,071
1993	5,151	94.1	3,929	5.5	1,222
1994	6,203	20.4	5,463	39.0	740
1995	9,144	47.4	7,401	35.5	1,742
1996	11,377	24.4	8,539	15.4	2,838
1997	13,572	19.3	10,117	18.5	3,456
1998	11,944	-12.0	6,484	-35.9	5,460
1999	13,685	14.6	8,867	36.7	4,818
2000	18,455	34.9	12,799	44.3	5,656
2001	18,190	-1.4	13,303	3.9	4,888
2002	23,754	30.6	17,400	30.8	6,354
2003	35,110	47.8	21,909	25.9	13,201
2004	49,763	41.7	29,585	35.0	20,178
2005	61,915	24.4	38,648	30.6	23,267
2006	69,459	12.2	48,557	25.6	20,903
2007	81,985	18.0	63,028	29.8	18,957
2008	91,389	11.5	76,930	22.1	14,459
2009	86,703	-5.1	54,246	-29.5	32,457
2010	116,838	34.8	71,574	31.9	45,264
2011	134,185	14.8	86,432	20.8	47,779
2012	134,323	0.1	80,785	-6.5	53,538
2013	145,870	8.6	83,053	2.8	62,817
2014	145,288	-0.4	90,082	8.5	55,206
2015	137,124	-5.6	90,250	0.2	46,874

출처: 한국무역협회

Ⅳ. 사회

🔵 한중 관광교류 현황(1994-2015)

(단위: 명, %)

년 도	방한중국인		방중한국인	
	수	성장률	수	성장률
1994	140,985	41.0	233,675	111.3
1995	178,359	26.5	404,421	73.1
1996	199,604	11.9	532,332	31.6
1997	214,244	7.3	584,487	9.8
1998	210,662	-1.7	484,009	-17.2
1999	316,639	50.3	820,120	69.4
2000	442,794	39.8	1,033,250	26.0
2001	482,227	8.9	1,297,746	25.6
2002	539,466	11.9	1,722,128	32.7
2003	512,768	-4.9	1,569,245	-8.9
2004	627,264	22.3	2,334,781	48.8
2005	710,243	13.2	2,963,162	26.9
2006	896,969	26.3	3,923,986	10.7
2007	1,068,925	19.2	4,776,752	21.7
2008	1,167,891	9.3	3,960,392	-17.1
2009	1,342,317	14.9	3,197,500	-19.3
2010	1,875,157	39.7	4,076,400	27.5
2011	2,220,196	18.4	4,185,400	2.7
2012	2,836,892	27.8	4,069,900	-2.8
2013	4,326,869	52.5	3,969,000	-2.5
2014	6,126,865	41.6	4,181,800	5.4
2015	5,984,170	-2.3	4,444,400	6.3

※ 2006년 7월부터 한국인 출국행선지 파악 불가로 중국국가여유국에서 집계한 한국인 입국 수치.
출처: 한국관광공사, 중국국가여유국

부록 3 중국 관련 한국 측 연구(2015年)

■ 정부간행물

김화섭. 『중국의 경제 · 무역 통계제도 현황과 시사점』. KIET. 2015년.

박찬욱. 『중국 자유무역구 현황과 콘텐츠산업의 진출 지원방안』. 한국문화관광연구원. 2015년.

산업연구원. 『중국 진출 기업 경기 조사』. 산업연구원. 2015년.

서울특별시 외국인다문화담당관. 『(중국동포를 위한) 서울홍보 안내』. 서울특별시 외국어다문화담당관. 2015년.

이기현. 『중국의 주변외교 전략과 대북정책』. 통일연구원. 2015년.

이상모. 『정보공개법제에 관한 비교법적 연구』. 한국법제연구원. 2015년.

이종석. 『'문화대혁명' 시기 북한-중국 관계 연구』. 세종연구소. 2015년.

전형진. 『중국의 농산물 품목분류 및 관세율』. 한국농촌경제연구원. 2015년.

전형진. 『한국-중국 FTA』. 한국농촌경제연구원. 2015년.

정지현. 『중국의 내수용 수입구조 변화와 한국의 대응』. 대외경제정책연구원. 2015년.

최동원. 『중국의 자급률 상승이 국내 정유 및 석유화학산업에 미치는 영향』. 산업연구원. 2015년.

한국산업정보원. 『2015 주중한국기업총람』. 한국산업정보원. 2015년.

한국산업정보원. 『2015 중국산업연감』. 한국산업정보원. 2015년.

한국한의학연구원, 베이징전통의학연구소. 『中國 제2기 國醫大師 : 중의약 계승과 창신의 상징』. 한국한의학연구원, 베이징전통의학연구소. 2015년.

한상돈. 『중국의 건축안전 법제에 관한 비교법적 연구』. 한국법제연구원. 2015년.

한성백제박물관 백제학연구소. 『백제의 성장과 중국』. 한성백제박물관. 2015년.

해외경제정책연구원. 『2015 중국유망기업총람』. 해외경제정책연구원. 2015년.

■ 저서/역서

● 정치/사회

강병환 등.『중국지식의 대외확산과 역류』. 학고방. 2015년.

강성현.『중국인은 누구인가』. 은행나무. 2015년.

공봉진 등.『21세기 중국! 소통과 뉴 트렌드』. 산지니. 2015년.

국민대학교 중국인문사회연구소.『중국학 강의』. 인간사랑. 2015년.

그래엄 앨리슨 등.『리콴유가 말하다』. 행복에너지. 2015년.

길호동.『리얼 차이나』. 이담북스. 2015년.

김경종.『차이나 리스크 리포트』. 매일경제신문사. 2015년.

김영구.『중국문학사강의』. 한국방송통신대학교. 2015년.

김영진.『중국, 대국의 신화』. 성균관대학교출판부. 2015년.

김익기.『중국사회의 변화』. 진인진. 2015년.

김일권.『한국적 다문화주의 전개』. 박문사. 2015년.

김재철.『중국, 미국 그리고 동아시아』. 한울아카데미. 2015년.

김정계 등.『후야오방』. 중문출판사. 2015년.

김흥규.『시진핑 시기 중국외교 안보』. 동아시아재단. 2015년.

김희신 등.『중국동북지역의 상인과 상업네트워크』. 학고방. 2015년.

뉴쥔.『냉전과 신중국 외교의 형성』. 한국문화사. 2015년.

니와 우이치로.『질주하는 중국』. 한울아카데미. 2015년.

리우젠화.『중국 전통상호 탐구』. 단국대학교출판부. 2015년.

마리청.『현대 중국의 8종 사회사조』. 학고방. 2015년.

먼훙화 등.『세계, 중국의 길을 묻다』. 성균관대학교출판부. 2015년.

미야자키 마사히로.『중국을 움직이는 100인』. 한울아카데미. 2015년.

박경귀.『감추고 싶은 중국의 비밀 35가지』. 가나북스. 2015년.

박실.『6·25 전쟁과 중공군』. 청미디어. 2015년.

송명훈.『찌라시의 중국 이야기』. 굿플러스북. 2015년.

시오자와 에이이치.『중국인민해방군의 실력』. 한울. 2015년.

신동현.『중국의 민낯』. 어문학사. 2015년.

신범식.『중국의 부상과 중앙아시아』. 진인진. 2015년.

안치영 등.『중국 민간조직 정책문건』. 학고방. 2015년.

양지성.『현대 중국의 사회계층』. 연암서가. 2015년.

양효석.『중국사회 각 계층 분석』. 행복에너지. 2015년.

에번 오스노스.『야망의 시대』. 열린책들. 2015년.

엔이룽 등.『중국 공산당을 개혁하라』. 성균관대학교출판부. 2015년.

오길용.『중국 현대화의 길』. 제이앤씨. 2015년.

왕위민.『한국재중미지간적전략선택』. 시간의물레. 2015년.

유홍준.『중국의 직업 변동』. 그린. 2015년.

이동춘.『50 중국보고서』. 태영출판사. 2015년.

이민자.『중국 인터넷과 정치 개혁』. 서강대학교출판부. 2015년.

이선이.『딩링』. 한울아카데미. 2015년.

이세기.『6 · 25 전쟁과 중국』. 나남. 2015년.

이인택.『현대중국의 이해』. UUP. 2015년.

인민화보사 월간중국.『중국최신법률해석』. 늘품플러스. 2015년.

장호준 등.『중국의 동향상회』. 학고방. 2015년.

저작권위원회.『중국 저작권 유통 표준계약서 및 해설서』. 휴먼컬처아리랑. 2015년.

정항성.『새로운 중국사회 사상사』. 경혜. 2015년.

조너선 펜비.『버블 차이나』. 아마존의나비. 2015년.

조복수.『중국 TV 드라마의 기원과 발전』. 커뮤니케이션북스. 2015년.

조지 카치아피카스『아시아의 민중봉기』. 오월의봄. 2015년.

조창완.『달콤한 중국』. 썰물과밀물. 2015년.

주민욱.『중국의 담론 연구』. 커뮤니케이션북스. 2015년.

주중국대한민국대사관.『사례로 풀어보는 중국법』. 휴먼컬처아리랑. 2015년.

주홍.『중국 대외원조 60년』. 푸른사상. 2015년.

중국국제방송국 조선어부.『한권으로 읽는 중국』. 역락. 2015년.

진창롱 등.『중국의 미래』. 경지출판사. 2015년.

추이바오궈.『중국 미디어 산업의 현재와 미래』. 한중미디어연구소. 2015년.

특허청 등.『해외지식재산권보호 가이드북』. 진한엠앤비. 2015년.

특허청.『중국진출 기업을 위한 중국 지재권 활용 및 보호 가이드』. 진한엠앤비. 2015년.

하워드 프렌치.『아프리카, 중국의 두 번째 대륙』. 지식의날개. 2015년.

한국고등교육재단.『중국, 새로운 패러다임』. 한울. 2015년.

한국지식재산 보호협회 등.『중국에서 우리기업의 지재권 피해 실태조사』. 휴먼컬처
　　　아리랑. 2015년.

황용식.『중국의 장래』. 북랩. 2015년.

Vintage.『China's Second Continent』. Vintage. 2015년.

- **경제/경영**

강국.『상하이 자유무역시험구』. 북스타. 2015년.

강준.『중국은 다르다』. 책과나무. 2015년.

강헌만.『중국경제와 문화의 이해』. 에듀컨텐츠휴피아. 2015년.

강효백.『중국 경제법 1』. 율곡출판사. 2015년.

고권석.『중국세법해설』. 한중경영아카데미. 2015년.

고정식.『중국경제』. 신아사. 2015년.

곽노봉.『서예와 중국서단』. 학고방. 2015년.

곽복선 등.『중국 경제론』. 박영사. 2015년.

권대수.『중국 제조 2025전략, 한국 중소기업의 위기와 도전』. 생각을 나누는 나무.
　　　2015년.

김두일.『중국 모바일 게임시장 이렇게 공략하라』. 에이콘출판. 2015년.

김민혁.『중국 비즈니스의 모든 것』. 청동거울. 2015년.

김병연 등.『중국의 대북 무역과 투자』. 서울대학교출판문화원. 2015년.

김상철.『앞으로 10년, 한국 없는 중국은 있어도 중국 없는 한국은 없다』. 한스미디어.
　　　2015년.

김선영.『중국주식, 시진핑의 정책에 투자하라』. 이레미디어. 2015년.

김언군.『경제학개론』. 대진. 2015년.

김영익 등.『중국발 금융위기, 어디로 갈 것인가』. 한스미디어. 2015년.

김종득 등.『최신 중국무역환경론』. 두남. 2015년.

김지환 등.『중국동북지역의 기업과 금융』. 학고방. 2015년.

김태수 등.『중국특허법』. 한빛지적소유권센터. 2015년.

김현주 등.『니하오만 알아도 중국으로 가라』. e비즈북스. 2015년.

농림수산식품부 등.『한식 세계화를 위한 마케팅 전략』. 휴먼컬처아리랑. 2015년.

리이닝 등.『중국의 번영을 위한 전략적 선택』. 타임스퀘어. 2015년.

맹명관.『중국을 팔고 세상을 얻다』. 책드림. 2015년.

맹해양.『국제통상학개론』. 대진. 2015년.

박대훈.『중국 부자를 말한다』. 경북대학교출판부. 2015년.

박인수.『되죠션』. 거근당. 2015년.

박정식.『중국경제론』. 두남. 2015년.

박한제 등.『아틀라스 중국사』. 사계절. 2015년.

백효흠.『대륙을 휩쓴 열정』. 미래를소유한사람들. 2015년.

법무부.『알기 쉬운 수출 계약서 작성 실무』. 휴먼컬처아리랑. 2015년.

사비오 챈 등.『중국의 슈퍼 컨슈머』. 부키. 2015년.

삼성증권 등.『중국을 움직이는 100대 기업』. 알에이치코리아. 2015년.

샤오궈량.『현대중국경제』. 해남. 2015년.

소준섭.『중국인은 어떻게 부를 축적하는가』. 한길사. 2015년.

송승엽.『미래 중국 인사이트』. KMAC. 2015년.

안재만 등.『중국 주식 1억이 10년 만에 175억 : 제2의 텐센트를 찾아라』. 경향BP.
    2015년.

양훙젠.『중국의 장사꾼들』. 카시오페아. 2015년.

에구치 마사오.『스타벅스는 왜 중국에서 유료회원제를 도입했을까?』. 다반. 2015년.

오형선.『중국 주식투자 완벽가이드』. 생각수레. 2015년.

유정인.『맨땅에 헤딩한 중국 비즈니스』. play3.0. 2015년.

유진경 등.『한 번 사두면 수백 배로 돌아올 중국 시진핑 기업 이야기』. 8.0. 2015년.

이건웅.『중국의 출판 산업』. 커뮤니케이션북스. 2015년.

이래호.『오인보와 화서촌』. 한솜미디어. 2015년.

이부원.『중국주가분석 해가 떴다』. 퍼플. 2015년.

이정성.『중국 법률 입문』. 퍼플. 2015년.

이정희 등.『근대 인천화교의 사회와 경제』. 학고방. 2015년.

이중엽.『중국 소싱 노하우』. e비즈북스. 2015년.

장미셸 카트르푸앵.『제국의 충돌』. 미래의창. 2015년.

전병서.『중국의 대전환, 한국의 대기회』. 참돌. 2015년.

전필수 등.『중국투자 100문 100답』. 한스미디어. 2015년.

정영재.『상해 · 심천 A주 위대하고 강한 기업에 투자하라』. 이레미디어. 2015년.

조선비즈.『위클리비즈 경영의 신을 만나다. 5: 중국의 거인들』. 아이웰콘텐츠. 2015년.

조용준.『중국 본토 1등주에 투자하라』. 한스미디어. 2015년.

조진태.『위챗을 알면 중국대륙도 넓지 않다』. 북랩. 2015년.

조평규.『중국 공부법』. 머니플러스. 2015년.

천평취안.『텐센트 인터넷 기업들의 미래』. 이레미디어. 2015년.

청톈취엔.『중국의 길』. 경지출판사. 2015년.

최규현.『붉은 별이 온다』. 한빛미디어. 2015년.

한국콘텐츠진흥원.『중국 문화산업 장르별 정책 리스트』. 진한엠앤비. 2015년.

한국콘텐츠진흥원.『중국 문화산업 정책연구 보고서』. 진한엠앤비. 2015년.

한스 쿤드나니.『독일의 역습』. 사이. 2015년.

홍순도.『중국을 움직이는 CEO들』. 서교출판사. 2015년.

KBS 신국부론 '중국 속으로' 제작팀.『중국 속으로』. 베가북스. 2015년.

Lawrence J. Lau 등.『중국 경제의 앞날을 내다보며』. 세계경제연구원. 2015년.

■ 인문/역사/문화

가쓰미 요이치.『혁명의 맛』. 교양인. 2015년.

강건영.『중국, 중앙아시아, 극동러시아 기행』. 도서출판선인. 2015년.

강경희.『중국 고전을 읽다』. 차이나하우스. 2015년.

강내영.『중국영화의 오늘』. 산지니. 2015년.

강봉근.『중국 조선족 설화 연구』. 전북대학교출판문화원. 2015년.

강성현.『중국인, 천의 얼굴』. 이상. 2015년.

거좌오광.『중국사상사 2』. 일빛. 2015년.

공서탁.『중국근대 문화개론』. 지성인. 2015년.

구난희 등.『발해 유적 사전』. 한국학중앙연구원출판부. 2015년.

구성희.『중국예술』. 이담북스. 2015년.

국립제주박물관.『조선 선비 최부 뜻밖의 중국 견문』. 그라픽네트. 2015년.

권석환.『교훈의 미학 중국명언』. 박문사. 2015년.

권석환.『중국아집』. 박문사. 2015년.

권용호.『아름다운 중국문학』. 역락. 2015년.

권응상.『중국공연 예술의 이해』. 신아사. 2015년.

권중달.『중국분열(자치통감행간읽기 4)』. SHBOOKS. 2015년.

김건.『중국 고전에서 길을 찾다』. 매경출판. 2015년.

김광재.『근현대 중국관내지역 한인사 연구』. 경인문화사. 2015년.

김동욱.『한국건축 중국건축 일본건축』. 김영사. 2015년.

김상균 등.『버전업, 사진으로 보고 배우는 중국문화』. 동양북스. 2015년.

김언하.『중국영화』. 세움. 2015년.

김영수.『태산보다 무거운 죽음 새털보다 가벼운 죽음』. 어른의시간. 2015년.

김용옥.『도올의 중국 일기 1-5』. 통나무. 2015년.

김용표.『황홀한 중국요리 아름다운 인간관계』. 한신대학교출판부. 2015년.

김인호.『중국 한시의 이해』. 신아사. 2015년.

김장환.『중국문학의 향기』. 학고방. 2015년.

김종서.『고조선과 한사군의 실제 위치를 찾아서 3-5』. 한국학연구원. 2015년.

김종성.『한국 중국 일본, 그들의 교과서가 가르치지 않는 역사』. 역사의아침. 2015년.

김종원.『중국 서남부 자연 · 문화 유적 답사기』. 여행마인드. 2015년.

김진영.『중국 애니메이션의 이해』. 커뮤니케이션북스. 2015년.

김태완.『Image와 중국의 상형문자』. 인터북스. 2015년.

나카지마 다카히로.『잔향의 중국철학』. 글항아리. 2015년.

남성호.『How로 본 중국철학사』. 서광사. 2015년.

다카하라 아키오 등.『중국근현대사 5』. 삼천리. 2015년.

다케우치 미노루.『절대지식 중국고전』. 이다미디어. 2015년.

디터 쿤.『하버드 중국사 송』. 너머북스. 2015년.

랴오번.『중국연극사』. 학고방. 2015년.

뤄궈제.『중국의 전통도덕』. 등불. 2015년.

류명시.『광자의 탄생』. 글항아리. 2015년.

류원빙.『중국 영화의 열광적 황금기』. 산지니. 2015년.

리샤오.『중국 옛상인의 지혜』. 인간사랑. 2015년.

리원쯔 등.『중국 지주제의 역사』. 경인문화사. 2015년.

리쩌허우.『중국 철학은 어떻게 등장할 것인가?』. 글항아리. 2015년.

마르셀 그라네.『중국사유』. 한길사. 2015년.

마이클 설리번.『최상의 중국 예술』. 한국미술연구소. 2015년.

마정영.『도화직금』. 한국학술정보. 2015년.

모종감.『중국 도교사』. 예문서원. 2015년.

문승용.『중국 고전 이야기』. 살림. 2015년.

박경석 등.『근대중국 동북지역 사회와 민간신앙』. 학고방. 2015년.

박덕유 등.『중국인 학습자를 위한 한국어 문법교육 연구』. 박문사. 2015년.

박재범.『중국 현대 소설사』. 보고사. 2015년.

박정수.『중국 영화 산업』. 커뮤니케이션북스. 2015년.

박종범.『우리가 몰랐던 중국 이야기』. 온새미로. 2015년.

박창희.『중국의 전략문화』. 한울아카데미. 2015년.

백영길.『현대의 중국문학』. 고려대학교출판부. 2015년.

보인.『5천년 돈의 전쟁』. 팡세. 2015년.

볼테르.『중국 고아』. 지만지. 2015년.

서영.『중국역사가 기억하는 비범한 여성들』. 책벗. 2015년.

세라 로즈.『초목전쟁』. 산처럼. 2015년.

솔림문고 편집부.『중국 고전 문양의 이해』. 솔림문고. 2015년.

솔림문고 편집부.『중국의 클래식한 패턴들』. 솔림문고. 2015년.

송동호.『이것이 중국이다 1』. 슈레. 2015년.

송승석.『인천에 잠든 중국인들』. 학고방. 2015년.

송재소.『중국 인문 기행』. 창비. 2015년.

시안시문물보호고고학연구소.『금은기』. 한국학술정보. 2015년.

시안시문물보호고고학연구소.『동경』. 한국학술정보. 2015년.

시안시문물보호고고학연구소.『삼채』. 한국학술정보. 2015년.

시안시문물보호고고학연구소.『중국 시안의 문화유산』. 한국학술정보. 2015년.

신동준.『인물로 읽는 중국근대사』. 학오재. 2015년.

신동준.『중국문명의 기원』. 학오재. 2015년.

신동준.『중국황제 리더십 이야기(사상 최초의 창조경영 신화를 만든)』. 학오재. 2015년.

신동준.『황제와 승상(역사를 바꾼 운명적 만남, 중국편)』. 학오재. 2015년.

쑤수양.『중국책』. 민음사. 2015년.

안동대학교 민속학과 BK21플러스 사업팀.『중국 명성촌 조선족의 생활과 민속』. 2015년.

안병삼.『중국 길림성 조선족학교 교가와 그 연구』. 북코리아. 2015년.

알프레다 머크.『중국의 시와 그림 그리고 정치』. 영남대학교출판부. 2015년.

앤거스 그레이엄.『도의 논쟁자들』. 새물결. 2015년.

양동숙.『중국문자학』. 차이나하우스. 2015년.

양성민 등.『중국민족지 1-3』. 한국학술정보. 2015년.

엄익상.『한국한자음 중국식으로 다시보기』. 한국문화사. 2015년.

엽비성.『중국 언어학개론』. 교육과학사. 2015년.

오복휘.『중국현대문학발전사 상』. 차이나하우스. 2015년.

오수형.『중국의 고전 산문』. 명문당. 2015년.

오이환.『중국 고대의 천과 그 제사』. 문사철. 2015년.

왕샤오칭.『중국 학술의 사승과 가파』. 학고방. 2015년.

왕이샤.『중국 문화 속의 사랑과 성』. 인간사랑. 2015년.

왕자초.『중국 음악고고학』. 채륜. 2015년.

왕중추.『중국사 재발견』. 서교출판사. 2015년.

우슈밍.『현대 중국의 문화현상과 문학이슈』. 학고방. 2015년.

위치우위.『위치우위, 문화란 무엇인가?』. 이다미디어. 2015년.

유정인.『외국인이 깜놀하는 그 나라 문화, 역사 키워드(미국, 일본, 중국인)』. 북오디
세이. 2015년.

이강수.『중국 고대철학의 이해』. 지식산업사. 2015년.

이범수.『중국 고전의 커뮤니케이션』. 커뮤니케이션북스. 2015년.

이상화.『중국의 과학과 형이상학 논쟁』. 한국문화사. 2015년.

이양자.『역사를 움직인 중국 여성들』. 살림. 2015년.

이우각.『쉽게 풀어쓰는 중국이야기』. 생각과사람들. 2015년.

이우각.『재미로 읽는 중국역사의 비밀』. 한림학사. 2015년.

이우각.『한권으로 읽는 중국 고전』. 씨앤북스. 2015년.

이이화.『이이화 한국사 이야기 1~22』. 한길사. 2015년.

이존국.『도설 중국 공예예술』. 토담미디어. 2015년.

이존국.『도설 중국 민속예술』. 토담미디어. 2015년.

이존국.『도설 중국 악무예술』. 토담미디어. 2015년.

이존국.『도설 중국 연극예술』. 토담미디어. 2015년.

이존국.『도설 중국 조각예술』. 토담미디어. 2015년.

이존국.『도설 중국 회화예술』. 토담미디어. 2015년.

이존국.『도설 중국서법 전각예술』. 토담미디어. 2015년.

이중톈.『이중톈 중국사 4-7』. 글항아리. 2015년.

이중톈.『제국의 슬픔』. 라의눈. 2015년.

이한.『중국기담』. 청아출판사. 2015년.

인훙.『배회하는 유령』. 산지니. 2015년.

장기근.『두보』. 석필. 2015년.

장샤오위안.『고양이의 서재』. 유유. 2015년.

장원신.『장원신의 예술여정』. 이서원. 2015년.

장웨이웨이.『중국의 G1전략』. 역사인. 2015년.

장융.『서태후 1-2』. 책과함께. 2015년.

장이허.『나의 중국 현대사』. 글항아리. 2015년.

장자공.『중국 전통 어문교학 연구』. 연세대학교 대학출판문화원. 2015년.

장창훈.『곰탕 탕왕(湯王)과 요리사 이윤(伊尹)(한자로 풀어쓴 중국사)』. 서울문학.
    2015년.

장창훈.『한자로 풀어쓴 중국사 : 요순시대-진시황제(2)』. 서울문학. 2015년.

장호준 등.『중국 민간조직의 단면』. 학고방. 2015년.

전도.『외면당한 진실』. 학고방. 2015년.

전우성.『다시 쓴 한국고대사』. 매경출판. 2015년.

조경란.『20세기 중국 지식의 탄생』. 책세상. 2015년.

조관희.『중국 고대소설 기법』. 보고사. 2015년.

조관희.『중국의 힘』. 청아출판사. 2015년.

존 델러리 등.『돈과 힘』. 문학동네. 2015년.

증선지.『십팔사략』. 현대지성. 2015년.

진홍파.『중국 과학 고고학의 흥기』. 국학자료원. 2015년.

채명화.『삶의 여행자를 위한 365일』. 운주사. 2015년.

최광진.『한국의 미학』. 미술문화. 2015년.

최기영.『중국관내 한국독립운동가의 삶과 투쟁』. 일조각. 2015년.

최종명.『민, 란』. 썰물과밀물. 2015년.

클로딘 롱바르 살몽.『중국적 문화변용의 한 예』. 세창출판사. 2015년.

탕샤오펑.『혼돈에서 질서로』. 글항아리. 2015년.

탕쉬샹 등.『중국의 전통장신구 상/하』. 한국학술정보. 2015년.

톈젠궈.『중국 교육 세계를 겨냥하다』. 타래. 2015년.

판보췬.『중국현대통속문학사 상』. 차이나하우스. 2015년.

편집부.『중국고건축』. 건축세계. 2015년.

풍몽룡.『정사 상/중/하』. 학고방. 2015년.

프랑수아 줄리앙.『전략』. 교유서가. 2015년.

홍석표.『중국현대문학사』. 이화여자대학교출판부. 2015년.

홍원선.『중국의 민족과 민족정책』. 홍반장. 2015년.

황선주.『한국의 중국문헌학을 위하여』. 지샘. 2015년.

■ 논문

*『국제정치논총』,『한국정치학회보』,『국가전략』,『한국과 국제정치』,『현대중국연구』
수록 논문에 한함.

강택구, 조정원. "중국의 환경규제 강화와 섬유업의 대응 현황: 중국 주재 현지 및 한
국 업체를 중심으로".『현대중국연구』. 17권 1호 (2015).

구기보. "중국의 통화정책과 물가수준, 환율의 상호작용에 대한 연구".『현대중국연
구』. 16권 2호 (2015).

권혁재, 김학실. "시진핑 체제 중국 경제외교의 발전과 특징: '중국의 꿈(中國夢)'을
위한 교두보의 실현".『현대중국연구』. 16권 2호 (2015).

김상기, 김근식. "북한의 국제적 사회화 전망: 국제기구 참여와 외교정책 선호의 변화,
1991-2005".『국제정치논총』. 55집 2호 (2015).

김상배. "사이버 안보의 미중관계 : 안보화 이론의 시각".『한국정치학회보』. 49집 1호
(2015).

김영구. "중국 소수민족 언어의 위상 하락과 주변화의 추이: 법제적 분석을 통해 본 시
진핑 시기의 억압적 소수민족 언어정책의 주요 이슈".『현대중국연구』. 16권
2호 (2015).

김정섭. "한반도 확장억제의 재조명: 핵우산의 한계와 재래식 억제의 모색".『국가전
략』. 21권 2호 (2015).

문돈. "중국은 WTO 분쟁해결제도에 어떻게 참여하고 있는가? 소극적 회피주의에서
대응적 법률주의로".『한국정치학회보』. 49집 1호 (2015).

박병석. "시진핑(習近平) 중국 국가주석 외교연설 중 중국 전통사상 인용(引用)의 수
사 오류 분석".『한국정치학회보』. 49집 4호 (2015).

박영준. "북한의 전쟁위협 평가와 한국 대북전략의 방향: 직접접근전략과 간접접근전략의 병용". 『국가전략』. 21권 1호 (2015).

박정수. "국가와 시장 사이의 대중문화 : 중국 영화산업과 하세편(賀歲片)". 『국제정치논총』. 55집 1호 (2015).

박정진. "데탕트기 북중관계의 변화와 북일관계의 전개: '두 개의 조선'정책과 한일기본조약에 대한 시사". 『한국과 국제정치』. 31권 1호 (2015).

박종희, 박은정, 조동준. "북한 신년사(1946-2015)에 대한 자동화된 텍스트 분석". 『한국정치학회보』. 49집 2호 (2015).

박휘락. "북한핵에 대한 한국 억제전략의 분석 : '거부적 억제' 개념에 의한 방어노력의 재조명". 『국제정치논총』. 55집 2호 (2015).

백승욱, 장영석, 조문영, 김판수. "시진핑 시대 중국 사회건설과 사회관리". 『현대중국연구』. 17권 1호 (2015).

백우열. "정치적 자원 결여에 따른 경제적 약자의 대응 : 중국 농민공의 사례". 『한국정치학회보』. 49집 2호 (2015).

백우열. "한국의 대(對)중국 공공외교 전략과 실행 분석". 『한국과 국제정치』. 31권 3호 (2015).

서보혁. "한국 평화연구의 현황과 과제". 『한국과 국제정치』. 31권 2호 (2015).

서봉교, 노수연, 정유훈. "중국 민간금융 제도화의 사례와 특징: 소액대출회사, 촌진은행, 민영은행을 중심으로". 『현대중국연구』. 16권 2호 (2015).

서영식, 김순호, 이춘수. "중국자동차 소비자 선호도에 따른 시장점유율 예측". 『현대중국연구』. 16권 2호 (2015).

서정경. "지정학적 관점에서 본 시진핑 시기 중국 외교: '일대일로(一帶一路)' 전략을 중심으로". 『국제정치논총』. 55집 2호 (2015).

손춘일. "한국전쟁 발발 후 북한난민에 대한 중국정부의 정책". 『국가전략』. 21권 3호 (2015).

안경모. "북한의 이데올로기 변화와 그 정치적 함의(1966-2012) : '적응'(adaptation)의 과정을 중심으로". 『한국정치학회보』. 49집 4호 (2015).

오경섭. "북한체제이행 조건: 레짐이행이론을 적용한 분석". 『국가전략』. 21권 3호 (2015).

유나영. "월츠의 세 가지 이미지와 한반도 분단의 원인데 관한 연구: 탈냉전 이후 해제문헌에 대한 분석을 기초로". 『국제정치논총』. 55집 2호 (2015).

윤종석. "선전의 꿈과 발전담론의 전환: 2000년대 사회적 논쟁을 통해 본 선전 경제특구의 새로운 위상정립". 『현대중국연구』. 17권 1호 (2015).

은종학. "네트워크 분석을 통해 본 중국 나노과학의 성과와 특성". 『현대중국연구』. 17권 1호 (2015).

이문기. "시진핑 시대 반부패 운동의 정치적 함의: 청렴정부 건설인가 강권정치 회귀인가?". 『현대중국연구』. 17권 1호 (2015).

이상근. "'안정적 평화' 개념과 한반도 적용 가능성". 『한국정치학회보』. 49집 1호 (2015).

이상우. "초국적 이주, 중국조선족과 경계 설정". 『한국과 국제정치』. 31권 2호 (2015).

이성훈. "대북 억제전략의 효과성 제고 방안에 관한 연구: 新억제전략의 3요소를 중심으로". 『국가전략』. 21권 3호 (2015).

이수형. "미국의 재균형 전략과 한미동맹: 신현실주의 패권축소론의 관점에서". 『한국과 국제정치』. 31권 2호 (2015).

이장원, 김학실. "재난대응과정에서 거버넌스 작동에 관한 연구: 한국과 중국의 비교를 중심으로". 『현대중국연구』. 16권 2호 (2015).

이정남. "중국 군체성 사건의 새로운 변화와 특징: 분절적 저항행위에서 사회운동의 맹아적 형태로". 『국가전략』. 21권 2호 (2015).

이정남. "중국의 대한반도정책의 딜레마: 전환과 지속의 갈림길에서". 『한국과 국제정치』. 31권 3호 (2015).

이태문, 표민찬. "중국 소셜커머스 기업의 생존전략에 대한 탐색적 연구". 『현대중국연구』. 16권 2호 (2015).

이헌미. "명청교체기 한중관계와 비대칭동맹의 신뢰성 문제 : 월사 이정구의 변무사행 분석". 『국제정치논총』. 55집 3호 (2015).

장윤미. "중국의 사회주의민주정치 구상: 인민의 복귀". 『국가전략』. 21권 3호 (2015).

장현근. "중국 고대 정치사상에서 '국가(國家)' 관념의 형성과 변천". 『한국정치학회보』. 49집 2호 (2015).

전용복. "금융발전이 중국경제의 생산성에 미친 영향: 공간계량경제모형을 이용한 연구". 『현대중국연구』. 16권 2호 (2015).

정성임. "남북 군사회담의 제약요인과 가능조건". 『국가전략』. 21권 2호 (2015).

정일영. "한국전쟁 전후 북한사회계층의 변화 연구(1945-1961)". 『한국정치학회보』. 49집 2호 (2015).

지은주. "경제이슈, 정당 재편성, 그리고 중국요소 : 대만의 사례". 『국제정치논총』. 55집 1호 (2015).

진희관. "김정은 정권의 현지지도 수행빈도를 통해 본 엘리트 변동 연구: 주요 인사의 로동신문 등장빈도 분석을 중심으로". 『한국과 국제정치』. 31권 4호 (2015).

판보싱, 김태형. "중국 선진(先秦)시대와 미국의 현실주의적 동맹이론의 비교 고찰". 『국제정치논총』. 55집 3호 (2015).

하도형. "중국해양전략의 양면성과 공세성 : 국가정책적 추진 목표 및 방식과 현황을 중심으로 ". 『국제정치논총』. 55집 4호 (2015).

Jong Hwan Ko. "Korea-China FTA and Its Economic Effects: A CGE Approach". 『현대중국연구』. 16권 2호 (2015).

부록4   한반도, 동북아 협력 관련 중국 측 연구(2015年)

■ 총론

張東明 편.『東北亞研究論叢』. 第1輯. 北京: 社會科學文獻出版社. 2015年.
鄭繼永 편.『韓國研究論叢』. 第29輯. 北京: 社會科學文獻出版社. 2015年.

■ 한반도 정세

譚紅梅.『朝鮮半島北南關係演化因素研究』. 長春: 吉林大學出版社. 2015年.
張晶, 張雅璐. "國際體系轉換背景下的朝鮮半島與東北亞研討會綜述".『現代國際關係』.
　　2015年 第1期. pp.63-64.
黃金輝, 魏星. "朝鮮棄核的關建變量辨析——層次分析法的局限與超越".『四川師範大學
　　學報(社會科學版)』. 2015年 第2期. pp.28-35.
虞少華. "朝鮮半島自主和平統一: 基礎與路徑".『國際問題研究』. 2015年 第2期. pp.60-
　　72.
鄭峰. "1960年代中後期朝鮮半島危機研究".『華東師範大學學報(哲學社會科學版)』.
　　2015年 第3期. pp.63-75.
李梅花. "朝鮮半島問題與東北亞和平安全機制的構建——朝鮮半島研究2015高峰論壇會
　　議綜述".『東疆學刊』. 2015年 第3期. pp.108-110.
楊希雨. "中美關係中的朝核問題".『國際問題研究』. 2015年 第3期. pp.21-35.
張振亭. "朝鮮半島研究2015高峰論壇會議綜述".『延邊大學學報(社會科學版)』. 2015年
　　第4期.
王毅. "中溫9·19共同聲明精神維護朝鮮半島及東北亞和平穩定".『國際問題研究』. 2015
　　年 第6期. pp.1-3.

■ 동북아 안보와 정치

王曉波, 趙立新 외.『東北亞各國關係概論』. 北京: 社會科學文獻出版社. 2015年.
巴殿君 편.『東北亞各國政治制度比較』. 北京: 社會科學文獻出版社. 2015年.
肖晞 외.『東北亞非傳統安全研究』. 北京: 中國經濟出版社. 2015年.

李文, 王語懿. "政治因素對東北亞地區合作的影響". 『東北亞論壇』. 2015年 第1期. pp.52-59.

沈海濤, 李永强. "論安全機制缺失視閾下的東北亞安全治理". 『延邊大學學報(社會科學版)』. 2015年 第1期. pp.59-64.

蔡美花. "東北亞區域合作路徑與文化認同". 『東疆學刊』. 2015年 第1期. pp.1-7.

潘旭明, 倪世雄. "中美在東北亞競逐兼容關係分析潘". 『中國靑年社會科學』. 2015年 第3期. pp.115-123.

王俊生. "東北亞安全環境的變化: 以區域內雙邊安全關係爲視角". 『中國靑年社會科學』. 2015年 第3期. pp.128-132.

張蘊嶺. "東北亞區域合作與新秩序的構建張蘊嶺". 『社會科學戰線』. 2015年 第3期. pp.197-204.

王俊生. "東北亞多邊安全機制構建: 如何從不可能到可能?". 『延邊大學學報(社會科學版)』. 2015年 第5期. pp.16-21.

郭麗芳. "國家利益視角下東北亞海洋爭端解決類型分析". 『學術界』. 2015年 第6期. pp.237-245.

■ 한중 FTA, 한중일 FTA와 동북아 경제협력

李明權. 『基於農業視角的中韓FTA及中韓日FTA研究』. 濟南: 山東人民出版社, 2015年.

郭素玲. "中韓農産品貿易發展與未來趨勢解釋". 『世界農業』. 2015年 第1期. pp.102-107.

劉德海. "中韓自由貿易協議及其對東北亞經濟的衝擊". 『延邊大學學報(社會科學版)』. 2015年 第1期. pp.51-58.

金綴橋, 楊逢珉. "中韓雙邊貿易現狀及潛力的實證研究". 『世界經濟研究』. 2015年 第1期. pp.81-90.

宋志勇. "中韓FTA對東亞區域格局的影響分析". 『東北亞論壇』. 2015年 第1期. pp.11-20.

趙亮, 陳淑梅. "經濟增長的'自貿區驅動'——基於中韓自貿區, 中日韓自貿區與RCEP的比較研究". 『經濟評論』. 2015年 第1期. pp.92-102.

劉國斌. "'一帶一路'基點之東北亞橋頭堡群構建的戰略研究". 『東北亞論壇』. 2015年 第2期. pp.93-102.

王琳, 黃鵬. "加快中日韓自貿區談判面臨的環境與戰略取向". 『對外經貿實務』. 2015年 第2期. pp.21-24.

杜威劍, 李夢潔. "中日韓自由貿易區建立的經濟影響——基於局部均衡模型的分析". 『國際經貿探索』. 2015年 第3期. pp.31-41.

沈銘輝, 張中元. "中—韓FTA的經濟效應——對雙邊貿易流的經驗分析框架". 『中國社會科學院研究生院學報』. 2015年 第3期. pp.134-144.

程慧. "中韓農産品貿易問題研究". 『世界農業』. 2015年 第4期. pp.61-64.

湯婧. "中韓自貿區的未來趨勢: 化解困境, 開拓發展". 『國際經濟合作』. 2015年 第4期. pp.12-15.

楊文生. "建設中韓自貿區的機遇, 挑戰及對策". 『宏觀經濟管理』. 2015年 第4期. pp.67-70.

朱玉榮. "韓國反傾銷措施對中韓貿易的影響分析". 『對外經貿實務』. 2015年 第4期. pp.40-42.

陳紅娜, 許宏強. "中韓自貿協定將產生多重共贏效應". 『中國發展觀察』. 2015年 第6期. pp.34-36.

焦知嶽, 張冬梅. "中韓FTA實施對兩國農產品貿易的影響與策略選擇". 『對外經貿實務』. 2015年 第6期. pp.20-23.

李楊, 馮偉傑, 黃豔希. "中韓自由貿易協定的影響效應研究". 『東北亞論壇』. 2015年 第6期. pp.91-104.

劉國斌. "東北亞海上絲綢之路經濟帶建設研究". 『學習與探索』. 2015年 第6期. pp.101-104.

劉藝卓, 李鷗, 徐銳釗. "中韓自貿區建設對中國農業的影響". 『雲南財經大學學報』. 2015年 第6期. pp.154-160.

楊寧. "韓國FTA農產品關稅減讓模式下中國對韓國農產品出口的挑戰及對策". 『世界農業』. 2015年 第6期. pp.45-48.

韓愛勇. "中韓自貿區建設的多重意義". 『理論視野』. 2015年 第7期. pp.70-74.

黃漢權, 朱曉樂. "中韓合作推進東亞經濟圈建設的戰略構想". 『宏觀經濟管理』. 2015年 第7期. pp.84-86.

羌建新. "中韓自貿區: 背景, 影響與前瞻". 『理論視野』. 2015年 第7期. pp.66-69.

吳嬌, 任強. "淺談中韓貿易新格局——基於中韓自貿協定的解讀". 『國際稅收』. 2015年 第7期. pp.76-79.

劉藝卓, 李婷, 鄧妙嬋. "中韓自由貿易區建設對中國農產品貿易的影響分析". 『世界農業』. 2015年 第8期. pp.110-113.

康雪芹. "回望中韓三次農產品貿易摩擦案例的始末及其啟示". 『對外經貿實務』. 2015年 第9期. pp.74-77.

劉朋春, 辛歡, 陳成. "TPP對中日韓自由貿易區的可行性及建設路徑的影響研究——基於GTAP模型的分析". 『國際貿易問題』. 2015年 第11期. pp.96-108.

李婧. "中韓自由貿易協定對兩國文化貿易的影響". 『國際經濟合作』. 2015年 第12期. pp.46-49.

白明. "中韓自貿協定的積極效應". 『中國金融』. 2015年 第12期. pp.72-73.

閆昊本. "中韓FTA先行示範區的選取——基於協整與誤差修正的實證研究". 『商業時代』. 2015年 第20期. pp.23-25.

孫虹. "中韓自貿協定與亞太經濟新格局". 『人民論壇』. 2015年 第21期. pp.254-256.

成敦傑, 成翔旻. "中日韓FTA建立對我國農產品出口的影響及策略選擇". 『商業時代』. 2015年 第35期. pp.22-23.

■ 한중관계, 북중관계, 남북관계, 한미관계, 북미관계 관련

張東明, 朱緒鵬. "韓國關注TPP的政治經濟動因分析". 『東疆學刊』. 2015年 第1期. pp.53-59.

張吉喆, 李勳, 唐衍力. "「中韓漁業協定」 框架下對兩國漁船相互入漁的分析". 『漁業現代化』. 2015年 第1期. pp.65-71.

趙立新. "基於信任的接觸: 朴槿惠執政以來的對朝政策評析". 『東疆學刊』. 2015年 第1期. pp.60-70.

朱芹. "美朝關系正常化的可能性路徑及其對中國周邊外交的影響". 『世界經濟與政治論壇』. 2015年 第1期. pp.74-90.

畢穎達. "深化中韓戰略合作夥伴關系的空間, 挑戰及應對". 『東北亞論壇』. 2015年 第2期. pp.116-126.

馬晶. "論韓美全面戰略同盟關系及未來走向". 『延邊大學學報(社會科學版)』. 2015年 第2期. pp.31-36.

王曉波. "心通意合 破浪前行 行穩致遠——回眸2014年中韓關系". 『延邊大學學報(社會科學版)』. 2015年 第2期. pp.23-30.

魏志江, 潘清. "十至十四世紀的中韓關系形態與東亞世界——兼評費正清的'華夷秩序'論". 『南京社會科學』. 2015年 第2期. pp.138-144.

韓獻棟. "美國'亞太再平衡'背景下韓國的外交安全戰略". 『現代國際關系』. 2015年 第3期. pp.9-15.

劉沖. "美國醞釀在韓部署'薩德'系統問題辨析". 『國際問題研究』. 2015年 第3期. pp.21-35.

魏志江, 魏楚雄. "論十至十四世紀中韓海上絲綢之路與東亞海域交涉網絡的形成". 『江海學刊』. 2015年 第3期. pp.153-159.

梁立昌. "朝鮮半島統一問題與中韓戰略合作夥伴關系". 『東疆學刊』. 2015年 第4期. pp.61-67.

史春林, 李秀英. "中韓加強海上搜救合作研究". 『東北亞論壇』. 2015年 第4期. pp.97-104.

楊悅. "奧巴馬政府對朝戰略忍耐政策探析". 『外交評論(外交學院學報)』. 2015年 第4期. pp.137-156.

張弛. "韓國對南海爭端的認知, 立場與影響". 『太平洋學報』. 2015年 第9期. pp.33-42.

李雪威, 王曉璐. "美韓同盟新拓展:網絡空間安全合作". 『東北亞論壇』. 2015年 第4期. pp.116-126.

蔡美花, 雷霆. "中朝關系的阻礙與未來願景". 『延邊大學學報(社會科學版)』. 2015年 第5期. pp.5-8.

劉勃然. "朴槿惠政府東北亞'楔三角'外交戰略探析". 『遼寧大學學報(哲學社會科學版)』. 2015年 第6期. pp.162-168.

孫國強, 黃鳳志. "奧巴馬政府的對朝政策研究". 『當代亞太』. 2015年 第6期. pp.101-132.

許亮. "從撤軍到駐軍: 戰後初期美國對韓防務政策演變(1945−1953)". 『湘潭大學學報 (哲學社會科學版)』. 2015年 第6期. pp.136-140.

趙田園. "後冷戰時期韓國對朝鮮的理想主義外交". 『鄭州大學學報(哲學社會科學版)』. 2015年 第6期. pp.166−170.

黃華莉. "當代中國東北亞外交政策探析──基於區域主義理論視角". 『求索』. 2015年 第 10期. pp.15−18.

■ 한중 인문교류

王曉玲, 金都姬. 『中韓人文交流: 現狀´意義和問題』. 北京: 時事出版社, 2015年.

李熙玉. "韓中公共外交與人文紐帶". 『吉林大學社會科學學報』. 2015年 第3期. pp.28−33.

杜鵑. "共享傳統 繼往開來──'中韓人文交流政策論壇'會議綜述". 『國外社會科學』. 2015 年 第5期. pp.156−159.

李法寶. "從文化親近性看中國電視劇在韓國的傳播". 『中國電視』. 2015年 第12期. pp.99−102.

동북아 정세와 한중관계

초판 1쇄 인쇄 2016년 5월 25일
초판 1쇄 발행 2016년 5월 31일

편 저 자 이희옥 · 먼훙화
펴 낸 이 정규상
펴 낸 곳 성균관대학교 출판부
출판부장 안대회
편   집 신철호 · 현상철 · 구남희 · 정한나
마 케 팅 박정수 · 김지현
관   리 오시택 · 박인붕
등   록 1975년 5월 21일 제1975-9호
주   소 서울특별시 종로구 성균관로 25-2
대표전화 02) 760-1252-4
팩시밀리 02) 762-7452
홈페이지 press.skkup.edu

ISBN 979-11-5550-169-6 04340
세트 979-11-5550-104-7